Sibylle Lauth

Nordbaden

Entdeckungsfahrten zwischen Odenwald und Schwarzwald: Mannheim, Heidelberg, Karlsruhe, Maulbronn, Baden-Baden

DUMONT KUNST REISEFÜHRER

In der vorderen Umschlagklappe: Übersichtskarte Nordbaden

In der hinteren Umschlagklappe: Übersichtskarte Nordschwarzwald

Wichtige Orte und Sehenswürdigkeiten auf einen Blick

Allerheiligen ☆ (B9) . . 227

Alpirsbach ☆☆ (D11) . 238

Altensteig ☆☆ (E9) . . . 180

Bad Herrenalb (D7) . . 182

Bad Teinach ☆ (E8) . . .176

Bad Wildbad ☆ (D7) . .180

Bad Wimpfen ☆☆ (H3) . 93

Baden-Baden ☆☆ (B/C7) 197

Berneck ☆☆ (E8) 179

Bickesheim (C6) 159

Bretten (E5) 125

Bruchsal ☆ (E4) 116

Calw ☆ (E7) 175

Dilsberg (F2) 87

Dornstetten (D9) 234

Eberbach (G1) 89

Ettlingen ☆ (D6) 156

Favorite, Schloss ☆☆ (C7) 194

Frauenalb ☆ (D6) 182

Freudenstadt ☆ (D10) .229

Gernsbach (C7) 249

Gutach, Freilichtmuseum☆ (B11) 244

Guttenberg, Burg (H3) .92

Heidelberg ☆☆ (E2) . . . 65

Hirsau ☆☆ (E7) 168

Horb ☆ (E10) 234

Karlsruhe ☆☆ (C/D5) .137

Klosterreichenbach (D9) 247

Ladenburg ☆☆ (E1) 54

Lautenbach ☆☆ (B9) . .222

Mannheim ☆ (D/E1) . . .41

Maulbronn ☆☆ (F5) . .126

Mosbach ☆ (H5) 105

Nagold (E9) 179

Osterburken (Karte S. 88/89) 110

Pforzheim (E6) 161

Rastatt ☆☆ (B/C6) 185

Schiltach ☆ (C11) 243

Schönau (F2) 83

Schriesheim (E1) 83

Schwarzach ☆ (B7) . . .216

Schwetzingen ☆☆ (E2) .58

Tauberbischofsheim (Karte S. 88/89) 108

Tiefenbronn ☆☆ (F7) . .164

Walldürn (Karte S. 88/89) 107

Weinheim ☆ (E1) 84

Wittichen (C11) 241

Wolfach ☆ (B11) 244

Zavelstein ☆☆ (E8) . . .176

Zwingenberg (G2) 90

keine Sterne
sehenswert

☆
Umweg lohnt

☆☆
keinesfalls versäumen

Inhalt

Landschaft und Geschichte

Kulturlandschaft und Naturraum 8
Geschichte und Kunst 11
Stammtafeln 14
Daten zur Geschichte 26
Galerie bedeutender Persönlichkeiten 28

Reisen durch Nordbaden

Zwischen Mannheim und Heidelberg

Barockstadt Mannheim 41
Zwischen Schloss und Neckarbrücke 43
Jugendstil rund um den Friedrichsplatz 50
Museen und Parks 51
Ladenburg 54
Schwetzingen, die kurpfälzische Sommerresidenz 58
Das Lustschloss 58
Die Gartenarchitektur 60

Heidelberg und Umgebung

Romantisches Heidelberg 65
Die Pfalzgrafen und ihr Schloss 65
Zwischen Kornmarkt und Bismarckplatz 70
Philosophenweg und Heiligenberg 79
Handschuhsheim, Stift Neuburg und Kloster Schönau 82
Die Bergstraße entlang nach Weinheim 83

Die Burgenstraße nach Bad Wimpfen

Burgen, Schlösser und Städte am Neckar 87
Bad Wimpfen 93
Die Talstadt 93
Die Bergstadt 97
Abstecher in den Odenwald und ins Bauland 105
Von Mosbach über Walldürn nach Tauberbischofsheim 105
Beschauliches Bauland 110

Im Kraichgau

Von Kloster Lobenfeld über Sinsheim zur Burgruine Steinsberg 113
Die Barockschlösschen in Bad Schönborn und Waghäusel 115
Bruchsal 116
Das fürstbischöfliche Schloss 117
Pfarrkirche St. Peter 123
Bretten, die Geburtsstadt Melanchthons 125
Zisterzienserkloster Maulbronn 126
Die Klosterkirche 128
Die Klausur 132
Burgen und kleine Städte des Kraichgaus 134

Karlsruhe und Umgebung

Karlsruhe, die großherzogliche Residenzstadt 137
Schlossanlage, Landesmuseum und Kunsthalle 140
Rund um den Marktplatz 145
Zwischen Rondellplatz und Mühlburger Tor 146
Von der Technischen Hochschule über das Durchlacher Tor zur Südstadt 149
Rund um Karlsruhe 152
Durlach, die ehemalige Markgrafenresidenz 154
Ettlingen 156
Wallfahrtskirche in Bickesheim 159

Die Schwarzwald-Bäderstraße

Die Goldstadt Pforzheim 161
St. Maria Magdalena in Tiefenbronn 164
Das Nagoldtal 168
Klosterruine Hirsau 168
Von Calw über Nagold nach Altensteig 175
Das Enztal 180

Rastatt, Baden-Baden und Umgebung

Rastatt, das badische Versailles 185
Residenzschloss und Schlosskirche 187
Rund um den Marktplatz 193
Lustschloss Favorite 194
Autobahnkirche St. Christophorus 197
Baden-Baden, die mondäne Kurstadt 197
Das Alte und das Neue Schloss 199
Rund um die Stiftskirche 203
Ein Rundgang im Kurviertel 207
Auf dem Weg nach Lichtental 213
Romanisches Benediktinerkloster Schwarzach 216

Ein Stück die badische Weinstraße entlang 218
Wallfahrtskirche Lautenbach 222

Durch den Nordschwarzwald
Die Schwarzwald-Hochstraße 227
Von Baden-Baden nach Freudenstadt 227
Freudenstadt 229
Von Freudenstadt nach Horb am Neckar 234
Die Schwarzwald-Tälerstraße 238
Das Kinzigtal: Über Kloster Alpirsbach nach Gutach 238
Das Murgtal: Von Klosterreichenbach nach Rastatt 247

Erläuterung der Fachbegriffe 253

Tipps und Adressen

Hinweise für die Reiseplanung 259
Unterwegs in Nordbaden 262
Informationen von A bis Z 276

Literaturauswahl 286
Abbildungsnachweis 288
Register 290

Verzeichnis der Karten und Pläne

Nordbaden vordere Umschlagklappe
Mannheim 42
Ladenburg 54
Heidelberg 71
Das Neckartal 88/89
Bad Wimpfen 97
Bruchsal 122
Karlsruhe 147
Nagold- und Enztal 169
Rastatt 186
Baden-Baden 200
Freudenstadt 230
Horb am Neckar 236
Nordschwarzwald hintere Umschlagklappe

Baden-Baden vor der Zerstörung von 1689 ▷

Landschaft, Kultur und Geschichte

Kulturlandschaft und Naturraum

Wer dieses Buch in die Hand nimmt, wird vielleicht überrascht sein, welche Städte und Sehenswürdigkeiten zu Nordbaden gerechnet werden. Ganz so streng waren wir bei der Auswahl tatsächlich nicht. Schöne, in sich geschlossene Streckenführungen haben dazu verleitet, auch über die ›Grenzen‹ hinwegzuschauen. Doch kann man das Gebiet Nordbaden überhaupt klar umreißen? Dass dem nicht so ist, wird sich später zeigen, wenn wir über die Geschichte seit dem 18. Jh. reden. Doch selbst historisch bedingte Abgrenzungen wie ›Markgrafschaft Baden‹ helfen nicht weiter, denn weder Handwerker noch Bildhauer, Maler oder Baumeister haben sich zu irgendeiner Zeit an solche gehalten. So ist es zu entschuldigen, wenn wir Ausflüge ins Hessische und Württembergische unternehmen. Bildet nicht z. B. Bad Wimpfen den krönenden Abschluss unserer Neckarfahrt, und will der im nördlichen Schwarzwald Reisende nicht auch etwas über das Leben und die Bauernhöfe der Schwarzwälder erfahren? Grundsätzlich ist jedoch der bis in die 70er Jahre des 20. Jh. bestehende Regierungsbezirk Nordbaden, der nach der Verwaltungsreform durch den Regierungsbezirk Karlsruhe abgelöst wurde und heute Unterer Neckar, Mittlerer Oberrhein und Nordschwarzwald umfasst, den Rahmen für diesen Kunst-Reiseführer.

Kunst, Kultur und Landschaft zwischen Odenwald, Rhein und Schwarzwald sind vielgestaltig: Im Odenwald und Schwarzwald finden sich schöne Fachwerkstädte neben einer Vielzahl von Ritterburgen, barocke Residenzen reihen sich rechts des Rheins wie Perlen an einer Schnur, große und kleine Klosteranlagen künden von längst vergangener Zeit, und überall in Baden stößt man auf mehr oder weniger mondäne Kurbäder. Daneben gibt es eine reiche Museumslandschaft, moderne Großstädte mit ihren Festspielhäusern, Theatern und Kleinkunstbühnen. Berühmt ist Baden auch wegen seiner Küche. Überall im Land finden sich Gaststätten, in denen man das gute badische Essen genießen kann. Nicht zu vergessen der badische Wein, der vielerorts Spitzenqualität erreicht. Vielleicht gelten deswegen die Badener als so ›symbadisch‹. Schließlich gibt es noch die bezaubernde Landschaft, die zum Wandern, Radfahren oder einfach nur Bestaunen einlädt.

Während unserer Reise fahren wir auf vielen schönen ›Touristenrouten‹, die einen sie charakterisierenden Namen tragen: Zuerst ist da die nahezu 1000 km lange **Burgenstraße,** die von Mannheim über Nürnberg bis nach Prag führt. Unsere Reise verläuft durch den Odenwald bis nach Bad Wimpfen, und es ist wohl keine Übertreibung zu sagen, dass es sich um einen der idyllischsten Streckenabschnitte handelt. Entlang des Neckars reihen sich, unterbrochen von schmucken Fachwerkstädtchen, imposante Ritterburgen und beeindruckende Schlösser aneinander. Die **Badische Spargelstraße** ist

Rebhänge an der Badischen Weinstraße

nach dem berühmten, für Baden so typischen Gemüse benannt. 110 km verläuft sie von Schwetzingen über Bruchsal, Karlsruhe, Rastatt bis nach Lichtenau. Entlang der Route gibt es Anbau, Direktvermarktung, Erzeugermärkte und – für den Reisenden sicherlich besonders interessant – Restaurants, die sich in der entsprechenden Jahreszeit auf Spargel spezialisiert haben. Nur einige Kilometer reisen wir von Baden-Baden aus auf der insgesamt 160 km langen **Badischen Weinstraße,** die eigentlich bis nach Weil am Rhein führt. Rebhänge, Weindörfer und Winzerhöfe in der Rheinebene und an den sonnigen Hängen des Schwarzwaldes machen auch diese Strecke zu einem großartigen Erlebnis, schließlich ist der badische Wein weit über die Region hinaus bekannt. Die drei berühmtesten und beliebtesten Schwarzwald-Straßen verlaufen innerhalb Nordbadens. Zunächst ist die **Schwarzwald-Hochstraße** anzuführen, die zwischen Baden-Baden und Freudenstadt in Höhen zwischen 700 m und 1000 m etwa 70 km durch eines der schönsten Gebiete des Schwarzwaldes führt. Die Strecke windet sich durch weite Wälder, vorbei an ruhig gelegenen Hotels und Kurhäusern. Überall kann man aussteigen, um kleinere oder größere Wanderungen zu unternehmen. Kaum eine andere Strecke des Schwarzwaldes birgt eine solche Vielfalt an Aussichten und Fernblicke auf die Oberrheinebene und hinüber ins Elsass. Die etwa 100 km lange **Schwarzwald-Tälerstraße** zieht sich durch die Täler von Kinzig und Murg. Von Freudenstadt geht es über das romanische Kloster Alpirsbach und viele Fachwerkstädte zum Schwarzwälder Freilichtmuseum Vogtsbauernhof oder über Klosterreichenbach an der Murg entlang zum barocken Rastatt. Schließlich ist noch die **Schwarzwald-Bäderstraße** zu nennen, an der viele Kurstädte und Bäder liegen. Sie führt vom Zusammenfluss von Nagold und Enz bei Pforzheim durch das Nagold- bzw. Enztal bis ins Quellgebiet beider Flüsse auf dem 800 m hohen Hochplateau von Freudenstadt. Liebhaber romanischer Kunst kommen hier auf ihre Kosten, doch säumen auch viele schön gelegene Städtchen den Weg. Bei allen drei Schwarzwald-Routen macht neben den Kulturdenkmälern ebenso die Natur, den Reiz der Landschaft aus.

Die eben beschriebene Vielgestaltigkeit ist auch ein wesentliches Merkmal der Landschaftsgestaltung Südwestdeutschlands. Drei Großräume werden unterschieden: Im Westen bildet das Oberrheinische Tiefland zusammen mit den flankierenden Gebirgszügen einen Raum von sehr spezifischer Ausprägung. Der durch jüngere Meeresablagerungen und Flussschotter aufgefüllte Oberrheingraben tritt uns heute als Oberrheinisches Tiefland mit Hügellandschaft und weiten Ebenen entgegen. Mit der Bruchtektonik des Oberrheingrabens steht die Existenz der zahlreichen Heilquellen in Zusammenhang. Aufgrund des günstigen Klimas und infolge der verkehrsräumlichen Vermittlerrolle nahm der Oberrhein in allen Epochen eine wichtige Stellung ein. Einen zweiten Raum stellt das Südwestdeutsche Schichtstufenland dar, das in der Kraichgaumulde an den Rand des Oberrheingrabens heranreicht, im übrigen an den Ostabdachungen von Schwarzwald und Odenwald ansetzt und sich bis nach Bayern hinein erstreckt. Schließlich ist als dritter Raum das Alpenvorland zu nennen.

An der Schwarzwald-Hochstraße

Geschichte und Kunst

Aus erstaunlich früher Zeit finden sich Spuren menschlichen Lebens in Nordbaden: Bei Heidelberg stieß man auf den ältesten Menschenfund Europas. Es ist der Unterkiefer des **Homo heidelbergensis,** der etwa 600 000 v. Chr. lebte. Im 5. Jt. v. Chr. tauchen erstmals Bauern auf, die das Land kultivierten. Von den hier lebenden steinzeitlichen Kulturen künden Funde in mehreren badischen Museen. Ab dem 8. Jh. v. Chr. nahmen die **Kelten** weite Teile Europas ein, ab 500 v. Chr. gelangten sie auch in die Region zwischen Heidelberg und Baden-Baden. Um den Gipfel des Heidelberger Heiligenbergs legten sie zwischen 450 und 250 v. Chr. einen doppelten Ringwall an, ein großartiges Zeugnis ihres Verteidigungssystems. Mit den Kelten erschien erstmals eine klar zu fassende Bevölkerungsgruppe. Dann eroberten die **Römer** das Gebiet (um Christi Geburt) und sicherten das von ihnen neu gewonnene Land durch den Limes (um 150 n. Chr.), den sie mit einem System von Kastellen besetzten. Kastelle des obergermanischen Limes befanden sich in Walldürn, Heidelberg, Osterburken und bei Wimpfen gegenüber der Jagstmündung, also an strategisch wichtigen Stellen. Im Schutze des Militärs entwickelte sich eine blühende Kulturlandschaft.

Mit den Römern gelangte ein hoch entwickeltes Badewesen in die Region.

Bei der Verwaltung ihrer Provinzen stützten sich die Römer auf die *civitas.* Solche Römerstädte waren Ladenburg, Pforzheim und Baden-Baden. Die ländliche Bevölkerung lebte auf Einzelhöfen, sog. *villae rusticae.* Die freigelegten Reste der römischen Kultur, die heute überall in Baden vor Ort oder in Museen besichtigt werden können, sind bedeutende Zeugnisse jener Zeit. Der Reisende wird bei seinen Besuchen der entsprechenden Museen und Ausgrabungen viele überraschende Entdeckungen machen.

Um 260 n. Chr. setzten die **Alemannen** der Römerherrschaft ein Ende. Sie ›überrannten‹ den Limes, sodass sich die Römer zunächst auf die Rheinlinie zurückziehen mussten, die sie 200 Jahre später ebenfalls aufgaben. Mangelnde politische Einheit der alemannischen Stammesverbände ermöglichte dann ab dem 5. Jh. den fest organisierten **Franken,** in deren Gebiet einzudringen. Die Franken öffneten sich der Christianisierung und nutzten Klostergründungen auch zur Schaffung einer effektiven politischen Organisation: Die Oberschicht hielt sich die Verfügungsgewalt über Kirchengüter und Pfarrstellen vor und unterstellte die Klöster zum Schutz weltlichen Vögten. Dies waren die Anfänge des ›ottonisch-salischen Reichskirchensystems‹. Zu den frühesten Klostergründungen Nordbadens gehören Heiligenberg bei Heidelberg, Hirsau, Mosbach, Schwarzach und Tauberbischofsheim. Ein früher, noch erhaltener Bau ist das ottonische Westwerk der Stiftskirche in Bad Wimpfen im Tal. Im frühen 11. Jh. entstand die einschiffige St. Galluskirche in Ladenburg, deren Krypta die späteren Veränderungen überstanden hat.

Baden-Baden, Altes Schloss (Schloss Hohenbaden) auf dem Battert

Wie sah nun Nordbaden zu Beginn des zweiten Jahrtausends aus? Einige Ansiedlungen gab es bereits in der Oberrheinebene, während der Schwarzwald noch kaum erschlossen war. Lediglich die Klöster Hirsau (Neugründung 1059) Alpirsbach (1095) und Reichenbach (1082) hatten schon im Nordschwarzwald Fuß gefasst. Schon vorher hatte es Kapellen gegeben wie St. Candidus (um 1000), die sogar noch romanische Fresken besitzt. Die ältesten Bauteile der Remigiuskirche in Nagold stammen aus karolingischer Zeit. Eine Straße führte von Straßburg durch das Kinzigtal in die Baar. Der Schwarzwald war also kein Hindernis für den künstlerischen Austausch oder den Warenverkehr. Verkehrsadern waren auch die schiffbaren Flüsse, also primär Rhein und Neckar. Man schätzt, dass im 11. Jh. etwa 100 000 Menschen im ›badischen‹ Oberrheingebiet gelebt haben – erst im 12. Jh. soll sich die Bevölkerung verdoppelt haben. Die Landschaft hatte sich durch weitere Städte- und Klostergründungen verändert. Zu nennen sind vor allem die Benediktinerabteien Gottesaue bei Karlsruhe (1110) und Neuburg bei Heidelberg (1130), die Zisterzienserklöster Schönau (1142), Maulbronn (1147) und Herrenalb (1149), das Prämonstratenserkloster Allerheiligen (1191) im Schwarzwald sowie das Augustiner-Chorherrenstift Lobenfeld (1152).

Im Südwesten baute die Familie der Zähringer ihre Machtstellung aus, die sich seit 1078 in eine herzogliche und eine markgräfliche Linie aufspaltete. Die für unser Gebiet so entscheidenden **Markgra-**

fen von Baden sind eine Seitenlinie der Zähringer Herzöge: Markgraf Hermann I., der Frau und Kind verließ, um Mönch in Cluny zu werden, und Herzog Berthold II. von Zähringen waren Brüder. Ihr Vater Berthold I., Herzog von Kärnten, hatte eine führende Rolle im Investiturstreit gespielt. Der Sohn Markgraf Hermanns I. nannte sich 1112 erstmals in einer Urkunde *marchio de Baden,* Markgraf von Baden, nach der von ihm errichteten Burg Hohenbaden. Die imposanten Reste zeugen noch heute von der Bedeutung dieses Herrschergeschlechts. Man weiß nicht, warum Hermann II. hoch auf dem Battert und nicht gleich über der Siedlung – wo später das Neue Schloss entstand – seine Stammburg errichtete. Auf jeden Fall war er sich der Bedeutung des Ortes Baden mit seinen Heilquellen bewusst, vielleicht auch weil dort noch römische Ruinen vorhanden waren. Die herzogliche Linie der Zähringer war bereits 1218 mit Berthold V. ausgestorben, das Reichslehen an den Kaiser zurückgefallen. Dagegen erfolgte seit dem 13. Jh. der kaum unterbrochene Aufstieg der badischen Markgrafen. Besonders verdient um die Erweiterung des badischen Territorialstaates machten sich die Markgrafen Bernhard I. (1372–1431) und Christoph I. (1475–1527).

Doch bleiben wir noch kurz bei den ersten beiden Jahrhunderten des letzten Jahrtausends. Damals prallten die gegensätzlichen Interessen des Königs und der Geistlichkeit so heftig aufeinander, dass es zum Zusammenbruch des frühmittelalterlichen Gesellschaftssystems kam. Der Großvater des ersten Markgrafen von Baden, der Zähringer Berthold I. war einer der Widersacher Heinrich IV. zu Zeiten des **Investiturstreits.** Doch wie war es dazu gekommen? Seit dem 10. Jh. bewirkte die von der Benediktinerabtei Cluny (Burgund) ausgehende *kluniazensische Reform* einen einschneidenden Wandel in der politischen Struktur. Der weltliche Zugriff auf Kirchenangelegenheiten und das Recht des weltlichen Herrschers, kirchliche Stellen zu besetzen, wurden fortan abgelehnt, also die Freiheit der Kirche *(libertas ecclesiae)* gefordert. Wichtig für die Entwicklung Clunys war das Recht einer freien Abtwahl. Nur so konnte sichergestellt werden, dass der Reformeifer nicht nachließ. Programmatisch war die Wahl eines Mönchs zum Papst Gregor VII.

Die Konfrontation zwischen Gregor VII. und Heinrich IV. führte schließlich zum Gang nach Canossa, der Kaiser ›unterwarf‹ sich der geistlichen Autorität.

Das deutsche Zentrum der Reformbewegung bildete das 1059 auf Veranlassung von Papst Leo IX. wiedergegründete Kloster Hirsau, dessen Abt Wilhelm die Klosterregeln nach dem Vorbild Cluny umgestaltete. Obwohl Kirche und Klosteranlagen nur als Ruine erhalten sind, erkennt man an den Dimensionen noch gut die Größe und Bedeutung und an dem noch vorhandenen Eulenturm die Pracht der einstigen Anlage. Von Hirsau aus betrieben die Mönche die Gründung und den Bau weiterer Klöster. Reichenbach im Murgtal ist eines davon. Ein weiteres Zentrum der Reformbewegung war St. Blasien, von dem aus Kloster Alpirsbach gegründet wurde. Diesem standen seit 1117 Hirsauer Mönche als Äbte vor. Die erhaltene Alpirsbacher Klosterkirche folgt dem Vorbild der zerstörten Hirsauer Kirche, und gehört mit Reichenbach zu den bedeutendsten

Stammtafel der Markgrafen und Großherzöge von Baden

- Hermann I. († 1074) Markgraf von Verona, Graf im Breisgau
  - Hermann II. († 1130) Erster Markgraf von Baden
    - Hermann III. († 1160)
      - Hermann IV. († 1190)
        - Hermann V. († 1243)
          - Hermann VI. († 1250) Herzog von Österreich und Markgraf von Baden
            - Friedrich von Österreich
              - Linie erloschen
          - Rudolf I. († 1288)
            - Bernhard I. († 1431)
              - Karl I. († 1475)
                - Christoph I. († 1527) 1535 Teilung der Markgrafschaft
                  - Mgf. von Baden-Baden, kath. Linie Markgraf Bernhard IV. von Baden-Baden 1515–36
                    - Markgraf Ludwig Wilhelm, ›Türkenlouis‹ 1677–1707 verm. mit Sibylla Augusta
                      - Linie 1771 erloschen
                  - Mgf. von Baden-Durlach ab 1556 ev. Linie Markgraf Ernst von Baden 1533–52
                    - Markgraf Karl II. 1553–77
                      - Markgraf Karl III. Wilhelm 1709–38
                        - Karl Friedrich 1738–1811 Markgraf von Baden-Durlach und ab 1771 von Baden-Baden, 1803 Kurfürst, 1806 erster Großherzog von Baden
                          - Erbprinz Karl Ludwig († 1801)
                            - Ghz. Karl 1811–18 verm. mit Stephanie de Beauharnais
                          - Ghz. Ludwig I. 1818–30
                          - Ghz. Leopold 1830–52
                            - Ghz. Ludwig II. 1852–56
                            - Ghz. Friedrich I. 1856–1907
                              - Friedrich II., letzter Großherzog 1907–18 († 1928)
                            - Prinz Wilhelm († 1897)
                              - Prinz Max († 1929) 1918 Reichskanzler
                                - Berthold Friedrich († 1963) führt Markgrafentitel weiter
                                  - Maximilian (Max) * 1933 Markgraf von Baden (seit 1963)
                                    - Michael (* 1976)
                                    - Bernhard, Erbprinz (* 1970)
                                    - Leopold (* 1971)
                                  - Ludwig * 1937
                                    - Berthold (* 1976)
        - Heinrich I. († 1231) Graf im Breisgau, Gründer der Linien Hachberg und Sausenberg
          - Linie 1503 erloschen

Stammtafel der Kurfürsten von der Pfalz

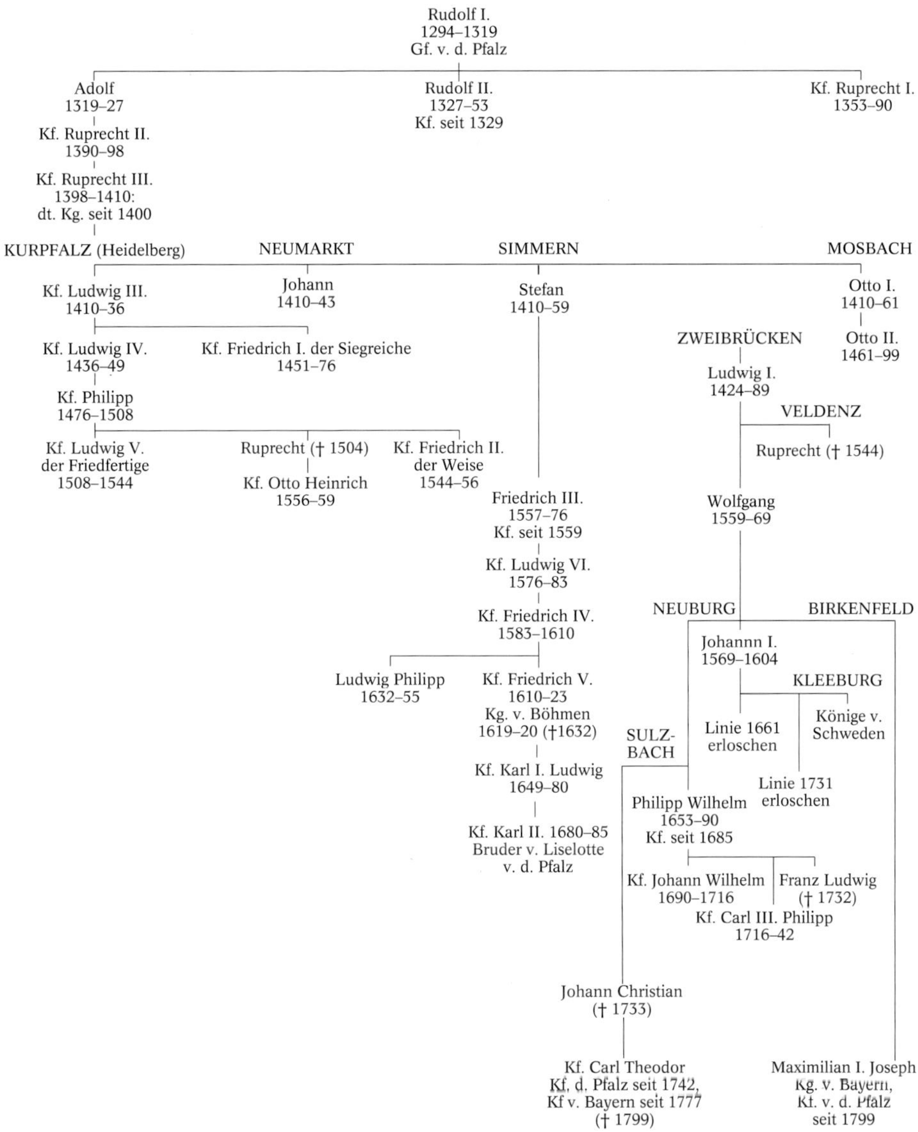

Reformbauten in Deutschland. Diese Klöster waren ehemals reich mit Kunstwerken geschmückt, die meist auf Stiftungen zurückgingen. In Freudenstadt haben sich in der ev. Stadtkirche zwei hervorragende skulpturale Werke der Romanik erhalten, die wohl aus einem Schwarzwaldkloster stammen: ein Taufstein und ein Lesepult.

Im *Wormser Konkordat* 1122 verzichtete Kaiser Heinrich V. schließlich auf das Recht der Investitur. Als Gewinner gingen neben der Kirche vor allem die Adligen aus dem Streit hervor, die durch die Schwächung des Königs ihre eigene Macht ausbauen konnten. Ruinen ihrer Wohnsitze sind im Neckartal und im Schwarzwald noch vielerorts erhalten. Die berühmteste Ruine befindet sich sicherlich in Heidelberg: das Schloss der Kurfürsten von der Pfalz. Den Neckar entlang liegen an den Hängen des Odenwaldes viele Ritterburgen, von denen einige noch bewohnt sind. Im Kraichgau ist Burg Steinsberg ein selten gut erhaltenes Beispiel spätstaufischen Burgenbaus. An den Ausläufern des Schwarzwaldes lohnt vor allem der Stammsitz der Markgrafen von Baden, Burg Hohenbaden, den Besuch. Einen guten Eindruck der romanischen Profanarchitektur erhält man zudem beim Betrachten der mächtigen Schildmauer in Berneck. Der Burgenbau erreichte seinen Höhepunkt im 12. und 13. Jh., danach verlor er durch die erlangte Selbstständigkeit der Städte und die weitere Entwicklung an Bedeutung. Schließlich sorgten die Bauernkriege, der Dreißigjährige Krieg und der Pfälzische Erbfolgekrieg für die Zerstörung der meisten Burganlagen.

Ein weiterer Reformorden waren die **Zisterzienser.** Der Orden entwickelte sich mit der Gründung der Mutterabtei Cîteaux in Burgund und gewann durch die strenge Befolgung der Benediktinerregel und asketische Zurückgezogenheit hohes Ansehen. In Maulbronn hat sich ein einzigartiges Beispiel einer vollständigen Klosteranlage mit dazugehörigen Wirtschaftshöfen erhalten. Aufgrund seiner herausragenden weltweiten Bedeutung hat es die UNESCO als Weltkulturerbe eingestuft. Das Maulbronner Paradies und das Herrenrefektorium gehören mit ihren frühgotischen, aus Burgund herzuleitenden Formen zum Übergangsstil auf dem Weg von der Romanik zur Gotik. In dieser Zeit entstanden auch die architektonischen und bauplastischen Formen der Kirchen in Schwarzach und Lobenfeld. Ein weiteres interessantes Beispiel frühgotischer Architektur ist die Stiftskirche in Bad Wimpfen.

Ein zu Unrecht häufig übersehener Kunstbereich ist die Grabmalskunst. Seit dem 11. Jh. wurde es für obere Gesellschaftsschichten immer wichtiger, den Grabstein mit einem Konterfei, dem Wappen und Insignien auszustatten. Sicherlich haben die Bildnisse meist wenig mit der Realität gemein, doch sind es häufig hervorragende bildhauerische Werke. Nordbaden ist reich an diesen Zeugnissen: Die Kurfürsten von der Pfalz ließen sich in der Heiliggeistkirche zu Heidelberg bestatten, die Markgrafen von Baden in der Stiftskirche in Baden-Baden und im Kloster Lichtenthal. Auf weitere sehenswerte Kunstwerke dieser Art trifft man z. B. in Heidelberg-Hand-

Blick auf die Klosteranlage Maulbronn

schuhsheim, Adelsheim, Neckarbischofsheim, Maulbronn und Herrenalb. Gotische Malerei von europäischem Rang findet sich bis heute in der Pfarrkirche zu Tiefenbronn: Lucas Moser malte das berühmte Magdalenenretabel (1432), und Hans Schüchlin vollendete 1469 das von den Häusern Baden und Württemberg, vom Hirsauer Abt und der Familie von Gemmingen gestiftete Hochaltarretabel.

Im Norden grenzten die Besitztümer des Speyrer Fürstbischofs unmittelbar an die Markgrafschaft. Dann folgten die Gebiete der **pfälzischen Kurfürsten.** Die Pfalzgrafen spielten eine bedeutende Rolle in der mittelalterlichen Reichspolitik. Bereits seit 1198 durften sie den König mitwählen. Im 13. Jh. wurden familiäre Beziehungen zu den Wittelsbachern hergestellt, nach Erbteilungen gingen die pfälzische und altbayerische Linie bis 1777 getrennte Wege. Die beiden ersten Wittelsbacher, Ludwig I. und Otto II., weilten vorwiegend in ihren bayerischen Stammlanden. Doch bereits unter Ludwig II. gewann die Pfalz an Bedeutung. Als 1329 durch den Erbvertrag von Pavia sich die Wittelsbacher in zwei Linien teilten, wurde Heidelberg Residenz der pfälzischen Linie. In der Goldenen Bulle wurde der Besitz der Kurwürde durch Kaiser Karl IV. bestätigt. Einige der Pfalzgrafen haben Bedeutendes geleistet: Ruprecht I. (reg. 1353–1390) gründete in Heidelberg 1386 die erste deutsche Universität; sein Großneffe Ruprecht III. (reg. 1398–1410) wurde 1400 zum deutschen König gewählt, und der kunstsinnige Ottheinrich förderte Kunst und Wissenschaft. Friedrich V. ließ zwar den berühmten Hortus Palatinus anlegen, der als achtes Weltwunder gefeiert wurde, doch begann mit ihm der Niedergang von Schloss und Stadt.

Neben der Entwicklung des Hochadels erlangten die durch Handel und Gewerbe reich gewordenen Städte immer größeres Selbstbewußtsein. Einige konnten den Status einer Freien Reichsstadt erzielen. Besonders idyllische Stadtansichten bieten Altensteig, Berneck und Heidelberg. Bürger traten bald auch als Stifter bedeutender Kunstwerke auf, so der Arzt Hans Ulrich Scherer, der 1467 ein monumentales Kruzifix für den Friedhof in Baden-Baden stiftete, für dessen Anfertigung er den auch in Straßburg tätigen Nikolaus Gerhaerts von Leyden gewinnen konnte. Städtischer Wohlstand und städtische Kultur spiegeln sich deutlich in dem reichen Bestand an Fachwerkbauten wider. Bedeutende Beispiele sind das Palmsche Haus in Mosbach und diverse Fachwerkhäuser in Ladenburg, Weinheim, Schiltach und Tauberbischofsheim, um nur wenige zu nennen. Die ländlichen Facetten lernt man im Schwarzwald kennen. Stattliche Bauernhöfe, die im Gutacher Freilichtmuseum zu besichtigen sind, zeugen vom schweren Broterwerb und vom gottesfürchtigen Leben der Bauernfamilien.

Die **Reformation** brachte auch in Baden tiefe Veränderungen mit sich. In Bretten erblickte der Reformator Melanchthon, in Pforzheim der Humanist Reuchlin das Licht der Welt. Die Klöster Maulbronn und Hirsau wurden neben den meisten anderen aufgelöst. Einigen drohte der Verfall, andere wurden als evangelische Schulen weiterge-

Blick auf das Heidelberger Schloss und die Rheinebene, Gemälde von Carl Rottmann, 1820/22

führt. Neben den geistlichen Gebieten blieb nur die Baden-Badener Linie der Markgrafschaft katholisch. 1525 wurde der Bauernaufstand blutig niedergeschlagen. Der von Goethe dichterisch verewigte Götz von Berlichingen spielte eine führende Rolle auf Seiten der um ihre Rechte kämpfenden Bauern. Auf der gut erhaltenen Burg Hornberg am Neckar schrieb der Ritter mit der Eisernen Hand seine Lebenserinnerungen. Dagegen wurde der Maler Jörg Ratgeb in Pforzheim als einer der Rädelsführer hingerichtet. Schließlich hielt die Renaissance in Baden Einzug. Einige bedeutende Werke dieser Epoche warten auf einen Besuch. An vorderster Stelle sind der Ottheinrichs- und der Friedrichsbau in Heidelberg zu nennen. Im Schwarzwald gründete der württembergische Herzog Friedrich I. im Jahre 1599 Freudenstadt. Es ist die älteste auf dem Reißbrett entworfene Idealstadt der Renaissance nördlich der Alpen.

Weitere ›Idealstädte‹ Nordbadens sind Mannheim (17. Jh.) und Karlsruhe (18. Jh.).

Eine Zäsur in der Entwicklung der **Markgrafschaft Baden** fand 1535 statt, als durch Erbteilung eine Aufgliederung in eine katholische und eine evangelische Linie erfolgte, die bis 1771 bestand. Die katholische Markgrafschaft mit Baden-Baden und Rastatt als Residenz war ständig hochverschuldet und der Gegenreformation verpflichtet. Die evangelische Linie Baden-Durlach, die ihre Residenz zuerst in Pforzheim, dann in Durlach und schließlich in Karlsruhe hatte, war zwar sparsam und bescheiden, doch lange Zeit unbedeutend. Glaubenspolitisch waren sie von Württemberg und der Kurpfalz abhängig.

Es folgte ein dunkles Jahrhundert. Seit dem 17. Jh. hatten die Pfalz und Baden unter Kriegszügen zu leiden. Kurfürst Friedrich V. (reg. 1610–23) strebte danach, die Kurpfalz zur mächtigsten protestantischen Macht in Deutschland zu machen. Er heiratete die protestantische Tochter des englischen Königs Jakob I., Elisabeth Stuart. Als der Kurfürst (›Winterkönig‹) schließlich die böhmische Königskrone annahm, war der Ausbruch des **Dreißigjährigen Krieges** (1618) nicht mehr zu verhindern. Friedrich V. verlor die Schlacht am Weißen Berg bei Prag und zugleich mit dem Land auch die Kurwürde. Württemberg und Baden-Durlach standen auf Seiten Friedrichs V. und der Protestantischen Union. Als diese von den Katholiken besiegt wurden, mußten der württembergische Herzog und der Markgraf fliehen. Die katholischen Truppen konnten unter Feldherr Tilly 1622 Heidelberg einnehmen, woraufhin 1623 die berühmte Bibliotheca Palatina auf Geheiß des neuen Kurfürsten Maximilian von Bayern als Geschenk an den Papst nach Rom gelangte. Die Pfalz und weite Teile Badens wurden verwüstet, Angst und Schrecken herrschte unter der Bevölkerung. Die Zerstörungen und Plünderungen fanden erst 1648 mit dem Westfälischen Frieden ein vorläufiges Ende. Dabei erhielt der Sohn des ›Winterkönigs‹, Karl I. Ludwig (reg. 1649–80), einen Teil des Landes – verbunden mit einer neuen, achten Kurwürde – zurück. Er kehrte nach Heidelberg zurück und baute seine Residenz wieder auf. Doch sollte es über ein Jahrhundert dauern, bis die enormen Bevölkerungsverluste ausgeglichen waren, und auch ein wirtschaftlicher Aufschwung war lange Zeit nicht möglich.

Man hatte sich von diesem Krieg kaum erholt, als es erneut zu kriegerischen Auseinandersetzungen kam. Um seine geschwächte Hausmacht zu stärken, vermählte Karl I. Ludwig seine Tochter Liselotte 1671 mit Herzog Philipp von Orléans, dem Bruder Ludwigs XIV. Nachdem das kurfürstliche Haus Pfalz-Simmern im Jahre 1685 mit Karl I. Ludwigs Sohn ausgestorben war, erhoben die Franzosen Anspruch auf das Erbe, die der König mit Waffengewalt durchzusetzen versuchte. Die Heere Ludwigs XIV. besetzten, verwüsteten und plünderten im Verlauf des Pfälzisch-Orléansschen Krieges die Pfalz und die angrenzenden Länder. Der Befehl war deutlich: »Brûlez le Palatinat«. Heidelberg wurde erneut zerstört, das Schloss 1689 gesprengt und abgebrannt. Neben Heidelberg fielen auch Pforzheim, Durlach, Ettlingen, Baden-Baden, Rastatt, Calw und Hirsau der Zerstörung anheim. Erst der Friede von Rijswijk beendete 1697 diesen folgenschweren Krieg.

Das Land war ruiniert, die Bevölkerung dezimiert. Sämtliche Burgen und Schlösser des Oberrheins mitsamt unzähligen Dörfern und Städte waren in den Kriegen des 17. Jh. niedergebrannt worden. Es gab kaum einen Bürger, kaum einen Fürsten, der noch ein heiles Dach über dem Kopf hatte. Für die Entstehung **barocker Residenzen** war die Zeit freilich außergewöhnlich günstig. Und auch die Landschaft erschien geradezu ideal, denn in den weiten Ebenen des oberrheinischen Tieflandes ließen sich ohne Einschränkungen weitläufige Schlösser und neue Stadtanlagen errichten. Hier konnten die absolutistisch regierenden Fürsten der glanzvollen Hofhaltung des Sonnenkönigs Ludwig XIV. in Versailles nacheifern. Einige der neu erbauten Residenzen sind Ausgangs- oder Mittelpunkt neuer Stadtanlagen geworden, ein typisches Merkmal für die Epoche des fürstlichen Absolutismus. In Nordbaden waren in den ersten Jahrzehnten des 18. Jh. so viele neue Bauvorhaben in Gang wie sonst nirgends in Deutschland. Eng benachbart liegen die berühmtesten und bedeutendsten Barockresidenzen Badens in der Rheinebene: Für das niedergebrannte Heidelberger Schloss entstand die Mannheimer, für Baden-Baden die Rastatter und für Durlach die Karlsruher Barockresidenz.

Der zur Erbfolge in der Pfalz berufene Kurfürst Johann Wilhelm von Pfalz-Neuburg (reg. 1690–1716) war samt Hof in seiner Düsseldorfer Residenz geblieben. Erst sein Bruder und Nachfolger Carl III. Philipp (reg. 1716–42) verlegte seinen Wohnsitz nach Heidelberg, doch fand er hier nicht nur ein halb zerstörtes Bergschloss vor, sondern auch noch eine selbstbewusste, protestantische Bevölkerung. Der katholische Kurfürst beanspruchte die gesamte Heiliggeistkirche als Hofkirche und wollte dafür den Reformierten ein neues Gotteshaus bauen. Doch diese lehnten seine Forderung strikt ab, was der Kurfürst mit der gewaltsamen Inbesitznahme des Langhauses und Niederlegung der Scheidemauer beantwortete. Nur das Eingreifen der protestantischen Reichsstände und ein kaiserlicher Schiedsspruch vermochten schließlich den Streit zu schlichten. Carl III. Philipp nahm seine Niederlage zum Anlass, zunächst nach Schwetzingen zu ziehen und schließlich 1720 seine Residenz nach Mannheim zu verlegen, um dort einen ganz neuen, repräsentativen Schlossbau zu verwirklichen.

Vorher hatten bereits die beiden Linien des markgräflich-badischen Hauses die Initiative zu einem Schlossneubau ergriffen. Neben Heidelberg waren im Erbfolgekrieg auch die Residenzen des badischen Markgrafen in Baden-Baden und Durlach niedergebrannt. Markgraf Ludwig Wilhelm (reg. 1677–1707), genannt Türkenlouis, der als kaiserlicher Generalfeldmarschall im Krieg gegen die bis Wien vorgerückten Türken gebunden war, konnte erst 1693 sein Land gegen die französischen Übergriffe verteidigen. Er entschied, anstatt das Baden-Badener Schloss auszubauen, eine prachtvolle, völlig neue Schlossanlage im nahegelegenen Rastatt zu errichten. Die bereits 1705 vollendete Residenz bildete den Auftakt der absolutistischen Schlösser am Oberrhein. Lieblingsprojekt seiner Witwe Markgräfin Sibylla Augusta war das nahe gelegene Lustschloss Favorite. In der näheren und weiteren Umgebung entstanden

Schloss Favorite, Spiegelsaal, Detail

dann in rascher Folge mehrere Nebenschlösser, wie Scheibenhardt, Ettlingen und Fremersberg. Mit dem Tod der Markgräfin 1733 endete diese Bautätigkeit abrupt.

Die Baden-Durlacher Linie gab ihr großangelegtes Bauvorhaben im zerstörten Durlach zugunsten des von Karl III. Wilhelm 1715 neu begonnenen Schloss Karlsruhe völlig auf. Mit dem fächerförmigen Grundriss, in dem alle Straßen auf das Schloss ausgerichtet sind, bringt die Residenzstadt das Selbstverständnis absolutistischen Fürstentums zum Ausdruck. Die nordbadischen Städte Mannheim, Karlsruhe und Rastatt sind also keine mittelalterlichen, sondern barocke Neugründungen. Neben diesen weltlichen Schlossprojekten bauten die Fürstbischöfe des protestantisch gewordenen Speyer eine neue, großartige Residenz in Bruchsal, für die sie einige der führenden Künstler und Architekten jener Zeit gewannen.

Die Ehen der Söhne des Türkenlouis blieben ohne Erbfolger. Nach dem Tod des letzten Markgrafen von Baden-Baden kam daher die katholische Linie 1771 an die evangelische Markgrafschaft Baden-Durlach. Für das hoch verschuldete Baden-Baden war die Zusammenlegung beider Linien ein Glücksfall. Die Regierungszeit Karl Friedrichs (1738–1811), der vom unbedeutenden Regenten Baden-Durlachs über die Wiedervereinigung mit Baden-Baden schließlich zum Großherzog einer europäischen Mittelmacht aufstieg, war von einer äußerst positiven Entwicklung geprägt: Der Karlsruher Hof zog Dichter, Schriftsteller, Erfinder und Naturwissenschaftler an. Das Zeitalter der Aufklärung hatte damit auch in Baden begonnen. Die Nachfolge Karl Friedrichs trat sein Enkel Karl (reg. 1811–18) an. Beide Söhne aus Karls Ehe mit Stephanie de Beauharnais, der Adoptivtochter Napoleons I., starben früh. Mit dem ersten Sohn ist die Kaspar-Hauser-Legende verbunden. Das 1812 im Alter von 19 Tagen ›verstorbene‹ Kind soll der 1828 in Nürnberg aufgetauchte und 1833 ermordete Findling Kaspar Hauser sein. Man mutmaßt, dass der Säugling entführt und stattdessen ein totes Kind untergeschoben wurde. Verantwortlich für die Tat soll die zweite Gemahlin Karl Friedrichs gewesen sein, die ihre eigenen Söhne auf den Thron bringen wollte. Zwar verstarb auch Karls zweiter Sohn sehr früh, doch kann nicht bewiesen werden, dass Karoline Geyer von Geyersberg auch hier ihre Hände im Spiel hatte. Nach Karls Tod kamen dann tatsächlich mit Ludwig I. (reg. 1818–30) und Leopold (reg. 1830–52) die Söhne Karl Friedrichs und Karolines an die Regierung. Das Auftauchen Kaspar Hausers führte jedenfalls zu heftigen Spekulationen über die Legitimität des regierenden Großherzogs. Während Baden an politischer Bedeutung gewann und dabei sein Staatsterritorium erheblich ausdehnte, hatte die Pfalz ihre Eigenständigkeit verloren. Nach der Erbschaft von Kurbayern 1777 siedelte Kurfürst Carl Theodor (1742–99) samt Hof von Mannheim nach München über.

Die Französische Revolution und die darauf folgenden Kämpfe Napoleons I. gegen nahezu alle anderen europäischen Mächte (Koa-

Kursaal in Baden-Baden, Mitte 19. Jh.

litionskriege) bedeuteten auch für Baden erneuten Krieg. Dabei stand das Land zunächst hinter Frankreich, das zur mächtigsten Nation Europas aufstieg. Nach dem Friedensschluss von Lunéville (1801) und dem Reichsdeputationshauptausschuss erfolgte die Neustrukturierung Mitteleuropas. Auch die Territorien Südwestdeutschlands veränderten sich: Die Pfalz links des Rheins ging an Frankreich, die rechtsrheinische Pfalz mit den ehemaligen Residenzstädten Heidelberg und Mannheim kam 1803 zum größten Teil an die Markgrafschaft Baden. Die meisten Freien Reichsstädte verloren ihren Status, fast alle badischen Klöster wurden im Zuge der Säkularisation aufgelöst. Die Gebiete und der Besitz wurden aufgeteilt. Auch im dritten Koalitionskrieg (1805/06) blieben Baden und Württemberg, die von der napoleonischen Neuordnung so sehr profitiert hatten, auf Seiten der Franzosen. Als Lohn erhielten sie nach dem Sieg bei Austerlitz einen weiteren Gebietszuwachs aus vorderösterreichischem Territorium. Baden vergrößerte seine Fläche um mehr als 700 %. Es reichte im Südosten bis zum Bodensee und im Nordosten bis an Tauber und Main. Zudem wurde dem Land 1806 der Status eines **Großherzogtums** zugesprochen und entsprechend der badische Markgraf zum Großherzog ernannt. Gerade noch rechtzeitig vor Napoleons Niederlage 1813 in der Völkerschlacht bei Leipzig wechselte Baden auf die Seite der Koalitionäre.

Unterdessen war besonders in der großherzoglichen Residenzstadt Karlsruhe eifrig gebaut worden. Die klassizistischen Bauten der

Stadt sind eng mit dem Namen des Architekten Friedrich Weinbrenner (1766–1826) verbunden. Bis 1918 blieb Karlsruhe Residenz. Baden-Baden entwickelte sich unterdessen zur mondänen europäischen Kurstadt, Mannheim aufgrund seines Hafens zu einem wichtigen Industriestandort, Pforzheim mit seinem Uhren- und Schmuckgewerbe zur ›Goldstadt‹ und Heidelberg wurde als das Mekka der Romantik gefeiert.

1818 hatte das Großherzogtum Baden eine liberale Verfassung erhalten. Die ersten wahren Demokratisierungsversuche endeten jedoch in der niedergeschlagenen **Badischen Revolution** (1848/49), die die Fundamente der staatlichen Ordnung ins Wanken brachte. Zahlreiche Bürger traten für ihre Überzeugung einer freiheitlichen Gesellschaft ein und schlossen sich der republikanischen Bewegung an. Die Freischärler unter Friedrich Hecker (1811–81) und Gustav Struve (1805–70) wurden mit Truppengewalt auseinandergetrieben. Im Mai meuterten auch die Soldaten der Bundesfeste Rastatt. Die Rebellion griff nach Karlsruhe über. Großherzog Leopold (reg. 1830–52) musste fliehen und ersuchte Hilfe von Preußen. Mit dessen Unterstützung gelang es schließlich, den Aufstand niederzuschlagen. Am 21. Juni 1849 besiegte die preußische Armee die badische Hauptstreitmacht bei Waghäusel. Am 23. Juli fiel Rastatt als letzte Bastion der Freiheitskämpfer, deren Anführer standrechtlich erschossen wurden.

Großherzog Friedrich I., Gemälde von Hans Thoma

Seit 1852 regierte Großherzog Friedrich I. (1852–1907). Er machte sich in besonderem Maße um die Entwicklung Badens verdient und verschaffte dem Land hohes Ansehen und Einfluss auf die Reichspolitik. Man nennt ihn daher auch Vater des Badener Landes. Nach den Kriegen mit Frankreich erlebte das Großherzogtum den wirtschaftlichen Aufschwung der Gründerzeit. Besonders in Heidelberg zeigen ganze Straßenzüge und Stadtteile noch die Bauten dieser Epoche. Anderswo haben die Zerstörungen des Zweiten Weltkriegs das Bild verändert. Mannheim, Karlsruhe und Pforzheim wuchsen zu Großstädten heran, deren neue Industrieunternehmen Arbeitsplätze schufen. Und wie war es im Badener Land mit der Gleichberechtigung bestellt? In Karlsruhe entstand 1893 das erste Mädchengymnasium, das die Voraussetzung zum Studium schuf. 1899 legten erstmals vier Mädchen das Abitur ab. Das Wahlrecht für Frauen war jedoch noch nicht eingeführt, hier sollten noch einige Jahre ins Land gehen.

Auf Reisen durch Nordbaden fallen die großen neugotischen und neuromanischen Kirchenbauten mit häufig noch vollständig erhaltenen Ausstattungen der Erbauungszeit ins Auge. Unter anderem haben sich Johannes Schroth und der Karlsruher Baudirektor Josef Durm damit einen Namen gemacht. Moderne Kunstwerke des beginnenden 20. Jh. sind vor allem in den Großstädten zu besichtigen. Die größte Jugendstilanlage Europas schmückt Mannheim. Dort steht auch der bekannteste Museumsbau des Architekten Hermann Billing, der zudem die Kunsthalle in Baden-Baden plante und dessen Bauten das Karlsruher Stadtbild wesentlich mitbestimmen. Nach dem Ende des Ersten Weltkriegs zwangen aufmarschierende Soldatenräte den badischen Großherzog Friedrich II. von Baden zur Flucht und Abdankung. Baden wurde 1918 **Freistaat.** Seitdem stehen die einstigen Residenzschlösser unter staatlicher Verwaltung, teilweise wurden bereits damals Museen darin eingerichtet. Lediglich das Neue Schloss in Baden-Baden blieb Eigentum der badischen Markgrafen. Die Architektur der Weimarer Republik ist vom Bauhaus geprägt. Ein gelungenes Beispiel findet sich in Karlsruhe, wo in den frühen 30er Jahren die Dammerstocksiedlung entstanden ist.

Nach dem Zweiten Weltkrieg lag ein großer Teil Badens in Schutt und Asche. Mannheim, Bruchsal, Karlsruhe und Freudenstadt waren durch Bomben verwüstet. Pforzheim wurde kurz vor Kriegsende von einem durch einen Bombenangriff ausgelösten Feuersturm zerstört, der mehr als 18 000 Menschenleben forderte. Der Wiederaufbau der historischen Bauwerke erfolgte, soweit dies möglich war, unter Berücksichtigung der ehemaligen Bausubstanz. So wurden die Außenmauern der Barockresidenzen Mannheim, Karlsruhe und Bruchsal rekonstruiert, während man sich im Innern auf wenige Prunkräume beschränkte.

Amerikaner und Franzosen hatten das von ihnen besetzte Gebiet in zwei Zonen geteilt. Die Volksabstimmung vom Dezember 1951 brachte schließlich den Zusammenschluss der nach 1945 gebildeten Länder Württemberg-Baden, Baden und Württemberg-Hohenzollern zum **Bundesland Baden-Württemberg.** Die Gebietseinteilung hat durch die Verwaltungsreform der siebziger Jahre des 20. Jh. nochmals Veränderungen erfahren. Abgelöst wurden die Regierungsbezirke Nord- und Südwürttemberg sowie Nord- und Süd-Baden durch die Regierungsbezirke Stuttgart, Tübingen, Karlsruhe und Freiburg, die jeweils drei Regionalverbände umfassen. Während viele zerstörte historische Bauwerke möglichst originalgetreu wiedererstanden, schufen Künstler der Nachkriegsgenerationen eigenständige moderne Werke. Im Kirchenbau Nordbadens ragen die komplexen Innen- und Außengestaltungen des Karlsruher Künstlers Emil Wachter in Osterburken, Ettlingen und bei Baden-Baden heraus. Angefangen mit dem zu der Zeit weltweit einmaligen Flächentragwerk der Multihalle (1975) hat Carlfried Mutschler in Mannheim einige interessante Bauwerke geschaffen. Hier ist es gelungen, ein historisches Gebäude – das Alte Kaufhaus – über 40 Jahre nach der Zerstörung eben nicht wieder originalgetreu aufzubauen, sondern moderne Architektur zuzulassen, ohne dabei auf Rückgriffe und Anspielungen ganz zu verzichten. HAP Grieshaber hinterließ in Bruchsal einen seiner in Holz geschnittenen Kreuzwege. An der Kunstakademie Karlsruhe lehrten neben anderen Markus Lüpertz und Georg Baselitz. Schließlich entstanden in den letzten Jahrzehnten des 20. Jh. bemerkenswerte neue Museen: in Mannheim das Landesmuseum für Technik und Arbeit, in Karlsruhe das Zentrum für Kunst- und Medientechnologie (ZKM).

Das ZKM in Karlsruhe zählt zu den größten und bedeutendsten Zentren der Gegenwartskunst in Europa.

Daten zur Geschichte

Um 600 000	Erste Spuren menschlichen Lebens (Homo heidelbergensis)
ab 500 v. Chr.	Beginn der La-Tène-Kultur, Besiedlung der Region durch die Kelten
Um 50 n. Chr.	Die Römer legen erste Kastelle in Ladenburg und Heidelberg-Neuenheim an
Um 80 n. Chr.	Im Bereich des heutigen Baden-Baden errichten die Römer Badeanlagen
Um 150 n. Chr.	Bau des obergermanischen und rätischen Limes

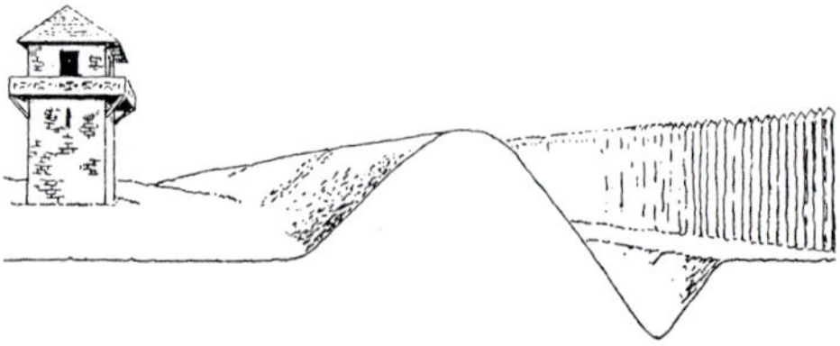

Der obergermanisch-rätische Limes (Querschnitt)

Um 200 n. Chr.	Aquae (Baden-Baden) entwickelt sich zum Verwaltungsbezirk
Um 260 n. Chr.	Die Alemannen dringen in vormals römisches Gebiet ein. Die Römer geben den Limes als Grenzbefestigung auf und ziehen sich zurück
5. Jh.	Der Stamm der Franken erobert unter Chlodwig u. a. das Oberrheingebiet. Es beginnt eine dauerhafte Besiedlung
7. Jh.	In Worms und Speyer sind fränkische Bischöfe tätig. Das Gebiet wird christianisiert
11. und 12. Jh.	Höhepunkt der Klostergründungen
1059	Neugründung des Klosters Hirsau
1112	Hermann II. nennt sich erstmals ›marchio de Baden‹ und begründet damit die Markgrafschaft
1122	Investiturstreit endet mit dem Wormser Konkordat
Um 1150	Burg Heidelberg kommt an den Pfalzgrafen Konrad von Hohenstaufen. Gründung der Stadt
1191–1196	Herzogin Uta von Schauenburg gründet die Prämonstratenserabtei Allerheiligen
Anf. 13. Jh.	Der Wittelsbacher Ludwig der Kelheimer macht Heidelberg zu seinem Stammsitz

1386	Gründung der ersten deutschen Universität in Heidelberg
1400	Kurfürst Ruprecht III. von der Pfalz wird zum deutschen König gewählt
1432	Lucas Moser malt das Magdalenenretabel für die Kirche in Tiefenbronn
1467	Nikolaus Gerhaerts von Leyden vollendet das Baden-Badener Kruzifix
1518–36	Reformation; Aufhebung der Klöster und Stifte in reformierten Gebieten
1525	Bauernaufstand
1535	Teilung der Markgrafschaft Baden in die kath. Linie Baden-Baden und die ev. Linie Baden-Durlach (bis 1771)
1599	Gründung der Renaissancestadt Freudenstadt
1618	Ausbruch des Dreißigjährigen Krieges
1623	Die Heidelberger Bibliotheca Palatina gelangt als Kriegsbeute nach Rom
1688–97	Im Pfälzischen Erbfolgekrieg werden weite Teile der Kurpfalz und der Markgrafschaft Baden zerstört
1699	Baubeginn des Schlosses und Planung der Stadt Rastatt unter Markgraf Ludwig Wilhelm
1715	Grundsteinlegung für die Residenz des Markgrafen von Baden-Durlach und die Stadt Karlsruhe
1720	Übersiedlung des pfälzischen Kurfürsten nach Mannheim; Baubeginn des Schlosses
1763	Gründung der Kurpfälzischen Akademie der Wissenschaften
1771	Wiedervereinigung der Markgrafschaften Baden-Baden und Baden-Durlach
1778	Carl Theodor verlegt seine Residenz infolge der Erbschaft von Kurbayern nach München
1802	Auf dem Rastatter Kongress wird die Abtretung der rechtsrheinischen Kurpfalz an Baden beschlossen und 1803 umgesetzt
1806	Baden wird Großherzogtum
1810–26	Charles Graf de Graimberg kämpft für die Erhaltung der Heidelberger Schlossruine
1818	Das Großherzogtum Baden erhält eine liberale Verfassung
1833	Der Findling Kaspar Hauser wird ermordet
1840	Einweihung des Rheinhafens in Mannheim
1848/49	Aufstände, ›Badische Revolution‹
1849	Kapitulation der Republikaner in der Garnison Rastatt
1870	Beitritt zum Norddeutschen Bund

Nordbaden vor 1800

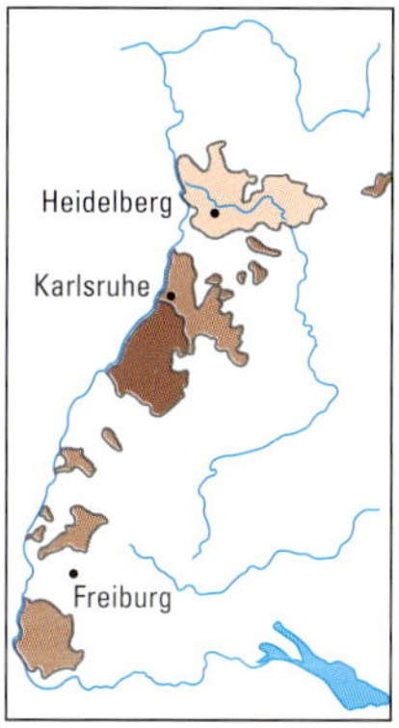

Das Großherzogtum Baden um 1815

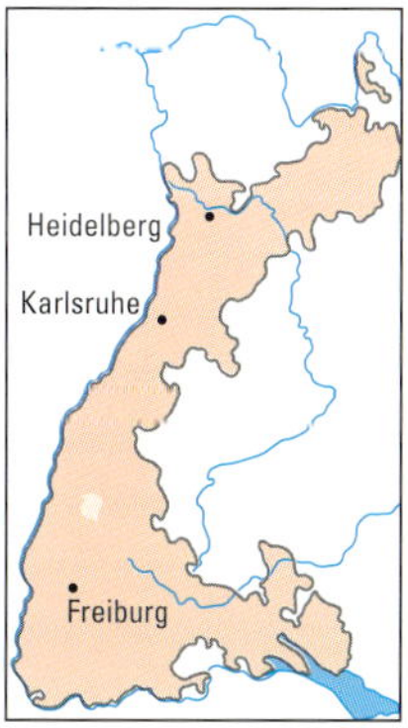

1893	Gründung des ersten Mädchengymnasiums in Baden
1918	Baden wird Republik
1941–45	Schwere Luftangriffe zerstören viele badische Städte
1945–95	Wiederaufbau der zerstörten Städte
1951	Volksabstimmung über die Zusammenlegung von Baden und Württemberg
1953	Der Name Baden-Württemberg wird offizielle Landesbezeichnung
1973	Verwaltungsreform
1993	Maulbronn wird in die Liste des Weltkulturerbes der UNESCO aufgenommen
1995	Versteigerung markgräflicher Besitztümer durch Sothebys in Baden-Baden
1998/99	Feierlichkeiten ›150 Jahre Badische Revolution‹

Galerie bedeutender Persönlichkeiten

Markgraf Hermann I. (gest. 1074)

Hermann I. erbte von seinem Vater Berthold I. den Besitz um die Limburg und legte sich den Titel Markgraf von Verona zu. Schon den Zeitgenossen war es unerklärlich, warum Hermann auf dem Höhepunkt seines Lebens plötzlich Frau und Kind verließ, um sich in das burgundische Kloster Cluny zurückzuziehen, und dort einfache Arbeiten verrichtete. Nur ein Jahr vermochte er dieses entbehrungsreiche Leben zu führen, dann starb er. Sein Sohn Hermann II. erbaute Burg Hohenbaden, nannte sich nach ihr Markgraf von Baden und legte damit die Grundlage für das spätere Territorium.

Kurfürst Ruprecht III. (1352–1410)

Kurfürst Ruprecht III. von der Pfalz wurde im Jahr 1400 nach Absetzung des Luxemburgers Wenzel zum deutschen König gewählt und nannte sich in dieser Funktion Ruprecht I. Seine Politik scheiterte jedoch. Zu schwer waren die Aufgaben, die er zu bewältigen hatte, wie die Beseitigung des Abendländischen Schismas und die Wiederherstellung der Reichsherrlichkeit. Schließlich sah er sich sogar mit dem Widerstand der deutschen Fürsten konfrontiert, die ihn gewählt hatten. Nach seinem Tod 1410 wurde die Pfalz unter seinen vier Söhnen aufgeteilt. Ruprecht liegt mit seiner Gemahlin in der Heiliggeistkirche in Heidelberg begraben.

Nikolaus Gerhaerts von Leyden (um 1420/30–1473)

Der niederländisch-deutsche Bildhauer stammt aus Leiden in Holland, daher der Zusatz von Leyden. An seiner Kunst wird der Beginn einer neuen Epoche bildnerischen Gestaltens augenscheinlich. Er arbeitete in Trier (1462), Straßburg (seit 1463) und in der Wiener Neustadt (seit 1467), hinterließ also sowohl im äußersten Westen als auch im äußersten Osten des deutschsprachigen Raums seine großartige Kunst. Sein Einfluss auf Kollegen und Nachfolger war enorm, er prägte entscheidend die Kunst der Spätgotik im deutschen Südwesten, aber auch in Mitteldeutschland. Die aus seiner Hand erhaltenen Werke sind von seltener Präzision und Aussagekraft. In der Baden-Badener Stiftskirche steht sein berühmtes Kruzifix, das einen ungeheuren Eindruck auf andere Bildhauer gemacht haben muss, denn überall am Oberrhein entstanden in den folgenden Jahrzehnten Werke, die an den Baden-Badener Gekreuzigten erinnern.

Johannes Reuchlin (1455–1522)

Der in Pforzheim geborene Humanist Reuchlin beherrschte Latein, Griechisch und Hebräisch. Prägend waren seine drei Italienreisen, die sein Interesse am Humanismus weckten und während denen er auch die jüdische Kabbala – eine mystisch-esoterische Strömung innerhalb des Judentums – kennenlernte. 1496–99 lebte er – Stuttgart hatte er aus politischen Gründen verlassen – am Hof Kurfürst Philipps von der Pfalz in Heidelberg. Reuchlin ergriff massiv Partei für die Erhaltung jüdischen Schrifttums und wurde in dieser Sache vor ein Inquisitionsgericht geladen, das ihn zunächst frei sprach, doch einige Jahre später die Vernichtung seiner in dieser Sache geschriebenen Schrift ›Augenspiegel‹ befahl. Reuchlin vermachte seine reiche Bibliothek mit hebräischen, griechischen und lateinischen Werken der Pforzheimer Lateinschule, die er selbst besucht hatte und die zu den führenden Bildungseinrichtungen Südwestdeutschlands gehörte. Diese stellte die Bibliothek in der ›Reuchlinkammer‹, einem Anbau der Pforzheimer Stiftskirche St. Michael, auf. Leider fiel die Kammer 1945 den verheerenden Kriegszerstörungen zum Opfer. Die in ihren Beständen reduzierte Bibliotheca Reuchlini wird heute in der Badischen Landesbibliothek Karlsruhe aufbewahrt.

Johannes Reuchlin, Kupferstich nach zeitgenössischem Bildnis

Philipp Melanchthon (1497–1560)

Philipp Schwarzerdt, der seinen Namen ins Griechische übersetzte (Melanchthon = Schwarze Erde), wurde in Bretten geboren und sollte sich zu einer der überragenden Persönlichkeiten der Reformation entwickeln. Bereits als 21-jähriger nahm er in Wittenberg eine Professur für griechische Sprache an. Prägend war die Begegnung mit Martin Luther, dessen engster Mitarbeiter er zunächst wurde. Als Kenner des Griechischen war er maßgeblich an der deutschen Bibelübersetzung beteiligt. Melanchthon verfasste wichtige Basisschriften der Reformation: Im Alter von 24 Jahren die ›Loci communes‹, die erste Dogmatik der evangelischen Kirche, die erste Zusammenfassung von Luthers Rechtfertigungslehre und die ›Confessio Augustana‹ für den Augsburger Reichstag, das erste protestantische Glaubensbekenntnis. Wegen seiner zahlreichen theologischen und pädagogischen Schriften hat er den Ehrentitel »Praeceptor Germaniae« (Lehrer Deutschlands) empfangen. Seine von Luther abweichende Lehrmeinung, insbesondere in der Abendmahlslehre, brachte ihm die Gegnerschaft strenger Lutheraner ein.

Kurfürst Ottheinrich (1502–59)

Beraten von Philipp Melanchthon setzte Ottheinrich auch die Universitätsreform im Geist des Humanismus durch. Die Alma Mater war fortan nicht mehr in der kirchlichen Dogmatik gefangen, sondern unterstand als Landesuniversität dem Kurfürsten.

Nach dem Tod seines Onkels Friedrich II. von der Pfalz erhielt Ottheinrich 54-jährig die Kurpfalz und die damit verbundene Kurwürde. Obwohl ihm nur drei weitere Lebensjahre vergönnt blieben, war seine Regentschaft von weitreichender Bedeutung. Selbst hoch gebildet, war er ein Förderer von Kunst und Wissenschaft. Dies kommt in dem nach ihm benannten Palast auf dem Heidelberger Schlossberg zum Ausdruck. Der Ottheinrichsbau ist ein hervorragendes und zugleich seltenes Beispiel deutscher Renaissancebaukunst. Ottheinrich, der als Erster aus dem Hause Wittelsbach zum protestantischen Glauben übertrat, führte zudem die Reformation in der Kurpfalz ein.

Johannes Kepler (1571–1630)

In Weil d. Stadt in einfachen Verhältnissen geboren, hätte niemand vermutet, dass aus Johannes Kepler ein berühmter Astronom und Mathematiker werden würde. Der Weg dorthin war alles andere als rosig. Zuerst besuchte er die Lateinschule in Leonberg, danach das Maulbronner Seminar. Dort verachteten ihn die anderen Schüler ob seiner bäuerlichen Herkunft. Obwohl er gerne Pfarrer geworden wäre, nahm er eine Stelle als Mathematikprofessor in Graz an. Damit begann seine Karriere als herausragender Astronom. Johannes Kepler hatte außerdem literarisches Talent. Dies zeigen nicht nur die vielen von ihm verfassten Gedichte, sondern auch seine wissenschaftlichen Texte. Später holte ihn Rudolf II. an seinen Hof in Prag, und 1628 trat er in die Dienste von Albrecht von Wallenstein. Kepler stellte die drei nach ihm benannten Keplerschen Gesetze über die Planetenbewegung auf. Wichtig für die weitere Entwicklung der Physik war seine These, eine von der Sonne ausgehende Kraft verursache die Planetenbewegung.

Kurfürst Friedrich V., König von Böhmen (1596–1632)

Unter Kurfürst Friedrich V. (reg. 1610–1632) erlebten die Kurpfalz und das Heidelberger Schloss ihren höchsten Glanz und ihren tiefsten Fall. Zunächst bereicherte Friedrich V. das Heidelberger Bergschloss um einige hervorragende Bauten und schuf eine repräsentative Residenz. Es entstanden der Englische Bau und das Elisabethentor für seine Gemahlin Elisabeth Stuart (1596–1662), die Tochter des englischen Königs Jakob I. und Enkelin von Maria Stuart. Berühmt und viel bestaunt war jedoch der von ihm in Auftrag gegebene Renaissancegarten, der ›Hortus Palatinus‹, der von den Zeitgenossen als achtes Weltwunder gefeiert wurde. Mit der neuen Gestaltung gab Friedrich jedoch einen guten Teil der Wehrhaftigkeit des Schlosses preis. Krönung seines Lebens war die Wahl zum König von Böhmen, doch beschwor diese den Dreißigjährigen Krieg herauf: Im Böhmisch-Pfälzischen Krieg wurden die Truppen des ›Winterkönigs‹ von Tilly und der katholischen Liga 1620 in der Schlacht am Weißen Berg bei Prag geschlagen. Friedrich V. verlor zugleich mit dem Land auch die Kurwürde. Er floh in die Niederlande nach Den Haag. Über Friedrich wurde die Reichsacht verhängt. Tilly nahm 1622 Heidelberg ein, woraufhin die berühmte Bibliotheca Palatina als Geschenk des neuen Herrschers an den Papst gelangte. Die Pfalz wurde mit Krieg überzogen: das Ende des prächtigen Hofes war besiegelt. Die Auseinandersetzungen fanden erst 1648 mit dem Westfälischen Frieden ein Ende. Friedrichs Sohn, Karl I. Ludwig (1649–80), erhielt einen Teil des Landes und die Kurwürde zurück.

Elisabeth Charlotte von der Pfalz (1652–1722)

Liselotte von der Pfalz wurde als Enkelin Friedrichs V. im Heidelberger Schloss geboren. Mit 19 Jahren verheiratete ihr Vater sie mit dem Bruder des französischen Königs Ludwig XIV., Philipp von Orléans. Unter Tränen fuhr sie ab und sollte ihre pfälzische Heimat nie wieder sehen. Bei der Heirat verzichtete Liselotte auf alle pfälzischen Erbansprüche. Doch als ihr Bruder Karl II. 1685 kinderlos starb, erlosch die wittelsbachische Linie Pfalz-Simmern und das Haus Pfalz-Neuburg trat die Nachfolge an. Jetzt forderte Ludwig XIV. das Erbe seiner Schwägerin und ließ seine Truppen in die Pfalz einmarschieren. Liselotte litt sehr unter der über ihre Heimat hereingebrochenen Not. Sie blieb bis zu ihrem Tod am Hof des Sonnenkönigs, musste dort viel erdulden und viele Demütigungen hinnehmen. Berühmt geworden sind ihre kritischen, doch zugleich humorvollen Briefe, die sie von dort, vor allem an ihre Tante Sophie, die Herzogin von Hannover, schrieb.

Markgraf Ludwig Wilhelm von Baden-Baden, genannt ›Türkenlouis‹, unbekannter Maler, um 1720

Markgraf Ludwig Wilhelm von Baden-Baden (1655–1707)

Schon früh hatte sich der junge Prinz dem Kriegshandwerk zugewandt. Im Dienste des deutschen Kaisers errang der herausragende Feldherr seine großen Erfolge in der Abwehr der Türken, den mächtigsten Gegnern des Kaiserreiches. Beutestücke aus den Türkenkriegen bilden noch heute innerhalb des Badischen Landesmuseums

Karlsruhe eine geschlossene, künstlerisch bedeutsame Gruppe. Zu spät, um seine eigene Residenz im pfälzischen Erbfolgekrieg gegen die Franzosen zu verteidigen, kam er nach Baden zurück. Doch gelang es ihm, Heidelberg zurückzuerobern. Als Dank für seinen kriegerischen Einsatz gegen die Türken wurde ihm eine der reichsten Partien Österreichs zuteil: 1690 vermählte er sich mit Sibylla Augusta von Sachsen-Lauenburg. Die Mitgift ermöglichte ihm den Bau einer neuen, prunkvollen Residenz in Rastatt. Sie ist die erste oberrheinische Barockresidenz nach dem Vorbild des absolutistischen Schlosses Ludwigs XIV. in Versailles.

Markgräfin Sibylla Augusta von Sachsen-Lauenburg (1675–1733)

Die in Schlackenwerth aufgewachsene Gemahlin Markgraf Ludwig Wilhelms brachte als geborene Prinzessin von Sachsen-Lauenburg große böhmische Besitzungen mit in die Ehe. Sibylla Augusta war vielseitig geschult, der Musik und den bildenden Künsten außerordentlich aufgeschlossen. Bereits 1707 verwitwet, regierte sie 20 Jahre lang für ihren zunächst noch unmündigen Sohn. In der Nähe von Rastatt ließ sich die Markgräfin eine kleine, intime Sommerresidenz errichten. Ganz nach ihren eigenen Vorstellungen entstand unter der Leitung des Architekten Johann Michael Ludwig Rohrer das Lustschloss Favorite, das bis heute fast unverändert erhalten blieb.

Paul Egell (1691–1752)

Der Barockbildhauer und Stuckateur Paul Egell war Kurpfälzischer Hofbildhauer in Mannheim. Seine Stuckarbeiten im Mannheimer Schloss sind leider zerstört, doch stattete er auch die Jesuitenkirche aus. An der Wende zum Rokoko stehend, war er ein Lehrer von Franz Ignaz Günther, dem bedeutendsten bayrischen Bildhauer des Rokoko.

Kurfürst Carl Theodor, Gemälde von Johann Georg Ziesenis, 1724

Kurfürst Carl Theodor (1724–99)

Der früh verwaiste Carl Theodor erhielt am Hof seines Onkels Carl III. Philipp in Mannheim eine sorgfältige Erziehung. Er lernte fünf Sprachen, betrieb Naturwissenschaft, Literatur, Kunst, Geschichte sowie Theologie und spielte mehrere Musikinstrumente. Im Jahr 1742 heiratete er seine Cousine Elisabeth Augusta und übernahm nach dem Tod seines kinderlosen Onkels die Kurfürstenwürde. Carl Theodor gründete eine Maler- und Bildhauerakademie, die ›Pfälzische Akademie der Wissenschaften‹, die kurfürstliche Deutsche Gesellschaft, die erfolgreich das deutschsprachige Theater förderte, und das Nationaltheater. Als der letzte bayerische Wittelsbacher starb, zog Carl Theodor mit seinem Hof 1777 nach München, um das Erbe zu übernehmen. Dort förderte der Kurfürst Manufakturen,

Landwirtschaft und die Stadtentwicklung. So ließ er z.B. den Englischen Garten anlegen.

Die von Carl Theodor gegründete ›Pfälzische Akademie der Wissenschaften‹ wird heute in der Heidelberger Akademie der Wissenschaften weitergeführt. Anregungen für die Planung lieferte wohl Voltaire, der mehrmals Gast des Kurfürsten in Schwetzingen gewesen war.

Kurfürstin Elisabeth Auguste (1721–93)

Im Alter von 14 Jahren wurde Elisabeth Auguste mit dem damals elfjährigen Carl Theodor verlobt. Sie war musisch begabt und pflegte vielfältige geistige Interessen. Nach 19 Ehejahren kam 1761 ein Sohn auf die Welt, der noch in der gleichen Nacht starb. Elisabeth Auguste selbst durfte danach keine weiteren Kinder mehr bekommen. Sie zog sich in ihr Schloss in Oggersheim zurück, gründete dort einen eigenen Hof und pflegte musische Interessen. Als Wohltäterin war sie in der Bevölkerung sehr beliebt.

Großherzog Karl Friedrich von Baden (1728–1811)

Karl Friedrich von Baden erlebte während seiner langen Regierungszeit zunächst den Aufstieg zum Kurfürsten und 1806 sogar zum Großherzog von Baden. Am Ende seines Lebens hatte sich Baden von einer uneinheitlich zersplitterten Markgrafschaft zu einem europäischen ›Mittelstaat‹ gewandelt, der sich um ein Vielfaches ausgedehnt hatte. Karl Friedrich wurde einer der ersten modernen, aufgeklärten Fürsten, der sein Land in allen Bereichen voranbringen wollte. Neben Recht und Verwaltung förderte er das Bildungswesen, sein Hof zog Schriftsteller, Dichter und Philosophen an. In erster Ehe war Karl Friedrich mit der vielseitig gebildeten Karoline Luise von Hessen-Darmstadt (1723–83) verheiratet. Deren umfangreiche Sammlungen begründeten die Gemäldegalerie, die heutige Staatliche Kunsthalle Karlsruhe, das badische Landesmuseum und das Naturkundemuseum.

Großherzog Karl Friedrich von Baden, Gemälde von Philipp Jakob Becker, um 1790

Johann Peter Hebel (1760–1826)

Der Dichter lebte von 1791 bis 1826 in Karlsruhe, übernahm 1808 die Direktion des schon 1722 von Durlach hierher verlegten Gymnasium illustre und 1821 als Prälat die Leitung der durch Zusammenlegung der lutherischen und der reformierten Kirche gegründete ev.-prot. Landeskirche Badens.

August von Kotzebue (1761–1819)

Der Lustspielautor war mit seinen über 200 Theaterstücken der beherrschende Unterhaltungsdramatiker der Zeit. Als sein bestes Werk gilt ›Die deutschen Kleinstädter‹, eine Satire auf das Gesellschaftsleben in einem deutschen Provinznest. Krähwinkel, so der Name des Städtchens, wurde zum Inbegriff der Provinzialität. 1813 stieg Kotzebue zum russischen Generalkonsul in Königsberg auf, 1817 zum persönlichen Berichterstatter des Zaren, in dessen Auftrag

›Kotzebues Tod‹. Am 23. März 1819 erdolchte der Student Karl Ludwig Sand den Polizeispitzel Kotzebue. Farbige Aquatinta-Radierung, zeitgenössisch

er Deutschland bereiste. Ein Student erdolchte ihn in Mannheim – in der Annahme, er sei ein russischer Polizeispion.

Friedrich Weinbrenner (1766–1826)

Weinbrenner eignete sich seine Kenntnisse der Architektur weitgehend autodidaktisch an. Prägend war ein längerer Studienaufenthalt in Rom, wo er die antiken Baudenkmäler erforschte. Markgraf Karl Friedrich nahm den Hauptvertreter des deutschen Klassizismus in seine Dienste: Weinbrenner wurde Leiter des öffentlichen Bauwesens in Baden. Bis heute prägen seine Bauten die Karlsruher Innenstadt. Die Umgestaltung der barocken Residenzstadt zur Hauptstadt des Großherzogtums Baden zählt zu den großartigen Leistungen europäischer Städtebaukunst. Weinbrenner vereinigt dabei die Idee eines antiken Forums mit der Vorstellung einer zum Schloss weisenden monumentalen *via triumphalis.* Wichtige Beispiele seiner Architektur finden sich auch in Baden-Baden.

Johann Gottfried Tulla (1770–1828)

Das Lebenswerk des in Karlsruhe geborenen Ingenieurs J. G. Tulla war die Begradigung des Rheins und die damit verbundene Beseitigung der Hochwassergefahr, die immer wieder die Siedlungen nahe dem Fluss bedrohte. Die Korrektion des Rheins (ab 1817) war eine der technischen Meisterleistungen des frühen 19. Jh. Zusammen mit Weinbrenner begründete er zudem die Technische Hochschule Karlsruhe nach dem Vorbild der Pariser École Polytechnique.

Die ›Laufmaschine‹, entwickelt von Karl Friedrich Freiherr Drais von Sauerbronn. Kolorierte Radierung, um 1830

Karl Friedrich Freiherr Drais von Sauerbronn (1785–1851)

Der in Karlsruhe geborene Karl Friedrich Drais von Sauerbronn ist mit seiner Erfindung des Laufrads zum Wegbereiter des modernen, pferdelosen Individualverkehrs geworden. Im Jahre 1812 führte er dem zu Besuch bei seinem Schwager, dem Großherzog Karl, in Karlsruhe weilenden Zaren Alexander I. seine Erfindung vor. Fünf Jahre später präsentierte er das von ihm entwickelte Zweirad, das er ›Laufmaschine‹ nannte, auf einer Fahrt von Mannheim zum Schwetzinger Relaishaus in Mannheim-Rheinau. Angetrieben wurde es allein durch Laufbewegungen, wobei auf gerader Strecke eine Geschwindigkeit von 13 km/h erreicht werden konnte. Das Laufrad ist der Vorläufer unseres Fahrrads. Ein Denkmal am Anfang der Augustaanlage in Mannheim erinnert an den Erfinder.

Großherzogin Stephanie de Beauharnais-Napoleon (1789–1860)

Das Schicksal der Stephanie Louise Adrienne de Beauharnais war bestimmt von den politischen Veränderungen ihrer Zeit. Geboren im Revolutionsjahr 1789, kam die Nichte Napoleons unverhofft in die glanzvolle Umgebung des französischen Kaiserhofes. Napoleon bezog sie in seine dynastische Bündnispolitik ein: Er adoptierte sie, um sie mit dem badischen Erbprinzen Karl zu verheiraten. In dem fremden Land und bei einer ihr feindlich gesinnten großherzoglichen Familie führte sie kein glückliches Leben. Die beiden Söhne starben früh. Mit dem ersten ist die Kaspar-Hauser-Legende verbun-

Friedrich Hecker: »Wenn die Roten fragen: Lebt der Hecker noch? Sollt ihr ihnen sagen: Ja, er lebet noch. Er hängt an keinem Baume, er hängt an keinem Strick, sondern an dem Traume der deutschen Republik.«

den. Aufgrund der vielseitigen musischen und geistigen Interessen Stephanie de Beauharnais' entwickelte sich ihr Witwensitz in Mannheim zu einem zwar bescheidenen, doch lebendigen und gesellschaftlich gefragten Hof.

Friedrich Hecker (1811–81)

Der im badischen Justizdienst tätige Hecker war schon früh Führer der liberalen Opposition. Zusammen mit Gustav von Struve organisierte er 1848 den bewaffneten Badischen Aufstand, um eine republikanische Staatsform durchzusetzen. Nach der Niederschlagung durch preußische Truppen musste der Freischarenführer fliehen. Er wanderte in die USA aus und arbeitete als Farmer. Dort wurde er einer der bekanntesten Vertreter des Amerikadeutschtums. Er kämpfte im Sezessionskrieg als Regiments- und Brigadekommandeur für die Nordstaaten.

Georg Herwegh (1817–75)

Georg Herwegh besuchte das Maulbronner Seminar, wo bereits sein Hang zur Aufmüpfigkeit ausführlich im Strafverzeichnis dokumentiert ist. Herweghs literarische Werke hatten politisches Gewicht. Eine regelrechte Triumphreise führte ihn mit seinem Buch ›Gedichte eines Lebendigen‹ durch Deutschland, bis er von Wilhelm IV. aus Preußen ausgewiesen wurde und in die Schweiz ging. Seine Gedichte hatten eine starke Wirkung auf die Badische Revolution. Er selbst war Anführer einer deutsch-französischen Arbeiterkolonne, die 1848 in Baden eindrang, aber schnell geschlagen wurde. Herwegh verbanden viele Freundschaften mit herausragenden politischen Größen seiner Zeit. Er verbrachte sein letztes Lebensjahrzehnt in Baden-Baden. Der schnell vergessene, aber einst hochberühmte Dichter liegt in der Schweiz begraben. Seine Grabinschrift lautet: »Hier ruht, wie er's gewollt, in seiner Heimat freien Erde, Georg Herwegh: von den Mächtigen verfolgt, von den Knechten gehasst, von den meisten verkannt, von den Seinen geliebt.«

Carl Benz (1844–1929)

Der in Karlsruhe geborene Carl Benz, der Erfinder des Automobils, hatte zunächst eine Fabrik in Mannheim. Hier entwickelte er unabhängig von Daimler einen dreirädrigen Wagen mit liegendem Einzylinder-Viertakt-Benzinmotor und einem Hubraum von 984 cm^3, der 0,9 PS bei rund 400 Umdrehungen pro Minute leistete und 15 km/h erreichte. 1886 ließ er den Wagen patentieren. Am 3. Juli 1886 unternahm Benz eine öffentliche Ausfahrt mit seinem ›Motorwagen‹, dem ersten Auto der Welt, das heute im Deutschen Museum in München zu besichtigen ist. In der Werbung hieß es: »Vollständiger Ersatz für Wagen mit Pferden … Bequem und absolut gefahrlos«. Die Zeitgenossen konnten sich wohl noch nicht vorstellen, welche Geschwindigkeiten und welche Verbreitung der ›Motorwagen‹ einmal haben sollte. 1901 zog Benz nach Ladenburg und gründete eine Fabrik für Kraftfahrzeugzubehör. 1926 schlossen sich die Firmen Benz und Daimler zusammen. Carl Benz liegt auf dem Ladenburger Friedhof begraben.

Hedwig Johanna Kettler (1851–1937)

Als Gründerin des Vereins Frauenbildungsreform kämpfte Hedwig Johanna Kettler für die Gleichberechtigung der Frau. Es ging ihr dabei primär um das gleiche Recht auf Bildung in Schulen und Universitäten. Ihre Forderungen lehnten viele Zeitgenossen als utopisch und radikal ab. Auf Initiative des Vereins wurde jedoch 1893 in Karlsruhe das erste deutsche Mädchengymnasium eröffnet, das endlich die Möglichkeit schuf, die Zugangsvoraussetzungen für die Aufnahme eines Studiums an der Universität zu erhalten. Im Jahre 1900 wurden in Baden erstmals Frauen zum Studium zugelassen.

Hermann Hesse (1877–1962)

Seinen ersten großen Erfolg feierte Hermann Hesse 1904 mit ›Peter Camenzind‹. In ›Unterm Rad‹ (1906) verarbeitete er seine Maulbronner Erfahrungen. 1927 erschien mit ›Der Steppenwolf‹ sein berühmtester Roman.

Der in Calw geborene Dichter war Zögling des ev.-theol. Seminars Maulbronn, in das er 1891 im Alter von 14 Jahren eintrat und das er nach nur einjährigem Aufenthalt vorzeitig verließ. Danach begann seine Laufbahn als Schriftsteller – schon während seiner Buchhändlerlehre in Basel erschienen die ersten Gedichte. Seit 1912 lebte Hesse in der Schweiz. Im Jahre 1946 erhielt er den Nobelpreis für Literatur. Seine Werke sind in viele Sprachen übersetzt worden, doch besonders beliebt und bekannt ist er in USA.

HAP Grieshaber (1909–81)

Helmut Andreas Paul Grieshaber war vor allem Grafiker, aber auch Maler und Bildhauer. Während der Nazi-Diktatur hatte er Berufsverbot und zog sich auf die Achalm bei Reutlingen zurück. Dies hieß jedoch nicht, dass er sich innerlich zurückzog. Als Mensch wie als Künstler war er stets politisch engagiert, was häufig auch in seinen Werken zum Ausdruck kommt. Seine Professur an der Kunstakademie Karlsruhe gab er 1960 aus Solidarität zu den Studenten wieder auf. Er widmete sich ganz besonders dem Holzschnitt, den er zum autonomen Bild steigerte. Dabei bevorzugte er zu Beginn einen dünnen Linienschnitt, wie ihn gotische Drucke zeigen. Später kamen dann abstrahierende Farbholzschnitte hinzu.

Schloss Karlsruhe vom Garten aus gesehen nach dem Umbau unter Karl Friedrich. Stich von J. Haas nach Burdett ▷

Landschaft, Kultur und Geschichte

Zwischen Mannheim und Heidelberg

Barockstadt Mannheim

Mannheim ☆
Besonders sehenswert:
Residenzschloss
(Corps de logis)
Ehem. Jesuitenkirche
Reiss-Museum
Friedrichsplatz mit
Kunsthalle

Die nahezu 1000 km lange Burgenstraße beginnt in Mannheim am Kurfürstlichen Residenzschloss. Es ist eines der acht bedeutenden badischen Schlösser, die eng benachbart in der Rheinebene zwischen Neckar und Schwarzwald liegen. Einst gehörten diese zu unterschiedlichen weltlichen und geistlichen Territorien, die unter Napoleon zum Großherzogtum Baden vereinigt wurden. Ein Besuch der ›Quadratestadt‹, mit ihren 330 000 Einwohnern immerhin die zweitgrößte Stadt Baden-Württembergs, lohnt sich nicht nur aufgrund ihrer historischen Sehenswürdigkeiten, Mannheim bietet auch einiges an moderner Kultur. Zudem haben berühmte Gäste ihre Spuren hinterlassen, Dichter, Schriftsteller und Erfinder wie Friedrich von Schiller, August von Kotzebue, Karl Friedrich Drais von Sauerbronn und Carl Benz.

Entscheidend für die städtische Entwicklung der 766 erstmals im Lorscher Codex urkundlich erwähnten Siedlung waren die Verlegung der Kurfürstlichen Residenz vom Stammsitz Heidelberg nach Mannheim unter Carl III. Philipp (reg. 1716–42) aus der katholischen Linie Pfalz-Neuburg und damit verbunden der Baubeginn des spätbarocken Schlosses (1720–60): Nach einem Streit zwischen dem Kurfürsten und den Reformierten um die Benutzung der Heidelberger Heiliggeistkirche hatte Carl III. Philipp sich entschlossen, aus Heidelberg wegzuziehen. Hinzu kam, dass ein Schloss in der Ebene viel eher dem Zeitgeschmack entsprach als das seit Jahrhunderten immer wieder erweiterte Heidelberger Bergschloss. Noch vor der Grundsteinlegung siedelte er samt Hof nach Mannheim über, und damit begann der Aufstieg der Stadt zu einem der bedeutendsten kulturellen und wirtschaftlichen Zentren der Zeit.

Bereits Kurfürst Friedrich IV. von der Pfalz (reg. 1583–1610) hatte hier aufgrund der strategisch günstigen Lage an der Einmündung des Neckars in den Rhein zusammen mit einer Kolonie protestantischer Glaubensflüchtlinge aus den Spanischen Niederlanden eine Zitadelle namens Friedrichsburg als mächtiges Siebeneck errichtet. 1606 legte er den Grundstein für die befestigte Stadt Mannheim, als deren Planer und Architekt er den Niederländer Bartel Janson beauftragte. Dieser erbaute die Stadt in dem charakteristischen ›Quadrate-Schema‹ – ein gitterförmiges Straßennetz mit etwa gleich großen Baublöcken –, das trotz häufiger Eroberung und Zerstörung bis heute erhalten blieb und der Stadt ihre Eigenart verleiht. Nachdem Mannheim 1622 durch Truppen General Tillys verwüstet worden war, förderte Kurfürst Karl I. Ludwig (reg. 1649–80) den Wiederaufbau. Dies gelang ihm mittels Erweiterung der Stadtprivilegien und Sicherstellung der Glaubens- und Gewerbefreiheit, was vor allem den Zustrom von Hugenotten und Wallonen bewirkte. Inmitten der rein militärischen Zwecken dienenden Friedrichsburg ließ er ein

144 Quadrate bilden das halbkreisförmige Alt-Mannheim zwischen Rhein und Neckar, anstatt Straßennamen gibt es Buchstaben und Ziffern. Der ideale Stadtplan zeigt um ein Hauptstraßenkreuz angelegt vier Viertel mit sich rechtwinklig überkreuzenden Straßen. Hat man das System einmal durchschaut, so findet man sich leicht zurecht.

Schwetzingen,
◁ Tempel des Apollo

offenbar schon weitläufiges Schloss erbauen. Aufgrund der erneuten Zerstörung im Pfälzisch-Orléansschen Erbfolgekrieg 1689 blieb von den Bauwerken des 17. Jh. jedoch nichts erhalten. Mit der Verlegung der kurfürstlichen Residenz begann schließlich 1720 eine rege Bautätigkeit.

Unter Kurfürst Carl Theodor (reg. 1742–99) und seiner Frau Elisabeth Auguste setzte die eigentliche Blütezeit der Stadt und des Hofes ein. Für etwa 30 Jahre wurde das Schloss Mittelpunkt eines in

Mannheim 1 Residenzschloss 2 Ehem. Jesuitenkirche 3 Ehem. Sternwarte 4 Ehem. Zeughaus und Reiss-Museum 5 Paradeplatz mit Grupello-Brunnen 6 Marktplatz 7 Rathaus 8 Untere Pfarrkirche 9 Konkordienkirche 10 Friedrichsplatz mit Wasserturm 11 Rosengarten 12 Christuskirche 13 Kunsthalle 14 Landesmuseum für Technik und Arbeit 15 Planetarium 16 Luisenpark 17 Herzogenriedpark

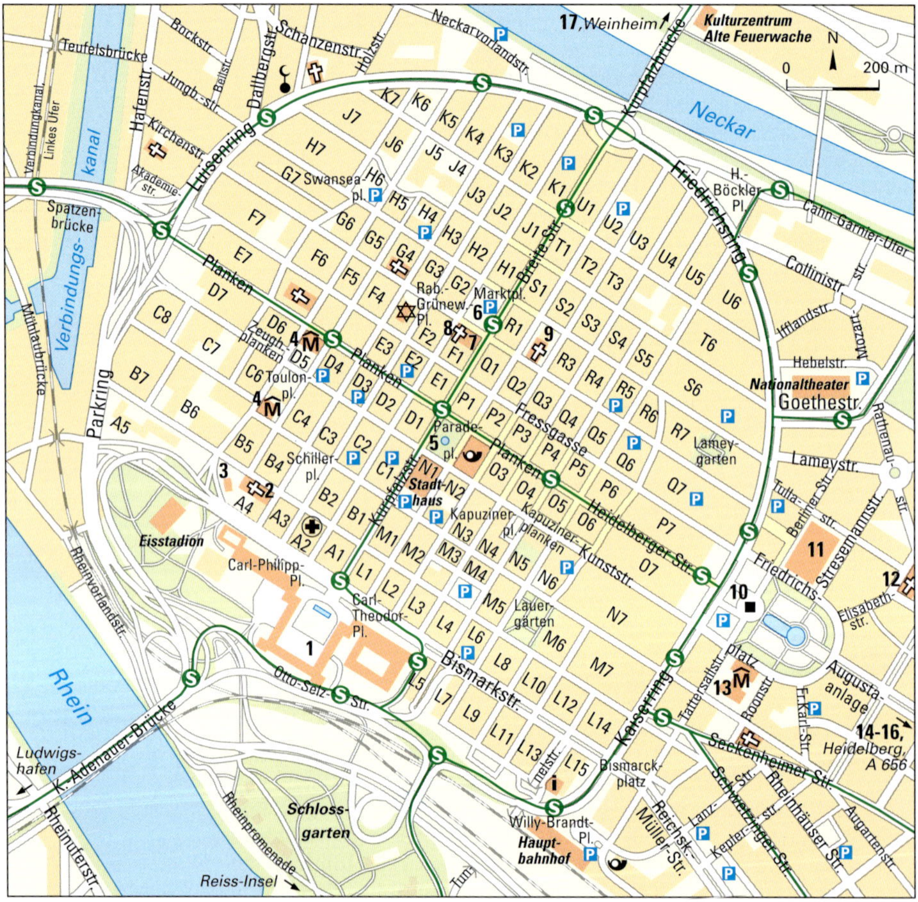

ganz Europa berühmten Hofes. Schauspiel, Musik, Tanz und bildende Kunst wurden gepflegt. Carl Theodor gründete die ›Kurpfälzische Akademie der Wissenschaften‹ und die ›Deutsche Gesellschaft‹ zur Pflege der deutschen Sprache und Literatur. 1777 gab Wolfgang Amadeus Mozart im Rittersaal ein Konzert. Das ›pfälzische Athen‹ zog zudem Voltaire, Gotthold Ephraim Lessing und Heinrich von Kleist an. In diese Zeit fällt auch die Gründung des berühmten Mannheimer Orchesters. Die stilbildenden Leistungen der Mannheimer Komponisten gelten in der Musikgeschichte als Wegbereiter der Klassik. Sie sind unter dem Begriff ›Mannheimer Schule‹ bekannt geworden.

Freunde und Förderer Schillers vermittelten sein Erstlingswerk ›Die Räuber‹ an den Mannheimer Intendanten Heribert von Dalberg. Schiller kritisierte darin sein Jahrhundert und stellte die legitime Auflehnung dar, die tragisch die menschlichen Ordnungssysteme zerstört. Am Tag der Uraufführung des Dramas mit dem Motto ›in tyrannos‹ strömten die Leute in Scharen herbei. Der Bühnenerfolg war ungeheuer. Doch Herzog Karl Eugen von Württemberg verbot Schiller das Schreiben, und dieser musste schließlich aus Stuttgart fliehen.

Das jähe Ende der Blütezeit kam 1778, als der Kurfürst sein Erbe in Bayern antrat und seine Residenz mit den kostbaren Sammlungen nach München verlegte. Zwar erfolgte 1779 noch die Gründung des Nationaltheaters, in dem drei Jahre später ›Die Räuber‹ von Friedrich von Schiller uraufgeführt wurde. Doch wurde die Feste Mannheim während der Revolutionskriege schließlich zum dritten Male zerstört. Im Zuge der napoleonischen Neuordnung fiel die rechtsrheinische Kurpfalz 1803 mit den Residenzstädten Heidelberg und Mannheim an Baden. In das Schloss zog zunächst Erbgroßherzog Karl (reg. 1811–18). Seiner Gemahlin Stephanie de Beauharnais (1789–1860) diente es von 1819 bis 1860 als Witwensitz. Dank der günstigen Lage an zwei Flüssen entwickelte sich die Stadt im Laufe des 19. Jh. zur bedeutenden Handelsmetropole. Die Hafenanlagen wurden ausgebaut, und so gehört Mannheim heute zu den bedeutendsten Binnenhäfen Europas. Seit 1870 ließen sich Fabriken nieder, und neue Stadtteile – meist Arbeiterviertel – entstanden. Nach den Zerstörungen des Zweiten Weltkriegs trägt Mannheim zwar moderne Züge des Wiederaufbaus, doch ist es im Kern immer noch durch den alten barocken Baubestand charakterisiert.

Zwischen Schloss und Neckarbrücke

Am Hauptbahnhof (1871–76) angekommen, geht man links die Bismarckstraße hinunter oder benutzt die Straßenbahn Linie 1 oder 3 und gelangt so zum kurfürstlichen **Residenzschloss** (1). Die Anlage begrenzt die Stadt an ihrer Südseite, von hier dehnt sich die Innenstadt bis zum Neckar aus. Die Kurpfalzstraße, im Bereich der Fußgängerzone Breite Straße genannt, liegt in einer Linie mit der durch den Ehrenhof laufenden Schlossachse, während die lebhafte Flaniermeile Planken die andere Hauptachse der Stadt bildet. Durch diesen systematischen Aufbau findet man sich in der Innenstadt leicht zurecht.

Zu seiner Entstehungszeit war das Mannheimer Schloss nach Versailles die zweitgrößte Schlossanlage des Absolutismus in Europa. Mit einer Gesamtausdehnung von rund 500 m Frontlänge besaß es mehr als 400 Zimmer mit ca. 2000 Fenstern.

Das Schloss der Kurfürsten von der Pfalz gehört zu den größten Barockbauten Deutschlands. Wie auch die oberrheinischen Schlösser in Karlsruhe, Rastatt und Bruchsal lässt es die Prachtentfaltung der absolutistischen Fürsten erkennen, die weder am Bau noch an der Ausstattung ihrer Residenzen sparten. Nach der weitgehenden Zerstörung im Zweiten Weltkrieg wurden der Mittelbau und die Schlosskirche nach alten Vorlagen originalgetreu rekonstruiert, während die restlichen Gebäudeteile zu Universitätsräumen umfunktioniert wurden. Leider hat man dabei das charakteristische Mansarddach durch ein flaches Satteldach ersetzt und 1958 die Wachthäuschen abgebrochen, wodurch der Eindruck heute verfälscht ist.

Fünf Baumeister planten und arbeiteten von 1720 bis 1760 an der mächtigen Anlage. Die Kurfürsten Carl III. Philipp und Carl Theodor beschäftigten einige der bedeutendsten Künstler ihrer Zeit: italienische und französische Architekten, die Maler Cosmas Damian Asam, Antonio Pellegrini (beide um 1728–30) und Lambert Krahe (1757) sowie die Bildhauer Paul Egell (seit 1730), J. M. van den Branden und Peter Anton von Verschaffelt (um 1750). Der grundlegende erste Bauplan für die Schlossanlage ist nicht erhalten, stammt aber wahrscheinlich von dem Hofarchitekten des Landgrafen von Hessen-Darmstadt Louis Remy de la Fosse. Er folgt französischen Vorbildern, variiert das Thema aber neu, indem beispielsweise der Mittelbau stark hervorgehoben wird. An ihm wurde trotz mehrfachen Wechsels der Bauleitung bis zur Vollendung der Anlage festgehalten, was unter anderem der Beharrlichkeit der Kurfürsten zuzuschreiben ist. Bereits 1720 berief Carl III. Philipp Jean Clemens Froimont als Bauleiter. Für die letzten elf Jahre Bauzeit war der junge Pariser Architekt Nicolas de Pigage verantwortlich, der sein Können in der Innenausstattung entfaltete. Carl Theodor ließ 1751–60 den Ostflügel ausbauen, der die umfangreichen kunst- und wissenschaftlichen Sammlungen, die Schatzkammer und die Bibliothek enthielt. Hervorzuheben ist die große Hofbibliothek, die einst zu den prächtigsten Büchersälen Europas gehörte. Leider ist die Innenausstattung im Zweiten Weltkrieg fast völlig zerstört worden. Das im Jahre 1737 errichtete Opernhaus galt als eine der modernsten Bühnen der Zeit. Den Entwurf lieferte der Bolognese Alessandro Galli da Bibiena, ein Mitglied der berühmten italienischen Baumeister- und Bühnenbildnerfamilie, der bereits in Heidelberg für Carl III. Philipp tätig war. Das bedeutende Gebäude brannte bereits während des zweiten Koalitionskrieges 1795 ab.

Das Mannheimer Orchester entwickelte sich unter Kurfürst Carl Theodor zu einem der größten und bedeutendsten in Europa. Wolfgang Amadeus Mozart hielt es sogar für das beste.

Von den Zerstörungen des letzten Kriegs blieb nur einer der über 500 Räume verschont: das sog. Rokokozimmer, das *Bibliothekskabinett* der Kurfürstin Elisabeth Auguste im Erdgeschoss des Corps de logis. Nicolas de Pigage lieferte die Entwürfe für die reiche Rokokoausstattung (1755–57). Der intime Raum mit den geschnitzten, teils bemalten und vergoldeten Holzvertäfelungen, dem schönen Holzfußboden und den Deckengemälden von Philipp H. Brinckmann wirkt äußerst harmonisch (im Rahmen von Sonderführungen zu besichtigen). Im Mittelbau befinden sich die als Museum eingerichteten Repräsentationsräume. Vor dem Eintreten sieht man über der Mittelachse das kurpfälzische Wappen, ein Bronzeguss (1721)

Schloss Mannheim, Corps de logis

von Gabriel de Grupello. Vom Gartensaal führt eine zweiläufige *Prunktreppe* in das obere Geschoss. Sämtliche Deckenmalereien sind Rekonstruktionen der einstigen reichen Ausmalung. Das Fresko im Treppenhaus von Cosmas Damian Asam (1686–1739) stellt unter anderem das Urteil des Paris dar. Die zierlich gestalteten Stuckbilder, die sich inhaltlich auf die Malerei beziehen, stammen von dem Hofbildhauer Paul Egell (1691–1752). Der *Rittersaal* und die beiden angrenzenden Rokokosäle vermitteln noch einen Eindruck von der höfischen Pracht des 18. Jh. Der zentrale Festsaal erhielt seinen Namen nach den hier stattgefundenen Ordenskapiteln der Ritter des pfälzischen Hubertusordens. Hier feierte man die barocken Feste und lauschte den Konzerten. Im Mezzaningeschoss ist die Ahnengalerie des mit Carl III. Philipp ausgestorbenen Hauses Pfalz-Neuburg zu sehen. Das Deckenfresko von C. D. Asam zeigt die Hochzeit des Peleus mit Thetis, die Eltern Achills. Möglicherweise ist das Thema eine Hommage Carl III. Philipps an seine heimliche Gemahlin Violanta von Thurn und Taxis. In den Ecknischen stehen die Marmorfiguren des Kurfürstenpaares Carl Theodor und Elisabeth Auguste. Die Skulpturen schuf P. A. von Verschaffelt. Beachtenswert ist weiterhin das intarsierte Parkett.

Neben dem Paris Urteil (Mitte) malte Asam 1728 Venus, die Vulkans Waffen dem Aeneas übergibt (Osten), und Juno, wie sie dem Aeolus befiehlt, die Schiffe des Aeneas zu vernichten (Westen).

In den letzten Jahren gelang es, einige ehemalige Ausstattungsstücke des Mannheimer Schlosses zurückzugewinnen. Diese sind in den beiden den Rittersaal flankierenden Räumen ausgestellt. Im *Trabantensaal,* ehem. das erste Vorzimmer der kurfürstlichen Gemä-

Schloss Mannheim, Rittersaal

cher, befinden sich einige barocke Möbel, wie ein von Ferdinand Zeller geschaffener Sekretär und eine Schreibkommode (beide um 1760–65), sowie Möbel, Gemälde und weitere Einrichtungsgegenstände aus badischer Zeit. Das Deckengemälde des *Roten Saals* von A. Pellegrini stellt Aurora, die Göttin der Morgenröte, dar. Hervorzuheben sind das sog. Zylinderbüro, ein kunstvoll intarsierter Sekretär des Neuwieder Schreiners David Roentgen, sowie eine um 1710 in Paris entstandene Prunkuhr. Diese Uhr, ausgestattet mit einem Uhrwerk von Jacques Thuret und einem Gehäuse des Kunstschreiners André Charles Boulle, hatte Johann Wilhelm von der Pfalz zunächst für seine Düsseldorfer Residenz erworben. Mit dem Umzug gelangte sie dann nach Mannheim. 1995 ersteigerte das Land die Uhr aus den Beständen des badischen Markgrafen.

Im Westtrakt präsentiert die 1731 geweihte **Schlosskirche** trotz starker Restaurierungen einen einheitlichen und feierlichen Raumeindruck. An der großzügigen Raumgestaltung wird der französische Einfluss deutlich. Die Deckenbilder von C. D. Asam zeigen im Langhausgewölbe den Triumph der Kirche, auf der Chorseite die Heimsuchung Mariens. In der Kurfürstengruft stehen die Prunksärge, die der Mannheimer Hofbildhauer Paul Egell für Carl III. Philipp und Violanta von Thurn und Taxis geschaffen hat. Das hervorragende barocke Giebelrelief über dem Eingang mit der Dreifaltigkeit stammt ebenfalls von Egell.

Dem Schloss gegenüber befindet sich die **ehem. Jesuitenkirche** (2), zugleich Große Hofkirche und kurfürstliche Grablege (1733–60). Sie gehört zu den bedeutendsten Kirchenbauten des Barock in Südwestdeutschland. Ihre Entstehung verdankt sie Kurfürst Carl III. Philipp, der mit Unterstützung der Jesuiten die unter seinen Vorgängern reformierte Kurpfalz zu rekatholisieren versuchte. Die Kirche entstand nach dem Vorbild der Hauptkirche des Jesuitenordens Il Gesù in Rom als Pfeilerbasilika über kreuzförmigem Grundriss mit Kapellennischen zwischen Wandpfeilern. Der Entwurf stammt von Alessandro Galli da Bibiena. Dennoch zeigt die mächtige, dynamisch geschwungene Fassade auch typische Merkmale des deutschen Barock. Das Relief des Giebelfeldes über der Vorhalle fertigte Paul Egell, alle übrigen Skulpturen an der Fassade der Hofbildhauer und Architekt Peter Anton von Verschaffelt (1710–93). Beachtenswert sind auch die schmiedeeisernen Portale.

Die Leitung des Innenausbaus erhielt 1749 Nicolas de Pigage. Die ursprüngliche spätbarocke Konzeption Paul Egells wurde von seinem Nachfolger, dem Flamen Peter Anton von Verschaffelt, im Stile des aufkommenden Klassizismus geändert. Nach dessen Plänen entstand 1756–60 nach Abänderung des ersten Entwurfs der 20 m hohe *Hochaltar*, der nach der Zerstörung im Zweiten Weltkrieg 1988–97 originalgetreu rekonstruiert wurde. Von der Ausmalung sind die Zwickeldarstellungen Philipp Hieronymus Brinckmanns erhalten, während die einst berühmten Erdteilbilder verloren sind. Die Spiegel aus Stuckmarmor verleihen der Kirche eine ungewöhnliche Raumwirkung. Sehenswert sind weiterhin die Barockorgel und die Maria Immaculata im Strahlenkranz, die der Augsburger Silberschmied Joseph Ignaz Saler 1747 nach einem Entwurf Paul Egells aus Silber getrieben hat.

In dem gegenüberliegenden Park (Schillerplatz) befand sich einst das Theater, an dem Friedrich von Schillers ›Die Räuber‹ am 13. 1. 1782 uraufgeführt wurde. Das heutige Nationaltheater steht an anderer Stelle und wurde von dem Architekten Gerhard Weber 1957 konzipiert. Hinter der Jesuitenkirche erblickt man die 1772–74 für den Mathematiker, Astronomen und Kartographen Christian Mayer, einem Jesuitenpater, errichtete **ehem. Sternwarte** (3). Sie repräsentiert die naturwissenschaftlichen Bestrebungen der Carl-Theodor-Zeit. 1880 verlegte der Großherzog von Baden die Sternwarte in seine Residenzstadt Karlsruhe.

Christian Mayer ließ Landkarten der Pfalz erstellen, die aufgrund ihrer Genauigkeit bis zum heutigen Tag von Bedeutung sind.

Neben der Jesuitenkirche stammen das Alte Rathaus (begonnen 1700), die Untere Pfarrkirche (Weihe 1726), das Dalberghaus (1788), das Palais Bretzenheim (1788) sowie das **ehem. Zeughaus** (4) von 1779 aus Mannheims Blütezeit. Zu letzterem gelangt man, wenn

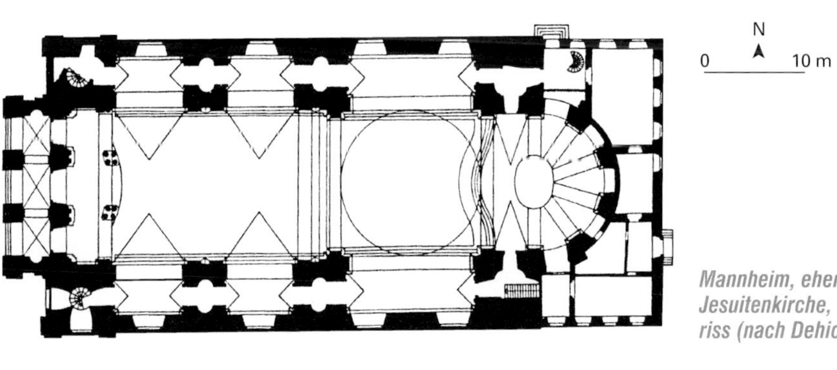

Mannheim, ehem. Jesuitenkirche, Grundriss (nach Dehio)

man weiter Richtung Neckar läuft. Das streng gegliederte Gelände wurde nach Plänen von Peter Anton von Verschaffelt erbaut. Die neu gestalteten Innenräume enthalten die Sammlungen des Reiss-Museums (s. S. 52). Im Quadrat E 6 steht das 3 m hohe Mahnmal ›Friedensengel‹, das der Bildhauer Gerhard Marcks (1889–1981) im Gedenken an die Toten des Zweiten Weltkriegs schuf. Der Bronzeengel entstand 1952.

Drei Plätze bestimmen das Mannheimer Stadtbild: der Paradeplatz, der Marktplatz und der Friedrichsplatz. Der **Paradeplatz** (5), der frühere zentrale Alarmplatz der Festung Mannheim, bildet das Zentrum der Stadt. Ihn dominiert die 1709–16 für die Düsseldorfer Residenz geschaffene barocke *Bronzepyramide* von Gabriel de Grupello (1644–1730), einem flandrischen Künstler italienischer Abstammung. 1738 hatte Kurfürst Johann Wilhelm die Pyramide vom Galeriehof des Düsseldorfer Schlosses entfernen und die durch Alessandro Galli da Bibiena und Paul Egell erweiterte Brunnenanlage in Mannheim aufstellen lassen. Gegen Ende des 19. Jh. fügte Johannes Hoffart (1851–1921) nochmals einige Figuren hinzu. Hauptthema ist die Verherrlichung des Auftraggebers Johann Wilhelm von der Pfalz – eine solche Verherrlichung des Landesherrn war ein zentrales Thema barocker Ikonographie. Dabei deuten die Flussgötter Rhein, Neckar, Mosel und Donau am Sockel auf die Kurpfalz. In der oberen Gruppe steht – als Sinnbild des Kurfürsten Johann Wilhelm – Herkules, der die Hydra als Inbegriff aller Laster bekämpft. Allegorisch wird der Triumph der Wahrheit über die Zeit und der herrschenden Tugenden über die Laster dargestellt. Ebenso ist wohl Justitia ein Porträt des Landesherrn, hier aufgrund seines Anspruchs auf die spanische Krone als spanischer König verkleidet. Neben ihm sind die beiden Erzfeinde des Reiches, die Türken durch einen türkischen Putto und die Franzosen durch einen gallischen Hahn, versinnbildlicht.

Das *Neue Stadthaus* (1987–91) gegenüber schloss eine der letzten Kriegslücken im Mannheimer Zentrum. Der Architekt Carlfried Mutschler integrierte dabei Formen des Alten Kaufhauses (18. Jh.), das bis 1943 an dieser Stelle stand, in die moderne Architektur und griff damit zugleich die Tradition der großen Mittelturmfassaden Mannheims auf. Das Gebäude beherbergt die Abendakademie, Stadtbücherei sowie Cafés und Geschäfte. Die Breite Straße hinauf Richtung Neckar gelangen wir zum **Marktplatz** (6). Man sollte ihn an einem Markttag besuchen (Di, Do, Sa), denn dann herrscht hier ein reges Treiben. Den Platz säumen das Alte Rathaus und die Untere Pfarrkirche, ein eindrucksvolles, harmonisches Ensemble. Die beiden durch den Turm zusammengefassten Bauteile repräsentieren Gerechtigkeit und Frömmigkeit, ausgedrückt in den drei Giebeln mit den drei Worten ›Justitiae et Pietati‹ (Glockenspiel tägl. um 7.45, 11.45 u. 17.45 Uhr).

Das 1700 begonnene und 1711 fertig gestellte **Rathaus** (7) ist eines der ältesten Gebäude Mannheims. Seitlich des Rundbogenportals tragen mächtige Atlanten das Gebälk mit der Bauinschrift. Die Portalfiguren und sonstige Bildhauerarbeiten stammen von Michael Bitterich. Im linken Seitenschiff der 1726 geweihten **Unteren Pfarrkirche** (8) ist Peter Anton von Verschaffelts *Theodor-Altar* von 1778 sehenswert. Gefühlvoll hat er die Muttergottes mit dem Jesusknaben in Marmor gehauen. Das einst gerühmte Hochaltarretabel, das nach dem Entwurf Alessandro Galli da Bibienas von Paul Egell ausgeführt worden war, ist im Berliner Kunstgewerbemuseum bis auf wenige

Mannheim, Untere Pfarrkirche, Theodor-Altar

Fragmente verbrannt. Die kleinen Kramläden an der Außenwand der Kirche gehen auf das 18. Jh. zurück und werden noch heute benutzt. In der Mitte des Platzes erhebt sich der *Marktbrunnen* (1719), den Peter van den Branden ursprünglich für den Heidelberger Schlossgarten fertigte und den Carl Theodor 1767 der Stadt Mannheim schenkte. Dort veränderte ihn Johann Michael van den Branden zu einer Allegorie auf die erblühende Handelsstadt Mannheim.

Die unweit des Marktplatzes stehende, ab 1706 errichtete **Konkordienkirche** (9) war eine Doppelkirche, die jeweils zur Hälfte von Wallonen und von Deutsch-Reformierten genutzt wurde. Nach einem Brand im Jahre 1795 baute man nur den deutschen Teil wieder auf, und erst 1914 wurde der wallonische Teil durch einen Neubau ersetzt. Das Zusammenleben der Kulturen und Religionen in Mannheim zeigt sich heute in der großen modernen Synagoge in der Nähe des Marktplatzes und in der 1995 im Stadtteil Jungbusch errichteten Jaroz Sultan Selim-Moschee, der bislang größten ihrer Art in Deutschland.

Jugendstil rund um den Friedrichsplatz

Läuft man vom Paradeplatz die beliebte Einkaufsmeile Planken hinunter, so kommt man zum Friedrichsplatz. Die Planken erhielten ihren Namen übrigens von den ausgelegten Holzplanken, die es den

Mannheim, Friedrichsplatz

Damen erlaubten, trockenen Fußes zu flanieren. Den **Friedrichsplatz** (10) entwarf der Berliner Architekt Bruno Schmitz (1858–1916) zur 300-Jahr-Feier der Stadt Mannheim. Die wohl größte und schönste Jugendstilanlage Europas entstand in den Jahren 1899–1902 und wird durch das Wahrzeichen der Stadt bestimmt, den bereits 1886–89 von Gustav Halmhuber (1862–1936) im Gründerzeitstil erbauten, 60 m hohen *Wasserturm.* Das Dach ziert Amphitrite, Gattin des Meeresgottes Poseidon, von Johannes Hoffart (1851–1921). Bronzegruppen von Nixen und Tritonen schmücken das kleine, zwei steinerne Zentaurengruppen das große Wasserbecken. In der aufwendigen Ausführung kommt der Stolz auf die endlich erreichte gute Wasserversorgung der Stadt zum Ausdruck, die in kurfürstlicher Zeit nie gelungen war. Zudem verdankte die Stadt dem Element Wasser durch Schifffahrt und Handelshafen ihren Wohlstand. In den Sommermonaten lässt es sich rund um den Wasserturm unter Hängegärten flanieren und von dem Stadttrubel erholen. Bei Einbruch der Dunkelheit sind die Wasserspiele dann eine Stunde lang hell erleuchtet.

Bruno Schmitz plante auch den 1899–1903 errichteten **Rosengarten** (11), heute ein modernes Veranstaltungs- und Kongresszentrum. Nur die dem Friedrichsplatz zugewandte Fassade ist nach 1945 übrig geblieben. Die seitlichen Flügelbauten mit den Mozart und Beethoven gewidmeten Portalen besitzen in den Giebelfeldern Reliefs mit den Büsten der Komponisten. Rechts hinter dem Rosengarten schaut die Kuppel der **ev. Christuskirche** (12) hervor, die durch die Achse der Elisabethstraße mit dem Friedrichsplatz verbunden ist. Neben der kath. Jesuitenkirche ist sie der repräsentativste Kirchenbau der Stadt. Der Zentralbau wurde nach Entwurf von Theophil Frey und Christian Schrade 1907–11 in neubarocken Formen mit Jugendstileinflüssen ausgeführt. Den von zwölf Aposteln umgebenen, 65 m hohen Kuppelbau bekrönt eine Skulptur des hl. Michael. Die originale Ausstattung der Kirche ist vollständig erhalten. Schließlich ist in der um 1900 erschlossenen Oststadt noch die ehem. Villa Lanz (heute Postamt) beachtenswert, die 1912 in den Formen eines französischen Barockschlösschens errichtet wurde.

Mannheim, Laterne am Friedrichsplatz

Museen und Parks

Dem Rosengarten gegenüber steht die **Kunsthalle** (13). Der dem Friedrichsplatz zugewandte, moderne Anbau war in den 80er Jahren nötig geworden. Geht man um das Museum herum, kann man die 1907 von Hermann Billing (1867–1946) anlässlich des Stadtjubiläums fertig gestellte Jugendstilarchitektur bewundern. Der Bau galt damals als eine bahnbrechende Leistung im Ausstellungs- und Galeriebau. Ursprünglich war die Kunsthalle gebaut worden, um eine internationale Kunstschau anlässlich des 300. Stadtjubiläums zu präsentieren, bei der unter anderem auch die berühmten ›Sonnenblumen‹ von Vincent van Gogh gezeigt wurden. Schon bald begann man, eine eigene Sammlung internationaler Kunst aufzubauen, die heute für ihre bedeutenden Werke des 19. und 20. Jh. berühmt ist. Rund um die Kunsthalle stehen über 20 moderne Plastiken von Künstlern wie Philipp Harth, Erwin Wortelkamp und Gerhard Marcks. Schon von weitem fasziniert auf dem Dach die ausbalancierte Plastik ›Aus dem Nichts‹ von Hubertus von der Goltz. Vertreten sind u. a. französische und deutsche Impressionisten sowie deutsche Expressionisten. Einen Schwerpunkt bildet die umfangreiche Skulpturensammlung, die einen repräsentativen Querschnitt bietet. Einen besonderen Reiz besitzt die Plastik ›Großer Fisch‹ aus polierter Bronze von Constantin Brancusi (1928/57) in der Eingangshalle Moltkestraße. Die letzte räumliche Erweiterung erfolgte Ende 1999: Der alte Luftschutzbunker unterhalb der Kunsthalle wurde für Ausstellungsräume nutzbar gemacht. In den ehemaligen Bunkerräumen sind bedeutende Vertreter des ›Nouveau Réalisme‹ und des Konstruktivismus ausgestellt.

Die Sammlungen des Reiss-Museums umfassen zudem Werke aus dem kurpfälzischen Kunstbereich des 18. Jh., zur Stadtgeschichte und zur Vor- und Frühgeschichte des Rhein-Neckar-Raumes, weiterhin spätgotische und barocke Skulpturen, niederländische Gemälde des 17. Jh., Gemälde des 18. Jh. und 19. Jh. Auch Steinzeug, Fayencen und Porzellan, barockes Silber, Glas und vor allem barocke Möbel sind zu sehen.

Sammlungen zur Kunst-, Stadt- und Theatergeschichte findet man im **Reiss-Museum** (ehem. Zeughaus). Im Gewölbekeller wird die Theatersammlung mit beachtenswerten Bühnenbildmodellen, die die historische Entwicklung der Bühnenraumgestaltung dokumentieren, präsentiert. Eines der zentralen Objekte ist das Modell einer um 1800 für die Familie Dalberg gefertigten Kulissenbühne. Es vermittelt einen Eindruck von der damaligen perfekten Bühnentechnik, mit der sich binnen kürzester Zeit mit vergleichsweise geringem Aufwand die gesamte Szenerie verändern ließ. Eine zusätzliche Attraktion bietet eine Computeranimation, in der eine Originaldekoration der Uraufführung von Schillers ›Die Räuber‹ rekonstruiert wurde. Seit 1988 sind die Archäologischen und die Völkerkundlichen Sammlungen in dem Neubau gegenüber untergebracht. Dieser stammt von den Mannheimer Architekten Carlfried Mutschler und seinem Partner Joachim Langner und gewinnt seine besondere Qualität durch die ›Reiss-Fassaden‹. Hier finden regelmäßig interessante Wechselausstellungen statt.

Neben Kunsthalle und Reiss-Museum gibt es in Mannheim noch das **Landesmuseum für Technik und Arbeit** (14). Auf sechs Ebenen geht der Besucher auf eine Zeitreise von der Welt des Barock (oben) und der Aufklärung über die Industrialisierung bis in die Gegenwart. Insgesamt sind es 16 Stationen des technisch-sozialen Wandels der letzten zweieinhalb Jahrhunderte. Vorführungen der Maschinen und Geräte und selbst zu betätigende Objekte beleben das Museum, das für seine richtungsweisende Konzeption 1992 mit dem europäischen Museumspreis ausgezeichnet wurde. Herzstück des nahegelegenen, 1984 eingeweihten **Planetariums** (15) ist der 2,5 t schwere, 5 m hohe Projektor, den es in Deutschland sonst nur noch in Stuttgart und Hamburg gibt. Mit ihm können 9000 Sterne des nördlichen und südlichen Sternenhimmels sowie Sonne, Mond und die Planeten mit ihren komplizierten Bewegungen an den Kuppelhimmel projiziert werden.

Mannheim, Eingang der Kunsthalle

Der **Luisenpark** (16) in der Oststadt gilt als eine der schönsten Parkanlagen Europas. Er verbindet eine Parklandschaft inmitten der Stadt mit einem Botanischen Garten, einem Zoo sowie Freizeit- und Unterhaltungseinrichtungen. In dem ebenfalls anlässlich der Bundesgartenschau 1975 geschaffenen **Herzogenriedpark** (17) steht die von Architekt Carlfried Mutschler geschaffene Multihalle (1975). Das im Jahr der Entstehung weltweit einmalige leichte Flächentragwerk bildet Wände und Dach zugleich und besitzt eine Fläche von 7600 m^2.

Falls man länger in der Stadt weilt, sollte man sich das gelungene Beispiel einer harmonisch in die Natur integrierten, modernen Kirche anschauen. Die 1962/63 im Stadtteil **Pfingstberg** (Waldblick 30) erbaute *ev. Kirche* befindet sich in einem lichten Kiefernwald, der durch die zwischen Betonpfeiler eingehängten riesigen Glasscheiben stets im Blickfeld ist. Dabei steht die klare räumliche Struktur und die strenge Geometrie durchaus nicht im Gegensatz zur Natur. Ihr Architekt Carlfried Mutschler schuf hier eines seiner überzeugendsten Werke. Die Reliefwand hinter dem Altar geht auf Otto Herbert Hajek zurück.

Fährt man von Mannheim auf der Bundesstraße B 37 nach Heidelberg, so stößt man zuerst auf **Ilvesheim,** wo ein nach der Zerstörung im Pfälzischen Erbfolgekrieg seit 1700 wieder aufgebautes *Schloss* zu sehen ist. Im Kern handelt es sich um eine alte Wasserburg, deren Flügelbauten von 1750 bis 1773 entstanden sind (nur Außenbesichtigung möglich).

Ladenburg

Ladenburg ☆☆
Besonders sehenswert:
Ehem. Wormser Bischofshof mit dem Lobdengaumuseum
Fachwerkhäuser der Altstadt

Auf der Weiterfahrt kommt man nach Ladenburg. Die idyllische Stadt am Neckar ist neben dem berühmten Heidelberg ein Geheimtipp. Ladenburg blickt auf eine lange Vergangenheit zurück. Bereits vor 5000 Jahren gab es hier jungsteinzeitliche Siedlungen. Namengebend war die ab dem 5. Jh. v. Chr. hier angelegte keltische Siedlung. Die Römer bauten Ladenburg dann zum größten Reiterkastell am Oberrhein aus. Nach dessen Zerstörung 98 n. Chr. wurde unter Kaiser Trajan die Garnison aufgelöst und an einen anderen Ort verlegt. Er erhob *Lopodunum* zum Hauptort der *Civitas Ulpia Sueborum Nicretum*, also zum Verwaltungsmittelpunkt einer Region, die von Dieburg über Bad Wimpfen nach Baden-Baden mit dem Rhein als Westgrenze verlief. Daraus resultierte ein großer Aufschwung, der um 220 n. Chr. den Baubeginn der Marktbasilika nach sich zog. Mit 73 × 47 m war eines der monumentalsten Gebäude nördlich der Alpen geplant, das allerdings nie fertig gestellt wurde. Die Römerstadt besaß zudem ein Forum, einen Tempel, Schauspieltheater, Thermen und eine Stadtmauer.

Ladenburg
1 Marktplatz
2 Altes Rathaus
3 Neunhellersches Haus
4 Bettendorfer Hof
5 Handschuhsheimer Hof
6 Martinstor
7 Hexenturm
8 Ehem. Wormser Bischofshof (Lobdengaumuseum)
9 St. Sebastian
10 Neues Rathaus
11 Pfarrkirche St. Gallus
12 Carl-Benz-Haus

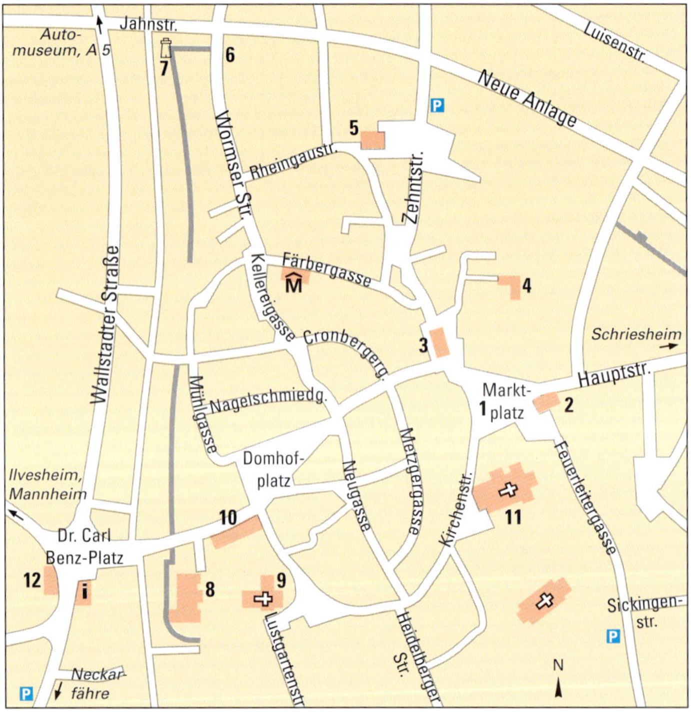

Um 260 zerstörten die Alemannen Lopodunum. Dem nochmaligen befestigten Ausbau durch die Römer folgte um 400 die endgültige Aufgabe. Die Römer zogen sich schließlich über den Rhein zurück. Interessant ist die Tatsache, dass die nun folgende fränkisch-karolingische Zeit an römische Traditionen anknüpft: Gebäude wurden über den römischen Mauern errichtet, die alten Straßen weiter benutzt und ein fränkischer Königshof gegründet. *Lobdenburg* wurde zur Hauptstadt des *Lobdengaus*. Aufgrund ihrer Lage am Schnittpunkt mehrerer Fernstraßen gewann die Stadt nach der Völkerwanderzeit schnell wieder an Bedeutung. Schließlich ging die Herrschaft an die Wormser Bischöfe über, die Ladenburg zu ihrer Sommer- und Nebenresidenz machten und seit ca. 1350 fast ständig hier residierten, da sie sich mit den Wormser Bürgern überworfen hatten. Bereits um 1000 hatte die Stadt eine Befestigung erhalten, die dann um 1200 stark erweitert wurde. Obwohl Ladenburg bereits im späten 17. Jh. zur Hälfte in kurpfälzischem Besitz war, trat sie der Wormser Bischof erst 1705 ganz an die Kurpfalz ab. Seit 1803 badische Oberamtsstadt, stand Ladenburg in den letzten 200 Jahren stets im Schatten von Mannheim und Heidelberg. Um das römische und mittelalterliche Leben in der Stadt besser nachvollziehen zu können, hat man übrigens einige Orientierungspunkte zur Topographie im Straßenpflaster markiert.

Ladenburg, Mariensäule

Durch Zufall von den Kriegen des 17. Jh. verschont, lädt Ladenburg mit seinem intakten mittelalterlichen Stadtbild zum Verweilen ein. Der Hausbestand reicht vereinzelt bis in das 13. Jh. zurück, z. B. in der Wormserstr. 19 das Gebäude mit spätromanischen Rundbogenfenstern. Hübsch ist der **Marktplatz** (1) mit seinem Brunnen und den ihn umgebenden Fachwerkhäusern, von denen das **Neunhellersche Haus** (2) besonders hervorsticht. Das imposante Giebelhaus von 1541 besitzt einen Unterbau aus dem 13. Jh. und einen sehenswerten Innenhof mit Holzgalerien. Ebenfalls am Marktplatz steht das **Alte Rathaus** (3) von 1730.

Stattliche Adelshöfe veranschaulichen recht eindrucksvoll die Einflussnahme ortsfremder politischer Mächte in Ladenburg. Sehenswert sind der ummauerte, im 16. Jh. umgebaute **Bettendorfer Hof** (4; ab 1743 Jesuitenhof) mit seinem spitzbogigen Doppelportal für Fuhrwerke und Fußgänger sowie der im gleichen Jahrhundert veränderte **Handschuhsheimer Hof** (5). Letzterer wird von illusionistisch aufgemalten Diamantbossenquadern, die gehauene Steine nachahmen, und einem Wappen der Herren von Handschuhsheim geschmückt. Die Existenz des Gasthauses ›Sackpfeife‹ ist seit dem Dreißigjährigen Krieg belegt. An dem Fachwerkhaus von 1598 stechen die doppelte Holzgalerie und die originalen Butzenscheibenfenster hervor. Von der einstigen Stadtbefestigung sind in der Wormserstraße das hohe **Martinstor** (6), das einzige überkommene mittelalterliche Stadttor in Ladenburg, und der runde **Hexenturm** (7) erhalten. Die Außenseite ziert das Sandsteinrelief des ›Ladenburger Reiters‹, das den hl. Martin darstellt.

Der ehem. Wormser **Bischofshof** (8) entstand wahrscheinlich bereits vor dem 13. Jh. unter Verwendung des Steinmaterials und der Fundamente eines römischen Baus auf dem Gelände des fränkischen Königshofes. Im 14. und 15. Jh. benutzten die Bischöfe das Gebäude sogar zeitweise als Hauptresidenz, ansonsten als Nebenre-

Fachwerkarchitektur in Ladenburg

sidenz, und seit dem frühen 18. Jh. diente es als badisches Amtshaus. Umbauten gaben der Burg den Charakter eines Renaissancepalastes. Bei dem vermeintlichen Bauschmuck handelt es sich wie beim Handschuhsheimer Hof um illusionistische Architekturmalerei. Heute befindet sich hier das *Lobdengaumuseum* mit Exponaten zur Geschichte des Lobdengaus und Funden der römischen Vergangenheit, wie einem Sol-Mithras-Relief mit antiker Bemalung und einer Jupitergigantensäule.

In engem baulichen Zusammenhang zum Bischofshof steht **St. Sebastian** (9), die ehem. Hauskapelle der Bischöfe. Die im Kern auf karolingische Zeit zurückgehende gotische Kirche birgt noch romanische Bauteile, wie den Rundbogenfries in der südlichen Langhauswand und den Turm auf der Nordseite. Dieser bildet einen Kontrast zu dem spätgotischen Langchor. Diesen mit Sternrippengewölbe gestalteten Chor malte Hans Spies 1556 floral aus. Zudem beeindrucken im Inneren die gut erhaltenen Wandmalereien mit dem Jüngsten Gericht und den Apostelfiguren. Den heutigen Raumeindruck bestimmt jedoch die barocke Ausstattung (1737) aus der Zeit nach dem Weggang der Wormser Bischöfe.

Schaut man sich auf dem Gelände des Bischofshofes um, so entdeckt man nicht unwesentliche Reste der römischen und mittelalterlichen Stadtbefestigung (um 1200). Letztere wurde teilweise auf den römischen Fundamenten erbaut. Das **Neue Rathaus** (10) erhebt sich ebenfalls über römischen Mauern: Die Reste eines Kastells und einer spätrömischen Festung im Parkhaus darunter sind einen Blick wert. Zurück zum Markt läuft man am besten durch die Kirchenstraße, mit ihren gut erhaltenen Fachwerkhäusern eine der schönsten Straßen Ladenburgs. Hier steht die dreischiffige gotische **Pfarrkirche St. Gallus** (11). Sie wurde ab der Mitte des 13. Jh. bis 1485 über den Fundamenten der römischen Marktbasilika erbaut. Von der Ausstattung ist wenig erhalten, doch sind die Grabmäler und Epitaphien bemerkenswert. Besonders beeindruckt die romanische *Krypta* der einschiffigen Vorgängerkirche (um 1000). Vier Säulen mit attischen Basen und schlichten kämpferlosen Würfelkapitellen tragen über sichelförmigen Gurten Gratgewölbe. Hier sind Wandmalereifragmente aus der Mitte des 14. Jh. sehenswert. Leider ist die Krypta zur Zeit (1999) wegen fortschreitendem Verfall nicht zu besichtigen. Für Motorfans bietet sich noch ein Besuch des **Wohnhauses von Carl Benz** (12) an. Hier lebte er seit seinem Wegzug aus Mannheim (1901) und betrieb eine Fabrik für Kraftfahrzeugzubehör.

In Ladenburg lohnt auch der Besuch des Auto-Museums, in dem historische Fahrzeuge ausgestellt sind.

Das kleine Städtchen **Neckarhausen** ist ebenfalls alt besiedelt, wie keltische und römische Funde belegen. Die kleine *Pfarrkirche St. Michael* wurde 1781–83 nach Plänen des in Mannheim arbeitenden Italieners Franz Wilhelm Rabaliatti neu aufgebaut. Sie bewahrt Altäre des Heidelberger Künstlers Johan Michael Düchert von 1783. Das Schloss (1777) ist heute Rathaus, der Park geht in der Anlage auf Friedrich Ludwig Sckell zurück.

Schwetzingen, die kurpfälzische Sommerresidenz

Schwetzingen ☆☆
Besonders sehenswert:
Schlossinnenräume
Barockgarten mit Badhaus und Moschee
Rokokotheater

Schwetzingen, die einstige Sommerresidenz der kurpfälzischen Hofgesellschaft, ist heute weithin für seine Spargeltradition bekannt. Daher steht auf dem Schlossplatz ganzjährig eine Spargelverkäuferin – aus Bronze gegossen (Thüller, 1990). Es ist ein hübscher Platz, dessen Freiluftrestaurants in der warmen Jahreszeit zu einer Pause einladen. Natürlich lässt sich im Frühjahr auch vorzüglich das traditionsreiche Gemüse genießen. Den Platz säumen Barockhäuser, wie das 1755 erbaute Wohnhaus des Hofbaumeisters Franz Wilhelm Rabaliatti und der ›Palais Hirsch‹, der kurz nach 1748 für den Jesuitenpater und kurfürstlichen Beichtvater Seedorf erbaut und im 19. Jh. als Gasthaus ›Goldener Hirsch‹ geführt wurde.

Das Lustschloss (1)

Wie die Barockhäuser am Schlossplatz bereits zeigen, entfalteten Schloss und Stadt ihre Blüte erst im 18. Jh. Zwar hatten die Kurfürsten die im Jahre 1350 erstmals urkundlich erwähnte ritterliche Wasserburg bereits im 15. und 16. Jh. zu einem Jagdschloss mit Garten ausgebaut, doch begannen systematischer Wiederaufbau und Erweiterungen des im Dreißigjährigen Krieg und im Pfälzischen Erbfolgekrieg zerstörten Schlosses erst 1699 unter Kurfürst Johann Wilhelm durch seinen Baumeister Johann Adam Breunig. Barocker Vorstellung entspricht die Vereinheitlichung der Fronten zur Stadt und zum Garten. Vor allem die Erweiterung der Stadtseite durch die niedrigeren, seitlich anschließenden Flügelbauten ergibt das für eine barocke Schlossanlage typische Bild eines Ehrenhofes, der sich zur Stadt hin öffnet. Doch blieb der Neubau bescheiden, und man sieht dem Schloss noch heute an, dass es im Kern auf eine mittelalterliche Burg zurückgeht. Unter Kurfürst Carl III. Philipp (reg. 1716–42) wurde der Garten nach dem Entwurf von Johann Betting neu angelegt und nach französischem Muster 1718 in einem weiten Halbkreis mit einer Orangerie geschlossen; es erfolgte die Anlage der großen Achse mit den Fluchtpunkten auf den Königsstuhl im Osten und die Kalmit im Westen. Bald jedoch vernachlässigte der Kurfürst die Sommerresidenz zu Gunsten seines ehrgeizigen Mannheimer Schlossprojekts.

Unter Carl Theodor (reg. 1742–99) erlebte Schloss Schwetzingen, das ›pfälzische Versailles‹, die Zeit seiner größten Blüte. Hier trafen sich Staatsmänner, Künstler und Gelehrte höchsten Ranges, um die Opernaufführungen und das prächtige höfische Leben zu genießen. Hier konzertierte Wolfgang Amadeus Mozart, und hier war Voltaire zu Gast. Dieser hielt den pfälzischen Hof für den glänzendsten in Deutschland: »Feste folgen auf Feste. Da gab es Jagden, Opern, französisches Schauspiel, Musikaufführungen durch die ersten Virtuosen Europas.« Und er schwärmt am Ende seines Lebens: »Ich will, bevor ich sterbe, ... Schwetzingen wiedersehen; dieser Gedanke beherrscht meine ganze Seele.«

Carl Theodor entfaltete eine rege Bautätigkeit: Er ließ das Schloss ausbauen und den Schlossgarten erweitern. Als Ersatz für die verfallene Orangerie wurde der nördliche Zirkelbau angefügt. Allerdings blieb, obwohl namhafte Architekten der Zeit wie Nicolas de Pigage, Franz Wilhelm Rabaliatti und Balthasar Neumann Vorschläge entwickelten, der einfache, ältere Schlossbau erhalten. Aufgrund anderer Schlossprojekte Carl Theodors waren die finanziellen Mittel beschränkt, und erst nach Vollendung des Mannheimer Schlosses 1760 vermochte er den Schwetzinger Garten weiter auszubauen. Wie auch für Mannheim, so endete Schwetzingens Glanzzeit mit dem Umzug des Kurfürsten nach München im Jahre 1778.

Das Innere des Schlosses wurde im 19. Jh. für Großherzogin Stephanie de Beauharnais-Napoleon umgestaltet. Nach ihrem Tod im Jahr 1860 nutzte der Hof es nur noch für Tagesaufenthalte. Nicht versäumen sollte man eine Führung durch die historischen Räume,

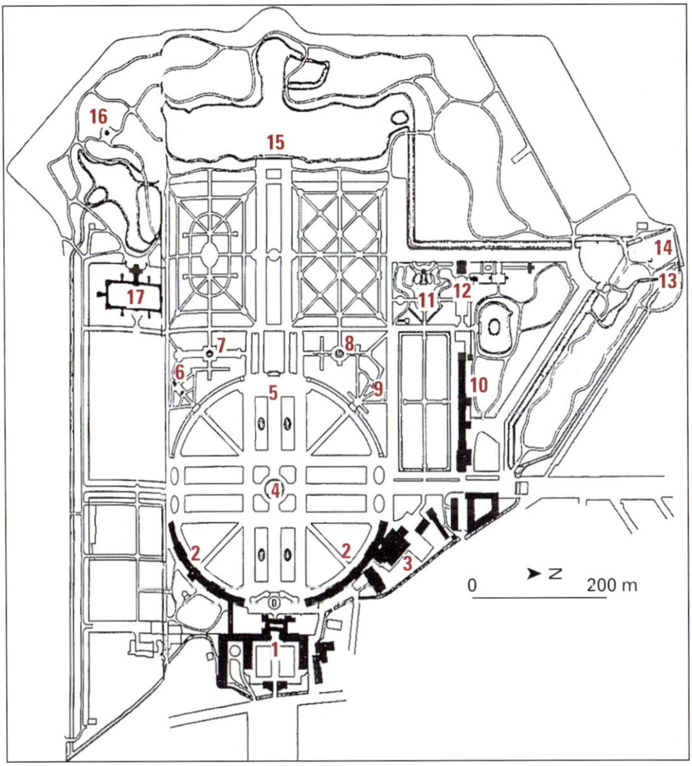

Schwetzingen, Plan der Schloss- und Gartenanlage (nach Dehio)

1 Schloss
2 Zirkelgebäude
3 Rokokotheater
4 Arionbrunnen
5 Hirschgruppe
6 Tempel der Minerva
7 Südl. Angloise mit lykischem Apoll
8 Nördl. Angloise mit Vogelbad, Panfelsen und Bacchus
9 Galateagruppe
10 Neue Orangerie
11 Tempel des Apollo
12 Badhaus mit Perspektive
13 Römisches Wasserkastell
14 Tempel der Botanik
15 Rhenus und Danubius
16 Tempel des Merkur
17 Moschee

die sich heute in dem Zustand der Zeit Carl Theodors befinden. Hier erhält man einen guten Eindruck von der adligen Wohnkultur des 18. und 19. Jh. Besonders die einfachen Raumtypen wie die Puderkammer, zeigen auch einmal die Alltagswelt des Hofes.

Chronologie der Parkbauten von Nicolas de Pigage:

Neue Orangerie	*1761–62*
Tempel des Apollo	*1761–77*
Tempel der Minerva	*1766–73*
Badhaus	*1766–73*
Tempel der Botanik	*1776–80*
Wasserkastell	*1779–81*
Moschee	*1778–95*
Tempel des Merkur	*1784–88*

Die Gartenarchitektur

Berühmt ist Schwetzingen wegen seines 73 ha umfassenden Schlossgartens, einer der bedeutendsten erhaltenen der europäischen Gartenkunst. Als Vorbild dienten die von André Le Nôtre gestalteten Gärten in Versailles und Vaux-le-Vicomte. Da das Mannheimer Schloss wegen seiner beengten Lage keinen Garten erhielt, wurde alle Energie in die Erweiterung des Schwetzinger Parks gesetzt. Der kunstfreudige und sinnenfrohe Carl Theodor verwirklichte mit seinem ›Intendant der Gärten und Wasserkünste‹ Nicolas de Pigage und dem Gartenarchitekten Friedrich Ludwig Sckell ein Gesamtkunstwerk, das Geistesgeschichte und Moden vom Spätbarock über die Aufklärung bis hin zur Romantik präsentiert: Zusammen mit den Parkgebäuden drückt sich hier das sich wandelnde Herrschaftsbewusstsein vom absolutistischen Herrscher zum aufgeklärten Fürsten aus. Dabei ist die harmonische Verbindung des von ›natürlichen‹ Landschaftspartien im englischen Stil umgebenen streng geometrischen Rokokogartens sowie die große Anzahl vorzüglicher Parkgebäude und Skulpturen hervorzuheben.

Tritt man durch die Tordurchfahrt, so öffnet sich vor uns der rekonstruierte französische Teil des Schlossgartens. Rechts und links sieht man die **Zirkelgebäude** (2), die nach den Plänen von Guilleaume d'Hauberat und Franz Wilhelm Rabaliatti entstanden sind. Das südliche enthielt den Jagd- und den Tanzsaal, im nördlichen war zunächst die Orangerie untergebracht. Dahinter liegt das Prunkstück des Schlosses, das 1752 von Nicolas de Pigage erbaute **Rokokotheater** (3). In diesem architektonischen Juwel mit seinem original erhaltenen Innenraum spielten der siebenjährige Wolfgang Amadeus Mozart und seine Schwester Nannerl. Die Bühne ist von Logen und zwei Rängen eingefasst. Allerdings musste die originale Bühnenmaschinerie 1974 einer Neugestaltung weichen. Trotzdem sollte man nicht versäumen, eine im Sommer täglich stattfindende Bühnendemonstration zu besuchen oder Karten für eine Opernaufführung während der Festspiele zu erstehen. Das Schloss, doch vor allem die ausgedehnte Gartenanlage mit ihren Architekturen und Skulpturen bot eine hervorragende Bühne für die Feste des kurfürstlichen Hofes. Diese Feste bedeuteten ein wichtiges Mittel höfischer Repräsentation und absolutistischer Machtdemonstration. Auf Bällen und Konzerten, Lustjagden und Opernaufführungen stellte der Regent seinen Reichtum und seine Kultiviertheit zur Schau. So waren diese Veranstaltungen häufig alles andere als ein spontanes Vergnügen, sondern liefen nach einem genauen Protokoll ab.

Schwetzingen, Skulptur im Schlossgarten

Der Garten entstand in drei Abschnitten: Kurfürst Carl Theodor ließ 1753–58 den bereits bestehenden Garten durch eine Neuanlage ersetzen. Sein Hofgärtner Johann Ludwig Petri konzipierte das große, geometrische Kreisparterre. Auch die Kugelallee, die nördliche und südliche Angloise sowie die großen Boskettbereiche gehören in diese Phase. Bis 1774 erweiterte Hofarchitekt Nicolas de Pigage den zentralen Gartenbereich um die Nutzgärten. Pigage schuf auch die zahlreichen Gartenbauten. Zuerst den ursprünglich als Theaterkulisse genutzten Tempel des Apollo, das luxuriöse Badhaus und die Volière, schließlich ab 1774 das römische Wasserkastell, die Tempel der Botanik, der Minerva und des Merkur. Zugleich vergrößerte der berühmte Landschaftsgärtner Friedrich Ludwig von Sckell den Park nochmals durch eine schmale Gürtelzone im äußersten Westen. Dabei kam es zu einem Wechsel in der Gestaltung des Parks. Denn der mit dem neuen englischen Gartenstil vertraute Sckell konzipierte den hinteren Teil als ›natürliche‹ Landschaft im englischen Stil.

Wie jeder Barockgarten ist auch der Schwetzinger auf die Mittelachse des Schlosses bezogen. Die Hauptallee ist Bezugspunkt für alle Teile des Gartens. Diese Idee versinnbildlicht die Vorstellung vom absolutistischen Herrscher: Auf ihn beziehen sich alle Teile des Staates und sein Glanz strahlt wie die Sonne über allem. Die Allee lenkt von dem riesigen Kreis ab, in dem man nun steht. Begrenzt wird er durch die beiden Zirkelhäuser und die anschließenden Laubengänge. In der Mittelachse befindet sich zunächst der **Arionbrunnen** (4) und etwas weiter die **Hirschgruppe** (5). Chronologisch vorgehend sollte man sich zuerst Richtung Süden wenden. Am Ende der Querachse erhebt sich der klassizistische **Tempel der Minerva** (6; 1769–73). Er ist der Friedensgöttin und zugleich geschickten Schlachtenlenkerin, der Göttin der Klugheit und Weisheit, des Mutes und der Schönheit gewidmet. In dem offenen Tempel steht zwischen zwei Opferaltären die 1716 von G. de Grupello begonnene und von P. A. von Verschaffelt 1767 vollendete Marmorskulptur der Minerva. Weiter geht es an der **südlichen Angloise** (7) mit dem *lykischen Apoll* von Paul Egell (1746) vorbei auf die nördliche Seite. Hinter der **nördlichen Angloise** (8) mit dem *Vogelbad*, *Panfelsen* und *Bacchus* sowie der Bacchantengruppe von Konrad Linck (1775) und am Ende der nördlichen Querachse der **Galateagruppe** (9) von Gabriel de Grupello (1716) erscheint die **Neue Orangerie** (10). Berühmt war der Schwetzinger Bestand an exotischen Pflanzen und Gehölzen. So waren hier 1795 über 1000 Orangen- und Zitronenbäume aufgestellt. Die Ernte war 1773 »… sowohl an süßlichen, die man pommes de Sina nennt, als sauren, zum Exempel Citronen, Limonien und dergleichen« so ergiebig, »daß der Hof weder in der Zuckerbäckerey, noch in der Proviant-Kammer solche hat consumieren können«. Im westlichen Teil der Orangerie ist ein Lapidarium eingerichtet, in dem Originalskulpturen aus dem Garten stehen; weitere Skulpturen befinden sich im Steinhauersaal des südlichen Zirkels. Sodann kommt man zum **Tempel des Apollo**

Der griechische Dichter und Sänger Arion war für sein Spiel auf der Leier berühmt. Auf einer Seereise wurde er von Schiffsleuten ausgeraubt und sollte ermordet werden. Da bat er, noch einmal singen und spielen zu dürfen. Als sein Lied zu Ende war, sprang er ins Meer. Einer der Delphine aber, die seine Musik angelockt hatte, nahm ihn auf den Rücken und trug ihn an Land.

Schwetzingen, Skulptur im Schlossgarten

(11), in dessen Mitte der Sonnengott mit der Leier steht. Der Tempel ist Teil einer Naturtheateranlage, in der im Sommer Stücke aufgeführt wurden. 1775 feierte man die Genesung des Kurfürsten mit einer Festoper im Hain des Apollo. Der Garten war mit Fackeln hell erleuchtet. Der Hofstaat kam in 268 Kutschen aus Mannheim angereist. Ebenso wie alle weiteren Tempelbauten des Parks ist der Apollo-Tempel von Pigage erbaut, während Peter Anton von Verschaffelt die Skulpturen schuf.

Apollo, Sohn des Zeus, wird häufig dem Sonnengott Helios gleichgesetzt, ist aber auch Gott der Inspiration in Musik und Dichtung. Beide Bedeutungen sind hier vertreten.

Das frühklassizistische **Badhaus** (12) mit reichem Skulpturenschmuck von Konrad Linck und P. A. v. Verschaffelt diente als einziges Parkgebäude Wohnzwecken und besitzt sogar noch originale Möbel. Hierher zog sich Carl Theodor besonders gern ohne seinen Hofstaat zurück, um sich zu erholen oder um Philosophen und Künstler, z. B. Voltaire und Christian Friedrich Daniel Schubart, zu empfangen. Für den luxuriösen, grottenartigen Baderaum wurde das Warmwasser in der Badhausküche zubereitet. Einen besonderen Reiz besitzt auch die dahinter liegende Anlage: Der Brunnen mit wasserspeienden Vögeln ist von Volièren umgeben und am Ende bietet eine *Perspektive* einen Ausblick auf das ›Ende der Welt‹, eine gemalte Landschaft.

Von dem zentralen Salon des Badhauses gehen mehrere Zimmer ab: nach Osten die Räume des Morgens – das Schreibzimmer und das chinesische Zimmer, nach Westen die Räume des Abends – das Bade- und das Schlafzimmer.

Den malerischen nördlichen Abschluss des englischen Landschaftsgartens bildet die beeindruckende Ruine des **Römischen Wasserkastells** (13) mit drei künstlich ruinierten Aquädukten. Aus Tuffstein erbaut, zitiert der Bau römisch-mittelalterliche Architektur. Hier fließt der Leimbach aus dem Schlossgarten. Die täuschend echt künstlich gealterten und zerstörten Stuckreliefs schuf Konrad Linck. Der in der Nähe befindliche **Tempel der Botanik** (14), dessen Putzstruktur eine Linde imitiert, wurde als ›architecture parlante‹ erstellt. Wer Muße hat, kann nun in einer großen Schleife um den Großen Weiher spazieren. Oder aber man geht vor dem Gewässer an **Rhenus** und **Danubius** (15), den Personifikationen von Rhein und Donau, vorbei.

Sodann stößt man auf den **Tempel des Merkur** (16), bei dessen Gestaltung sich Pigage von römischen Turmgräbern inspirieren ließ. Wie das Wasserkastell ist der Tuffsteinbau durch Risse und Zerstörungsspuren künstlich verwittert und wirkt einsturzgefährdet. Die Reliefs von Konrad Linck zeigen drei Szenen aus der Merkur-Mythologie: Die kuhgestaltige Jo wird dem hundertäugigen Argus durch Merkur entführt, Herakles befreit Prometheus und Merkur geleitet die entführte Persephone auf ihrem Weg vom Hades zum Olymp. Unerwartet erblickt man nun auf der anderen Seite des kleinen Sees die unwirklich erscheinende **Moschee** (17) gerahmt von zwei Minaretten, und dahinter den türkischen Garten mit den Gebetsgängen. Der idealisierte Bau ist in dieser Form in Deutschland einzigartig. Die orientalisch anmutende Moschee demonstriert die Toleranz des Auftraggebers und ist ein bedeutsames Denkmal des zeitgenössischen philosophischen Aufklärungsgedankens. 120 000 Gulden wurden aufgebracht für dieses zuletzt errichtete Bauwerk, das die künstlerische Vielseitigkeit Pigages anschaulich vor Augen führt. Es bildet den krönenden Abschluss des Schwetzinger Schlossparks.

Schwetzingen,
◁ *Moschee*

Heidelberg und Umgebung

Romantisches Heidelberg

Die Pfalzgrafen und ihr Schloss (1)

Heidelberg ☆☆
Besonders sehenswert:
Schloss
Heiliggeistkirche
Haus zum Ritter
Alte Brücke
Kurpfälzisches Museum
Philosophenweg

Heidelberg (130 000 Ew.) liegt, von den bewaldeten Hängen des Heiligenbergs und des Königstuhls eingefasst, am Austritt des Neckars aus dem Odenwald in die Rheinebene. Diese von der Natur bevorzugte Gegend war schon früh besiedelt. Auf den Unterkiefer des berühmtesten Heidelbergers stießen Bauarbeiter in Mauer bei Heidelberg: Der in der Zwischeneiszeit vor etwa 600 000 Jahren lebende ›homo heidelbergensis‹, ein jagend umherstreifender Mensch, der hier seinen Tod fand. Er ist das früheste Zeugnis menschlichen Lebens in Europa. Lange bevor die Wormser Bischöfe im 11. Jh. auf dem Königstuhl eine Vogtsburg errichteten, war der gegenüberliegende Heiligenberg (s. S. 81) schon Siedlungsgebiet. Von ihm wird später die Rede sein.

Die Burg kam um die Mitte des 12. Jh. an den Pfalzgrafen Konrad von Hohenstaufen, den Halbbruder Friedrich Barbarossas, der die Grundlage der pfälzischen Territorialmacht am unteren Neckar legte. Er gründete die Stadt, durch die eine wichtige Straße von Worms nach Würzburg und Wimpfen verlief. Im frühen 13. Jh. fiel die Pfalzgrafschaft an den Wittelsbacher Herzog und Pfalzgraf Ludwig der Kelheimer. Er machte die Burg zu seinem Stammsitz, womit die eigentliche Geschichte Heidelbergs begann. Das Heidelberger Schloss blieb über viele Jahrhunderte Residenz der schon damals die rechts- und linksrheinischen Territorien umfassenden Pfalzgrafschaft. Die Einrichtung einer Messe 1357 in Heidelberg schlug zwar fehl, doch erfuhr die Stadt mit der Universitätsgründung 1386 einen erheblichen Aufschwung. Sie profitierte zunächst vom großen Abendländischen Schisma, das einen Umzug von Pariser Gelehrten nach sich zog, und dann von der deutschfeindlichen Stimmung an der Prager Universität. 1400 erhob Pfalzgraf Ruprecht III. Heiliggeist zur Stiftskirche und verband sie eng mit der Universität. Um 1500 war die Alma Mater ein Zentrum des Humanismus und ein Jahrhundert später erlebte die Stadt ihre höchste wirtschaftliche Blüte.

Kurze Zeit später ereilte Heidelberg ein furchtbares Schicksal: Das ehrgeizige Streben Friedrichs V. nach der böhmischen Krone löste den Dreißigjährigen Krieg aus, der zur ersten Zerstörung des Schlosses und der Stadt führte. Die Sieger brachten 1623 die berühmte Bibliotheca Palatina als Kriegsbeute nach Rom. Karl I. Ludwig (reg. 1649–80), der Sohn des Winterkönigs, ließ die Residenz ab 1649 wieder aufbauen. Durch die Vermählung seiner Tochter Liselotte mit Herzog Philipp von Orléans folgten französische Erbansprüche, und ein erneuter, verheerender Krieg überzog die Pfalz. Mit seinem Befehl »Brûlez le Palatinat« ließ der französische König Lud-

Heidelberger Schloss, Innenhof. Blick auf den Torbau (links), Gläsernen Saalbau, Treppenturm und Ottheinrichbau. Der Torbau ist noch in gotischen Formen erbaut, zeigt jedoch bereits Renaissanceverzierungen. Der 1549 entstandene Gläserne Saalbau erinnert mit seinen mehrgeschossigen Bogenstellungen und den antikischen Details wie den Tondi in den Bogenzwickeln an die italienische ◁ Renaissance.

William Turner (1755-1851) hielt sich 1836 und 1838 in Heidelberg auf. Bekanntes Produkt dieser Zeit ist das Gemälde ›Heidelberg mit dem Regenbogen‹.

wig XIV. das Schloss, die einmalige Gartenanlage und die Stadt 1693 in Schutt und Asche legen. Das Schloss wurde geplündert, gebrandschatzt und schließlich gesprengt. Nur notdürftig ließ es Carl III. Philipp (reg. 1716–42), der seinen Hof 1720 nach Mannheim verlegte, reparieren. Schließlich brannte es 1764 durch Blitzschlag erneut. Die Stadt am Neckar verlor vorübergehend an Bedeutung. Ende des 18. Jh. setzte eine zunehmende Begeisterung für die geschichtsträchtigen Mauern ein, und sie erlebten eine zweite Blüte als eine der bekanntesten Schlossruinen Europas. Das stadtbeherrschende Schloss wurde ein Anziehungspunkt für die Bewegung der Frühromantik und wie kaum ein anderes besungen und gemalt. Clemens von Brentano, Achim von Arnim und Joseph von Eichendorff sowie die Maler Carl Philipp Fohr, Carl Rottmann und Ernst Fries ließen sich hier inspirieren. Der französische Emigrant Charles Graf

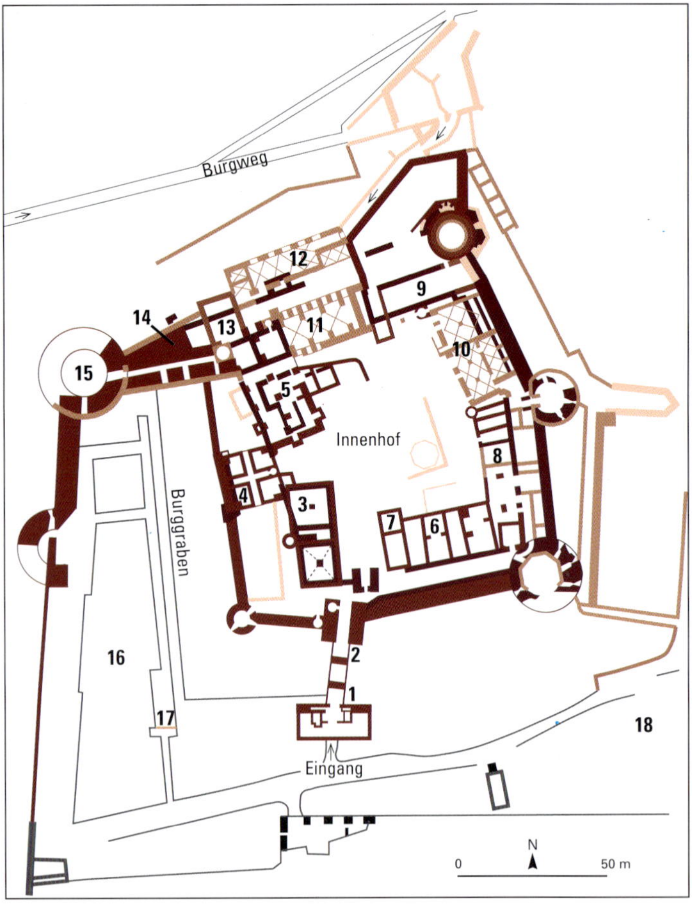

Heidelberg, Lageplan des Schlosses
1 Brückenhaus
2 Torturm
3 Ruprechtsbau
4 Bibliotheksbau
5 Frauenzimmerbau
6 Wirtschaftsgebäude
7 Brunnenhalle
8 Ludwigsbau
9 Gläserner Saalbau
10 Ottheinrichsbau
11 Friedrichsbau
12 Altan
13 Fassbau
14 Englischer Bau
15 Dicker Turm
16 Stückgarten
17 Elisabethentor
18 Hortus Palatinus

Bauzeiten:
vor Ludwig V. (15. Jh.)
Ludwig V. (1508-1544)
Friedrich II. (1544-1556)
Joh. Casimirs (1583-1592)
– Ottheinrichs (1556-1559)
– Friedrich IV. (1592-1610)
– Friedrich V. (1610-1619
nach dem 30-jährigen Krieg

de Graimberg kämpfte 1810–26 für die Erhaltung der Ruine und wohnte sogar zeitweise als ›Schlosswächter‹ im Gläsernen Saalbau. Ansonsten hätten die Heidelberger bald die gesamte Anlage als Steinbruch genutzt.

Direkt unterhalb des Schlosses (Station Kornmarkt) fährt eine Zahnradbahn in wenigen Minuten hinauf. Wer lieber zu Fuß geht, dem sei der kurze, aber steile Aufstieg über den Burgweg (links an der Bahnstation vorbei) empfohlen. So gelangt man direkt in den Schlosshof. Die Schaufassaden, die sich fast alle zum Hof und nicht zur Stadt wenden, liegen nun vor uns. Leicht erkennt man, dass im Gegensatz zu anderen Residenzen kein einheitliches Schlossprojekt verwirklicht wurde, sondern jeder Kurfürst der Anlage jeweils einen weiteren Einzelpalast hinzufügte. So entstand im Laufe der Jahrhunderte durch die rege Bautätigkeit der Pfalzgrafen ein Ensemble repräsentativer Schloss- und Gartenbaukunst.

Die Überreste des mittelalterlichen ›castrum‹ haben sich nur in Fundamenten erhalten. Den Auftakt der heute noch existierenden Bauten bildet der im Kern auf das frühe 15. Jh. zurückgehende **Ruprechtsbau,** für den Pfalzgraf Ruprecht III. den Frankfurter Baumeister und Bildhauer Madern Gerthner holte. Hübsch anzusehen sind die zwei Rosenkranz haltenden Engel über dem Portal. Der Zirkel in ihrer Mitte versinnbildlicht möglicherweise das rechte Maß, mit dem der Bau errichtet wurde (Original im Obergeschoss ausgestellt). Erweiterungen erfolgten unter Ludwig V. (reg. 1508–44) um den leicht zurückversetzten **Bibliotheksbau,** in dem die Privatbibliothek der Kurfürsten untergebracht war, und den **Frauenzimmerbau**, der den Hofdamen als Wohnung diente. Weiterhin ließ er gegenüber den schlichten **Ludwigsbau** sowie den Soldatenbau mit der Brunnenhalle errichten. Deren vier freistehende Monolithe und die beiden an die Wand gelehnten Halbsäulen sind antiken Ursprungs.

Die Zeit, in der die alte Feste zum prächtigen Renaissanceschloss erblühte, begann unter Friedrich II. (reg. 1544–56). Der von ihm erbaute **Gläserne Saalbau** zeigt Frührenaissance-Formen. Er erhielt seinen Namen nach dem rundum mit venezianischen Spiegeln reich ausgestatteten Festsaal im ersten Obergeschoss, in der damaligen Zeit ein fast verschwenderischer Luxus. Mit dem **Ottheinrichbau** ließ der gleichnamige Pfalzgraf (reg. 1556–59) eine der bedeutendsten profanen *Renaissancefassaden* nördlich der Alpen erschaffen, dessen Programm er vermutlich selbst entworfen hatte. Ottheinrich, der vor seinem Regierungsantritt humanistische Studien betrieb, drückte hier seine Erkenntnisse über einen weisen Fürsten und dessen ideales Regiment aus. Nicht zuletzt sollte das Programm seine Toleranz und Bildung widerspiegeln. Die drei unterschiedlich hohen Geschosse sind in je fünf Felder geteilt. Im Erdgeschoss befinden sich folgende Figuren: Feldherr Josua, Simson und David sowie in der ersten Nische rechts des Portals Herkules, also die wichtigsten Helden des Alten Testaments und der griechischen Antike als Symbole für Tatkraft und siegreiches Handeln. Über ihnen in den Fens-

Die Molkenkurbahn wurde 1890 eingeweiht. Sie überwindet einen Höhenunterschied von 172 m bei einer Steigung von 25–42,5 % und einer Länge von 488,91 m. Ursprünglich mit Wasserballastantrieb als Kombination von Drahtseil- und Zahnradbahn ausgeführt, wurde sie 1907 auf elektrischen Antrieb umgerüstet.

Heidelberger Schloss, Skulptur am Torturm: Schildknappe, sog. ›Torriese‹, 16. Jh.

Das neu eingerichtete Schlossmuseum zeigt Renaissanceschränke sowie Möbel und Kachelöfen des Historismus.

Der trinkfeste Südtiroler Perkeo war Hofnarr und Fasswächter unter Kurfürst Carl III. Philipp. Sein Name soll sich aus seiner Antwort herleiten, die er auf jedes Trinkangebot gab: »Perche No?« (»Warum nicht?«).

tergiebeln die Bildnismedaillons römischer Imperatoren. Im ersten Obergeschoss werden Figuren der drei christlichen Tugenden Glaube, Liebe, Hoffnung sowie Stärke und Gerechtigkeit als Allegorien der Tugenden eines Fürsten präsentiert. Im obersten Geschoss schließlich stehen die Personifikationen der fünf zu dieser Zeit bekannten Planeten (Saturn, Mars, Venus, Merkur und Luna). Auf dem Kranzgesims darüber sehen wir Sol und Jupiter. Kurz zusammengefasst lässt sich das Programm folgendermaßen deuten: Der Fürst besitzt Kraft und Tugend unter der Einwirkung glückhafter Gestirne.

Das Portal über der Freitreppe erhebt sich wie ein antiker Triumphbogen zu Ehren Ottheinrichs. Das Gebälk tragen vier große Karyatiden. Auf der Attika sind sämtliche Herrschertitel des Bauherrn verzeichnet und darüber dominiert das von musizierenden Engeln umgebene Porträtmedaillon des Kurfürsten. In dem Gebäude ist heute das interessante *Deutsche Apothekenmuseum* untergebracht, das in zehn Räumen die Entwicklung des Arzneimittel- und Apothekenwesens veranschaulicht. Zu den schönsten Objekten zählen eine Haus- und Reiseapotheke mit silbernen Gefäßen und Beschlägen sowie einige interessante Aufbewahrungsgefäße für Arzneimittel. Zudem gibt es eine Arzneimittelsammlung und eine Kräuterkammer.

Auch Kurfürst Friedrich IV. (reg. 1583–1610), der Gründer Mannheims, fügte dem Ensemble in den Proportionen des Ottheinrichbaus einen eigenen Palast, den **Friedrichsbau,** hinzu. Dieser sollte neben den Wohngemächern auch die Kirche und den Torbau aufnehmen. Sein Architekt war Johannes Schoch (gest. 1631). Das in großen Teilen noch erhalten gebliebene Gebäude wurde rekonstruiert und beherbergt heute das *Schlossmuseum.* In den Nischen der Fassade steht die ideale Reihe der 16 Ahnen der pfälzischen Kurfürsten (Kopien). Die Originale stammen von Sebastian Goetz aus Chur und sind heute im Innern des Gebäudes ausgestellt. Die Reihe beginnt im untersten Geschoss mit den seit 1559 herrschenden Kurfürsten aus dem Hause Pfalz-Simmern: Johann Kasimir, Ludwig VI., Friedrich III. und rechts außen Friedrich IV. Im ersten Geschoss sind repräsentative Kurfürsten dargestellt: Ruprecht I. (Gründer der Universität), Friedrich I. und Friedrich II. sowie Ottheinrich. Schließlich folgen oben die ranghöchsten und prestigeträchtigsten Vertreter. An den Zwerchhäusern stehen Karl der Große als ältester Ahnherr der Wittelsbacher, Herzog Otto I. von Bayern, der Begründer der wittelsbachischen Hausmacht, Pfalzgraf Ludwig I., und der Begründer der Kurlinie, Rudolf I. Ähnlich wie beim Ottheinrichbau ist das Skulpturenprogramm auf den Auftraggeber zugeschnitten. Er legitimiert seine Herrschaft aus der langen Tradition des Amtes sowie aus dem Prestige der Familie.

Weder der 1591 entstandene **Fassbau** noch der Englische Bau sind vom Hof aus sichtbar. Ersteren fügte man ein, um das Große Fass unterzubringen, das der trinkfreudige Vormund Friedrichs IV.

Heidelberger Schloss, Friedrichsbau. Auf den Zwerchhäusern stehen die Persifikationen des Frühlings und Sommers, zwischen den Zwerchhäusern erhebt sich Justitia mit Schwert und Waage.

bestellt hatte und das zur Aufbewahrung des Weinzehnten diente. Das heutige erneuerte Fass nimmt etwa 200 000 l auf. Das ebenfalls hier untergebrachte Kleine Fass mit 45 000 l Fassungsvermögen ließ Karl I. Ludwig 1664 erbauen.

Unter Kurfürst Friedrich V. (1596–1632, reg. 1610–23), dem böhmischen ›Winterkönig‹, wurde die gesamte Anlage endgültig zum repräsentativen Schloss ausgebaut; es waren zugleich auch die letzten Baumaßnahmen. Es entstanden der **Englische Bau** für seine Gemahlin Elisabeth Stuart, Tochter des englischen Königs Jakob I. und Enkelin von Maria Stuart, und das **Elisabethentor,** durch das man den **Stuckgarten**, in dem die Geschütze (›Stücke‹) standen, betritt. Die besondere Leistung dieses Kurfürsten lag jedoch in der Anlage des einst in ganz Europa berühmten **Hortus Palatinus,** einem Lustgarten, der alle bisher bekannten Gartenschöpfungen übertreffen und zum Ruhm des Herrschers beitragen sollte. Von den Zeitgenossen wurde der Garten als achtes Weltwunder gefeiert. Der Kurfürst berief im Jahre 1614 den Niederländer Salomon de Caus aus London, der in Italien wichtige Erfahrungen als Gartenarchitekt und Wasseringenieur gesammelt hatte. Zunächst kostete es gewaltige Anstrengungen, den Garten am Berghang auf fünf Ebenen zu gestalten. In über zweijähriger schwieriger Arbeit mussten auf dem weiten Gelände große Terrassen angelegt werden, die in einzelne Felder aufgeteilt wurden. Hier pflanzte man Gewürzkräuter, Buchsbaum und Pomeranzen und legte farbige Muster aus Kies und Tonscherben.

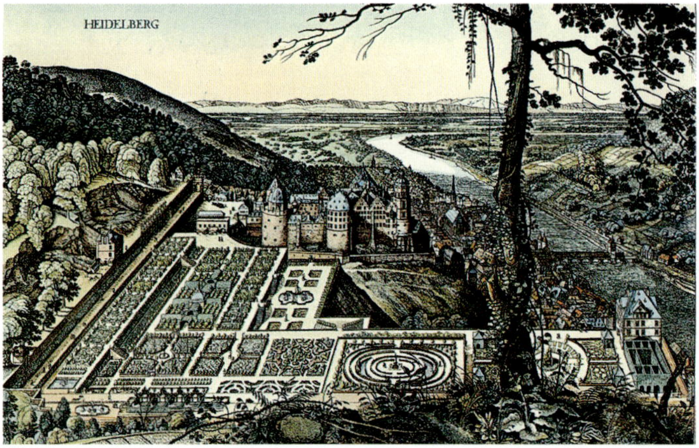

Heidelberg, Hortus Palatinus, Kupferstich von Matthäus Merian d.Ä., koloriert. Der Gartenarchitekt Salomon de Caus publizierte 1620 eine Abhandlung über den Garten mit allen Details, die uns ein genaues Bild seiner spektakulären, in ganz Europa berühmten Gartenschöpfung vermittelt.

Fantasievolle Wasserspiele, Grotten, Fontänen und Brunnen bereicherten die gesamte Anlage. Weiterhin gab es Irrgärten, Lusthäuser, heizbare Wintergärten und mechanisch zu bewegende Skulpturen. Dabei hatten die einzelnen Teile keinen Bezug zueinander, sondern bezogen ihre Bedeutung und Funktion aus sich selbst. Im Sinne der Renaissance wurde im Hortus Palatinus die Idee eines von Menschenhand geschaffenen irdischen Paradieses verwirklicht. In ihm vereinigten sich technische, ästhetische und weltanschauliche Grundsätze zu einem einmaligen Gesamtkunstwerk.

Hat man sich im Schloss genügend umgesehen, darf man nicht versäumen, vom Altan auf Heidelberg hinunter zu schauen. Von hier aus kann man gut das geschlossene Altstadtbild sowie die Erweiterungen späterer Jahrhunderte erkennen. Nach den Verwüstungen des 17. Jh. wurde die zerstörte Stadt auf dem mittelalterlichen Grundriss wieder aufgebaut, sodass ›das Barocke‹ auf das Erscheinungsbild der Häuser beschränkt bleibt. Nur wenige gotische Bauwerke wie die Heiliggeistkirche und das im Kern mittelalterliche Brückentor sind erhalten. Seit Ende des 19. Jh. wuchs die Stadt nach Westen in die Rheinebene hinaus.

»Die Stadt in ihrer Lage und mit ihrer ganzen Umgebung hat, man darf sagen, etwas Ideales ...«, schreibt Goethe am 26. August 1797 über Heidelberg. Achtmal hat er Heidelberg besucht, viele Freunde wie z. B. die Gemälde sammelnden Brüder Boisserée gefunden und sich nicht nur in die Landschaft verliebt. Mit Marianne von Willemer lustwandelte er im Schlossgarten und verewigte sie als seine Suleika im ›West-östlichen Divan‹.

Zwischen Kornmarkt und Bismarckplatz

Vom Schloss geht man zur Stadt hinunter und kommt am **Kornmarkt** vorbei. Hier steht die 1718 von Peter van den Branden geschaffene **Mariensäule** (2), eine der qualitätvollsten Barockskulpturen Heidelbergs. Sie wurde im Zuge der Rekatholisierungsbestrebungen der Kurpfalz von Jesuiten aufgestellt. Den nahegelegenen **Karlsplatz** säumen das 1703–05 für den Hofbeamten Franz von Sicking erbaute **Palais Boisserée** (3) und das 1717/18 durch Remy de la Fosse errichtete Großherzogliche Palais (Akademie der Wissenschaften). Ersteres trägt seinen Namen von den Brüdern Boisserée, die hier ihre kostbare Gemäldesammlung mit Hauptwerken der frühen niederländischen und altdeutschen Malerei aus dem Besitz säkularisierter Klöster aufbewahrten. Von der Schönheit dieser Sammlung war kein Geringerer als Johann Wolfgang von Goethe bei seinen Heidelberg-Besuchen 1814 und 1815 beeindruckt. Heute kann man die Gemälde in der Alten Pinakothek in München bewundern. Auf dem Karlsplatz steht der 1978 von Michael Schoenholtz geschaffene *Sebastian-Münster-Brunnen.* Er ist dem humanistischen Gelehrten Sebastian Münster gewidmet, der in dem ehemals hier gelegenen Barfüßer-Kloster 1521–29 unterrichtet hat. Der Brunnen zeigt die sich aus den symbolhaften Planetenbahnen heraushebenden Menschen, deren irdische Bestimmung sich in der vom technischen Fortschritt geprägten Unterwelt im Guten wie im Bösen erfüllt.

Die Brüder Boisserée verkauften ihre Gemäldesammlung an König Ludwig I. von Bayern.

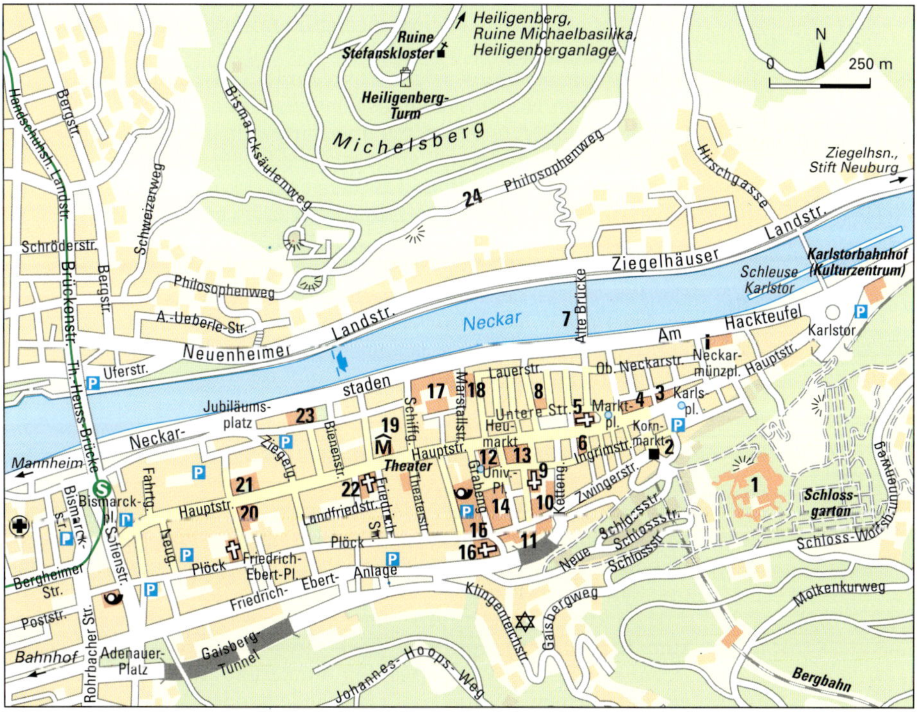

Heidelberg 1 Schloss 2 Mariensäule 3 Palais Boisserée 4 Rathaus 5 Heiliggeistkirche 6 Haus zum Ritter 7 Alte Brücke 8 Friedrich-Ebert-Gedenkstätte 9 Jesuitenkirche 10 Ehem. Jesuitenkollegium 11 Seminarium Carolinum (Universitätsverwaltung) 12 Studentenkarzer 13 Alte Universität 14 Neue Universität 15 Universitätsbibliothek 16 Peterskirche 17 Marstall (Mensa) 18 Zehntscheuer 19 Palais Morass (Kurpfälzisches Museum) 20 Haus zum Riesen 21 Friedrichsbau 22 Providenzkirche 23 Stadthalle 24 Philosophenweg

Nordwestlich der Heiliggeistkirche liegt der Fischmarkt, auf dem die frisch gefangenen Fische verkauft wurden. Die Neckarfischer bildeten einst eine starke Berufsgruppe in Heidelberg.

Wir erreichen den **Marktplatz** mit dem barocken **Rathaus** (4) und der gotischen Heiliggeistkirche. Der Mittelbau des Rathauses entstand 1701–05. Die Skulpturen am Außenbau schuf der zwischen 1710 und 1720 in Heidelberg tätige ungarische Bildhauer Heinrich Charrasky. Von ihm stammt auch die dem Hercules Farnese in Rom nachgebildete Herkulesfigur des *Marktbrunnens* (Kopie). Obwohl sich besonders in den Sommermonaten Touristenmassen durch die Hauptstraße schieben, findet man immer noch stille, idyllische Ecken. Man sollte die Hauptstraße ruhig verlassen und stattdessen die Parallelstraßen, vor allem die Untere Straße entlang flanieren oder die kleinen Gassen rund um die Heiliggeistkirche besuchen. Hier gibt es kleine Cafés, Antiquariate und ausgewählte Fachgeschäfte und vor allem das allseits berühmte Studentenleben – kein Wunder bei ca. 32 000 Studiosi. Am Marktplatz fällt auch die reich gegliederte Fassade der Alten Hofapotheke auf. Der barocke Bau wurde als einer der Ersten nach der Zerstörung um 1700 von Johann Jakob Rischer erbaut. Mittlerweile ist hier die Schnellrestaurantkette McDonald eingezogen.

Zwischen den Strebepfeilern der **Heiliggeistkirche** (5) befinden sich kleine Verkaufsstände, ein im Mittelalter durchaus übliches Bild. Die gotische Kirche, 1400 in den Rang einer Kollegiatstiftskirche erhoben, gehört zu den bedeutendsten Kirchenbauten Nordbadens. Der helle, weite Hallenumgangschor war gegen 1410 vollendet und diente erstmals seinem Bauherrn und Universitätsgründer König Ruprecht I. (= Kurfürst Ruprecht III.) sowie seiner Gemahlin Elisabeth von Hohenzollern als fürstliche Grablege. Von den vielen hier aufgestellten *Grabmälern* überstand lediglich dieses die Kriege des 17. Jh. Es befindet sich im nördlichen Seitenschiff. Das Langhaus wurde 1441 fertiggestellt und als Universitätskirche genutzt. Auf den hoch gelegenen und lichten Emporen war die berühmte **Bibliotheca Palatina** untergebracht. Eine Stifts- oder Klosterbibliothek auf den Emporen einer Kirche ist sonst aus dem Mittelalter nicht bekannt. Die Bücher, die der Kurfürst der Universität geschenkt hatte, waren als sog. ›*libri catenati*‹ mit Ketten an Pulten festgemacht. Infolge des Dreißigjährigen Krieges gelangte die wertvolle, stets erweiterte Sammlung auf Befehl Maximilians von Bayern 1623 als Geschenk an Papst Gregor XV. nach Rom. Nur Teilbestände, wie z. B. der Codex Manesse, kamen im 19. Jh. an die Universitätsbibliothek zurück. Die übrige mittelalterliche Ausstattung der Kirche ging im 17. Jh. verloren. Am südlichen Teil der Chorwestwand sind noch Wappen der Odenwälder und Kraichgauer Ritterschaft (15. Jh.) dargestellt, die wohl Stiftungen für den Kirchenneubau tätigten. Vom Kirchturm hat man eine sehr schöne Rundsicht auf den Odenwald, die Rheinebene und das Schloss.

Dem Kircheneingang gegenüber dominiert das 1592 erbaute **Haus zum Ritter** (6; Hauptstraße 178), ein prächtiges Bürgerhaus der Renaissance, das als einziges den Stadtbrand überstanden hat. Es vermittelt einen Eindruck von den bedeutenden Profanbauten und

Heidelberg, Hauptstraße

der wohlhabenden Bevölkerung Heidelbergs vor der Zerstörung des 17. Jh. Errichtet wurde es für den hugenottischen Tuchhändler Charles Bélier und dient bereits seit 1705 als Gasthaus. Stilistisch lehnt es sich an den Ottheinrichbau an. Für die damalige Zeit ungewöhnlich ist, dass der Bauherr nicht nur sein persönliches Wappen, den Widder (franz. bélier), anbringen, sondern sich selbst mit seiner Gattin auf der rechten Erkerbrüstung, fast wie ein Fürst, porträtieren ließ.

Nun schlendern wir an der Westfassade der Heiliggeistkirche vorbei zum Neckar hinunter. Die **Alte Brücke** (7), bis in das 19. Jh. hinein die einzige Verbindung zum anderen Flussufer, ist mindestens die fünfte an dieser Stelle. Die vorhergehenden Holzbrücken riss der Fluss bei Hochwasser und Schneeschmelze regelmäßig mit sich. Mathias Maier errichtete schließlich die steinerne Brücke im Auftrag des Kurfürsten Carl Theodor. Dessen Standbild sowie das der Pallas Athene auf der Brücke schuf der kurpfälzische Hofbildhauer Franz Konrad Linck. Am Nordufer ist zudem der Brückenpatron Johannes Nepomuk dargestellt. Stadtseitig dominiert das Brückentor, dessen frühklassizistischer Torbau von zwei barock überfangenen mittelalterlichen Rundtürmen flankiert wird. Diese waren einst Teile der Stadtmauer. Neben dem Tor sitzt der 1979 von Gernot Rumpf entworfene **Brückenaffe** mit zwei kleinen Mäuschen, die den einst hier befindlichen Kornspeicher versinnbildlichen sollen. Die Skulptur verweist auf den seit dem 15. Jh. im Brückenturm befindlichen Affen, der die menschlichen Unzulänglichkeiten darstellte und den Spiegel der Selbsterkenntnis in der Hand hielt. Der ursprüngliche Brückenaffe war auf die andere Flussseite, auf das Territorium des Mainzer Fürstbischofs ausgerichtet.

Heidelberg, Brückenaffe

In der nahegelegenen Pfaffengasse wurde im Jahre 1871 das erste demokratische Staatsoberhaupt der deutschen Geschichte geboren:

Friedrich Ebert. Die kleine Wohnung der Familie Ebert, in der Friedrich mit den Eltern und fünf Geschwistern seine Kindheit verbrachte, vermittelt einen Eindruck vom damaligen Milieu der kleinen Handwerker. Tagsüber diente die Wohnung dem Vater, einem Schneidermeister, als Werkstatt. Die **Friedrich-Ebert-Gedenkstätte** (8) bietet in zehn Räumen anhand der Lebensabschnitte und der Werke Eberts interessante Informationen über die Geschichte der Arbeiterbewegung und der frühen Weimarer Republik.

Wir überqueren die Hauptstraße und gelangen zu einem hübschen kleinen Platz, der von der Westfassade der ehem. **Jesuitenkirche** (9) bestimmt wird. Die Fassade dieses bedeutendsten Barockbaus der Stadt nimmt, wie auch die Jesuitenkirche in Mannheim, Bezug auf die römische Mutterkirche des Ordens Il Gesù. Die Skulpturen stammen aus der Werkstatt Paul Egells. Über den Seitenportalen sind die Hauptheiligen des Ordens, der hl. Ignatius und der hl. Franz Xaverius, in der Mitte der Salvator, über den Voluten die Kardinaltugenden Liebe und Hoffnung und auf dem Mittelgiebel der Glaube dargestellt. Die ersten Jesuiten kamen während des Dreißigjährigen Krieges in die Stadt. Nach dem Westfälischen Frieden setzte die Rückkehr des protestantischen Kurfürsten Karl I. Ludwig ihrer Tätigkeit zwar vorübergehend ein Ende, doch kehrten sie unter der katholischen Linie Pfalz-Neuburg zurück und unterstützten bis zur Aufhebung des Ordens 1773 den Kurfürsten bei seinen Rekatholisierungsbemühungen der protestantischen Kurpfalz. Die seit 1712 erfolgte erste Bauphase der Kirche geht auf Pläne von Johann Adam Breunig (ca. 1660–1727) zurück. Diesem Baumeister sind alle wesentlichen Bauwerke Heidelbergs aus dem frühen 18. Jh. zu verdanken, so das Jesuitenkolleg, das Palais Morass, das Haus zum Riesen sowie die Alte Universität. Seit 1745 führte Franz Wilhelm Rabaliatti den Bau der Kirche weiter. Die originale Barockausstattung der Jesuitenkirche ist nahezu vollständig verloren. Die Bildwerke sind teils aus Kirchen der Umgebung übernommen, teils im 19. Jh. neu geschaffen worden. Im Innern verdient das *Museum für sakrale Kunst und Liturgie* einen längeren Aufenthalt. Der hier ausgestellte Kirchenschatz mit Werken des 17. bis 19. Jh. enthält prachtvolle Augsburger Silberschmiedearbeiten wie eine Silbermadonna von 1736 sowie Paramente aus kostbaren Brokatstoffen. Zudem wird die Baugeschichte der Heidelberger Jesuitenbauten erläutert. Der Nordflügel des benachbarten ehem. Jesuitenkollegiums (10) dient heute als Pfarrhaus. Alle weiteren ehem. Jesuitenbauten nutzt die Universität. Im **Seminarium Carolinum** (11; Seminarstr. 4) ist heute die zentrale Universitätsverwaltung untergebracht. Die dreiflügelige, schlossartige Anlage wurde seit 1750 nach Plänen von Franz Wilhelm Rabaliatti ausgeführt. Das hier ehemals untergebrachte Internat stiftete Kurfürst Carl Theodor (reg. 1742–99) und ließ gleichzeitig auch ein Wohnheim für Studenten einrichten.

Schmunzeln lässt den Besucher die Besichtigung des **Studentenkarzers** (12) an der Rückseite der Alten Universität. Von 1786 bis

Heidelberg, Jesuitenkirche, Hochaltarfresko

Heidelberg, Studentenkarzer. Als einer der wenigen erhaltenen Studentenkarzer ist er nicht nur mit Malereien und Sprüchen versehen, sondern besitzt auch die fast vollständige Karzer-Einrichtung.

1914 diente er als Studentengefängnis, denn die Alma Mater besaß ihre eigene Gerichtsbarkeit. So saßen die Studenten wegen ›Kavaliersdelikten‹ zwischen drei Tagen und vier Wochen bei Wasser und Brot hier ein. Doch galt dies keineswegs als Schande – im Gegenteil – und zum Besuch der Vorlesungen durften sie die Räume ohnehin verlassen. Die gelangweilten Studiosi haben sich an den Wänden mit lustigen Sprüchen verewigt.

Nun sind wir im Herzen des studentischen Lebens der Stadt angelangt. Hier in der Altstadt werden die geisteswissenschaftlichen Fächer gelehrt, während die Naturwissenschaften im Neuenheimer Feld auf der anderen Neckarseite zu finden sind. Die Heidelberger Universität (1386) ist die drittälteste nach Prag (1348) und Wien (1365) im damaligen deutschsprachigen Raum. Den **Universitätsplatz** umgeben die Bauten der Alten und der Neuen Universität sowie die Mensa. Die Kriegszerstörungen des 17. Jh. ließen von den Universitätsbauten nichts übrig. Die **Alte Universität** (13) ist ein einfacher Barockbau (1712–35), für den Johann Adam Breunig die Entwürfe lieferte. Hier ist der Amtssitz des Rektors, es finden Feierlichkeiten, Konzerte, Prüfungen statt, und es gibt ein *Universitätsmuseum,* das die Geschichte der Universität von der Gründung bis heute zeigt. Den nüchternen Bau der **Neuen Universität** (14) plante Carl Gruber. Finanziert wurde er durch Spenden amerikanischer Bürger, die der amerikanische Botschafter in Deutschland gesammelt hatte. Die Fassade zeigt einzig die Skulptur der Pallas Athene des Karlsruher Bildhauers Karl Albiker. Zusammen mit dem Leitspruch »Dem lebendigen Geist« verleiht sie der in der Grundsteinurkunde niedergelegten Bestimmung »daß die Wissenschaft in diesem Haus frei, wahr und gerecht in allen ihren Äußerungen, dem Fortschritt ... dienen möge« Ausdruck. Nur wenige Monate nach der Fertigstellung 1932 wurde dieser Leitsatz jedoch gebrochen, jüdische und nicht konforme Professoren entlassen und ins Exil verbannt. An der Südwestecke des Gebäudes steht der *Hexenturm,* der einzige übernommene Bestandteil der ehemaligen mittelalterlichen Stadtbefestigung.

Im 19. Jh. erlebte die Heidelberger Universität eine zweite Blütezeit, nachdem durch Großherzog Karl Friedrich von Baden (reg. 1738–1811), mittlerweile Landesherr der rechtsrheinischen Kurpfalz, 1803 die Universität neu gegründet wurde. Viele bedeutende Gelehrte* und Dichter mehrten bald den internationalen Ruhm. Hierzu trug auch die Entwicklung Heidelbergs zum Zentrum der Romantikbewegung bei. Dafür stehen Namen wie Clemens Brentano, Achim von Arnim, Ludwig Görres, Friedrich Creuzer und Joseph von Eichendorff, der 1807 hier studierte. Im frühen 19. Jh. waren es vor allem Juristen, gegen Ende des Jahrhunderts Naturwissenschaftler, die für den guten Ruf der Alma Mater sorgten.

Die **Universitätsbibliothek** (15) ist mit über 1 120 000 Bänden eine der bedeutendsten im deutschsprachigen Raum. Der historistische Bau wurde 1901–05 von dem Karlsruher Architekt Josef Durm errichtet. Das reich mit Skulpturen geschmückte *Portal* trägt das badische Wappen, eine Inschrift würdigt den Bauherrn, Großherzog Friedrich von Baden. Links steht Prometheus und rechts eine Frauengestalt, die die Weitergabe der Erkenntnis von Generation zu Generation symbolisiert. Sehenswert ist auch das prachtvolle *Treppenhaus* mit Büsten berühmter Gelehrter. In einem kleinen Ausstellungsraum im ersten Stock sind berühmte Handschriften, wie das *Liber scivias* der Hildegard von Bingen (um 1200), der *Sachsenspiegel* (1209–33) sowie die weltberühmte *Manessische Liederhandschrift* (1300–1330) mit 137 Miniaturen der Minnesänger, im Wechsel ausgestellt. Im Lesesaal kann man die neuesten Ausgaben deutscher und internationaler Zeitschriften und Zeitungen einsehen.

Der Bibliothek gegenüber steht die **Peterskirche** (16), die älteste Pfarrkirche Heidelbergs, die bis zur Stadterweiterung im späten 14. Jh. außerhalb der Stadtmauer lag, denn sie gehörte ursprünglich zum Burgweiler. 1485 erfolgte die Grundsteinlegung zum spätgotischen Neubau. Erst 1864 wurde aus der einschiffigen Kirche eine dreischiffige Halle. Vorübergehend diente St. Peter als Universitätskirche, obwohl eigentlich Heiliggeist diese Funktion innehatte. In der ›Capella Universitatis‹ an der Südseite des Langhauses hängt ein Gemälde mit der Bergpredigt des Worpsweder Malers Fritz Mackensen (1911), an den Stirnwänden der Seitenschiffe die beeindruckenden Ölbilder des Karlsruher Malers Hans Thoma (1902): ›Noli me tangere‹ und ›Petrus auf dem Meer‹. Die Glasgemälde des Chors stammen aus der Werkstatt Beiler (um 1870), deren Nachfolger heute noch in der Sandgasse tätig sind. An den Innen- und Außenwänden verdienen die zahlreichen Grabmäler (16.–frühes 20. Jh.), vor allem von Professoren und kurfürstlichen Würdenträgern, Aufmerksamkeit. Sie erzählen viele Geschichten aus dem Leben der Residenzstadt.

Erneut geht unser Spaziergang zum Neckar hinunter. Im ehemaligen Zeughaus, einem Lagerraum für Versorgungsgüter aus der ersten Hälfte des 16. Jh., befinden sich heute Universitätsinstitute, die Mensa und ein Studentencafé. Im Sommer ist dies ein beliebter Treffpunkt der Studenten. **Marstall** (17) heißt der Gebäudekomplex, da in dem nicht erhaltenen Südflügel Stallungen untergebracht waren. Im 19. Jh. wurde er durch einen Bau Friedrich Weinbrenners ersetzt, der die Zeiten ebenfalls nicht überdauert hat. Das Neue Kollegiengebäude (1964–71) beherbergt das *Antikenmuseum* und die *Abgusssammlung*, die aus dem 1835 gestifteten Antiquarium des Heidelberger Philologen Georg Friedrich Creuzer hervorgegangen sind. Sie zeigen Objekte aus den Ländern des Mittelmeerraums wie Tonfiguren und -reliefs, bemalte Vasen und Kleinbronzen sowie umfangreiche Gipsabgüsse antiker Kunstwerke. Die nahegelegene ehem. **Zehntscheuer** (18), auch Heuscheuer genannt, aus der Mitte des 18. Jh. wurde an der Stelle und aus dem Material der ehem. Stadtmauer erbaut. Hier finden heute Vorlesungen statt.

Zur Hauptstraße zurückgekehrt, kommt man bald zum prächtigen **Palais Morass** (19). In dem 1712 von Johann Adam Breunig erbauten Barockpalais ist das *Kurpfälzische Museum* untergebracht, das 1905 von Charles Graf de Graimberg gegründet wurde. Die sieben Räume der Archäologischen Abteilung umfassen Funde von der Altsteinzeit bis zur frühen Neuzeit. Dabei bilden die Römer einen Schwerpunkt. Höchst interessant ist beispielsweise das Modell der römischen Neckarbrücke. Die Abteilung Stadtgeschichte bietet einen Überblick über Heidelbergs bewegte Vergangenheit, und unter Einbeziehung der historischen Räume des Palais werden Geschichte und Kunst der ehemaligen Kurpfalz präsentiert. Neben Kunst und Kunsthandwerk vom 13. bis zum 20. Jh. (u. a. Fayencen und Frankenthaler Porzellan) sind das Kupferstichkabinett und die Bilder der einst hier lebenden romantischen Maler wie Fohr, Fries und Rottmann sehenswert. Eines der herausragenden Werke des Museums ist Tilman Riemenschneiders ›Windsheimer Zwölfbotenaltar‹ von 1509. Hinter dem Palais Morass liegt der Neubau des Kunstvereins. J. A. Breunig erbaute 1706–07 auch das **Haus zum Riesen** (20; Hauptstr. 52). Das Standbild des Bauherrn, des Generalleutnants E. F. von Venningen, befindet sich in der Muschelnische über der Balkontür. In dem 1861–65 erbauten **Friedrichsbau** (21; Hauptstr. 47–51) vollendete Kirchhoff seine Epoche machenden Versuche über die Spektralanalyse, die er zusammen mit Bunsen 1860 entdeckt hatte.

Riemenschneiders Zwölfbotenaltar stammt aus der Kilianskirche in Windsheim. Im Unterschied zu den farbenfrohen zeitgenössischen Werken verwendete der Künstler eine monochrome Fassung, nur Augen und Mund sind bemalt. Dadurch kommt die fein geschnitzte Oberfläche besonders zur Geltung.

Die **Providenzkirche** (22), die zweite große Hauptkirche der Protestanten, wurde 1659–61 für die lutherische Gemeinde erbaut.

Wesentliche Förderung erfuhr sie durch Kurfürst Karl I. Ludwig (reg. 1649–80), der eine überaus tolerante Konfessionspolitik ausübte. Ihr Name leitet sich von dessen persönlicher Devise: »Dominus providebit« (Der Herr wird sorgen) ab. Mit dem asymmetrisch gegliederten Kirchenraum bei frei bleibender Kanzelseite bildete die Kirche einen wichtigen Markstein innerhalb der Entwicklung des protestantischen Kirchenbaus, denn bis zum Dreißigjährigen Krieg hatte sich noch kein verbindlicher Kirchentypus für die reformatorischen Kirchen herausgebildet. Nach dem Brand von 1693 wurden das Gotteshaus erneuert und der monumentale Glockenturm neu errichtet. Durch die Turmvorhalle, in der das barocke *Grabdenkmal* für Eleonora von Bettendorf (gest. 1746) aufragt, betritt man die Kirche. Das Epitaph wird dem Umkreis Paul Egells zugeschrieben. Auf dem reich geschmückten Kartuschenrahmen aus Marmor sitzen die Figuren von Chronos und Mors, Personifikationen der vergehenden Zeit und des Todes. Dazwischen befinden sich die Wappen der Verstorbenen. Den Innenraum der Providenzkirche hat man im 19. Jh. völlig neu geordnet. Aus dieser Zeit stammen auch die Glasmalereien. In der Mitte schwebt der überlebensgroße Christus und bildet einen schönen Farbakzent in dem durch den Historismus geprägten Innenraum.

Am Neckar wurde 1903 das Kongresshaus **Stadthalle** (23) fertig gestellt. Hier finden neben Kongressen auch Konzerte, Bälle und andere gesellschaftliche Ereignisse statt. An der Südseite des im Renaissancestil errichteten Baus befinden sich Porträts Heidelberger Professoren und berühmter Musiker. Auf dem seit 1844 angelegten **Bergfriedhof** in der Rohrbacher Straße etwas außerhalb des Stadtzentrums liegen Berühmtheiten wie Friedrich Ebert, Robert Bunsen und Wilhelm Furtwängler. Ein Spaziergang zwischen den schönen Grabmonumenten lohnt sich. Warum nicht den Tag in einem der historischen Studentenlokale ausklingen lassen, z. B. im Sepp'l oder im Roten Ochsen, um nur zwei von vielen zu nennen. Auswahl hat der Durstige genug!

Tipp: Besuch der Prinzhornsammlung: Der Psychiater, Kunsthistoriker und Künstler Hans Prinzhorn hat Anfang des 19. Jh. ca. 5000 Bildwerke psychisch kranker Menschen zusammengetragen. 1922 veröffentlichte er sein bahnbrechendes Werk ›Bildnerei der Geisteskranken‹, das vielen Surrealisten als Vorlage diente. Einige seiner Patienten, z.B. Adolf Wölfli, erlangten künstlerische Berühmtheit. Voraussichtlich ab Ende 2000 wird diese herausragende Sammlung in eigenen Museumsräumen im Altklinikum (Voßstr./Nähe Bergheimerstr.) zu sehen sein.

Philosophenweg und Heiligenberg

Wie die Romantiker Heidelberg sahen

Wer die Stadt kennen lernen will, wie sie die Romantiker Clemens Brentano und Achim von Arnim, Friedrich Hölderlin und viele andere beschrieben, besungen und gemalt haben, sollte auf ihren Spuren wandeln: auf dem **Philosophenweg** (23) am Südhang des Heiligenbergs. Besonders in der Nachmittagssonne ist das Panorama mit dem unvergleichlichen Blick auf das Schloss, den Fluss und die Altstadt bezaubernd und dank der vielen Bänke kann man es intensiv genießen. Der Weg beginnt auf der rechten Neckarseite kurz hinter der Theodor-Heuss-Brücke. Aufgrund des warmen Hangklimas

Joseph von Eichendorff schrieb im Rückblick auf die Zeit in Heidelberg: »Heidelberg ist selbst eine prächtige Romantik; da umschlingt der Frühling Haus und Hof und alles Gewöhnliche mit Reben und Blumen und erzählen Burgen und Wälder ein wunderbares Märchen der Vorzeit, als gäbe es nichts Gemeines auf der Welt …«.

gedeihen hier oben südländische Pflanzen wie spanischer Ginster, Zitronenbäume, Pinien, Palmen und japanische Wollmistel. Während des Spaziergangs kommt man u. a. am Philosophengärtchen, an der Eichendorff- und der Hölderlinanlage, am Liselottestein und am Bismarckturm vorbei. Die erste Rast mag man im *Philosophengärtchen* einlegen, wo auf mehreren Ebenen vom Frühjahr bis in den Herbst ein Meer von Blumen kombiniert mit dem einmaligen Blick alle Sinne betört. Oberhalb des *Philosophengärtchens* liegt die *Eichendorffanlage:* Sie ist Joseph Freiherr von Eichendorff (1788–1857) gewidmet, der in Heidelberg Jura studierte und viele schöne Lobeshymnen auf die Stadt dichtete. Darüber steht der 1903 zur Verehrung des ›Eisernen Kanzlers‹ eingeweihte *Bismarckturm.* Der *Liselottestein* erinnert an Elisabeth Charlotte von der Pfalz (1652–1722), deren Leben eng mit dem Schicksal der Stadt verbunden ist. Schließlich ist der Aufenthalt am *Merianblick* ein kurzweiliges Vergnügen, bei dem man leicht die Zeit vergisst. Die Aussicht von hier ähnelt dem von Matthäus Merian 1620 angefertigten Kupferstich, der auf einer großen Schautafel abgebildet ist. Das Stadtpanorama wurde allerdings von der Meriankanzel am oberen Philosophenweg skizziert. Es ist eine wahre Freude, den Stich mit der heutigen Wirklichkeit zu vergleichen, dabei Übereinstimmungen

Heidelberg, Blick auf die Alte Brücke und den Philosophenweg

und Abweichungen zu entdecken. So sah also Heidelberg vor den Zerstörungen des 17. Jh. aus. Das Schloss besaß noch seine Dächer, die Barockanlagen, wie z. B. die Jesuitenkirche waren noch nicht erbaut. Zahlreiche Details erzählen vom damaligen Leben. Die *Hölderlinanlage* ist dem Dichter geweiht, der vielleicht die schönsten Worte für die Stadt am Neckar fand. Friedrich Hölderlin (1770–1843) weilte dreimal in Heidelberg, doch mussten ihn diese kurzen Besuche tief beeindruckt haben. Von hier aus kann der Sportliche an Ziegelhausen und Neckargemünd vorbei bis zu den vier Burgen Neckarsteinachs wandern. Ausruhen lässt es sich während der Rückreise auf einem der regelmäßig verkehrenden Neckarschiffe. Oder man spaziert zum historischen Anfang Heidelbergs, zum Heiligenberg. Die Wege sind jeweils gut ausgeschildert.

Friedrich Hölderlin, Pastellbild von Franz, Karl Hiemer, 1792

Die Ursprünge der Besiedlung

Den **Heiligenberg** (24), ein von alters her heiliger Berg, bezogen nicht erst die Römer in ihr Verteidigungssystem ein, die frühesten Funde gehören sogar der Jungsteinzeit an. Die Kelten legten zwischen 450 und 250 v. Chr. um den Berg einen doppelten Ringwall an, ein seltenes Zeugnis dieser Kultur. Das sog. Heidenloch, eine tiefe Zisterne, und der Bittersbrunnen, eine mindestens 2500 Jahre alte Quelle, stammen ebenfalls aus dieser Zeit. Dann kamen die Römer und sicherten den Neckarübergang durch ein Kastell in Neuenheim. Doch gab es in der Zeit von 60 bis 260 n. Chr. insgesamt wohl neun Kastelle. Aus den Lagerdörfern entstand im 2. Jh. n. Chr. eine bürgerliche Siedlung. Aufgrund des hier vorkommenden Tons entwickelten sich Töpferwerkstätten, die die umliegenden Kastelle und Höfe versorgten. Weiterhin wissen wir von einem Bad, das nahe dem Neckar für die Legionäre eingerichtet worden ist. Auf dem Heiligenberg schließlich verehrten die Römer den Gott Merkur, dem sie einen germanischen Beinamen gaben: Mercurius Cimbrianus.

Auf der nördlichen Kuppe des Heiligenbergs stehen noch die Ruinen der dreischiffigen *Michaelsbasilika* und der dazugehörigen Klosteranlage. Kloster Lorsch, eine der bedeutendsten Abteien im ostfränkischen Reich, gründete bereits im 9. Jh. die erste Kirche und um 1020 ein dazugehöriges Kloster. Aus dieser Zeit stammen die wenigen überkommenen Bauteile. St. Michael, eine ehemals dreischiffige Basilika mit östlichem Querhaus und drei Apsiden, zählt zu den interessantesten und eigenwilligsten Schöpfungen der Frühromanik in Deutschland. Die Krypta weist eine enge stilistische Verwandtschaft mit den Krypten der Klosterkirche Limburg an der Haardt und der Galluskirche in Ladenburg auf. 1094 kam das kleine *Stephanskloster* hinzu. Um 1530 verließen die Mönche den Heiligenberg und die Gebäude wurden als Steinbruch genutzt. Unter der nationalsozialistischen Machtherrschaft wurde hier oben die *Thingstätte* in Form eines Amphitheaters als Feierstätte errichtet. Hermann Alker entwarf die Anlage, die bis zu 20 000 Zuschauern Platz bot.

Zum Heiligenberg: Mit der Straßenbahn oder dem Auto fährt man nach Handschuhsheim, von dort ist der Weg zum Heiligenberg ausgeschildert. Beim Wanderparkplatz etwas weiter bergan beginnt ein Fußweg. Zuerst passiert man die Thingstätte, dann gelangt man zur Klosterruine. Oder man läuft vom Philosophenweg zum Heiligenberg hinauf.

Handschuhsheim, Stift Neuburg und Kloster Schönau

Besonders sehenswert: Grabdenkmäler in St. Vitus (Handschuhsheim) Herrenrefektorium in Schönau

Nicht weit vom Heidelberger Zentrum auf der gegenüberliegenden Neckarseite befindet sich **Handschuhsheim,** in dessen Mitte die *Tiefburg* zu erkennen ist. Es handelt sich um eine ehemalige Wasserschlossanlage, die im 14./15. Jh. erbaut und im Pfälzischen Erbfolgekrieg in Mitleidenschaft gezogen wurde. Teile der Wehrmauern und des dreigeschossigen Wohngebäudes im Hof blieben jedoch erhalten. Im frühen 20. Jh. ließ Graf Raban von Helmstatt sie wieder aufbauen. Der spätgotische Chor der *Pfarrkirche St. Vitus* in Handschuhsheim ist heute nur noch Nebenkapelle, da die Kirche 1933 umgebaut wurde. Das östliche Seitenschiff birgt das hervorragende Grabdenkmal der Margarethe von Handschuhsheim (gest. 1500) und ihres Gemahls. Beide sind in selbstbewusster Pose dargestellt. Das 1519 datierte Werk präsentiert eine höchst eigenständige Leistung deutscher Frührenaissance-Kunst, die dem berühmten Mainzer Bildhauer Hans Backoffen nahe steht. Den Betrachter fasziniert besonders die Liebe zum Detail, die uns einiges über die Mode der damaligen Zeit erzählt. Leider ist der Meister trotz Monogramms (M LSP V H) unbekannt. Um 1600 entstand das Doppelgrabmal des Heinrich von Handschuhsheim und seiner Frau. Die Eheleute sind mit ihren beiden Kindern vollplastisch in Lebensgröße in den Heilbronner Keuperstein gemeißelt. Im ehem. südlichen Seitenschiff ist ein Freskenzyklus aus der ersten Hälfte des 15. Jh. zu sehen. ›Hendesse‹ – wie Handschuhsheim liebevoll genannt wird – eignet sich übrigens hervorragend zum abendlichen Ausgehen, denn dicht an dicht befinden sich mehrere beliebte, alteingesessene Wirtshäuser und Studentenkneipen.

Das *Benediktinerkloster Stift Neuburg* über **Ziegelhausen** ist vor allem wegen seiner romantischen Lage über dem Neckar die Anfahrt wert. Hier oben laden Wiesen und Wälder zum Entspannen oder Wandern ein. Dies schätzten auch Maler und Poeten der Heidelberger Romantik, die die Gebäude in den Jahren 1825–51 zeitweilig als Aufenthaltsort benutzten. Der damalige Besitzer ›Fritz‹ Schlosser ließ die Klosterkirche von Heinrich Hübsch umbauen und hängte hier unter anderem die Bilder von Friedrich Overbeck, Peter von Cornelius und Gottfried Schadow auf. Zudem richtete er eine der ersten Goethe-Gedenkstätten ein. Davor hatte die Lorscher Gründung von 1130 ein wechselvolles Schicksal. Zuerst lebten in der Abtei Benediktinerinnen, dann Zisterzienserinnen, danach war sie ein ev. Damenstift und schließlich eine Jesuitenniederlassung. Dazwischen nutzten es die Kurfürsten als Lusthaus. Seit 1926 ist das Kloster wieder mit Benediktinermönchen besiedelt.

Von Neckarsteinach aus fährt man ins Steinachtal. Dort haben sich im 12. Jh. Zisterzienser aus Eberbach im Rheingau angesiedelt, die weit entfernt von jeglicher Ortschaft das einst reiche **Kloster Schönau** errichteten. Große Bedeutung hatte das Kloster für die im Entstehen begriffene Stadt Heidelberg, die die Mönche mit Waren versorgten. Schönau erhielt daher viele Privilegien von den Pfalzgrafen. Von der 1211 geweihten Kirche sind leider nur noch die Fundamente erhalten. Das heute als evangelische Kirche genutzte *ehem. Herrenrefektorium* ist der einzige noch unter Dach befindliche Bauteil. Dieser um 1230–40 entstandene Speisesaal der Mönche vermittelt noch einen Eindruck von der einstigen Größe des Klosters. Er bildet einen Höhepunkt monastischer Baukunst in Deutschland und zählt zu den qualitätvollsten mittelalterlichen Klostergebäuden Deutschlands. Man betritt ihn durch eine Art Vorhalle, deren Kreuzgewölbe das letzte erhaltene Joch des ehem. Kreuzgangs ist. Beachtenswert ist das prachtvolle Stufenportal mit seinen frühgotischen Knospenkapitellen. Das Refektorium ist eine zweischiffige Halle, die sogar größer als der Maulbronner Speisesaal ist und mit diesem engste stilistische Verwandtschaft aufweist. In der Mitte der Westwand öffnet sich erkerähnlich das Lektorium, von dem aus die Lesungen vorgetragen wurden. Der Dreisitz an der Südwand stammt wahrscheinlich aus der Klosterkirche. Von den Nebengebäuden sind die sog. ehem. Hühnerfautei (um 1251), die Klosterschmiede (Haus Rathausstr. 2) und das spätromanische Klostertor erhalten. Der blühende Konvent, der bis zu 300 Mönche und Laienbrüder beherbergte, wurde 1560 im Zuge der Reformation aufgelöst und zunächst von Wallonen als Tuchmanufaktur, später als Steinbruch genutzt.

Kloster Schönau, Grabplatte: Eberhard X. Schenk von Erbach und sein Bruder Konrad Schenk von Erbach, in der Mitte das Wappenschild der Familie, 1425

Die Bergstraße entlang nach Weinheim

Besonders sehenswert:
Burg Windeck
Marktplatz und Altstadt in Weinheim ☆

Die Bergstraße, auch ›Riviera Deutschlands‹ genannt, zieht sich am Fuße der Odenwälder Berghänge entlang. In der fruchtbaren Garten- und Weinberglandschaft blühen schon früh die Obstbäume. Der alte Handelsweg verläuft parallel zum Rhein von Wiesloch nach Darmstadt. Wir werden der Strecke von Heidelberg über Schriesheim und Hirschberg nach Weinheim folgen.

Das hübsche, verwinkelte **Schriesheim** wird von der eindrucksvollen *Ruine Strahlenburg* überragt, die im 12. Jh. von Ritter Conrad von Strahlenburg begonnen, aber bereits um 1500 durch einen Brand weitgehend zerstört wurde. Weithin sichtbar sind noch der 27 m hohe, runde Bergfried sowie Mauerreste des etwas später errichteten viergeschossigen Wohngebäudes mit seinen Doppel- und Spitzbogenfenstern. Es lohnt ein Spaziergang am Hang entlang und zwischen den Reben hindurch; bei guter Sicht kann man bis zur Haardt hinüber sehen (Strahlenburg ist bewirtschaftet, Mo u. Di

Ruine Strahlenburg oberhalb von Schriesheim. Von insgesamt drei Burganlagen der Edelfreien von Hirschberg-Strahlenberg ist nur die Strahlenburg als Ruine erhalten. Von den beiden älteren, Hirschburg und Schanzenköpfle, sind nur noch bewaldete Burghügel zu erkennen; sie waren lediglich im 11. und 12. Jh. bewohnt.

Ruhetag). Die Ortschaft besitzt ein schönes Fachwerkrathaus (1684) auf einem älteren, massiven Untergeschoss, vor dem ein Prangerstein (1540) steht, und eine ehem. Ölmühle in der Leutershäuser Straße.

In dem **Hirschberger Ortsteil** Großsachsen sind bereits 500 v. Chr. Kelten nachweisbar. Bei Großsachsen wurde eine repräsentative *villa rustica,* ein römischer Gutshof, freigelegt. Das Hauptgebäude mit einem Zierteich ist zu besichtigen. Das ebenfalls ergrabene römische Bad wurde nach der Erforschung wieder zugeschüttet.

Zwei Burgen überragen die Stadt **Weinheim.** Von der erst 1907–13 vom ›Weinheimer Seniorenkonvent‹, einem Zusammenschluss studentischer Burschenschaften, zur Erinnerung an die 1870/71 gefallenen Corpsstudenten in romanisierenden Formen erbauten Wachenburg bietet sich ein weiter Rundblick auf den Odenwald und die Rheinebene. Die vordere Burg ist die bewirtschaftete *Burgruine Windeck,* eine der ältesten Burgen an der Bergstraße. Der Abt des Klosters Lorsch ließ sie Anfang des 12. Jh. zum Schutz der klösterlichen Besitzungen errichten. Erhalten haben sich Reste eines viergeschossigen Palas sowie der Burgkapelle. Innerhalb der doppelten Ringmauern befinden sich zudem die Keller von zwei Wohnbauten des 12. Jh. Von der Burg führt ein Weg zur Stadt hinunter.

Während die Burg Windeck im 13. Jh. dem Hochstift Mainz zufiel, kam der südliche Teil Weinheims zur Pfalzgrafschaft. Um 1700 wichen sogar die Heidelberger Universität und die kurpfälzische Hofhaltung vorübergehend in die weder im Dreißigjährigen noch im Orléansschen Krieg nennenswert zerstörte Stadt aus. Dementsprechend malerisch ist das Stadtbild. Alte Fachwerkhäuser durchziehen die gesamte verwinkelte Altstadt, vor allem im Gerberviertel und um den Marktplatz. Im Mittelalter stauten die Gerber den Grundelbach und führten sein Wasser in ihr Viertel. Die Zunft der Rotgerber benutzte den um 1582 entstandenen *Büdinger Hof* (Judengasse 15–17) zeitweise als Zunfthaus. Das Wappen zeigt das Schabeisen der Gerber. Vom Gerberviertel führt eine Treppe zum idyllischen

Marktplatz, der mit seinen zahlreichen Cafés und Restaurants unter alten Bäumen zu einer Pause einlädt. Bei einem Schoppen lassen sich die ihn umgebenden Gebäude studieren. Beim Abstieg von der Burg ist man bereits an der gotischen *Ulnerschen Kapelle* der ehem. Spitalkapelle, vorbeigekommen. Das Hauptportal der barockisierten Kapelle wurde um 1900 von einem Wohnhaus zugebaut. Die daneben befindliche *ehem. Löwen-Apotheke* ist einer der ältesten Fachwerkbauten der Rhein-Main-Region.

An der südlichen Ecke des Marktplatzes steht das im Renaissancestil errichtete *Alte Rathaus.* Auf die ursprüngliche Funktion eines Kaufhauses deuten noch die Bogengänge. Das westliche Ende des Platzes beherrscht die neuromanische *Pfarrkirche St. Laurentius* (1911–13), eine dreischiffige Säulenbasilika. Sie besitzt noch teilweise die aus dem gotischen Vorgängerbau entnommene alte Ausstattung. Wandert der Besucher die Obertorstraße hinauf, so steht er bald vor dem *ehem. Schloss,* das heute als Rathaus genutzt wird. Mehrere Entstehungsphasen lassen sich unterscheiden: Zuerst erbaute man den dreigeschossigen verputzten Massivbau als pfalzgräfliche Burg, in dem der spätere Kurfürst Ottheinrich (reg. 1556–59) einige Jahre wohnte. Der Bau ist am Erker mit 1536 datiert. Das Lehrbachsche Herrschaftshaus wurde ab 1770 und das Schloss des Freiherrn von Berckheim mit dem mächtigen, neugotischen Turm zwischen 1850 und 1895 angebaut. Dieser Nordteil wurde unter Beibehaltung älterer Bauteile zu einem der bedeutendsten historistischen Schlossbauten Nordbadens umgeformt. Hinter dem Schloss beginnt der als Landschaftsgarten angelegte *Schlosspark.*

Tipp: Ein Spaziergang durch den Weinheimer Schlosspark lohnt allein schon wegen der fremdländischen Bepflanzung. Christian Freiherr von Berckheim sammelte einst Pflanzen und Bäume in aller Welt. 1868 ließ er auch den Exotenwald anlegen, den Pflanzenliebhaber nicht versäumen sollten.

Schlosspark in Weinheim

Die Burgenstraße nach Bad Wimpfen

Verlässt man Heidelberg Richtung Osten, so passiert man das *Karlstor*, einen barocken, nach Kurfürst Carl Theodor benannten Torbau, den der kurfürstliche Architekt Nicolas de Pigage einem antiken Triumphbogen nachgebildet hat. Weiter geht es flussaufwärts die Burgenstraße entlang (gut ausgeschildert). Obwohl diese über nahezu 1000 km von Mannheim über Nürnberg bis nach Prag führt, befinden sich doch viele Burgen und Schlösser in dem idyllischen Streckenabschnitt von hier bis nach Bad Wimpfen. Es ist eine beschauliche Reise, die man im übrigen auch mit dem Schiff zurücklegen kann. Nach dem ersten Höhepunkt Heidelberg folgt ein burgenbeherrschtes Städtchen nach dem anderen. Der Neckar hat sich hier ein enges Tal durch das Sandsteingebirge geschaffen, das sich erst nach Binau öffnet. Schmale Landzungen und steile Hänge boten einst ideale Standorte für die zahlreichen adligen Wohnsitze, von denen einige bedeutende noch gut erhalten sind.

Burgen, Schlösser und Städte am Neckar

Besonders sehenswert:
Burgruine Dilsberg
Eberbach
Burg Zwingenberg
Templerhaus in Neckarelz
Schloss Hornberg
Burg Guttenberg

Zuerst gelangt man nach **Neckargemünd,** einer kleinen Stadt an der Einmündung der Elsenz in den Neckar. Auch hier steht ein *Karlstor.* Es wurde 1785–88 nach Plänen von Friedrich Christoph Dyckerhoff zu Ehren Carl Theodors errichtet. So dankte die Stadt dem Kurfürsten, der den Bau der Straßen Heidelberg–Mosbach und Heidelberg–Heilbronn gefördert hatte und damit Neckargemünd zu wirtschaftlicher Blüte verhalf. Die ehem. Reichsstadt besitzt zudem ein frühklassizistisches Rathaus (1771), einige stattliche Fachwerkhäuser und Reste der ehem. Stadtbefestigung. Die auf einem mit Wiesen bedeckten Bergkegel, den auf drei Seiten der Neckar umgibt, thronende **Burgruine Dilsberg** ist ein beliebtes Ausflugsziel. Ihre vorteilhafte Lage machte die um 1200 erstmals genannte Burg jahrhundertelang uneinnehmbar. Ruprecht I. förderte die Stadt, denn die Burg sollte Zufluchtsstätte für den pfälzischen Hof und die Kanzlei sein, wenn in Heidelberg Gefahr in Verzug war. Von der Oberburg blieben die Mantelmauer aus Bossenquadern (14. Jh.), ein achteckiger Treppenturm vom Palas (16. Jh.) und der alte Brunnenschacht erhalten. Der um 1900 erneuerte Wehrgang der 17 m hohen Mantelmauer ist zugänglich. Innerhalb der Vorburg stehen noch die ehem. Zehntscheuer (1537) und das sog. Kommandantenhaus. Die Burgruine und das gleichnamige Städtchen vermitteln bis heute den Eindruck einer einheitlichen Befestigungsanlage.

Dem Dilsberg gegenüber liegt die Vierburgenstadt **Neckarsteinach.** Kurz vor dem Ortseingang sieht man am steilen Berghang das sog. Schwalbennest, die äußerste Bastion der *Burganlage Schadeck* (kurz nach 1200). Zur Gesamtanlage gehören noch die Ruinen Hinterburg, eine charakteristische Hohenstaufenburg mit Bergfried,

◁ Das Schwalbennest bei Neckarsteinach

Palas und Zwinger, die im 16. und 19. Jh. ausgebaute Mittelburg und die Vorderburg (16. Jh.). Auf der Hinterburg lebte einst Bligger II. von Steinach, der als Minnesänger in der Heidelberger Manessischen Liederhandschrift abgebildet ist. Schön ist der kurze Spaziergang vom Parkplatz, kurz vor dem malerischen Neckarsteinach, zu den Burgen hinauf.

Die um 1200 errichtete, mauerumgürtete *Burg Hirschhorn* (mit Hotel-Restaurant, Terrasse) in **Hirschhorn** erfuhr Ende des 16. Jh. einen Umbau im Renaissancestil. In der Kapelle St. Anna der Hirschhorner Klosterkirche befinden sich die Grabmäler der Herren von Hirschhorn. Lohnend ist auch der kurze Abstecher zur *Ersheimer Kapelle* (ausgeschildert). Anschauen sollte man sich die figürlichen Grabmäler im Chor, das Sakramentshäuschen und die Wand-

malereien. Auf dem Friedhof sind eine Ölberggruppe von 1669, ein ewiges Licht und einige figürliche Grabmäler beachtenswert.

Die Anfänge der ausgedehnten *Burganlage* auf dem Katzenbuckel (626 m) bei **Eberbach** gehen wahrscheinlich in die Frühzeit der Herrschaft der Wormser Bischöfe zurück. Die Anlage, einst zum Schutz der Straße angelegt, die durch das Ittertal nach Amorbach verläuft, wurde bereits im frühen 15. Jh. geschleift und erst Anfang des 20. Jh. teilweise wieder ausgegraben. Aus vorhandenen Trümmern rekonstruierte man die Palasmauer mit spätromanischen Rundbogenfenstern in der Art der Wimpfener Kaiserpfalz. Die staufische Reichsstadt Eberbach erfreute sich dank des Holzhandels einer wohlhabenden Bürgerschaft. Dies kann man an den schönen *Fachwerkhäusern* ablesen, z. B. an dem Bettendorfer Hof mit der

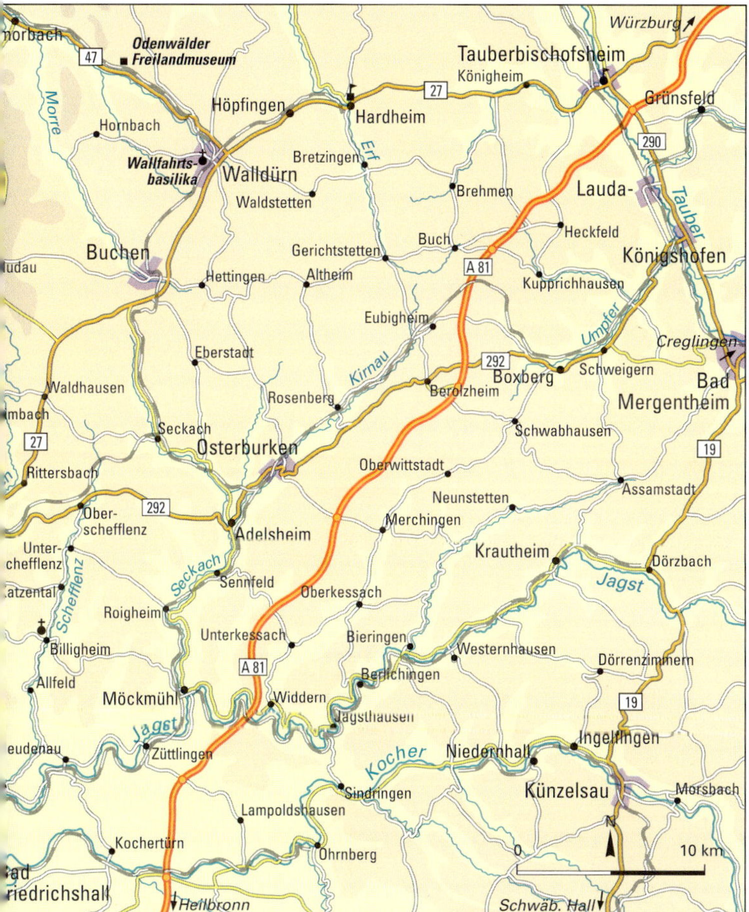

Das Neckartal zwischen Heidelberg und Bad Wimpfen

Blick auf Hirschhorn

Jahreszahl 1570 in der Pfarrgasse. Das älteste noch vorhandene Gebäude ist das 1390 erbaute Thalheimsche Haus. Die Adelsgeschlechter von Bettendorf und von Thalheim verließen Eberbach bereits im 17. Jh., doch ihre Häuser wurden weiter genutzt. Das ehem. Badhaus am Lindenplatz stammt aus dem 15. Jh. und gehört zu den selten bewahrten Bauten dieses Typs. Idyllisch präsentiert sich der *Alte Markt* mit dem klassizistischen Alten Rathaus von 1823 (heute Heimatmuseum) sowie einigen gemütlichen Cafés und Restaurants. Von der mittelalterlichen Stadtbefestigung sind eindrucksvolle Mauerreste und Türme in der Zwingerstraße und Weidenstraße vorhanden. Beim Vorbeischlendern kann man an der Stadtmauer die erstaunlich hohen Pegelstände des Neckars ablesen. Am rechten Flussufer liegt die **Burgruine Stolzeneck,** einer der ersten Stützpunkte der Pfalzgrafen im Neckartal. Die um 1200 gegründete Burg, letztmals 1576 als Wohnstätte erwähnt, wurde im Dreißigjährigen Krieg zerstört.

Burg Zwingenberg: Die Burg am Ortseingang ist von der Straße aus in einem kurzen Spaziergang zu erreichen.

Wir setzen die Fahrt fort und erreichen in **Zwingenberg** einen der schönsten und besterhaltenen Adelssitze des Neckartals. Die auf steilem Felsen am linken Ufer gelegene *Burg Zwingenberg* entspricht noch heute dem Bild einer spätmittelalterlichen Burg. Die ausgedehnte Anlage aus oberer und unterer Burg geht auf staufische Zeit zurück. Aus dieser Bauperiode stammen noch die Schildmauer der Oberburg und der Bergfried. Die Edlen von Zwingenberg erhielten ihre Einkünfte durch Zollabgaben der Neckarschifffahrt. Dies fand freilich keine Zustimmung bei den Kurfürsten und dem Mainzer Erzbischof, die an einem ungehinderten Schiffsverkehr interessiert waren. Noch vor 1364 wurde die Festung erobert und zerstört. Im frühen 15. Jh. erbauten die mit der Burg belehnten Edlen von Hirschhorn den größten Teil der Anlage. Sehenswert ist vor allem die ältere der beiden *Kapellen* (Weihe 1424) mit ihren bedeutenden Wandmalereien der Erbauungszeit: Im Gewölbe Christus als Weltenrichter, an der Wand die Verkündigung an Maria, die Kreuzigung, Anbetung der Könige und die Muttergottes im Strahlenkranz. 1808 erwarb der badische Großherzog Burg Zwingenberg; sie ist bis heute im Privatbesitz der Familie, die sie grundlegend erneuerte. 1918 war die Burg Schauplatz der Abdankung Großherzogs Friedrich II.

Hinter Burg Zwingenberg liegt die romantische **Wolfsschlucht,** die den Komponisten Carl Maria von Weber (1786–1826) zu seiner Oper »Der Freischütz« inspiriert haben soll. Jenseits des hübschen Neckargerach steht die eindrucksvolle **Minneburg,** die im Kern noch auf das frühe 13. Jh. zurückgeht. Aus dieser Zeit stammen der Bergfried und die Schildmauer. Eine Inschrift an der Umwehrung nennt den späteren Baumeister: Hans (Stainmüller) von Wertheim 1522. Gleichzeitig entstand wohl auch der Palas. Auf der Weiterfahrt öffnet sich das Tal, anstatt der Wälder sieht man nun Felder und Weinhänge. In **Neckarelz** beeindruckt das dreigeschossige *Templerhaus*. Bereits 976 ist hier ein altfränkischer Herrensitz bezeugt, doch geht der mächtige Bau im Kern auf eine Stauferburg des 12. Jh. zurück. Sein Aussehen erhielt das Gebäude in der ersten Hälfte des 14. Jh., als es Sitz des Johanniterordens war (1297–1350). Der Orden vereinigte in dem Bau alle erforderlichen Einrichtungen unter einem Dach: Über dem Cellarium (seit 1925 Unterkirche) lag die auf Chor und Chorjoch reduzierte Kirche. Im zweiten Geschoss waren das

Tipp: Vom Café Wolfsschlucht an der B 37 führt der Talweg in die etwa 1 km lange, düstere Wolfsschlucht hinein. Oder man steigt von der Minneburg aus in die Schlucht hinunter.

Neckarelz, Templerhaus, Schnitt

Goethes ›Götz von Berlichingen‹ gehört zu den großen Werken des Sturm und Drang und steht bis heute häufig auf den Spielplänen deutscher Bühnen (Uraufführung 1774 in Berlin).

Dormitorium und der Kapitelsaal untergebracht. Im 15. Jh. erwarb Pfalzgraf Otto I. von Mosbach das Gebäude, um es als Zehntstadel zu benutzen. 1730–34 erfolgte schließlich der Umbau zu einer kath. Pfarrkirche.

Auf der ältesten Burg des Neckartals, der im 11. Jh. gegründeten **Burg Hornberg** hoch über Neckarzimmern, schrieb der Ritter mit der Eisernen Hand seine berühmte Lebenschronik, die Johann Wolfgang von Goethe (1749–1832) den Stoff für sein Drama »Götz von Berlichingen« lieferte. Das bekannte Zitat (»Er aber sag seinem Herrn, er kann mich am Arsche lecken«) fiel freilich nicht hier, sondern an der Jagst. Götz von Berlichingen erwarb die Burg 1517 und baute sie stärker aus, um sich bei Verfolgung ungefährdet zurückziehen zu können. Dies war aufgrund seiner vielen Fehden nötig. Wegen seiner führenden Rolle auf Seiten der aufständischen Bauern im Bauernkrieg von 1525 stand er lange Jahre unter Hausarrest. Der Schwäbische Bund legte ihm auf, kein Pferd zu besteigen und die Grenzen der Gemarkung nicht zu verlassen. Als 82-Jähriger starb er hier 1562. Im Jahre 1612 kaufte Reinhard von Gemmingen die Burg, dessen Nachfahren sie noch heute gehört. Interessant ist das kleine *Götz-Museum* (Besichtigung durchgehend von März–Okt.). Im einstigen Pferdestall befindet sich heute ein Hotel-Restaurant mit Terrasse, von der man einen weiten Blick ins Neckartal hat.

Das zweitgrößte Neckarschloss nach Heidelberg ist **Schloss Horneck** über Gundelsheim, am Eintritt des Neckars in den Odenwald. Es gehörte Mitte des 13. Jh. dem Deutschen Orden, der bis zur Säkularisation 1806 die Geschicke von Burg und Stadt bestimmte. Nach der Schlacht bei Tannenberg wurde Horneck 1438 Sitz der Deutschmeister. Die Kommende Horneck gehörte zu den reichsten in Deutschland. Nach der Zerstörung der Ordensburg im Bauernkrieg 1525 verlegte der Deutschmeister seinen Sitz nach Mergentheim. Horneck verlor zwar an Bedeutung, doch blieb es Sitz der Komturei und wurde daher wieder aufgebaut. Seine prägendste Umgestaltung erfolgte 1724–28 durch den Ordensbaumeister Franz Keller. Vom Fluss aus oder bei der Weiterfahrt zur gegenüberliegenden Burg Guttenberg hat man die beste Sicht auf die Anlage. Ein seltenes Beispiel mittelalterlicher Wohn- und Wehrbaukunst, das alle Kriege unversehrt überstanden hat, ist die einst staufische **Burg Guttenberg,** die seit 1449 von der Familie von Gemmingen bewohnt wird. Durch ein stark befestigtes Tor kommt man in den inneren Schlosshof mit einer alten Ringmauer, Wehrgang, Turm und den Wohngebäuden. Staufisch sind noch der viergeschossige Bergfried und die Schildmauer. Aus dem 16. Jh. stammt der mit dem Bergfried verbundene Neue Bau und aus dem späten 15. Jh. der dreigeschossige, massive sog. Alte Bau. Scharen von Besuchern zieht die Burg aufgrund der *Greifvogelwarte* an (tägl. Flugvorführungen mit Adlern und Geiern). Zudem kann man das *Burgmuseum* besuchen. Es stellt Möbel und Urkunden aus, veranschaulicht das Leben der Ritter und besitzt eine naturkundliche Holzbibliothek, die – nach neuesten Forschungen – Carl von Hinterlangen nach dem Vorbild des Benediktinermönchs Candid Huber im 18. Jh. angefertigt hat. Die spätgotische Kapelle birgt eine Schutzmantelmadonna. Die Burg ist bewirtschaftet und von der Terrasse genießt man einen schönen Blick ins Neckartal.

Die Holzbibliothek besteht aus 93 Holzkästchen, die wie Bücher aussehen und Blüten, Blätter und Früchte der jeweiligen Holzart enthalten.

Schließlich gelangt man zur **Burg Ehrenberg** bei Bad Rappenau, deren Kern ins 12. Jh. zurückreicht. Die Wohngebäude aus dem 16. Jh. sind nur als Ruine, der über 50 m hohe Bergfried noch gut erhalten. Die etwas jüngeren Wirtschaftsgebäude der Vorburg werden als Hotel genutzt. **Bad Rappenau,** das einstige Reichsritterdorf, ist heute Kurstadt. Im nahegelegenen Bonfeld gibt es ein stattliches, 1748 für den Freiherrn von Gemmingen erbautes Schloss sowie Reste eines Wasserschlosses dieser Familie (heute Rathaus) aus dem 16. Jh. Ganz in der Nähe des Bad Rappenauer Ortsteils Zimmerhof kann man die erhaltenen und restaurierten Teile eines *römischen Gutshofs (villa rustica)* besuchen. Die ausgegrabenen Mauerzüge geben ein klassisches Beispiel für ein rechteckig um einen Innenhof angelegtes Wohnhaus.

Bad Wimpfen

Die Talstadt

Bad Wimpfen ☆☆
Besonders sehenswert:
Ehem. Stiftskirche St. Peter
Kaiserpfalz
Fachwerkhaus von 1266
Ev. Stadtpfarrkirche
Kreuzigungsgruppe
Altes Spital

Den Endpunkt unserer Neckarfahrt bildet die ehemalige Freie Reichsstadt Bad Wimpfen. Die Stadt an der Mündung der Jagst in den Neckar blickt auf eine lange Vergangenheit zurück und birgt bis heute viele herausragende Kunstwerke. Sie besteht aus zwei Teilen, Wimpfen am Berg hoch über dem Neckar und Wimpfen im Tal mit seiner auf römische Zeit zurückgehenden Geschichte. Der historisch ältere Stadtteil ist demnach die Talstadt. An einem wichtigen Verkehrsknotenpunkt, dort wo die Straße von Speyer über Sinsheim den Neckar erreichte, erbaute das römische Militär um 85–90 n. Chr. das linke Flügelkastell des Neckarlimes. In dessen Schutz entstand der Hauptort des Regierungsbezirks Elsenzgau, genannt *Alisinensium.* Mit Ladenburg und zwei weiteren rechtsrheinischen Städten wurde der *vicus* 213 n. Chr. ummauert. Die römische Neckarbrücke wurde noch über 1000 Jahre lang benutzt. Ausgrabungsfunde im Bereich der Stiftskirche umfassen u. a. römische Häuser, Brunnen, einen Backofen und Tongeschirr. Nach der Römerzeit erst alemannischer, dann fränkischer Besitz, gelangte Wimpfen schon bald an das Bistum Worms.

Ehem. Stiftskirche St. Peter

Die vermutlich bereits im 7. Jh. von den Franken inmitten des Kastellareals gegründete Kirche wurde nach ihrer Zerstörung durch die

Bad Wimpfen, ehem. Stiftskirche St. Peter, Südportal, Königin von Saba und hl. Elisabeth

Ungarn im 10. Jh. bald wieder aufgebaut. Um das Jahr 1000 richtete Worms ein Stift adliger Kanoniker ein – das bis 1804 existierte. 1947 fanden vertriebene Benediktiner aus Grüssau in Schlesien hier eine neue Heimat.

Der mit Kastanien bestandene Lindenplatz vor der Westfassade der Stiftskirche ist mit seinem Brunnen und dem Blick auf die Kirche und die Kurien ein sehr stimmungsvoller Platz. Wir stehen vor einem der wichtigsten Kunstdenkmäler Baden-Württembergs. Nur das wehrhafte spätottonische Westwerk mit seinen zwei Türmen stammt von dem Bau des frühen 11. Jh. Sein durch Grabungen gesicherter Grundriss hatte die Form eines zwölfeckigen Zentralbaus. Der Aufbau lässt sich durch die Anschlüsse am Westwerk nachvollziehen. Einen Eindruck erhält man beim Betrachten des im Fußboden der heutigen Kirche kenntlich gemachten Grundrisses. Die Form legt nahe, dass keine geringere als die Aachener Pfalzkapelle Karls des Großen zum Vorbild genommen wurde. Im 13. Jh. sollte der ottonische Kirchenbau durch einen neuen ersetzt werden. Zunächst wurde ein neuer Ostteil mit Chortürmen und Querhausapsiden errichtet. Eifriger Förderer war Dekan Richard von Deidesheim (gest. 1278). Der Baumeister kam aus Paris, wo er die Südfassade von Notre-Dame studiert hatte. Dies ist aufgrund der seltenen Überlieferung des zeitgenössischen Chronisten Burkhard von Hall, um 1300 Dekan des Stiftes, bekannt. Er schrieb: »… ein in der Baukunst sehr erfahrenen Steinmetz, der aus Paris gekommen war …« habe die Basilika von wunderbarer Bauart *(mirabilis architecturae)* aufs reichste ausgestattet. Vorbild für die Architektur, Skulptur und Glasmalerei der Ostteile und der Südportalfassade war neben Notre-Dame in Paris das Straßburger Münster. Dies führte zu der Annahme, dass Erwin von Steinbach, der Baumeister des Straßburger Münsters, auch in Wimpfen tätig war. Allerdings ist diese These vor allem wegen der planerischen Unstimmigkeiten fraglich.

Mit Sicherheit beinhaltete der Plan neben dem dreischiffigen Langhaus auch eine neue gotische Westfassade, doch dann entschloss man sich – vermutlich aus Geldmangel –, die spätottonische beizubehalten. Daher musste man den Neubau des Langhauses (nach 1274) abknicken, um Anschluss an die älteren Bauteile zu gewinnen. **Die südliche Querhausfront** wurde zur Hauptschauseite ausgebildet. Die bereits für die geplante gotische Westfassade geschaffenen Skulpturen mussten nun verteilt werden, sodass das Skulpturenprogramm etwas durcheinander geriet. Die künstlerisch hochstehenden Skulpturen des Südportals gehören zu den frühesten Rezeptionen nordfranzösischer Kathedralgotik in Deutschland.

Beim Eintreten sollten sich die Augen zuerst einige Minuten an das Dunkel gewöhnen. Langsam wird die Struktur des Kirchenraums deutlich. Zahlreiche vorzügliche Kunstwerke sind hier zu bewundern. Der lichte Chor birgt einen frühgotischen *Skulpturenzyklus* des 13. Jh. aus Sandstein. Bekrönt von feinen Maßwerkbaldachinen, erscheinen die Muttergottes, die Ordensstifter Benedikt,

Bad Wimpfen, ehem. Stiftskirche St. Peter, Südportal. Im Tympanon sind die Kreuzigung Christi mit Maria und Johannes sowie Ecclesia und Synagoge dargestellt, darüber in den Archivolten die zwölf Apostel. Darunter stehen in der Mitte Maria mit dem Kind, am Gewände je drei Heilige: rechts die Königin von Saba und Elisabeth, links die Heiligen Kilian und Katharina sowie jeweils außen Petrus und Paulus.

Franziskus und Dominikus, dann der Apostel Thomas, der Märtyrer Stephan, ein hl. Bischof – vielleicht Kilian – und ein hl. König, der vermutlich zu einer Anbetungsgruppe gehörte. Möglicherweise war dieser Zyklus ebenfalls für das geplante gotische Westportal geschaffen worden. Etwa zeitgleich entstand die mit Blendmaßwerk geschmückte, mächtige *Altarmensa,* die eine Reliquiengruft besitzt, in der bedeutende Reliquien aufbewahrt wurden. Ein Holzkreuz aus dem 15. Jh. ziert den Hochaltar. Der steinerne *Dreisitz* und das *Chorgestühl* gehören ebenfalls zur Bauphase um 1300. Das mit reichen figürlichen Darstellungen geschmückte Gestühl ist eines der frühesten gotischen Werke seiner Art in Deutschland. Das etwa 6 m hohe Sakramentshäuschen entstand um 1430. Die Kirche bewahrt

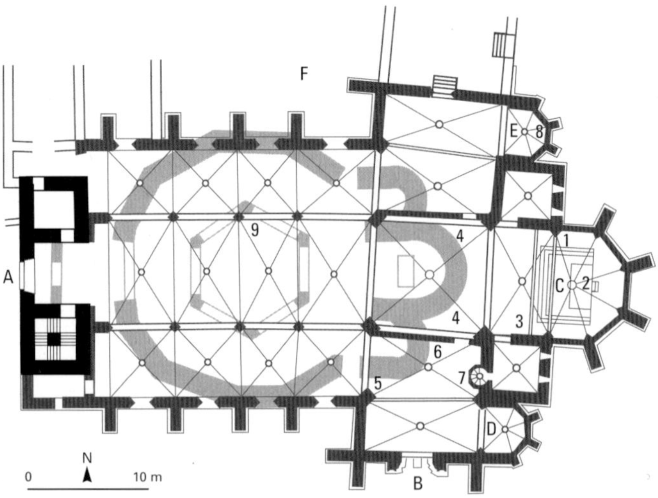

Bad Wimpfen im Tal, Grundriss der Stiftskirche St. Peter (nach Dehio)
1 Muttergottes
2 Altarmensa mit Holzkreuz
3 Dreisitz
4 Chorgestühl
5 Posaunenengel
6 Pietà
7 Anna selbdritt
8 Hll. Agnes, Katharina und Margaretha
9 Hl. Nepomuk

A Westwerk (Eingang)
B Südportal
C Chor
D Sakramentskapelle
E Nördl. Kapelle
F Klausur mit Kreuzgang

weitere vorzügliche Skulpturen: den im Zusammenhang mit dem Südportal um 1275 geschaffenen *Posaunenengel,* die *Pietà* (um 1430) aus Terrakotta im südlichen Querhaus und eine *Anna selbdritt* (1504). In der neu gestalteten Sakramentskapelle stellten die Grüssauer Benediktiner die Kopie eines Marien-Gnadenbildes auf. In der nördlichen Querhauskapelle stehen drei um 1500 geschnitzte weibliche Heilige in einem neu geschaffenen Schrein: *Katharina* in der Mitte, flankiert von *Agnes* und *Margareta.* Ein Blickfang ist der *hl. Johannes Nepomuk* an einem der Langhauspfeiler. Wahrscheinlich schuf der Heidelberger Bildhauer J. M. Düchert die vergoldete, 1753 von dem Stiftsherrn Arnold Chr. von Byland gestiftete Skulptur. Die mittelalterlichen *Glasfenster* (um 1270/80) sind heute teilweise im Hessischen Landesmuseum Darmstadt untergebracht. Der Freiburger Glasmaler Fritz Geiges fertigte um 1900 teils getreue Kopien, teils Neuschöpfungen.

Der dreiflügelige gotische **Kreuzgang** entstand in drei Phasen: Der östliche Flügel in der Frühgotik um 1270, der nördliche in der Hochgotik um 1330 und schließlich der westliche um 1400. Von den schmuckreichen Kapitellen ist das von Nikolaus Lenau dichterisch verewigte *Vogelnest-Kapitell* das berühmteste (nur mit Führung zugänglich). Die ehem. Speicherräume oberhalb des Kreuzgangs dienen den Benediktinermönchen als Wohnräume.

Hat man sich in der Kirche genügend umgeschaut, sollte man einen Blick auf das spätromanische Haus hinter dem Chor werfen; hier ist schon seit jeher die Stiftskellerei untergebracht. Lohnend ist auch ein Gang um die alte Wehrmauer der Talstadt. Diese hatte sich im Hochmittelalter zu einem blühenden Gemeinwesen entwickelt, das im 15. Jh. mit der Bergstadt vereinigt wurde. Der Blick auf Neckar und Bergstadt sowie auf die Stiftskirche hinter den niedrigen Häusern und Bäumen macht ihn äußerst reizvoll. Die umgebende Stadtmauer steht teilweise noch auf römischen Fundamenten. Der Weg entlang dem Neckar zwischen Tal- und Bergstadt bietet sich ebenfalls für einen Spaziergang an.

Die Bergstadt

Eine der schönsten Stadtsilhouetten Deutschlands bietet Wimpfen am Berg und ein Gang durch die malerische Altstadt mit ihren engen Sträßchen, winkeligen Gassen und Fachwerkhäusern entbehrt keiner Romantik. Nachdem die Talstadt schon einige Jahrhunderte mit Leben erfüllt war, erbauten die Staufer um 1200 die Kaiserpfalz auf einem Bergsporn, dem Eulenberg, hoch über dem Neckar. Heute noch ist der festungstechnische Vorteil dieser strategisch hervorragenden Lage offensichtlich. Die steilen Hänge bildeten einen natürlichen Schutz vor Feinden, und von hier oben konnte das Land gut überblickt werden. Die hohe politische Bedeutung der Pfalz endete zwar mit dem Zusammenbruch der Staufer, der Bergstadt gelang es jedoch, den Status einer Freien Reichsstadt zu erlangen (bis 1803). Dies prägte auch das Stadtbild: Die große gotische Kirche und die imposanten Fachwerkhäuser zeugen vom Selbstbewusstsein der Wimpfener Bürger. Ihren Niedergang erfuhr die Stadt im Dreißigjährigen Krieg, als vor ihren Toren eine der größten Schlachten des Krieges ausgetragen wurde. In deren Verlauf besiegte Tilly den Markgrafen Georg Friedrich von Baden, der Bruder des württembergischen Herzogs fiel. Die durch Brandschatzung geschwächte Stadt verlor endgültig ihre Bedeutung.

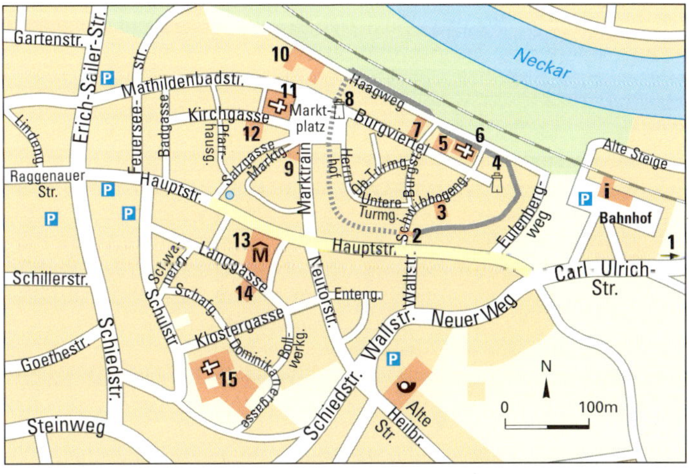

Bad Wimpfen
1 Ehem. Stiftskirche St. Peter
2 Schwibbogentor
3 Romanisches Wohnhaus
4 Roter Turm (Aussichtsturm)
5 Palas
6 Pfalzkapelle St. Nikolaus (Kirchenhist. Museum)
7 Steinhaus (Historisches Museum)
8 Blauer Turm (Aussichtsturm)
9 Fachwerkhaus von 1266
10 Wormser Hof
11 Ev. Stadtpfarrkirche
12 Kreuzigungsgruppe
13 Altes Spital
14 Riesenhaus (Haus Koberer)
15 Kath. Pfarrkirche (ehem. Dominikanerkirche)

Die staufische Kaiserpfalz

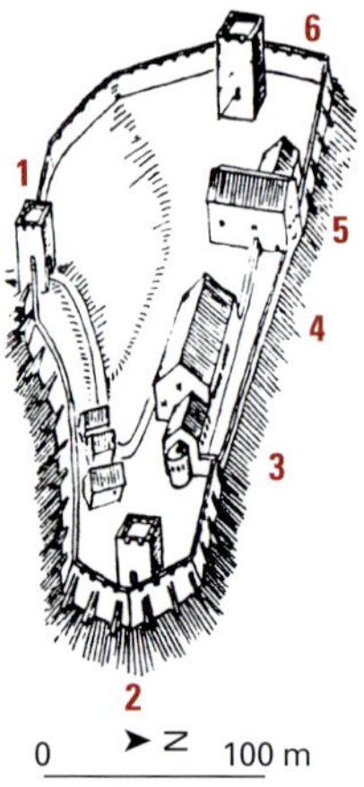

Bad Wimpfen, Rekonstruktion der Kaiserpfalz
1 Schwibbogentor
2 Roter Turm
3 Pfalzkapelle St. Nikolaus
4 Palas mit Arkadenfenstern
5 Steinhaus
6 Blauer Turm

Vielleicht gründete schon Kaiser Friedrich I. Barbarossa die Wimpfener Pfalz. Sein Nachfolger Friedrich II. ist zweimal, König Heinrich VII. (1224–35) mehrmals in Wimpfen bezeugt. Er war wohl der förderlichste Bauherr der Pfalz, denn die vorhandenen Gebäude stammen größtenteils aus seiner Regierungszeit. Die deutschen Könige hatten im Mittelalter keine feste Residenz, sondern reisten das ganze Jahr durch ihr Reich. An wichtigen Straßen oder in Landschaften, in denen sie ihre Hausmacht erweitern wollten, gründeten sie eine Pfalz. Die Wimpfener Pfalz ist einer der größten staufischen Königshöfe Deutschlands. Sie gehört zudem zu den am besten erhaltenen: Noch vorhanden sind die Pfalzkapelle, die Neckarfront des Palas, ein Steinhaus, zwei Bergfriede und ein Tor. Die 25 m breite und 89 m lange Anlage erstreckt sich zwischen zwei Bergfrieden, dem Roten und dem Blauen Turm. Die Hauptbauzeit war zwischen 1200 und 1240. Aufgrund zahlreicher später errichteter Wohnbauten ist der Überblick allerdings etwas erschwert. Deshalb sollte man durch die Tür in der Nordmauer des Palas auf den Weg oberhalb des Neckars gehen. Von hier erkennt man die Struktur der Mauer sowie die Dimension der Gesamtanlage. An vielen Stellen ist die *Wehrmauer* noch erhalten. Am Roten Turm ist sie besonders wehrhaft und recht hoch, auch bis zum Hohenstaufentor ist sie noch ziemlich intakt, und vom Roten Turm bis fast an den Blauen Turm ist sie in Resten erhalten.

Den südlichen Zugang zur Pfalz bildet das **Hohenstaufen-** oder **Schwibbogentor** (2; Hauptstr. 18). Das kleine **romanische Wohnhaus** (3) in der Schwibbogengasse Nr. 14/16 besitzt ein 1765 in Fachwerk aufgesetztes Obergeschoss. Der Standort des **Roten Turms** (4; Aussichtsturm), des östlichen Bergfrieds aus dem 12 Jh., ist ungewöhnlich, da der Bergfried normalerweise an einer Stelle errichtet wurde, wo die Geländebeschaffenheit nicht genügend Schutz bot und er als Abwehranlage dienen konnte. Dieser hier schien jedoch ziemlich sicher vor unmittelbaren Angriffen zu sein. Die sorgfältige Ausstattung des Innern mit einem Kamin und einem runden Aborterker lässt eher vermuten, dass der Turm ursprünglich als Rückzugsmöglichkeit für den König gedacht war. Ganz oben befindet sich zudem ein Fensterchen, von dem aus man zum Blauen Turm hinüber schauen konnte. Dadurch war man also in der Lage, sich zu verständigen. Auf der Nordseite war einst ein mächtiger Balkon mit Blick auf das weite Neckartal, der 1976 rekonstruiert wurde. Die Eingangstür konnte man wie beim Blauen Turm lediglich über Leitern oder Brücken von Nachbargebäuden aus erreichen.

Zentrum der Pfalz war der zweigeschossige **Palas** (5). Er enthielt den großen repräsentativen Rittersaal sowie die königlichen Wohnräume. Während auf der Stadtseite nichts mehr erhalten ist, steht auf der Neckarseite noch die ganze Palaswand, die im Mittelalter als Stadtmauer Verwendung fand. Das wohl als Vorratskeller dienende

Erdgeschoss wurde nur durch Schießscharten erhellt, dagegen besitzt das Obergeschoss eine prachtvolle Fensterfront: eine Bogenfolge aus vielfältig variierten Basen, gedoppelten, gewundenen, verknoteten und ornamentierten Säulen sowie verzierte Würfelkapitelle. Die durch Pfeiler voneinander getrennten Bögen lassen einen ehemals prächtigen Innenausbau erahnen. Von hier hat man einen weiten Blick in das tief unten liegende Neckartal. Im ersten Obergeschoss war der Palas dreigeteilt. Direkt an die Pfalzkapelle anschließend lag der große Rittersaal, in dem die Könige Recht sprachen, Gesandte und Boten empfingen und andere offizielle Anlässe stattfanden. Von hier aus konnte der König die Empore der **Pfalzkapelle St. Nikolaus** (6) betreten und getrennt von der übrigen Gemeinde am Gottesdienst teilnehmen. Die Wimpfener Kapelle ist recht klein. Dies lässt darauf schließen, dass die Könige kaum die Hochfeste des Kirchenjahres hier gefeiert haben. Der noch vorhandene Triumphbogen ist übrigens eines der frühesten Beispiele für die Verwendung des Spitzbogens in Deutschland. Der gotische Chor stammt aus der Zeit um 1330. Heute ist das kleine *Kirchenhistorische Museum* in der Kapelle untergebracht. Es enthält Exponate aus den Kirchen- und Klosterschätzen.

Westlich vom Palas steht das **Steinhaus** (7), eines der größten erhaltenen romanischen Wohnhäuser in Deutschland (22 m × 12,1 m). Wahrscheinlich ist es zeitgleich mit dem Palas entstanden, wurde jedoch mehrfach umgebaut. Aus der Erbauungszeit stammen die kleinen Doppelfenster, die Kamine und die ursprüngliche Aufteilung in drei zweischiffige Säle. Der Saal im Erdgeschoss nimmt die gesamte Grundfläche des Hauses ein. In der Nordwestecke befand sich vermutlich die Küche, denn die Fenster könnten als Rauchabzug gedient haben und lassen auf die Benutzung eines Herdes schließen. Der Saal im Obergeschoss konnte durch zwei große Kamine erwärmt werden, deren Reste noch erkennbar sind. Während also das Erdgeschoss als Arbeits- und Speicherraum diente, war das Obergeschoss Wohn- und Festsaal. Wer in dem Steinhaus einst lebte, ist nicht eindeutig zu bestimmen. Es wird jedoch vermutet, dass entweder die Königin hier zusammen mit ihren Hofdamen ihre Kemenate hatte oder der Pfalzgraf, der mit der wirtschaftlichen, militärischen und personellen Verwaltung der Pfalz betraut war, hier lebte. Heute befindet sich darin das *Historische Museum,* das primär mittelalterliche Exponate ausstellt. Aufschlußreich ist ein Modell der Kaiserpfalz, das einen guten Eindruck der einstigen Anlage vermittelt.

Bevor wir den Pfalzbereich verlassen, kommen wir an dem mächtigen **Blauen Turm** (8; Aussichtsturm) vorbei. Der hohe Wachtturm wurde aus Kalkstein, dem sog. Blaustein, erbaut. Wahrscheinlich hat sich neben dem Turm einst ein Burgtor befunden. Seit Beginn des 14. Jh. ist hoch oben im Turm die Wohnung des Türmers eingerichtet. Der heutige Zustand ist das Ergebnis der Gotisierung von 1851. Von April bis September kann man sonntags um 12 Uhr dem traditionellen Turmblasen lauschen.

Die Freie Reichsstadt

Am Marktplatz Nr. 6 steht das wohl **älteste Fachwerkhaus Süddeutschlands** (9), das auf 1266 datiert wird. Daneben birgt die malerische Fachwerkstadt Wimpfen ein breites Spektrum bürgerlicher Wohnkultur vom 15. bis 19. Jh., das von der reichsstädtischen Vergangenheit zeugt. Wir passieren das Rathaus und gelangen zum **Wormser Hof** (10). Hier amtierte der bischöfliche Verwalter der Wormser Kurie, der auch die benachbarte Zehntscheuer kontrollierte, wo die Naturalabgaben aus dem Wimpfener Umland gelagert waren. Wegen der weiten Entfernung benötigten die Wimpfener Besitzungen des Bistums Worms einen Amtssitz und dazu Scheuern zur Lagerung der Abgaben. Die romanische Ostseite gehört in die Entstehungszeit, die Stadtseite baute Bartholomäus Schierch 1551–56 um.

Die Türme der **ev. Stadtpfarrkirche** (11) prägen die mittelalterliche Stadtansicht Wimpfens. Bereits in staufischer Zeit bildete die Kirche die Hauptpfarre der Stadt. Dementsprechend weit geht die Baugeschichte zurück. Als älteste Bauteile gelten die unteren Turmgeschosse. Im späten 13. Jh. erfolgte der Neubau des Chores, 200 Jahre später der Anbau einer Sakristei und schließlich um 1500 der Umbau zu einer Hallenkirche. Beim Eintreten wird der Blick vom Eindruck der weiträumigen spätgotischen Halle mit ihrem schönen, aus einer Fülle von Kreisen konstruierten Netzgewölbe gefangen genommen. Das Langhaus errichtete ein höchst eigenwillig gestaltender Meister. Anton Pilgram, den man häufig für den Bau in Anspruch nimmt, scheint es jedoch nicht gewesen zu sein. Zu Beginn des 16. Jh. war auf jeden Fall Bernhard Sporer, der die Gewölbe 1516 vollendete, leitender Baumeister. Neben der Architektur lädt auch die erstklassige Ausstattung zum intensiven Betrachten ein. Die kleine *Pietà* (Südkapelle) aus dem späten 14. Jh. mit dem ausgezehrten Leib Christi erzählt von der mittelalterlichen

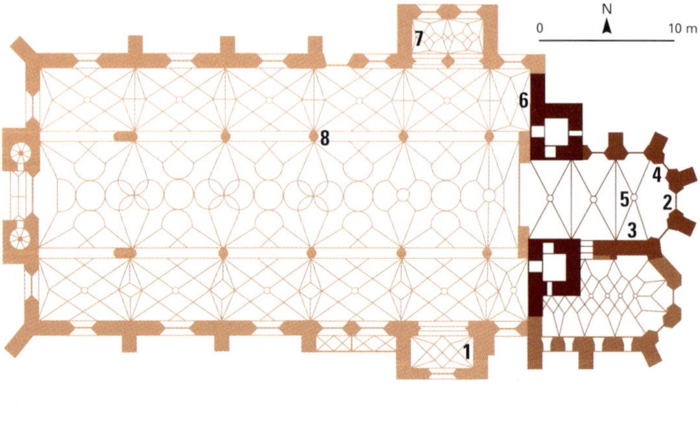

Bad Wimpfen, Grundriss der ev. Stadtpfarrkirche (nach Dehio)
1 Pietà
2 Glasmalerei
3 Dreisitz
4 Sakramentshaus
5 Hochaltarretabel
6 Seitenretabel
7 Holzskulptur des Gekreuzigten
8 Kanzel

spätromanisch (frühes 13. Jh.)
frühgotisch (Ende 13. Jh.)
1468
spätgotisch (sp. 15. Jh.–1516)

Bad Wimpfen, ev. Stadtpfarrkirche, Glasmalerei

Frömmigkeit. Die Glasmalereien der südlichen Seitenkapellen gehören ebenso wie die der gegenüberliegenden Kapelle verschiedenen Phasen des Spätmittelalters an und sind erst im 19. Jh. neu zusammengesetzt worden. Die Kreuzigungsgruppe und die Anna selbdritt der Südkapelle entstanden während der Bauzeit des Langhauses. Die großfigurigen Scheiben mit Maria, Katharina und Margareta werden dem Heidelberger Glasmaler Hans Koberger zugeschrieben (um 1496–99). Die Anbetungsszene ist auf 1522 datiert.

Nähern wir uns dem Chor, fallen Fragmente frühgotischer *Glasmalerei* im Chorachsenfenster ins Auge. Die um 1270–80 gemalten Werke erinnern an Straßburger Glasgemälde. Ob der oder die Maler tatsächlich aus dem Elsass kamen, weiß man nicht. Möglicherweise haben Musterbücher oder Zeichnungen den Malern als Vorlage gedient. Auf jeden Fall muss es in Wimpfen um 1300 eine größere

Werkstatt gegeben haben, die die einst so zahlreich vorhandenen gotischen Glasgemälde hergestellt hat. Dargestellt sind Szenen aus der Kindheit Christi von der Verkündigung an Maria bis zur Taufe sowie ein Heiliger zu Pferd, Simson vor den Toren von Gaza und Jesse als Stammvater (neu).

Der figurengeschmückte steinerne *Dreisitz* im Chor gehört noch in das 13. Jh., wurde also zeitgleich mit der Erbauung des Chores ausgeführt. Das *Sakramentshaus* meißelte der Steinmetz Hans für 10 Gulden im Jahre 1451. Das Renaissancechorgestühl schmücken schöne figürliche Darstellungen. Man sollte um das *Hochaltarretabel* herumgehen, um sich einmal die Rückseite eines solchen Kunstwerks anzuschauen. Auf dem rechten äußeren Flügel steht die Jahreszahl 1519. Zur Zeit seiner Entstehung sahen die Gläubigen meist nur diese Außentafeln. Nur an Feiertagen wurde das Retabel geöffnet und der vergoldete Schrein mit den Skulpturen sichtbar. Dargestellt sind außen der hl. Papst Urban und Johannes der Täufer. Die ›Feiertagsseite‹ zeigt ein Vesperbild mit der seltenen Darstellung einer knienden Maria, flankiert von den Heiligen Barbara und Apollonia. Auf den Flügelinnenseiten stehen Georg und Johannes, der hl. Christoph und Leopold als Flachrelieffiguren. In der Predella ist das Fegefeuer recht drastisch dargestellt. Maler und Bildschnitzer waren zwar noch in der Spätgotik verhaftet, doch zeigt sich in vielen Details bereits der neue, aus Italien kommende Stil der Renaissance. Vieles verweist auf die Ulmer Kunst, doch steht auch die Kunst Tilman Riemenschneiders und Albrecht Dürers dahinter. Das um 1500 geschaffene *Seitenretabel* wird von den Martyrien der Heiligen Quirinus und Katharina bestimmt.

In der Nordkapelle gehören die Glasgemälde mit der Kreuzigung und den drei Heiligen Bischöfen in die Bauzeit des Langhauses. Die von zwei Wimpfener Bürgern 1552 gestiftete Scheibe mit Maria und der hl. Dorothea ist bereits der Renaissance zuzurechnen. Eine Seltenheit ist die vermutlich bei Karfreitagsspielen eingesetzte *Holzskulptur des Gekreuzigten.* Arme und Kopf sind beweglich, und die echten Haare geben der Figur ein äußerst realistisches Aussehen. Ein Zettelchen im Innern teilt die Entstehungszeit und den Künstler mit: Oswald Bockstorffer aus Memmingen schnitzte sie 1481. Die große steinerne *Kanzel* schuf Bernhard Sporer um 1510–20, im Barock erhielt sie den prunkvollen Schalldeckel. Ungewöhnlich monumental wirkt die ab 1516 gemalte Apostelfolge an den Langhauswänden, die von Wimpfener Bürgern gestiftet wurde. Die stark restaurierte Verkündigung an der Empore (1523–25) malte wahrscheinlich Heinrich Vogtherr d. Ä. Der Orgel aus dem Jahre 1748 kann man manchmal bei Konzerten lauschen.

Auf keinen Fall versäumen darf man die monumentale **Kreuzigungsgruppe** (12) in einem Steingehäuse schräg gegenüber der Westfassade auf dem Gelände des ehem. Friedhofs. Obwohl die Zeichen der Zeit den Skulpturen aus Eifeltuff bereits stark zugesetzt haben, erkennt man doch noch die hervorragende Qualität der ausdrucks-

Bad Wimpfen, ev. Stadtpfarrkirche, Seitenretabel, Relief mit dem Martyrium des hl. Quirinus ◁

starken Figuren. Bürgermeister Hans Koberer stiftete einer Inschrift zufolge das Meisterwerk, für das er vermutlich niemanden Geringeres als Hans Backoffen (um 1470–1519), den gerühmten Mainzer Bildhauer, gewann, der sie zwischen 1509 und 1519 schuf. Christus und die Schächer am Kreuz zeichnet die starke Dramatik und eine differenzierte Gestaltung, beispielsweise der fein gearbeiteten Haare, aus.

Das kleine Fachwerkhaus in der Badgasse fällt durch seine Bügeleisen-Form auf. Es ist ein malerisches kleines Gässchen, auf dessen rechter Seite Teile der mittelalterlichen Stadtmauer erhalten sind.

Das in der Stauferzeit gegründete **Spital** (13) lag einst an der Fernstraße außerhalb der Stadt. Die Stiftung teilte sich allmählich in das geistliche und das weltliche Hospital. Deswegen gibt es zwei Baukomplexe, die durch eine schmale Gasse getrennt sind. Im Kern geht das bürgerliche Spital noch auf den Gründungsbau zurück, präsentiert sich aber seit dem 15./16. Jh. mit einem aufgesetzten Fachwerkgeschoss. In das Heilig-Geist-Spital ist das Reichsstädtische Museum gezogen, das die Geschichte der Reichsstadt dokumentiert. Im sog. **Riesenhaus** (14), einem spätgotischen Giebelhaus, lebte Bürgermeister Hans Koberer, der Stifter der Hans Backoffen zugeschriebenen Kreuzigungsgruppe.

Die Dominikaner kamen in den 60er Jahren des 13. Jh. nach Wimpfen und entwickelten sich schnell zu einem der größten Dominikanerorden Deutschlands. Sie begannen ab 1273 mit dem Bau ihrer Klosterkirche, heute **kath. Pfarrkirche** (15). Aus dieser Zeit sind der Chor und die Sakristei erhalten. Das einfache und schmucklose Äußere entspricht der Regel eines Bettelordens. Im Barock erhöhte man die obere Fensterzone des einschiffigen Langhauses und gestaltete das Innere neu. Ihre Bedeutung bezieht die Kirche heute durch die reiche mittelalterliche und barocke Ausstattung. Ausgezeichnet sind die Figuren des ehemaligen Hochaltarretabels, die um 1480–85 datiert werden können: Erhalten sind eine Kreuzigung flankiert von Maria und Johannes, der Ordensgründer Dominikus und der Dominikanerheilige Petrus Martyr. Die fein geschnitzten Skulpturen – ihr Stil weist deutlich auf einen Ulmer Meister – werden dem bedeutenden Ulmer Bildschnitzer Michel Erhart zugeschrieben. Ein qualitätvolles Werk ist auch die 1416 datierte Pietà aus Terrakotta, die dem sog. Weichen oder Schönen Stil angehört. An der Südwand des Chores befindet sich ein Gemälde: das Tuch der hl. Veronika, mit dem Antlitz Christi, gehalten von zwei Engeln (um 1400). Schließlich sind das 1417 von einem Würzburger Bildhauer geschaffene Grabmal des Engelhart von Weinsberg und das 1471 entstandene Grabmal der Anna von Ehrenberg sehenswert. Den Raumeindruck dominiert die barocke Ausstattung mit dem riesigen Hauptaltar von 1737, den Seitenaltären, der Orgel (1749–52) und dem Chorgestühl von Andreas und Joseph Bockmeyer (1773–74). Von den ehemaligen Klosterbauten ist der malerische Kreuzgang aus dem 14. bzw. 15. Jh. erhalten.

Abstecher in den Odenwald und ins Bauland

Von Mosbach über Walldürn nach Tauberbischofsheim

Nahe am Neckar gelegen, bietet **Mosbach** einen reizvollen historischen Stadtkern. Die Stadt blickt auf eine lange Vergangenheit zurück. Schon im 8. Jh. wurde hier ein Kloster gegründet, in dessen Nähe sich bald eine Siedlung entwickelte, die im späten 13. Jh. erstmals als Stadt bezeichnet wurde. Seit dem 14. Jh. gehörte Mosbach zur Pfalzgrafschaft. Bei der Teilung 1410 fiel die Stadt an Otto I., den jüngsten Sohn des Pfalzgrafen Ruprecht III. Mit Otto II. starb die

Besonders sehenswert:
Mosbach ☆
Wallfahrtsbasilika in Walldürn
Tauberbischofsheim
Römische Ausgrabungen in Osterburken

Fachwerkarchitektur in Mosbach

Linie bereits 1499 aus. Doch als Sitz einer pfälzischen Zweiglinie hatte die Stadt eine wirtschaftliche Bedeutung erreicht, die sie so schnell nicht wieder verlor. Dies zeigte sich angesichts diverser Märkte, vieler Mühlen und prachtvoller Wohnhäuser. Man nennt die ehem. Reichsstadt auch ›Stadt des deutschen Fachwerks‹, denn sie ist reich an alemannischen und fränkischen Fachwerkbauten. Am Marktplatz fällt das imposante *Palmsche Haus* (1610) auf. Mit seinem reichen Fassadenschnitzwerk und teilweise erhaltener Innenausstattung gehört es zu den bedeutendsten deutschen Fachwerkbauten dieser Zeit. Wie auch der Rosenberger Hof daneben ist es in ›fränkischer‹ Bauweise über einem massiven Untergeschoss und mit Walmdach errichtet. Den ›alemannischen‹ Typ vertritt das Haus Kapferer (Hauptstraße 33). Am Marktplatz steht das spätgotisch geprägte *Rathaus,* von dessen Turm, dem Wahrzeichen der Stadt, man einen schönen Blick über den Odenwald hat. Gegenüber zeugt das *ehem. Salzhaus* von der großen wirtschaftlichen Bedeutung des Salzhandels für die Stadt. Etwas zurückgesetzt sieht man die spätgotische *Stadtpfarrkirche St. Juliana,* eine Simultankirche; der Chor gehört den Katholiken, das Langhaus den Protestanten. Der Chorraum birgt ein Meisterwerk des Bronzegusses: das Grabmal der Pfalzgräfin Johanna (gest. 1444), der Gemahlin Ottos I., das aus einem auf Sandstein aufgesetzten gegossenen Bronzeflachrelief besteht. Weitere mittelalterliche Grabmäler sind im Langhaus aufgestellt. Der ehem. spätgotische Lettner, heute Orgelempore, besitzt schönes Maßwerk. Hübsch ist auch die steinerne Kanzel mit dem Relief eines Engels, der das Schweißtuch der hl. Veronika hält (1468). Spätgotische Wandmalereien sind an der Nord- und Südwand des Langhauses zu bewundern.

Von dem Status einer ehem. Residenzstadt kündet das *Schloss,* das im Kern auf die von den Pfalzgrafen Otto I. und Otto II. bewohnte Burg zurückgeht und im 18. und 19. Jh. umgebaut bzw. erweitert wurde. Mosbachs *Spital* ist ein spätgotischer Fachwerkbau und stellt mit der ehem. Hospitalkapelle eine intakte historische Baugruppe dar. Das *Heimatmuseum* im Spital enthält eine beachtliche Sammlung von etwa 280 Mosbacher Fayencen: Sie wurden in der 1770 von Kurfürst Carl Theodor gegründeten Mosbacher Fayencefabrik hergestellt, die bis 1836 produzierte. Läuft man vom Marktplatz aus die Hauptstraße entlang in nordöstliche Richtung, so gelangt man zur *Gutleutanlage.* Sie besteht aus dem Gutleuthaus, dem Elendhaus und der Gutleutkapelle. Vor den Toren der mittelalterlichen Stadt war sie für Aussätzige entstanden, die aufgrund der Ansteckungsgefahr außerhalb der Stadt leben mussten. Dem Gutleuthaus gesellte sich nach der Umwandlung in ein Elendhaus ein zweites Gebäude hinzu. Die reich ausgestattete spätgotische Gutleutkapelle am Friedhof ist fast vollständig mit Wand- und Deckenmalerei aus dem späten 15. Jh. geschmückt. An der Nordwand befinden sich in drei breiten Zonen Szenen der Passion und der Verherrlichung Christi, auf der Triumphbogenwand die Kreuzigung.

In Neckarburken, direkt an der B27, befinden sich ein freigelegtes römisches Kastell und eine Badeanlage der einst hier stationierten Truppen.

Das am östlichen Rand des Odenwalds gelegene **Buchen** hatte seine Blütezeit im 15. Jh. Von 1309 bis 1803 war die Stadt im Besitz des Erzstiftes Mainz und diente diesem als Kellerei und Sitz des Centgerichts. Eine furchtbare Feuersbrunst zerstörte 1717 fast die gesamte Bausubstanz. Die nur fragmentarisch erhaltene mittelalterliche Stadtbefestigung ist recht verbaut. Auf das 13. Jh. geht das sog. Mainzer Tor, ein massiver Torturm, mit barockem Helm in der Linsengasse zurück. Der ›Steinerne Bau‹ (1493; ehem. Amtshaus des mainzischen Kellers) und das sog. Trunzer-Haus (ehem. Wohnung der Amtsmänner) enthalten heute das Bezirksmuseum. Die kurmainzische Kellerei wurde an der Stelle der ehem. Burg für die hier residierenden Amtmänner angelegt. Von mehrfachen Umbauten ist die 1341 geweihte, imposante *Stadtkirche St. Oswald* geprägt. Erzbischof Berthold von Henneberg finanzierte die Umgestaltung zur Hallenkirche (Anf. 16. Jh.). Der Anbau von Chor und Querschiff erfolgte erst 1958, doch bewirkt er einen harmonischen Raumeindruck von spätgotischen und modernen Stilelementen. Aufmerksamkeit verdienen das Grabmal des Theologen und Luther-Gegners Konrad Koch, Wimpina genannt (gest. 1531), im linken Seitenschiff sowie die modernen Glasmalereien (1958) im Chor von Emil Wachter.

Durch dichtes Waldgebiet gelangt man nach **Walldürn** und nimmt als erstes die dortige *Wallfahrtsbasilika ›Zum Heiligen Blut‹* wahr, die mit ihren beiden Türmen das Stadtbild beherrscht. Vier Wochen im Jahr steht Walldürn im Zeichen der Wallfahrt, und Tausende von Pilgern strömen zum Heiligblutaltar. Die Kirche ist 1698–1728 unter Einbeziehung gotischer Architekturteile aus dem 14. und 15. Jh. und des 1626 für den Heiligblutaltar angelegten, nördlichen Querhauses errichtet worden. Die Planung des barocken Neubaus geht auf den Amorbacher Baumeister Lorenz Gaßner zurück, der sich von den Brüdern Dientzenhofer inspirieren ließ. Johann Leonhard Dientzenhofer trat zudem als Gutachter auf. Nach Gaßners Tod 1703 übernahm der Mainzer Hofmaurermeister Peter Walser die Weiterführung des Projekts. Die Vollendung der Chorpartie betrieb der Mainzer Hofbaudirektor Johann Weydt. Von außen ist die Kirche aus rotem Sandstein einfach und nüchtern, im Innern glänzt dagegen die reiche Ausstattung des 18. Jh., die harmonisch auf die Raumfassung abgestimmt ist. Thematisch steht das Leiden Christi und dessen Erneuerung in der eucharistischen Opferfeier im Vordergrund. Den Ruhm der Kirche begründen auch die reichen Stuckaturen des Mainzers Georg F. Hennicke im sog. Bandelwerk- oder Bérainstil. Diese erinnern an Ausstattungen, wie man sie zeitgleich im barocken Schlossbau verwendete – diese Wirkung war von dem Auftraggeber Kurfürst Lothar Franz von Schönborn durchaus gewollt. Hennicke schuf auch die stuckierten, teilweise mit Putti flankierten, reich verzierten Kreuzwegstationen sowie die Skulpturen des Marienaltars, der die Himmelfahrt Mariens zum Thema hat. Die Deckenmalerei stammt von dem Mainzer Hofmaler Giovanni Francesco Marchini. Prachtvoll sind zudem das schöne Orgelprospekt und die Kanzel. Im

Die Wallfahrt findet seit 1408 von Dreifaltigkeit bis zum 5. Sonntag nach Pfingsten statt. Der Priester Heinrich Otto begründete 1330 die Wallfahrt durch ein Missgeschick: Er hatte Messwein verschüttet und wischte den Flecken mit einem weißen Tuch fort. Dieses versteckte er im Altarschrein. Als er den Vorfall auf dem Sterbebett beichtete, holte man das Tuch hervor und entdeckte darauf ein Blutwunder: in der Mitte erschien die Gestalt des Gekreuzigten, umgeben von zwölf Abbildern des Hauptes Christi. Im Jahre 1445 erkannte der Papst das Wunder an.

Walldürn, Wallfahrtsbasilika, Alabasterrelief am Heiligblutaltar von Zacharias Junker, 1622-26. Szene aus der Wallfahrtslegende: Der Priester versteckt das Korporale, auf das er Messwein verschütttet hat, im Altar.

nördlichen Querschiffarm ist der Heiligblutaltar aufgestellt, der dem Typus eines Renaissanceschreinaltars entspricht. Zacharias Juncker schuf ihn 1622–26. Die vier Alabasterreliefs stellen die Wallfahrtslegende neben den Weihepatronen Nikolaus, Katharina, Maria Magdalena und Elisabeth von Thüringen dar. In dem Altar, in einem 1683 eigens gefertigten Augsburger Silberschrein, wird die wundertätige Reliquie aufbewahrt.

Schlendert man durch Walldürn, so entdeckt man einige hübsche Fachwerkhäuser. An manchen stehen barocke Madonnenfiguren – typisch für das ›Madonnenländchen‹, wie die Gegend hier genannt wird. Das *Rathaus*, ein zweigeschossiger Fachwerkbau, wurde 1448 errichtet. Der ehem. Bettendorfsche Hof, jetzt Landgasthof ›Zum Riesen‹ (Hauptstr. 14) besitzt noch teilweise die originale Innenausstattung. Im Kern geht das *ehem. Schloss* (heute Gemeindeverwaltung, Burgstr. 3) auf eine Wasserburg der Herren von Dürn zurück. Das um 1500 errichtete Gebäude, das als kurmainzische Kellerei diente, hat durch Umbauten des 19. Jh. viel von seinem ursprünglichen Charakter verloren. Es fehlt auch nicht an Monumenten aus römischer Zeit: Östlich der Stadt verlief der jüngere obergermanische Limes. Am *Limes-Lehrpfad* sind Fundamente eines römischen Wachtturms zu sehen, am Flugplatz die Reste eines römischen Militärbades mit Frigidarium, Tepidarium und Caldarium, das von den hier stationierten Truppen genutzt wurde. Der Lehrpfad enthält Informationstafeln und führt an den Grabungsstellen vorbei. In Walldürn-Gottersdorf bietet das *Odenwälder Freilandmuseum* mit historischen Haus-, Hof- und Siedlungsformen einen Einblick in die frühere ländliche Lebens- und Arbeitsweise der Odenwälder. Bis jetzt stehen 16 Gebäude vom Tagelöhnerhaus bis zum Großbauernhof, die originalgetreu eingerichtet sind.

Nur wenige Kilometer entfernt, in einem reizvollen Seitental des Mains, liegt **Hardheim** mit seinen zwei Burgen. Von der Unteren Burg ist nach der Zerstörung im 15. Jh. nur der quadratische Bergfried ›Steinerner Turm‹ erhalten. Die *Obere Burg* wurde 1561 für Wolf von Hardheim in ein repräsentatives Wasserschloss umgebaut und mit Wassergraben, Türmen und Schießscharten versehen. Der Vorhof mit Wirtschaftsgebäuden und Marstall ist durch eine Brücke mit dem Schloss (heute Rathaus) verbunden und ebenfalls durch Wassergräben geschützt. Die Erftalhalle (1683) gegenüber, heute Sitz des *Erftal-Museums,* diente ursprünglich als Zehntspeicher. Das Innere des Renaissancebaus besteht aus einem großräumigen Saal, an dessen Enden beidseitig Steintreppen zu den beiden Obergeschossen führen.

Bekannt ist **Tauberbischofsheim** heute vor allem wegen seines Fechtzentrums, dessen Zöglinge einige Goldmedaillien erkämpft haben. Hiervon spürt man jedoch nichts in der fachwerkgeprägten Altstadt, die in der Hauptstraße und auf dem Marktplatz besonders idyllisch wirkt. Zwei mächtige Türme prägen die einstige Amtsresidenzstadt der kurmainzischen Erzbischöfe: Der viereckige gehört

Tauberbischofsheim, ev. Stadtpfarrkirche St. Martin, Marienretabel, Tod Mariens

zur Stadtkirche St. Martin, der runde Turm ziert das ehem. kurmainzische Schloss. Von diesem freistehenden Türmersturm (13. Jh.) erschallt freitags um 21 Uhr (Mai–Okt.) von einigen Bläsern gespielt das Abendlied. Vom nahegelegenen Biergarten aus kann man der Musik lauschen. Das *Schloss* besteht aus einer Gruppe malerischer Fachwerkbauten. Auf romanischen Mauern errichtet, prägen die Umbauten des 15. bis 17. Jh. die Stadtbefestigung. Das Schloss bildete das nordwestliche Kernstück der Anlage. Heute beherbergt es das Landschaftsmuseum mit einer Sammlung der Vor- und Frühgeschichte, barocker Möbel und sakraler Kunst. Die Raumfolge aus kurmainzischer Zeit wurde weitgehend erhalten. Neben den reichen vorgeschichtlichen Funden ist der gotische Kamin in der oberen Diele mit dem Wappen des Erzbischofs Dietrich Schenk von Erbach aus der Mitte des 15. Jh. sehenswert.

Die *kath. Stadtpfarrkirche St. Martin* ist ein Neubau aus dem frühen 20. Jh. Die Gründung der ersten Martinskirche im 8. Jh. geht wahrscheinlich auf Bonifatius zurück. An die Vorgängerkirche erinnert noch das der Muttergottes geweihte ehem. Hochaltarretabel (1517), das links vom Chor steht. Die Wurzel Jesse in der Predella lässt an die Kunst des Würzburger Bildschnitzers Tilman Riemenschneider denken. In der Mitte ist der Tod Mariens, in den Flügeln die Verkündigung und Christi Geburt dargestellt. Im Chor steht ein spätgotisches Sakramentshäuschen von 1448. In der Kirche stand einst das von Mathis Neithardt, gen. Grünewald, gemalte Kreuzretabel, dessen Verkauf an die Kunsthalle Karlsruhe 1900 den Kirchenneubau finanzierte. Dem Chor gegenüber befindet sich die zweigeschossige, spätgotische Sebastianuskapelle, ein ehemaliges Beinhaus mit Skulpturenschmuck am Außenbau. Über dem nördlichen Zugang sieht man ein Tympanonrelief mit dem Jüngsten Gericht (um 1480).

Am Marktplatz steht die 1657 erbaute und 1735 in Barockformen erweiterte *Liobakirche.* Sie erinnert an das um 735 vom hl. Bonifatius gegründete Frauenkloster, dessen erste Äbtissin eine Verwandte, die hl. Lioba, war. Bereits gut 100 Jahre später bestand das Kloster allerdings nicht mehr. Im 17. Jh. gründeten Franziskaner in Tauberbischofsheim eine Niederlassung an der Stelle, die sie für den Standort des alten Liobaklosters hielten. Einige Patrizierhäuser, wie der 1702 mit barockem Portal mit Reh und Madonna errichtete Rehhof (Marktplatz 6) und die frisch restaurierte Alte Post, ein Renaissancebau von 1602, einst Domizil der Thurn- und Taxis'schen Post (Marktplatz 9/10), säumen den Platz. Das prachtvolle *Barockpalais Bögner* (1744–46) mit seinem überladenen Eingangsportal und dem weiten Treppenaufgang dominiert die Hauptstraße. In dem ehem. Stadthaus des reichen mainzischen Weinhändlers Bögner vermischen sich die Tradition eines Patrizierbaus mit der höfischen Tradition des 18. Jh. – es wirkt fast wie ein kleines Schloss. Die spätgotische *Peterskapelle* auf dem alten Friedhof geht auf einen romanischen Bau zurück. Die Kapelle birgt das qualitätvolle Epitaph für Kilian Kantzler (gest. 1600), das ein Künstler aus dem Umkreis des Zacharias Junker d. Ä., dem Meister des Walldürner Heilig-Blut-Retabels, geschaffen hat.

Beschauliches Bauland

Der obergermanisch-rätische Limes ist eines der bedeutendsten archäologischen Baudenkmäler Mitteleuropas. In enger Anlehnung an den einstigen Grenzverlauf führt die ›Deutsche Limes-Straße‹ vom Rhein bis zur Donau. Entlang dieser Strecke sind zahlreiche Limesanlagen konserviert oder nachgebildet, römische Ruinen freigelegt und Museen errichtet worden.

Von Tauberbischofsheim zurück nach Mosbach kommen wir an **Osterburken** vorbei. Hier lag ein bedeutender römischer Truppenstandort hinter dem obergermanischen Limes, der vom Rhein über Walldürn an Osterburken vorbei bis nach Lorch verlief. Das Kastell, das auch Grenzübergangsfunktionen zum germanischen Vorland wahrzunehmen hatte, entstand im Zuge der Vorverlegung des Limes um die Mitte des 2. Jh. n. Chr. Heute sind die Mauern einer späteren Kastellerweiterung sichtbar. Zudem konnte das vorzüglich erhaltene *Militärbad* der in Osterburken stationierten Truppen, ein typisches Beispiel römischer Badarchitektur, freigelegt und in ein Museum integriert werden. Ähnlich wie in Walldürn wird hier deutlich, dass die Römer neben einer Vielzahl anderer kultureller Errungenschaften ein hochentwickeltes Badewesen mitbrachten.

Neben diesen römischen Spuren gibt es in Osterburken ein hervorragendes Beispiel zeitgenössischer Kirchenbaukunst. In den trapezförmigen Grundriss der modernen *kath. Pfarrkirche St. Kilian,* die bereits auf eine karolingische Kirche des 8. Jh. zurückgeht, schneidet ein östlich angeschobenes Quadrat ein. Den Außenbau der 1970–74 errichteten Kirche prägt die Dachkonstruktion aus Eternitschiefer. Im Innern bestimmt die Holzverschalung der Decke den breit gelagerten Raum entscheidend mit. Hervorzuheben ist die reiche, in zyklischem Zusammenhang stehende Bauplastik des Karlsruher Künstlers Emil Wachter. Wachter beeinflusste in starkem Maße den modernen Kirchenbau Badens und ist für einige bedeutende Kirchenausstattungen verantwortlich (Ettlingen, Autobahnkirche St. Christophorus bei Baden-Baden). Hier gelang es ihm, eine Einheit von Architektur und Skulptur zu schaffen, wie sie auch im Mittelalter üblich war. Die Osterburker Plastiken versinnbildlichen ein komplexes ikonographisches Programm, das auch den Kirchplatz mit einbezieht. Es stellt welt- und heilsgeschichtliche Themen in archaischen Formen dar. Besonders gelungen sind das Jonasportal und die Monumente Adams Grab auf dem Kirchplatz und Adamssäule an der Altarbühne im Innenraum.

Will man Skulpturen vom Mittelalter bis zum Barock studieren, so besuche man die 1489 über einem romanischen Vorgängerbau errichtete *Jakobskirche* in **Adelsheim** (Schlüssel zu erfragen beim evangelischen Dekanat, Torgasse 12). Die Grabkapelle der Herren von Adelsheim enthält über 60 Grabmäler, eine Dokumentation der Grabmalskunst vom 14. bis zum 18. Jh. Besondere Aufmerksamkeit verdienen das Grabmal der Barbara von Fellberg mit der Darstellung der Toten in den abgerundeten Formen des sog. Weichen bzw. Schönen Stils, das Grabmal des Kapellenstifters Martin von Adelsheim (gest. 1497), der im Festgewand am Betpult kniet, und das Epitaph des Christoph von Adelsheim (gest. 1494), der sich in voller Rüstung auf einem Löwen präsentiert. Die beiden letztgenannten Werke werden mit dem Amorbacher Bildhauer Hans Eseler in Zusammenhang gebracht. Der Würzburger Peter Dell d. Ä. schuf das Epitaph für Martin d. J. von Adelsheim (gest. 1537). Die Sakramentsnische zeigt die Stifterfamilie, die beidseitig in anbetender Haltung kniet. Die beiden 1504 bzw. 1738 erbauten Schlösser (Marktstr. 2 und 22) sind für Besucher nicht zugänglich.

Die ev. Kirche im nahegelegenen **Sennfeld** birgt zwei Arbeiten des Würzburger Künstlers Peter Kern: eine hübsche Kanzel (1617) und das Grabmal der Kirchenstifterin Margarete von Garben (gest. 1615). Ein schlichtes Barockschlösschen der Herren von Berlichingen (1713) wird heute als Tagungsstätte genutzt. Über **Billigheim,** wo im 14. Jh. ein Zisterzienserinnenkloster in seiner Blüte stand, fahren wir zurück nach Mosbach. Von dem Billigheimer Kloster, das 1802 in ein Schloss der Grafen von Leiningen-Billigheim umgebaut wurde, steht nur noch die *ehem. Klosterkirche* (heute kath. Pfarrkirche), die restlichen Bauten brannten 1902 ab. Eine große Seltenheit der um 1180–90 erbauten einschiffigen Kirche ist der intakte Dachstuhl aus der Entstehungszeit. Von der ursprünglichen Innenausstattung sind der spätromanische Opferstock, ein Marienretabel (um 1520) und Apostelfiguren aus Terrakotta (um 1400) erhalten.

Adelsheim, Jakobskirche, Epitaph von einem der Herren von Adelsheim

Im Kraichgau

Von Kloster Lobenfeld über Sinsheim zur Burgruine Steinsberg

Besonders sehenswert:
Kloster Lobenfeld
Burgruine Steinsberg

Im sanften Hügelland des Kraichgau zwischen Schwarz- und Odenwald liegen einige bedeutende kulturelle Sehenswürdigkeiten. Fährt man von Heidelberg über Neckargemünd in Richtung Sinsheim, lohnt der kleine Abstecher zum idyllisch gelegenen **Kloster Lobenfeld.** Es wurde 1152 als Augustinerchorherrenstift gegründet und bald darauf in ein Frauenkloster umgewandelt, das später die strengen zisterziensischen Regeln übernahm. Von der spätromanischen *Klosterkirche St. Maria* (heute ev. Pfarrkirche) sind die Ostteile noch gut erhalten. Nachdem diese vollendet waren, stagnierten die Bauarbeiten für nahezu 100 Jahre. Erst um 1300 wurde dann das Langhaus angefügt, das im 15. Jh. nochmals größere Veränderungen erfuhr. Geplant war eigentlich eine dreischiffige Basilika im Anschluss an eine quadratische Vierung, jedoch kam lediglich das einschiffige Langhaus zur Ausführung, das nach der Aufhebung des Klosters im frühen 19. Jh. landwirtschaftlich genutzt wurde. Die reiche Bauzier der Ostpartien in Form von Lisenen und Bogenfriesen sind ein selten schönes Beispiel spätromanischer Architektur in Baden. Das Rundbogenfenster des gerade geschlossenen Chors wird nach rheinischen Vorbildern von einem Rundbogenfries umschlossen. Auf der Bank des Chorfensters ruhen ein Löwe und ein Adler. Das Innere birgt umfangreiche spätromanische Wandmalereien, deren Ikonographie nicht mehr in allen Details entschlüsselt werden kann. Auf die untere Reihe mit Brustbildern von Heiligen folgen rechteckig gerahmte biblische Szenen und Martyrien sowie neben den Fenstern Propheten.

Die landschaftlich reizvoll auf dem Galgenberg gelegene **Burg Neidenstein** ist in Privatbesitz und daher nicht zu besichtigen. Von den Wohnbauten der doppelt ummauerten Wehrburg, die um 1900 rekonstruierend restauriert wurde, blieben Teile des Palas erhalten. Die Vorburg besitzt hübsche Fachwerkbauten aus dem 16. Jh. Das Stadtbild **Neckarbischofsheims** wird von dem achteckigen Spitzhelm der *ev. Stadtkirche St. Salvador* geprägt. Die Kirche – der östliche Chorturm ist auf 1543, die Portale des Schiffes auf 1610–12 datiert – ist eine der wenigen erhaltenen Renaissancekirchen Nordbadens. Die reich geschmückten Portale zeigen die Bau- und Stifterinschrift. Im Innern ist die verzierte steinerne Kanzel (um 1610) einen längeren Blick wert. Sie wird dem Heilbronner Jakob Müller zugeschrieben. Das *Alte Schloss,* das sog. Steinerne Haus, dessen Äußeres vom Umbau des Jahres 1546 geprägt ist, steht ganz in der Nähe in einem kleinen Park. Der dreigeschossige Bau ist Rest der bereits 1274 genannten Wasserburg der Herren von Helmstatt. Das Neue Schloss (1829) daneben wurde zu einem Hotel-Restaurant umgebaut. Wenige Gehminuten entfernt steht auf einer kleinen

Den Namenszusatz ›Neckar‹ erhielt Neckarbischofsheim 1806, obwohl die Stadt über 10 km vom Neckar entfernt liegt.

Kloster Maulbronn, ◁ Wirtschaftsgebäude

Burg Neidenstein

Anhöhe die einschiffige *Totenkirche* (14. Jh.). Viele Grabmäler um und in der Kirche zeugen davon, dass hier über Jahrhunderte die Edlen von Helmstatt ihre letzte Ruhestätte fanden. Eine unverfälschte Stimmung herrscht in dem Sakralraum, in dem noch gotische Wandmalereifragmente erhalten sind. Reste der alten Stadtbefestigung sind im Süden und Osten der Stadt zu finden.

Während des Pfälzischen Erbfolgekrieges wurde auch **Sinsheim,** der Hauptort des Kraichgaus, von den Franzosen fast vollständig zerstört. Der Turm (1524) des *ehem. Benediktinerklosters St. Michael* auf dem Michelsberg ist das Wahrzeichen der Stadt. Vermutlich hat Herzog Otto von Kärnten 1006 ein Stift gegründet, das der salischen Familie neben Speyer als Grablege dienen sollte und später zunächst in ein Kloster, dann in ein Kollegiatstift umgewandelt wurde. Von der Klosterkirche, einer Pfeilerbasilika mit Querschiff und zwei Türmen aus dem frühen 12. Jh., stehen nur noch das fünfachsige Mittelschiff (heute Werkstattraum) und ein Turm. Interessant ist auch die moderne *kath. Pfarrkirche St. Jakobus d. Ä.* mit ihrem freistehenden Glockenturm. Sie wurde 1964–66 von Reinhard Gieselmann mit einem von geschwungenen Wandschalen umgebenen Kirchenraum errichtet. In Sinsheim befindet sich auch das *Museum Auto und Technik*, das u. a. Renn- und Sportwagen, Oldtimer und Flugzeuge präsentiert.

Die auf einer kegelförmigen, vulkanischen Erhebung des Kraichgauer Hügellandes liegende *Burgruine Steinsberg* in **Weiler** ist ein eindrucksvolles Beispiel spätstaufischen Burgenbaus. Die wohl schon 1109 bezeugte Burg ließen die Grafen von Oettingen um 1230–50 ausbauen. Bis zum Ende des 18. Jh. diente Steinsberg den Herren von Venningen als Wohnsitz. Ringsum zieht sich eine hohe polygonale Ringmauer, an die sich die einzelnen Wohnbauten anlehnen (bewirtschaftet). Durch den massiven Torbau gelangt man in den Hof. Daneben befindet sich die Zisterne, in der das lebensnotwendige Wasser aufgefangen wurde. Den Mittelpunkt bildet der achteckige, 30 m hohe Turm, der seinen Eingang in der beachtlichen Höhe von 12 m besaß. Die Weinstadt **Wiesloch** blickt auf eine lange Vergangenheit zurück. So fand man Fundamente einer *villa rustica* aus dem 2./3. Jh. Die im Erbfolgekrieg zerstörte Stadt wurde auf dem einstigen Grundriss wieder aufgebaut. Das älteste Gebäude Wieslochs ist der *Freihof* (13./14. Jh.), ein Steinbau mit gotischen Treppengiebeln und zwei Aborterkern auf der Nordseite. Auch sind drei *Wehrtürme* der Stadtmauer (15. Jh.) entlang dem Leinbach erhalten: das Dörndl, der Sauermilchhaffe und der Runde Eckturm.

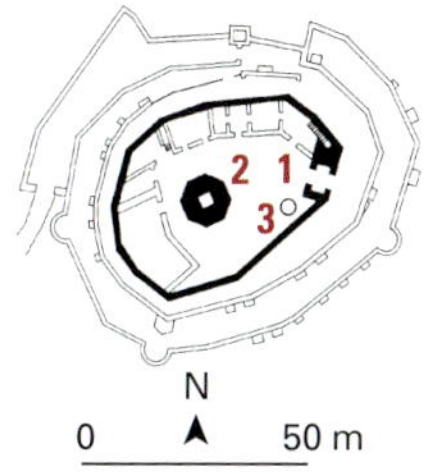

Weiler, Grundriss der Burgruine Steinsberg (nach Dehio)
1 Torbau
2 Bergfried
3 Zisterne

Die Barockschlösschen in Bad Schönborn und Waghäusel

Zwei eher traurige Beispiele barocker Schlossarchitektur findet man in Bad Schönborn und in Waghäusel. *Schloss Kislau* in **Bad Schönborn** ließ Fürstbischof Damian Hugo von Schönborn an der Stelle einer 1675 zerstörten mittelalterlichen Wasserburg der Speyerer Bischöfe errichten (kurz vor Ortseingang Kronau links abbiegen). Das ausgedehnte Landschloss geht wohl auf Pläne Johann Michael Ludwig Rohrers zurück. Von den fürstbischöflichen Räumen, die wie in Bruchsal erst unter Fürstbischof von Hutten ausgestattet wurden, haben sich das Schlafgemach mit Badezimmer und Retirade erhalten, doch kann man die Anlage nur noch eingeschränkt von außen besichtigen; sie beherbergt heute eine Vollzugsanstalt.

Fürstbischof Damian Hugo von Schönborn trat auch bei *Schloss Eremitage* in **Waghäusel** als Bauherr auf. Wohl angeregt von der allerdings viel kleineren Magdalenenkapelle der Markgräfin Sibylla Augusta im Wald bei Schloss Favorite beauftragte er erneut Johann Michael Ludwig Rohrer mit dem Bau, der teilweise auf Pläne Balthasar Neumanns zurückgeht. Das kleine Gartenschlösschen steht heute inmitten eines verlassenen Industriegeländes. Dekoration und

Waghäusel, Grundriss der ehem. Eremitage

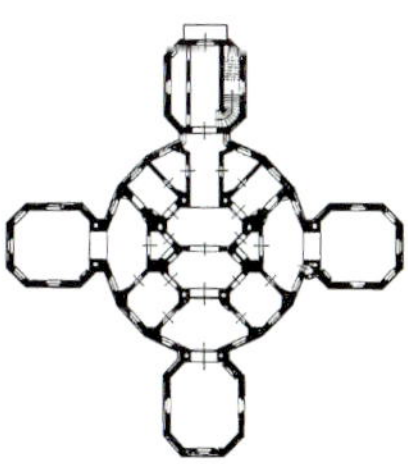

Bei Waghäusel fand eine der entscheidenden Schlachten der Badischen Revolution statt: 1849 schlug die preußische Armee hier das badische Revolutionsheer.

Ausstattung gingen 1924–26 bei der Einrichtung zum Bürohaus größtenteils verloren. Es bleibt zu wünschen, dass das Schloss bald restauriert und einer neuen Nutzung zugeführt wird, denn es handelt sich um ein höchst ansprechendes und originelles Beispiel barocker Schlossarchitektur mit einer interessanten zentralen Grundrissgliederung: Der Mittelbau umschließt ein Sechzehneck, dem sich als kurze Kreuzarme vier achteckige Pavillons angliedern. Diesen entsprachen vier Kavaliershäuser in einer ehemals ausgedehnten gärtnerischen Anlage. Ganz in der Nähe steht die *Wallfahrtskirche St. Maria.* Die Wallfahrt geht auf das Jahr 1434 zurück, als ein Schäfer ein kleines wundertätiges Marienbild fand. Eine erste Kapelle entstand 1472. Während der Chor noch aus dieser spätgotischen Zeit stammt, kam das Langhaus erst 1683–85 hinzu. Eine nochmalige Vergrößerung erfuhr die Kirche, zu deren Gönnern u. a. Fürstbischof von Hutten und Ludwig Wilhelm von Baden gehörten, in den Jahren 1776–78. Der Innenraum wurde 1922 durch einen Brand zerstört, doch hat sich der nach Plänen Balthasar Neumanns geschaffene Gnadenaltar von 1749 erhalten. Darin befindet sich das Gnadenbild der Muttergottes, wohl eine oberrheinische oder Straßburger Arbeit (1470). Daneben ist das Herz Fürstbischofs Franz Christoph von Hutten bestattet. **Kirrlachs** kath. Pfarrkirche birgt ein flämisches Schnitzretabel (um 1530). Es stellt in der Mitte die Kreuzigung und die Beweinung, seitlich die Verkündigung, Heimsuchung, Anbetung der Hirten und Beschneidung sowie oben die Kreuztragung und Auferstehung dar.

Bruchsal

Bruchsal ☆
Besonders sehenswert:
Schloss
Kath. Pfarrkirche St. Peter

Zwischen dem Rhein und den sanften Hügeln des Kraichgaus liegt das Städtchen Bruchsal (41 000 Ew.). Im Jahre 1056 hatte Kaiser Heinrich III. Bruchsal dem Bistum Speyer geschenkt, das hier eine Burg errichtete, in deren Schutz eine städtische Siedlung entstand. In den kriegerischen Wirren des 17. Jh. wurde die Stadt wie so viele andere der Region beinahe vollständig zerstört, sodass von dem mittelalterlichen Stadtbild kaum etwas erhalten blieb. Sein heutiges Aussehen ist von dem 1719 gefassten Entschluss des Speyrer Fürstbischofs und Kardinals Damian Hugo von Schönborn (reg. 1719–43) geprägt, seine Residenz von Speyer nach Bruchsal zu verlegen. Die Gründe waren ähnlich wie die der benachbarten weltlichen Fürsten in Mannheim und Karlsruhe. Das bischöfliche Renaissanceschloss war im Erbfolgekrieg zerstört worden, und es hatte zudem fortdauernde Konflikte mit der protestantischen reichsstädtischen Speyrer Bevölkerung gegeben. Damian Hugo von Schönborn machte Bruchsal zum zweiten Zentrum des Hochstiftes, das die Stadt bis zur Säkularisation blieb.

Das fürstbischöfliche Schloss

Das Bruchsaler **Schloss** (1) ist die einzige geistliche Residenz der Barockzeit am Oberrhein und gehört neben den weltlichen Schlössern Rastatt, Karlsruhe und Mannheim zu den großartigen absolutistischen Schlossanlagen der ersten Hälfte des 18. Jh., für die die glanzvolle Hofhaltung des Sonnenkönigs Ludwig XIV. in Versailles Pate stand. Seit 1722 wurde die sog. ›Damiansburg‹ durch Damian

Bruchsal, Schloss, Balkon über dem Portal am Mittelrisalit des Kirchenflügels mit dem Wappen des Kardinals Damian Hugo von Schönborn. Der Balkon war nie zugänglich, wurde jedoch in vollkommener Symmetrie zum gegenüberliegenden Kammerflügel ausgeführt.

Schloss Bruchsal, Lageplan der Gesamtanlage (nach Dehio)
1 *Corps de logis (Eingang)*
2 *Kirchenflügel*
3 *Kammerflügel*
4 *Torwächterhaus*
5 *Ehem. Hofkontrollamt*
6 *Ehem. Hofzahlamt*
7 *Damianstor*
8 *Ehem. Kanzlei*
9 *Ehem. Forstamt*
10 *Ehem. Kommandantenwohnung*
11 *Ehem. Remisen*
12 *Ehem. Großer Dienerbau*
13 *Ehem. Orangeriegebäude*
14 *Ehem. Hofgärtnerwohnung*
15 *Ehem. Kammerdienerwohnung*
16 *Ehem. Hofkaplanwohnung*
17 *Ehem. Hofjägerwohnung*

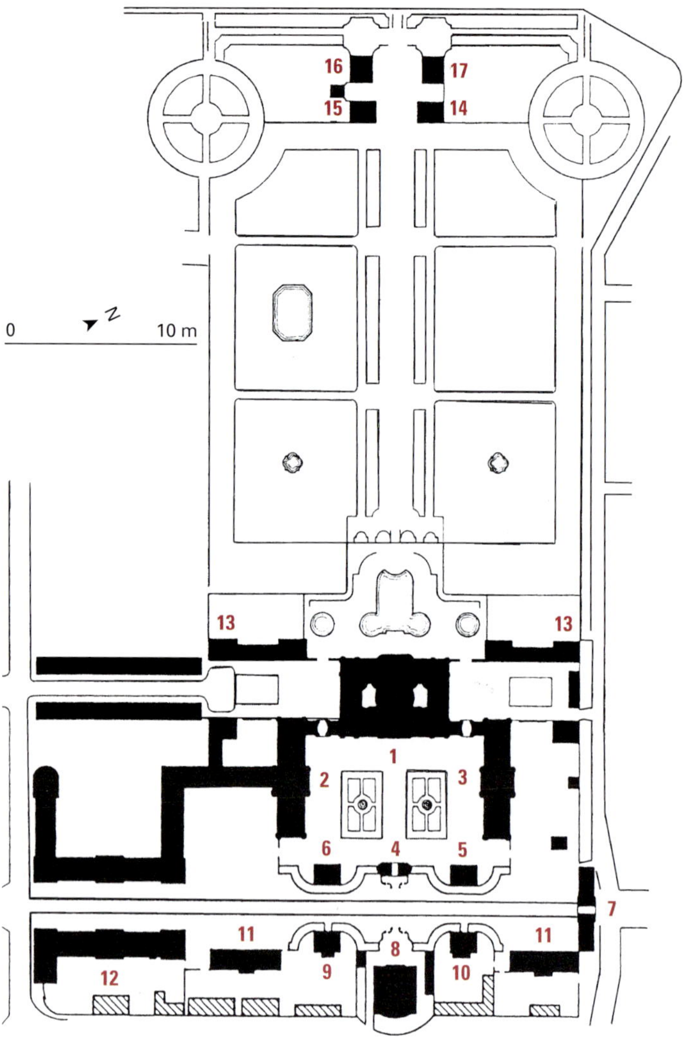

Hugo von Schönborn angelegt, der einer baubegeisterten Familie entstammte, die zudem eine große Anzahl deutscher Bischofssitze besetzt hielt. Bis zu seinem Tod war das Bruchsaler Schloss im wesentlichen fertiggestellt. Lediglich die Innendekoration der Haupträume des Corps de logis fehlte. Sein Nachfolger, Kardinal Franz Christoph von Hutten (1743–70), vollendete das Werk schließlich. Maximilian von Welsch lieferte 1720 die ersten Entwürfe für die gesamte Schlossanlage, die durch Detailpläne für das Corps de logis von Franz Anselm Freiherr von Ritter zu Gruenstein abgerundet wurden. Schon nach drei Jahren übernahm Johann Michael Rohrer die Bauleitung, ab 1728 wurde er von Johann Georg Stahl abgelöst. 1802 kam das Schloss an Baden, doch erhielt der amtierende Fürstbischof Wilderich von Walderdorf ein lebenslanges Wohnrecht. Daneben diente es bis 1832 Markgräfin Amalie von Baden als Witwensitz, mit deren Tod das höfische Leben endgültig erlosch. Die 50 Einzelgebäude umfassende hufeisenförmige Anlage war eine der schönsten Deutschlands, bis 1945 ein Bombenangriff fast sämtliche Gebäude zerstörte. Der heutige Zustand ist das Ergebnis umfangreicher Wiederaufbaumaßnahmen aus den Jahren 1950–75, die zu den bedeutendsten denkmalpflegerischen Leistungen der Nachkriegszeit gehören.

Als einziges erhaltenes Torgebäude der Schlossanlage grenzt das von J. M. L. Rohrer erbaute Damianstor den Schlossbezirk nach Norden ab. Durch das 1738 nach Plänen von Balthasar Neumann über ovalem Grundriss errichtete Torwärterhaus betritt man den Ehrenhof, der links vom Kirchen- und rechts vom Kammerflügel begrenzt wird. Geradeaus liegt das viergeschossige **Corps de logis**. Durch das Hauptportal gelangt man in das Vestibül (Intrada) und von dort weiter in einen kleinen, dunklen Raum mit ovalem Grundriss, die sog. *Grotte*. Sie symbolisiert in schroffem Gegensatz zur lichtdurchströmten Beletage die dunkle Unterwelt. Hinter der

Schloss Bruchsal, Corps de logis (nach Dehio)

Erdgeschoss
1 Intrada
2 Grotte
3 Sala terrena
4 Dauerausstellung
5 Museum mechan. Musikinstrumente

Hauptgeschoss
6 Treppenhaus
7 Fürstensaal
8 Marmorsaal
9 Ausstellungsräume des Badischen Landesmuseums

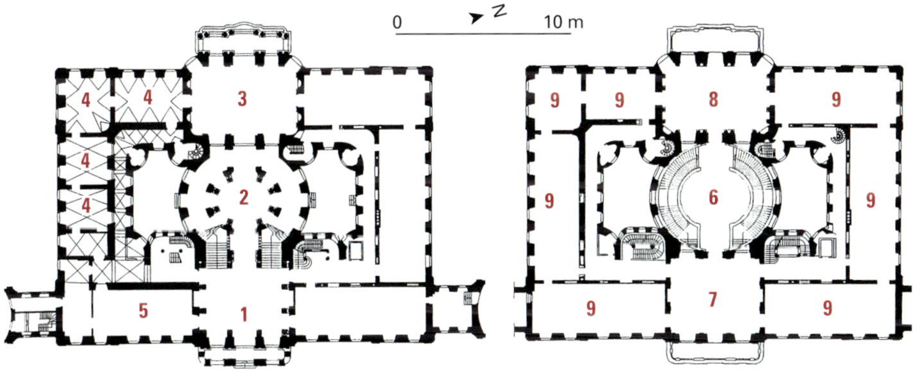

Grotte öffnet sich der *Gartensaal* (sala terrena). An diesen schließt die Dauerausstellung ›Schloss Bruchsal. Gebaut, zerstört, wiedererstanden‹ an. Sie führt die furchtbare Zerstörung des letzten Krieges eindringlich vor Augen, veranschaulicht aber auch den gelungenen Wiederaufbau nach 1945.

Aus der dunklen Grotte führt in nahezu halbkreisförmig ansteigenden Läufen die berühmte *Treppe* von Balthasar Neumann zum Hauptgeschoss. Sein Werk zählt zu den bedeutendsten Raumschöp-

Balthasar Neumann gilt als ›Vollender‹ des Barock in Deutschland.

fungen des europäischen Barock und ist ein Höhepunkt in der Entwicklung barocker Treppenkunst. Zustande kam dieses Meisterwerk, nachdem der Bauherr von Schönborn zunächst eigenmächtig in Anlehnung an römische Palastbauten ein Mezzanin zwischen Erd- und Hauptgeschoss einschieben ließ. Diese Abänderung des ursprünglichen Plans verursachte für den weiteren Ausbau kaum überwindbare Schwierigkeiten. Die räumliche Begrenzung des Treppenhauses war bereits festgelegt, doch musste nun auf gleichem Grundriss ein größerer Höhenunterschied überwunden werden. Zur Lösung der komplizierten Situation beorderte der Fürstbischof Balthasar Neumann (1687–1753) aus Würzburg, wo ebenfalls ein Schönborn als Fürstbischof regierte, nach Bruchsal. Dieser bewältigte das Problem 1730/31 in genialer Weise. In kühnem Bogen schwingt sich die Treppe aus der dunklen Grotte zur Beletage empor. Im Hinaufsteigen erlebt man die zunehmende Helligkeit, um sich schließlich oben in einem lichtdurchfluteten Raum vorzufinden, der von einer weiten Kuppel überwölbt wird. Je mehr man sich also von der dunklen Unterwelt dem oberen Stockwerk nähert, desto näher scheint man dem Himmel zu kommen.

Oben angelangt, ist von der Treppe nichts mehr zu sehen. Hier dominiert die *Kuppel,* die mit einem Fresko von Johannes Zick

Schloss Bruchsal, Detail des Deckenfresko über dem Eingang zum Fürstensaal. Kardinal von Schönborn gibt den Schlossbau in Auftrag. Die Allegorie der Architektur hält den Grundriss einer Hälfte des Corps de logis. Rechts vom Fürstbischof ist vermutlich Balthasar Neumann dargestellt.

(1730–97) geschmückt ist. In allegorischen Bildern wird die Geschichte des Bistums Speyer erzählt. Die Stuckaturen fertigte Johann Michael Feichtmayr. Über den Eingängen zu den Festsälen, die als einzige Räume vollständig rekonstruiert wurden, sieht man die Porträts des Bauherrn von Schönborn mit seinem Architekten Balthasar Neumann und auf der gegenüberliegenden Seite Schönborns Nachfolger Hutten, der für die Innenausstattung verantwortlich war.

Im *Fürstensaal* erkennt man an den Wänden die Bildnisse der Fürstbischöfe von Speyer. Das illusionistische Deckenfresko malte wiederum Johannes Zick (1751). Dargestellt ist das segensreiche Wirken des Regiments Franz Christoph von Huttens für die Wohlfahrt des Landes. Apoll im Zentrum gilt als Anspielung auf den Fürstbischof. Der gegenüberliegende *Marmorsaal* bietet eine harmonische Einheit aus Architektur, Stuckaturen und Malerei. Zick hat in dem Deckengemälde einige Trompe-l'oeil-Effekte eingeflochten. So ›bewegen‹ sich beispielsweise die Beine des Engels rechts außen, der über einer Pyramide schwebend eine Schlange hält. Um dies zu erkennen, schreite man langsam den Saal auf und ab. Die zwei Porträts an der Längsseite stellen das Kaiserpaar Franz I. und Maria Theresia von Österreich dar.

Das Deckengemälde im Marmorsaal beinhaltet die Hoffnung auf ewige Beständigkeit des Speyrer Fürstbistums.

In den modern gestalteten Seitenräumen ist eine *Zweigstelle des Badischen Landesmuseums Karlsruhe* eingerichtet. Grundstock bilden die erhaltenen Bestände der einstigen Schlossausstattung. Kostbarster Besitz des Museums sind vollzählige Serien flämischer und französischer Wirkteppiche des 16. bis 18. Jh. Aber auch Mobiliar, Gemälde und Kunsthandwerk sind sehenswert. Der Rundgang beginnt in dem südlich an den Fürstensaal angrenzenden Raum (Nr. 37). Einst befanden sich hier das mit Holzvertäfelung ausgestattete Winterspeisezimmer, ein Galeriezimmer und das sog. Blaue Zimmer. Die flämischen Wirkteppiche (um 1550–70) zeigen die Geschichte von David und Abigail (1. Buch Samuel, Kap. 25). Hier stehen auch zwei Schreibschränke aus dem Besitz des Fürstbischofs von Hutten, dessen Initialen und Wappen darauf angebracht sind. Die kostbaren Schränke, eingelegt mit reicher Marketerie in verschiedenen Hölzern, graviertem Perlmutt sowie Elfenbein, sind vermutlich in Mainfranken in der Mitte des 18. Jh. entstanden. Der nächste Saal (Nr. 41) war ehemals in mehrere große Räume und kleine Nebenkabinette unterteilt. Hier lagen das berühmte ›Watteaukabinett‹, ein intimer, 1759 von J. Zick ausgemalter Raum, und das Paradeschlafzimmer des Fürstbischofs. Die um 1600 in Brüssel gefertigten Wirkteppiche zeigen unterschiedliche Szenen aus dem Alten Testament. Der nun folgende Eckraum (Nr. 42) wie auch der anschließende Raum haben ihre ursprüngliche Dimension bewahrt. Es waren Empfangsräume, die heute Wirkteppiche mit üppigen Frucht- und Blumengehängen enthalten. Nördlich vom Marmorsaal (Nr. 45) waren einst das Jagd- und das Musikzimmer eingerichtet. Die um 1650 entstandenen Wirkteppiche stellen Episoden aus Ovids

Metamorphosen dar. Der nächste Museumsraum (Nr. 46) war ursprünglich in fünf Räume unterteilt, in Thronsaal, Hauskapelle und Schlafzimmer sowie in zwei kleinere Räume. Der letzte Raum war ebenfalls mehrfach gegliedert. Die nordfranzösischen Wirkteppiche zeigen Fantasiearchitekturen, in denen sich Vögel und groteske Wesen aufhalten. Daneben sind mehrere Skulpturen des 17. und 18. Jh., Porzellanfiguren und Rokokomöbel ausgestellt. Ebenfalls im Schloss untergebracht ist das *Museum mechanischer Musikinstrumente* mit einigen kuriosen Ausstellungsstücken, beispielsweise einem automatisch spielenden Klavier. Bis auf einen Raum im Erdgeschoss ist es nur mit Führung zugänglich. Das *Städtische Museum* im Schloss stellt Funde zur Ur- und Frühgeschichte, Münzen und Medaillen aus.

Für die 1723 begonnene **Hofkirche** (2) engagierte Schönborn den Baumeister der Markgräfin Sibylla Augusta, Michael Ludwig Rohrer. Leider ist auch dieser Bau zusammen mit der kostbaren Innenausschmückung 1945 vernichtet worden. Neun kleine Apostelfiguren

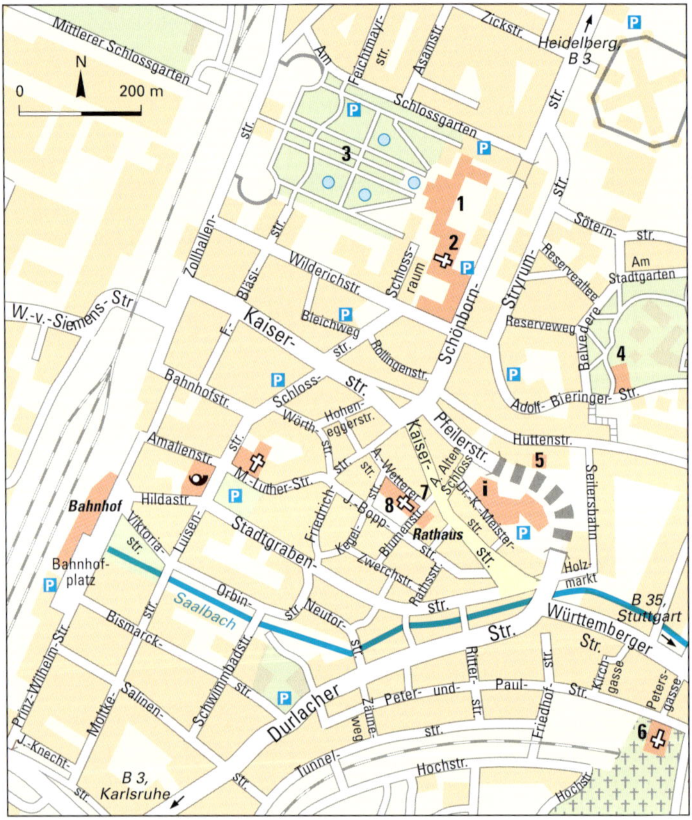

Bruchsal
1 Schloss mit Museen
2 Hofkirche
3 Schlossgarten
4 Belvedere
5 Bergfried
6 Kath. Pfarrkirche St. Peter
7 Marktplatz
8 Kath. Stadtpfarrkirche Unserer Lieben Frau

(1593), die in einer Glasvitrine ausgestellt sind, geben noch einen kleinen Eindruck von der einstigen Qualität der Ausstattung. Ab 1960 wurde die Kirche nach den heutigen Bedürfnissen wieder aufgebaut und als schlichter, heller, von namhaften Künstlern ausgestatteter Raum gestaltet. Auffällig ist die Decke aus einzelnen Holzsegmenten. Die 60 m lange Wand ist mit 14 Tafeln eines Kreuzwegs von HAP Grieshaber versehen. Die einzelnen Bilder sind in Holz geschnitten und die weißen Flächen in Gold ausgelegt. Das große Altarkruzifix schuf der Bildhauer Fritz Wotruba.

Grieshabers Holzschnitte sind durch eine knappe Zeichensprache gekennzeichnet, bei der es um den Sinngehalt der einzelnen Szenen geht.

Der **Schlossgarten** (3) ist im französischen Stil angelegt. Die ursprünglich terrassierte Anlage betont die Mittelachse, deren Verlängerung zum Wirtschafts- und Gestüthof Altenbürg führt. Später wurde sie im englischen Stil umgestaltet. Die monumentalen Gartenfiguren, Hellebardiere, Elemente, Jahreszeiten, schuf Johann Joachim Günther im Jahre 1759 (Kopien).

Östlich des Schlosses, auf der Anhöhe des Steinsbergs, befindet sich das 1756 errichtete **Belvedere** (4), das ehemalige fürstbischöfliche Schießhaus. Ein Relikt der einstigen Burg der Speyrer Bischöfe ist der **Bergfried** von 1358 (5). Der Bauherr Bischof Gerhard von Ehrenberg ließ sich im dritten Geschoss darstellen.

Pfarrkirche St. Peter

Die **kath. Pfarrkirche St. Peter** (6) überragt mit ihren von fern sichtbaren Türmen die Dächer der Stadt. Als einzige Bruchsaler Kirche blieb sie 1945 unbeschädigt. Das alte Gotteshaus war 1689 bis auf den weitgehend erhaltenen gotischen Chor abgebrannt, blieb einige Jahre Ruine, bis schließlich Fürstbischof von Schönborn den Wiederaufbau vorantrieb. Er beauftragte Balthasar Neumann 1736 mit dem Neubau der Kirche, die den Speyrer Bischöfen als Grablege dienen sollte. Neumann plante einen Zentralbau über dem Grundriss eines griechischen Kreuzes nach dem Vorbild von St. Peter in Rom. Vom gotischen Bau des 14. Jh. behielt Neumann den $^5/_8$-Ostchor bei und integrierte ihn in den Neubau als Querarm. Dieser gab damit die Breite der übrigen Kreuzarme vor, die wie der mittelalterliche Chor polygonal geschlossen sind. Die Weihe vollzog 1745 Schönborns Nachfolger Hutten.

Der Außenbau ist schlicht, die Hauptfassade gegen die Stadt gerichtet. Genau unter der Vierung mit der 22 m hohen Kuppel befindet sich die bischöfliche Gruft. Auch an der Ausstattung erkennt man die nachhaltige Prägung durch Balthasar Neumann. Die Entwurfszeichnung für den vollkommen durchlichteten *Hochaltar* lieferte Johann Wolfgang van der Auvera (1747), der dabei Anweisungen von Neumann befolgte: Auf einem Sockel stehen sechs schlanke, reich verzierte Säulen. Pate stand der Hochaltar des italienischen Künstlers Giovanni Lorenzo Bernini (1598–1680) in der Peterskirche in Rom. Optisch nicht zu erkennen sind die unterschiedlichen Materialien: Der Aufbau besteht aus Holz, die Altarstufen, Sockel und Mensa sind aus Marmor. Lothar Ignaz Schweickart (1748) malte das Altarblatt mit der Schlüsselübergabe an Petrus, das eine schöne Laub- und Muschelwerkornamentik besitzt. Zwischen den Säulen stehen die Figuren der Apostelfürsten Petrus und Paulus, die Johann Adam Virosteck 1756 schuf. Die Seitenaltäre der Maria Immaculata und des hl. Sebastian sind nach dem Entwurf von Balthasar Neumann von Johann Michael Feichtmayr 1754/55 ausgeführt worden. Unübersehbar dominieren zu beiden Seiten des Hochaltars die monumentalen Grabdenkmäler der Bauherren. Rechts das Grabmal von Damian Hugo von Schönborn, das der Neumann-Schüler und kurfürstliche Hofbaumeister Johann Seitz plante und der Marmorierer Stephan Strahl in schwarzem Balduinstein ausführte. Auf der Tumba kniet der Verstorbene, seitlich stehen die Alabasterfiguren ›Glaube‹ und ›Liebe‹ von Ferdinand Diez (1758). Links erhebt sich das Grabdenkmal Franz Christoph von Huttens, ausgeführt 1773 durch Johann Strahl, den Sohn Stephan Strahls. Zu erkennen sind die Figuren ›Gerechtigkeit‹ und ›Mildtätigkeit‹ und hoch oben die ›Hoffnung‹ von Johann Joachim Günther. Letztere symbolisiert die christliche Vorstellung, dass der Tod nicht Ende, sondern Durchgang zum Leben ist. Die Kanzel aus Stuckmarmor, deren Schalldeckel mit Engeln besetzt ist, schuf Feichtmayr 1756, die Orgel mit musizierenden Engeln und Rocailleformen stammt von Leonard Stahl.

Von der Pfarrkirche St. Peter geht es nun Richtung Zentrum bzw. **Marktplatz** (7). In unmittelbarer Nähe steht die **kath. Stadtpfarrkirche Unserer Lieben Frau** (8). Die 1268 erstmals erwähnte, aber sicherlich schon ältere Kirche war 1447 durch einen Neubau ersetzt worden, für den Meister Lorenz bezeugt ist. Nach den letzten Kriegszerstörungen ist die Kirche weitgehend wiederhergestellt worden. Zur Ausstattung (Glasmalerei, Tabernakel, Taufbrunnen, Kanzel) gehören gelungene moderne Werke.

Bruchsals Stadtteil Untergrombach erstreckt sich am Fuße des Michaelsberges. Auf seinem Gipfel steht die 1742 erbaute barocke **Michaelskapelle.** Johann Georg Stahl errichtete sie im Auftrag des Fürstbischofs Schönborn, doch geht die Tradition bereits ins frühe Mittelalter zurück. Die kleine Wallfahrtskapelle birgt ein 1790–92 entstandenes Hochaltarretabel von Tobias Günther. Von hier oben hat man einen schönen Blick über die Rheinebene, und den Kraichgau bis hin zum nördlichen Schwarzwald. Auf dem Berg sind Relikte aus der Römerzeit sowie keltische und fränkische Gräber freigelegt worden. Einst befand sich hier eine befestigte Höhlensiedlung der Jüngeren Steinzeit, die nach dem Fundort ›Michaelsbergkultur‹ genannt wird. Westlich befindet sich das 1652 von Markgraf Friedrich V. von Baden-Durlach als Stutenhof gegründete **Schloss Stutensee,** heute Landesjugendheim. Markgraf Karl Friedrich ließ das Gestüt ab 1748 zum Jagdschloss ausbauen.

Bretten, die Geburtsstadt Melanchthons

Bretten
Besonders sehenswert:
Marktplatz
Melanchthonhaus

Auf dem Weg nach Maulbronn kommt man an der Geburtsstadt des Reformators Philipp Melanchthon (1497–1560) vorbei. Bretten hatte seine Blütezeit im 14. und 15. Jh. Die pfälzische Amtsstadt stützte ihren Wohlstand auf Handel und Gewerbe. Schon im 15. Jh. gab es eine Lateinschule. 1689 brannten die Franzosen die Stadt nieder, doch beruht das Plätze- und Straßensystem auch nach dem Wiederaufbau auf dem mittelalterlichen Grundriss. So zeigt sich der ansteigende Marktplatz bis heute in der für das Mittelalter typischen Dreiecksform. An der Nordseite dominiert ein Ensemble hübscher Fachwerkhäuser aus der Zeit um 1700. Das ›Hotel Krone‹ am oberen Ende wurde an der Stelle der Gastherberge errichtet, in der 1550 Kaiser Karl V. residierte. Auf dem Brunnenstock des **Marktbrunnens** steht die Figur des Stadt- und Landesherren, Kurfürst Friedrich II. von der Pfalz (reg. 1544–56), der das kurpfälzische Wappenschild trägt. Das prachtvolle neugotische **Melanchthonhaus** wurde 1897–1903 nach Plänen Hermann Billings an der Stelle des 1689 zerstörten Geburtshauses Melanchthons errichtet. Es erinnert an spätmittelalterliche Kirchenbauten. Im Erdgeschoss befindet sich die zweischiffige Gedächtnishalle mit fünf gemalten Szenen aus dem Leben des Reformators (1920/21) von August Groh sowie lebensgroße Standbilder von sieben Reformatoren (um 1920). In den oberen Stockwerken ist das *Melanchthonmuseum* untergebracht. Neben dem Melanchthonhaus steht das 1787 errichtete und 1888 erweiterte Alte Rathaus.

Philipp Melanchton, Gemälde aus der Werkstatt von Lucas Cranach d.Ä., nach 1532

Wenn man die Treppe links neben dem Melanchthonhaus hinuntersteigt, stößt man auf das sog. **Hebererhaus.** Das stattliche Fachwerkhaus (um 1555) ist das Geburtshaus Johann Michael Heberers, dem ›kurpfälzischen Robinson‹ und ersten Reiseschriftsteller Deutschlands, der seine ›Sklavenjahre‹ in der Türkei (1586–92) so anschaulich geschildert hat. Die **ev. Stadtkirche** ist die Taufkirche Melanchthons. Die unteren fünf Geschosse des Kirchturms gehen wohl auf den Bergfried der einstigen Burg der Grafen von Eberstein zurück. Das Langhaus ist um 1400, der Chor 1778 entstanden. Die zweijochige Bachkapelle, Grabkapelle der Adelsfamilie von Bach, enthält mehrere Grabmäler. Der Stadtkirche gegenüber steht das 1783/84 erbaute klassizistische **ehem. Amtshaus.** In der barocken **Lutherischen Kreuzkirche** (1697–1702) dominiert die volkstümliche Innenausstattung. Das um 1585 erbaute **Gerberhaus** enthält ein Museum mit rekonstruiertem Wehrgang der ehem. Stadtbefestigung sowie Darstellungen zum Gerber-, Sattler- und Schuhmacher-Handwerk. Imposant sind die beiden Türme der Stadtbefestigung: Der Pfeiferturm (um 1250) und der Simmelturm (um 1370). Die Einwohner Brettens schützten sich einst mit einer besonders starken Wehr-

Alljährlich feiern die Brettener ihren gelungenen Widerstand gegen Herzog Ulrich von Württemberg im Jahre 1504 mit dem Peter und Paul-Fest, einem der größten Feste in Südwestdeutschland.

anlage: 1504 hielt die Stadt einer württembergischen Belagerung und 1525 den aufständischen Bauern stand. Erst im 19. Jh. wurde die Anlage nebst den vier Stadttoren abgebrochen. Eine Besteigung des Pfeiferturms ermöglicht einen weiten Rundblick über die Stadt und ihre Umgebung (Schlüssel ist im Rathaus und in der Stadtinformation erhältlich).

In dem vermeintlichen Geburtsort Doktor Johann Georg Fausts (etwa 1480–1540), in **Knittlingen,** ist ein *Faustmuseum* eingerichtet, das in drei Etagen etwa 2500 Exponate ausstellt. Hinzu kommt ein wissenschaftliches Faust-Archiv. Die Legende sagt, Faust habe sich sogar im Kloster Maulbronn aufgehalten, um dort für den Abt Johann Entenfuß Gold herzustellen.

Fährt man von Bretten nach Pforzheim, so passiert man das klassizistische **Schloss Bauschlott.** Im Jahre 1726 kam die Renaissance-Wasserburg an den Gründer Karlsruhes, den Markgrafen Karl Wilhelm von Baden-Durlach, dessen Enkel Karl Friedrich zuerst die Wirtschaftsgebäude und dann das Schloss erneuern ließ. Das von Friedrich Weinbrenner 1806 fertig gestellte markgräfliche Jagdschloss diente Karl Friedrichs Witwe bis 1817 als Witwensitz.

Zisterzienserkloster Maulbronn

Zisterzienserkloster Maulbronn ☆☆
Besonders sehenswert: Klosterkirche Herrenrefektorium

Ein Höhepunkt der Reise durch Nordbaden ist das ehem. Zisterzienserkloster Maulbronn. Als eine der besterhaltenen mittelalterlichen Klosteranlagen nördlich der Alpen wurde Maulbronn 1993 in die Liste des Weltkulturerbes der Menschheit durch die UNESCO aufgenommen. Somit gehört es zu den »unschätzbaren und unersetzlichen Besitztümern nicht nur eines jeden Volkes, sondern der ganzen Menschheit. Geht eines dieser kostbaren Besitztümer verloren oder verfällt es, so schmälert dies das Erbe aller Völker der Welt.«

Maulbronn entstand wie die meisten Klöster dieser Zeit als Gründung eines frommen Adeligen: Walther von Lommersheim stiftete in Eckenweyer bei Mühlacker das erforderliche Land für die Niederlassung. Er trat danach selbst in das Kloster ein und liegt vor dem Kreuzaltar der Laienkirche begraben. Aufgrund mangelnder Eignung des Gebietes verlegte man das Kloster 1147 mit Unterstützung des Bischofs von Speyer, Gunther von Henneberg, dem das neue Grundstück gehörte, ins Salzachtal. Die Lage in einem abgeschiedenen Waldgebiet weitab menschlicher Siedlungen, der Wasserreichtum und das milde Klima waren Bedingungen, die dem Orden zur Niederlassung geradezu ideal erschienen. Besonders das umfangreiche Seen- und Kanalsystem zeugt auch heute noch von der hochentwickelten Landwirtschaft, Fischzucht und Wasserbautechnik. Den Tiefen See hinter dem Kloster legten bereits die Zisterzienser an.

Nach dem Motto *ora et labora* kultivierten sie Felder und Weinberge und setzten erfolgreich Be- und Entwässerungstechniken ein. In seiner Blütezeit war Maulbronn wie jedes andere Zisterzienserkloster ein nahezu autarkes Gemeinwesen, das einen großen wirtschaftlichen Einfluss ausübte.

Kaiser Barbarossa stellte Maulbronn 1156 unter seinen Schutz und überführte es damit in die Vogtei des Reiches, ehe es um 1361–66 an die Kurpfalz und 1504 an Württemberg kam. Die württembergischen Herzöge reformierten das Kloster 1537 und bauten hier ein Schloss. Herzog Christoph (reg. 1550–68) ließ 1556 eine Evangelische Klosterschule einrichten, deren Schüler auf das Studium der evangelischen Theologie vorbereitet wurden. Berühmte Wissenschaftler, Dichter und Politiker sind aus ihr hervorgegangen: der Astronom Johannes Kepler, die Dichter Friedrich Hölderlin und Hermann Hesse, Georg Herwegh, Verfasser der ersten Hymne der deutschen Arbeiterbewegung, sowie David Friedrich Weinland.

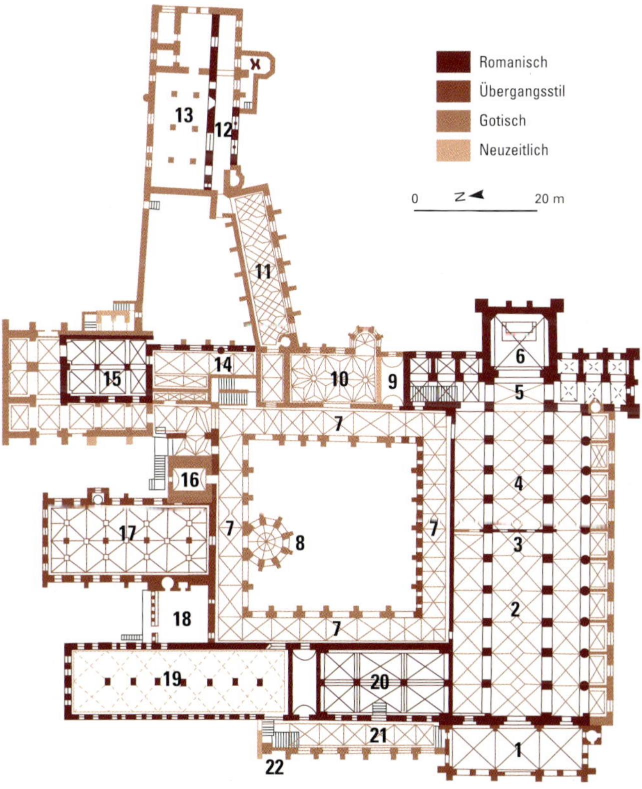

Zisterzienserkloster Maulbronn, Kirche und Klausurgebäude, Grundriss
1 Paradies
2 Kirche der Laienbrüder
3 Romanische Chorschranke
4 Kirche der Mönche
5 Vierung
6 Chor mit Passionsreliefs
7 Kreuzgang
8 Brunnenhaus
9 Sakristei
10 Kapitelsaal
11 Parlatorium; Obergeschoss: Oratorium
12 Romanischer Krankengang
13 Gastbau und ehem. Abtshaus
14 Bruderhalle, Studierraum, Bibliothek
15 Großer romanischer Keller
16 Calefaktorium
17 Herrenrefektorium
18 Ehem. Klosterküche
19 Laienrefektorium; Obergeschoss: ehem. Schlafsaal der Laienbrüder
20 Cellarium
21 Arkadengang
22 Stiegenhaus zum ehem. Laiendorment (heute ev. Winterkirche und Klosterschule)

Man betritt die Klosteranlage durch das spätromanische Klostertor und fühlt sich wie in eine mittelalterliche befestigte Kleinstadt versetzt. Dieser Eindruck verstärkt sich angesichts der vielgestaltig aneinandergereihten Gebäude um den großen Wirtschaftshof herum, die alle zum mittelalterlichen Klosterleben notwendigen Arbeits- und Vorratsräume aufnahmen. Die wehrhafte Klostermauer blieb fast vollständig erhalten, ebenso sind vier der fünf Türme noch vorhanden: der Torturm, der Haspel- oder Hexenturm, der Faustturm und der Mühlturm. Man erkennt die beeindruckende Geschlossenheit des Klosters, das bis heute fast unverändert vor uns liegt.

Man sollte möglichst einen halben Tag für die Besichtigung einplanen, um die Architektur des in nahezu 400 Jahren geschaffenen mönchischen Gemeinwesens sowie seine Kunstwerke in sich aufnehmen zu können. Es bietet sich an, zunächst in dem um 1220–25 erbauten romanischen Frühmessnerhaus (Kaminhaus) das **Klostermuseum** mit dem Modell der Klosteranlage zu besichtigen, um auf diese Weise einen guten Überblick über die Gebäude und ihre Funktionen zu erhalten. Etwas weiter in der ehem. Küferei befinden sich das Infozentrum und die Kasse.

Die Klosterkirche

Zisterzienserkloster Maulbronn, Klosterkirche, Dienst mit Kapitell im Paradies

Der Außenbau der Maulbronner Kirche besticht durch die ungewöhnliche Sorgfalt bei der Auswahl und Aufschichtung der Quadersteine. Die dreischiffige Vorhalle, **Paradies** genannt, ist eines der schönsten Bauwerke des frühen 13. Jh., einer Zeit, in der in Deutschland erstmals gotische Formen aus Frankreich in der Baukunst Verwendung fanden. Das Maulbronner Paradies errichtete ein in Burgund, der Ursprungsregion der Zisterzienser, geschulter Meister, der in Nordfrankreich bereits mit der frühgotischen Architektur in Kontakt gekommen war. In Maulbronn traf er neben mehreren Holzbauten bereits die fertig gestellte Klosterkirche an. Mit den Steinbauten der übrigen Klausur hatte man sicherlich bereits begonnen. Der ›Meister des Maulbronner Paradieses‹ hat auch Teile des Kreuzgangs sowie den Speisesaal der Mönche geschaffen. Danach ist er vermutlich in den Nordosten Deutschlands weitergezogen und war in Magdeburg und Halberstadt tätig.

Durch eine Drehtür gelangt man in das Innere des Klosters, in die vom weltabgewandten Geist mönchischen Lebens geprägte Welt. Ältestes Bauwerk ist die ursprünglich flach gedeckte dreischiffige Kirche St. Maria, die als wichtigste Bauaufgabe gleich nach der Gründung in Angriff genommen wurde. Sie war ausschließlich den Mönchen und den Konversen vorbehalten, während die Gäste allenfalls in den Bereich vor dem Westportal durften. Getreu den Armutsidealen des Ordens wurde das Gotteshaus karg und fast schmucklos gestaltet. Diese Ideale, auf die auch andere Baumerkmale, wie die ursprüngliche Flachdecke der Kirche, das Fehlen einer Krypta und einer Empore sowie der Dachreiter anstatt eines Glockenturms zurückgehen, ist eine direkte Reaktion der Zisterzienser auf die Großanlagen der Cluniazenser, besonders auf die dritte Kirche von Cluny. Anfänglich war das Querschiff mit je drei eingezogenen Rechteckkapellen ausgestattet, der einfache, hohe Chor durch neun Fenster nur wenig belichtet. Später setzte man sich über die strengen zisterziensischen Regeln hinweg, wovon die Maßwerkfenster im

Zisterzienserkloster Maulbronn, Klosterkirche, Fresko (Detail) an der Mittelschiffwand, um 1424

Chor, die Kapellen am südlichen Seitenschiff (1424) und die Wölbung der drei Langhausschiffe in der Spätgotik zeugen. Diese Baumaßnahmen, besonders das Netzgewölbe, nehmen der Kirche ihre ursprüngliche Strenge.

In der Kirche trifft man zuerst auf die eindrucksvolle **romanische Chorschranke** am sechsten Pfeiler. Sie grenzt den Bereich der Mönche im Osten von dem der Laienbrüder im Westen ab. Als einzige Ausstattung war sie wohl aufgrund ihrer funktionalen Notwendigkeit bereits bei der Weihe 1178 vorhanden. Der Zisterzienserorden war es, der die zweigeteilte Klosteranlage für Mönche und Konversen konsequent ausgebildet hat. Die Regel besagte, dass die Mönche ihren Lebensunterhalt mit den eigenen Händen erarbeiten sollten. Um trotzdem die vollständige Ausführung des Gotteslobes zu gewährleisten, wurden Laienbrüder aufgenommen, die für die Klostergemeinschaft arbeiteten. Diese durften weder persönliche Studien betreiben noch bei der Abtwahl mitsprechen, noch wurden sie in die Klausur aufgenommen.

Die übrige Ausstattung stammt größtenteils aus spätgotischer Zeit. Das große *Maulbronner Steinkruzifix* am Altar der Laienkirche stand wohl ursprünglich auf der Chorschranke. Das Kreuz mit seiner Holz imitierenden Oberfläche meißelte der Bildhauer zusammen mit dem Leib Christi aus einem einzigen großen Steinblock. Es ist datiert und signiert: 1473 und CVS (vielleicht Conrad von Sinsheim = Conrad Syfer). Der Augenblick des Sterbens am Kreuz ist hier ausgesprochen realistisch wiedergegeben. Als Vorbild diente das sechs Jahre früher von Nikolaus Gerhaert von Leyden geschaffene Kreuz in der Stiftskirche Baden-Baden. In einer Nische im Langhaus steht die um 1394 aus Eichenholz geschnitzte *Kleine Madonna.* Die Kanzel stammt aus nachreformatorischer Zeit (1560).

Vor dem Hintergrund des zisterziensischen Armutsgebots ist die *Wandmalerei* des **Chorraums** bemerkenswert. Am südlichen Chorbogenpfeiler ist die überlebensgroße Figur des hl. Christophorus zu erkennen, zudem an der Nordwand ein Engelskonzert sowie vier Evangelisten. Über der südlichen Querschiffarkade befindet sich das Stifterbild (1424): Bischof Gunther und Walther von Lomersheim überreichen der thronenden Muttergottes das Modell der Klosterkirche. Rechts kleidet der Bischof den Adeligen ein, der fortan als Laienbruder lebt. Neben der bildlichen Darstellung Christi war den Zisterziensern nur die Wiedergabe der *Muttergottes* erlaubt. Sie thront in einer Nische in der Chornordwand. Die um 1300 datierte hochgotische Holzskulptur ist vom Kölner Kunstkreis beeinflusst, möglicherweise ist sie sogar aus diesem hervorgegangen. Auf sie bezogen ist das einige Jahrzehnte später gemalte Engelskonzert zu ihren Seiten.

Auf der Sandsteinmensa des Hochaltars (um 1340–50) stehen *Fragmente eines Passionsretabels.* Die figurenreichen, um 1394 entstandenen Reliefszenen mit der Kreuzaufrichtung, der Kreuzigung Christi und der Beweinung am Grab gehören zusammen mit

Zisterzienserkloster Maulbronn, Klosterkirche, Fragment des Passionsretabel mit der Kreuzaufrichtung, um 1394. Wie alle Holzskulpturen jener Zeit waren die Reliefs einst farbig gefasst und reich vergoldet.

der Sitzmadonna des Mittelschiffs zu den besten Zeugnissen Parlerscher Holzskulptur in Deutschland. Sie zeigen nahe Verwandtschaft zu den Figuren des Petersportals am Kölner Dom und des Prager Altstädter Turms. Weiterhin sind im Chorbereich zwei *Grabplatten* zu sehen: Am südlichen Triumphbogenpfeiler steht das Grabdenkmal des Speyrer Bischofs Gunther von Henneberg und gegenüber das seines Nachfolgers, dem 1163 gestorbenen Ulrich von Dürrmenz.

Der schön verzierte Dreisitz aus dem späten 15. Jh. diente dem Abt und zwei Diakonen und wurde im 19. Jh. ergänzend rekonstruiert. Kunstvoll ist auch das 92 Plätze umfassende *Chorgestühl* der Mönche (1450). Im Widerspruch zu den frühen Ordensregeln der Zisterzienser besitzt es überaus reiche Schnitzereien, die stilistisch auf den Umkreis des Ulmer Bildschnitzers Hans Multscher weisen. An den Wangen sieht man alttestamentarische Szenen, die auf das Neue Testament verweisen: Noahs Trunkenheit, Davids Tanz vor der Bundeslade, Opfer Kains und Abels, Wurzel Jesse, Moses und der brennende Dornbusch, Opferung Isaaks, Maria mit dem Einhorn, Samsons Kampf mit dem Löwen. Unter den hochgeklappten Sitzen befinden sich Miserikordien (lat. misericordia = Mitleid), die den Mönchen beim langen Stehen während des Chorgebets als Sitzhilfen dienten. Die hohen Trennwände zwischen den Einzelsitzen sollten die Sicht zu den ins Gebet versunkenen Mitbrüdern verhindern, um jegliche Ablenkung zu vermeiden.

Da die Mönche mehrmals in der Nacht zu Stundengebeten in der Kirche zusammenkamen, war eine direkte Verbindung vom Dormitorium zur Kirche notwendig. Über die Treppe im nördlichen Querarm gelangten die Mönche vom gemeinsamen Schlafsaal direkt in den Chor. Auf der gegenüberliegenden Seite geht es durch die ›Totenpforte‹ auf den Friedhof.

Die Klausur

Die weiteren Bauten sind erst nach der Kirche geradezu als Musterbeispiel eines Zisterzienserklosters entstanden. Zuerst hatten die Mönche die Klausurbauten in Holz errichtet, um sich vorerst dringlicheren Aufgaben zuzuwenden. Die vier Flügel des **Kreuzgangs** gehören verschiedenen Bauzeiten an. Vom Garten aus lassen sich die unterschiedlichen Architekturformen gut studieren. Der unmittelbar an die Kirche anschließende Teil mit seinen einfachen Rundbogen und den Blattknospen- und Palmettenkapitellen ist wohl vom Meister des Paradieses ausgeführt. West- und Ostflügel sind um 1300 unter nordfranzösischem Einfluss entstanden. Mit ihren naturalistischen Blattwerkkapitellen zeigen sie Merkmale der reifen Gotik. Dem Herrenrefektorium gegenüber steht das **Brunnenhaus** (1340–50), das den vorgeschriebenen Waschungen diente. In den Rankenmalereien der Gewölbezwickel erkennt man Wildmänner, Fische und Putten, rechts einen trinkenden Maulesel an einem Brunnen zur Verbildlichung des Ortsnamens (1511). Die Zuschreibung des Werkes an Jörg Ratgeb ist allerdings umstritten. Der für den Zisterzienserorden typische Dreischalenbrunnen ist eine eher freie

Kloster Maulbronn, Herrenrefektorium

Rekonstruktion aus dem 19. Jh., für die man nicht zusammengehörende Teile verwendete.

Um 1300 entstand der Osttrakt mit dem Kapitelsaal und dem darüber liegenden Schlafsaal. Im **Kapitelsaal,** dem Versammlungsraum, wurden den Mönchen Weisungen erteilt, wobei stets ein Kapitel aus der Heiligen Schrift verlesen wurde. Mit seinem sternförmigen Gewölbe und den schönen Schlusssteinen deutet der Raum bereits auf die Spätgotik. Feingliedrig gestaltet ist das anschließende kleine Johanneschörlein. Zwischen Klausur und ehem. Infirmerie (Krankenhaus), dem späteren Abts- und Gästehaus, liegt das netzgewölbte, spätgotische Parlatorium (1493). Während sonst in der Klausur absolutes Schweigegebot herrschte, durften die Mönche hier miteinander sprechen. Nun folgt das Calefactorium, der einzige heizbare Raum des Klosters. Im Erdgeschoss lag der Heizraum, von dessen erhitzten Wänden die Warmluft durch Kanäle nach oben stieg. Mittels dieser Luftheizung wurde auch der anschließende Speisesaal etwas erwärmt.

»In den Einrichtungen und Sitten des Maulbronner Seminars war, äußerlich betrachtet, nichts Schwäbisches zu spüren, vielmehr war neben den aus Klosterzeiten übriggebliebenen lateinischen Namen noch manche klassische Etikette neuerdings aufgeklebt worden.« Hermann Hesse, ›Unterm Rad‹, 1903

Das **Herrenrefektorium** (um 1220) gilt als der architektonisch vollkommenste Raum des Klosters. Die zweischiffige, vierjochige Halle beeindruckt durch die Höhe ihrer Gewölbe und ihre Helligkeit. Sie wirkt weniger wie ein mönchischer Speiseraum, sondern mit ihrer feierlichen Pracht eher wie ein profaner Rittersaal. Erreicht wird diese Wirkung durch die sieben Säulen, die das Rippengewölbe mit den prächtigen Profilen tragen, die großen Fenster, die den Raum erhellen, und die reichen Architekturformen, wie die differenzierten Blattkapitelle. Zusammen mit dem Paradies ist der Raum ein Meisterwerk des Übergangsstils von der Romanik zur Gotik. Die Ausmalung erfolgte kurz vor und nach der Reformierung. Auf der Ostseite führte eine im Ansatz erhaltene Treppe zu einer hohen Kanzel. Hier las der Vorleser die geistlichen Texte zur Überwindung der Esslust. Schweigend nahmen die Mönche dabei die Mahlzeiten ein. Auf der gegenüberliegenden Seite konnten durch eine Durchreiche die Speisen von der Küche hereingereicht werden. An diese schließt sich das **Laienrefektorium** an. Unmittelbar nach dem Eintreten wird der Besucher gewahr, welcher Unterschied zwischen dem Herrenrefektorium und dem dunklen Speisesaal der Laienbrüder besteht: Dort der lichte, kunstvoll gestaltete Raum, hier der gedrungene, gleichmäßig durch Säulenpaare rhythmisierte Saal. Mit seinen Kreuzgratgewölben gehört er noch der Romanik an. Darüber lag einst der Schlafsaal der Laienbrüder. Bevor man das Kloster verlässt, kann man im **ehem. Cellarium,** einem zweischiffigen Vorratskeller, die kleine *Ausstellung* zu mittelalterlichen Handwerkstechniken besuchen.

Hinter den Klausurgebäuden steht das ehem. **Jagdschloss** Herzog Ludwigs von Württemberg (gest. 1593), ein zweigeschossiger Satteldachbau mit zwei runden Ecktürmen und schmalem Zwerchhaus an der Südseite. Vom Klosterhof gelangt man über eine Stiege auf einen Höhenweg, der zum nahegelegenen Tiefen See führt. Hier kann man bei Ruder- oder Tretbootfahrten das Gesehene Revue passieren lassen.

Burgen und kleine Städte des Kraichgaus

Besonders sehenswert:
Ravensburg in Sulzfeld
Magdalenenkirche in Flehingen

Maulbronn liegt am Rande des Naturparks Stromberg-Heuchelberg. Der Stromberg ist ein altes wildreiches Waldgebiet, an dessen Hängen Reben angebaut werden und in dessen Tälern sich Obstbaumhaine, Wiesen und Ackerbau abwechseln. Im nahegelegenen **Lienzingen** ist eine *Wehrkirche,* eine eindrucksvolle mittelalterliche Kirchenburganlage mit Mauerring, Graben und Vorratsspeichern, bis heute nahezu unverändert erhalten geblieben. Innerhalb der Ringmauer erkennt man noch die gewölbten Gelasse und Kammern, in die die Bauern in Kriegszeiten ihre bewegliche Habe brachten. Außerhalb des alten Ortes, der bereits 766 erstmals erwähnt wird, steht auf dem einstigen Friedhof die spätgotische ev. Kirche. Der Ort selbst besticht durch seine schönen Fachwerkhäuser.

Am südöstlichen Dorfrand von **Kürnbach** steht ein im Kern auf das 14. Jh. zurückgehendes *Wasserschlösschen* der Herren von Sternenfels, das in späteren Jahrhunderten mit reizvollen Fachwerkaufbauten versehen wurde. Der ehem. Chorturm der Kürnbacher *Kirche* geht auf romanische Zeit zurück, der übrige Bau entstand 1499. Im Innern befinden sich einige Grabdenkmäler der Ortsherren. Etwa 1 km östlich des ehem. Steinhauerdorfes **Sulzfeld** erhebt sich weit sichtbar auf einem Hügel die *Ravensburg*. Bis heute ist sie ununterbrochen im Besitz der Göler von Ravensburg, die sie bis um 1850 bewohnten. Aus dem frühen 13. Jh. stammt noch der über 30 m hohe Bergfried, von den romanischen Wohnbauten sind nur die Kellergewölbe vorhanden. Ein Stockwerk des Renaissancepalastes hat die Zeiten überdauert. Sulzfeld ist heute eine der größten Weinbaugemeinden Nordbadens. In und um die *ev. Pfarrkirche* befinden sich zahlreiche Grabmäler und Epitaphien der Göler von Ravensburg, die im 19. Jh. von der Burg in das Sulzfelder Schloss gezogen sind.

Im Herzen des Kraichgaus liegt an der Weinstraße Kraichgau das Burgstädtchen **Gochsheim.** Von dem *ehem. Schloss* der Grafen von Eberstein steht nur noch der vermutlich von Philipp II. von Eberstein (1523–89) als Witwensitz für seine Frau errichtete neuere Teil. Die 1461 erstmals genannte ältere Burg, die mit dem Renaissanceschloss verbunden war, trug man im 19. Jh. ab. Die Nord- und Südseite wird von geschwungenen Renaissancegiebeln, die Eingangsfront von einem Fachwerkgiebel überragt. Das württembergisch-ebersteinische Allianzwappen über dem östlichen Eingang verweist darauf, dass der Ort durch Erbgang an Württemberg fiel. In **Oberderdingen** errichtete das Zisterzienserkloster Herrenalb im 13. Jh. einen großen *Pfleghof* zur Verwaltung der umfangreichen Besitzungen. Die von Wehrmauern und Gräben umschlossene Anlage mit Sakral-, Verwaltungs- und Wirtschaftsbauten ist einen längeren Blick wert. Das herrenalbische *Amtshaus* (heute ev. Gemeindehaus) diente bis 1534 dem klösterlichen Pfleger und, nachdem die Besit-

Gochsheim

zungen württembergisch geworden waren, dem württembergischen Stabsamt bis 1806 als Sitz. In großen Teilen erhalten ist noch die mittelalterliche *Wehranlage* mit dem Hexenturm (spätes 14. Jh.). In der *ev. Filialkirche* sind Wandmalereien, Szenen aus dem Leben und Leiden Christi, freigelegt (um 1380). In dem 1973 eingemeindeten **Flehingen** entstand 1910 eine große neuromanische *Kirche* mit Jugendstilelementen, für die Johannes Schroth die Entwürfe lieferte. Hier steht auch das ehem. Wasserschloss der Herren von Flehingen aus dem 16. Jh. In dem bereits Anfang des 9. Jh. erwähnten Ortsteil Sickingen hat Konrad von Sickingen 1523 die *Magdalenenkirche* als Grablege seiner Familie gestiftet. Die einflussreichen Herren besaßen umfangreiche Besitzungen in der linksrheinischen Pfalz; die später in den Grafenstand erhobenen von Sickingen starben im 20. Jh. aus. In der Kirche hinterließen sie hervorragende, monumentale Grabdenkmäler (1547–1716). In der Werkstatt Conrad Forsters dürfte das Renaissancegrabmal der Lucia von Andlau, Ehefrau des Kirchenstifters, entstanden sein, mit dem die Reihe beginnt. Das Grabmal des ebenfalls 1547 verstorbenen Hans von Sickingen, Hauptmann in der Armee Karls V., ist ähnlich gestaltet und wohl derselben Werkstatt zuzurechnen. Bis direkt unter das Gewölbe reicht das um 1610 entstandene Doppelgrabmal zweier Ehepaare, das der Werkstatt Jeremias Schwarz zugeschrieben wird. Fast alle Werke sind aus Keupersandstein gemeißelt.

Karlsruhe und Umgebung

Karlsruhe, die großherzogliche Residenzstadt

Karlsruhe ☆☆
Besonders sehenswert:
Stadtanlage
Badisches Landesmuseum im Schloss
Staatliche Kunsthalle
Bauten Friedrich Weinbrenners
Zentrum für Kunst und Medientechnologie
Dammerstocksiedlung

Die Geschichte der Stadt Karlsruhe (290 000 Ew.) beginnt mit dem Entschluss des Markgrafen Karl Wilhelm von Baden-Durlach (reg. 1709–38), in seinem Jagdrevier unterhalb der 1689 von den Franzosen zerstörten Durlacher Burg eine neue Residenz zu gründen. 1715 legte er auf einer Lichtung des Hardtwaldes den Grundstein für sein ›Carols Ruhe‹. Hier in der Ebene zwischen den bewaldeten Ausläufern des Nordschwarzwaldes und dem Rhein verwirklichte er seine Vorstellungen eines höfischen Zentrums und einer neuen Stadt, die er sogleich mit zahlreichen Privilegien ausstattete und in die er Siedler aller Bekenntnisse aus ganz Deutschland einlud. Zuvor schon war die Baden-Badener Linie in ihre prunkvolle neue Rastatter Residenz gezogen, und dem wollte Karl Wilhelm freilich nicht nachstehen. Wie bei absolutistischen Neugründungen üblich, ließ der Markgraf die Stadt in enger Beziehung zum Schloss anlegen. Dessen achteckiger Turm bildete den Ausgangspunkt für insgesamt 32 strahlenförmig angeordnete Straßen, wovon neun das Stadtgebiet formen. Diese waren durch Ringstraßen miteinander verbunden, während die restlichen in den Schlossgarten führten. Die Stadt reichte bis zur Langen Straße, der heutigen Kaiserstraße. Die Mittelachse führte vom Schloss auf die Konkordienkirche zu. Ursprünglich gab es keinen Marktplatz, sondern nur einen Schloss- und Paradeplatz im innersten Ring, der Markt wurde vor der Konkordienkirche abgehalten. Der absolutistische Bauwille zeichnet sich nicht nur im Stadtgrundriss ab, es gab obendrein genaue Vorschriften über Geschosshöhe und Fassadengliederung der Häuser: Nur das Schloss war dreigeschossig, die Adels- und Verwaltungsbauten am innersten Ring mussten zweigeschossig, die Bürger- und Handwerkshäuser in den Radialstraßen eingeschossig gebaut werden. Die letzten dieser eingeschossigen Häuser sind in der Waldstraße Nr. 5 und Nr. 9 noch erhalten. Das Wohngebiet für Dienstleute befand sich am südöstlichen Stadtrand. Aufgrund finanzieller Engpässe waren sowohl das Schloss als auch die Häuser zunächst lediglich in Fachwerk errichtet worden, erst später sollten daraus dauerhafte Steinbauten werden. Karlsruhe wuchs infolge der großzügigen Privilegien schnell heran. Bei Karl Wilhelms Tod zählte die Stadt schon 2652 Einwohner.

Unter der langen Regierungszeit seines Nachfolgers, Markgraf Karl Friedrich (reg. 1738–1811), wurde aus der kleinen, unbedeutenden Markgrafschaft Baden-Durlach zunächst durch die Wiedervereinigung mit dem durch Erbteilung getrennten Baden-Baden (1771), dann durch den Erwerb pfälzischen Territoriums samt der kurpfälzischen Residenzstädte Mannheim und Heidelberg (1802) und schließlich durch den Aufstieg zum Großherzogtum (1806) eine europäische Mittelmacht. Dies schlug sich selbstverständlich auch

Karlsruhe, Brunnen ◁ im Schlosspark

Karlsruhe, Vogelschauplan um 1740

im Stadtbild nieder. Karl Friedrich gab schon bald den Auftrag zum Bau solider Wohnhäuser und ließ darüber hinaus unter Beibehaltung des ursprünglichen Baugedankens das Schloss umgestalten. Der verstärkte Zuzug neuer Bürger nach 1771 erforderte die Erweiterung der Stadt nach Süden. Die Pläne lieferten Friedrich von Keßlau und Wilhelm Jeremias Müller. Nach französischem Vorbild förderte Karl Friedrich auch die Anlage von Manufakturen, Straßen und Kanälen, um so die Wirtschaftskraft des Landes zu stärken. Er führte die Schulpflicht ein, gründete Priester- und Lehrerseminare und schaffte Leibeigenschaft und Folter ab. Dank seiner Frau Karoline Luise (1723–83) erblühte der Karlsruher Hof zu einem kulturellen Zentrum, das die berühmtesten Dichter und Künstler jener Zeit anzog: Klopstock weilte hier, Goethe besuchte die Stadt dreimal und traf dabei mit Hebel und Weinbrenner zusammen. Zahlreiche kulturelle Einrichtungen (Sammlungen, Hofbibliothek, Naturalienkabinett) wurden gegründet. Johann Peter Hebel (1760–1825) übernahm 1808 die Direktion des schon 1722 von Durlach hierher verlegten

Gymnasium illustre. Mit der Erhebung zum Großherzogtum ergaben sich neue Impulse für die Entwicklung der Landeshauptstadt. Karlsruhe erlebte in den folgenden Jahren seinen eigentlichen Aufschwung. Karl Friedrich hatte schon 1797 den in Rom ausgebildeten Architekten Friedrich Weinbrenner (1766–1826) in seine Dienste genommen, einen Hauptvertreter des deutschen Klassizismus, dessen Bauten bis heute die Innenstadt prägen. Er entwarf einen klassizistischen ›Generalbauplan‹ für das neue Stadtzentrum, der die barocke Residenzstadt zur Hauptstadt des Großherzogtums umgestaltete, zugleich eine der großen Leistungen europäischer Stadtbaukunst. Karlsruhe sollte eine für das gesamte Großherzogtum vorbildliche ›moderne‹ Stadt werden. Nach 1806 begann Weinbrenner mit dem Bau der ev. Stadtkirche, der kath. Stephanskirche und des Hoftheaters. Er setzte bei der Gestaltung der vom Schloss ausgehenden Hauptachse (Karl-Friedrich-Straße) an, der *Via triumphalis,* mit der er die Grundlage für die Erweiterung der Stadt Richtung Süden schuf: Er verlängerte sie über den Marktplatz, den er nebst Rathaus und Stadtkirche entwarf, und den Rondellplatz hinaus bis hin zum Ettlinger Tor. Sie bildet noch heute die Hauptachse der Stadt. Die barocke Idee der Stadtanlage blieb bei all diesen Bauvorhaben weiterhin bewahrt.

Erster Direktor der großherzoglichen Gemäldegalerie wurde 1803 Philipp Becker, ihm folgten Karl Kuntz und Karl Ludwig Frommel.

1825 gründete Friedrich Weinbrenner zusammen mit dem Ingenieuroberst Johann Gottfried Tulla nach dem Vorbild der Pariser École Polytechnique die erste Technische Schule Deutschlands. Großherzog Friedrich I. (reg. 1856–1907) rief 1856 die Kunsthochschule ins Leben, an der neben Johann Wilhelm Schirmer auch die Maler Karl Friedrich Lessing, Heinrich Wilhelm Trübner und Hans Thoma wirkten. Das Hoftheater entwickelte sich unter der Intendanz des Dresdner Hofschauspielers Eduard Devrient (1852–70) zu einer der bedeutendsten Bühnen Deutschlands. In dem im Zweiten Weltkrieg zerstörten Ständehaus, dem 1820–22 erbauten ersten deutschen Parlamentsgebäude, entwickelte insbesondere die Zweite Kammer des Badischen Landtages im Vormärz eine vielbeachtete parlamentarische Tätigkeit. Sie wurde zum Vorbild für das erste gesamtdeutsche Parlament, der Nationalversammlung von 1848/49 in der Frankfurter Paulskirche. Das klassizistische Karlsruhe hatte sich noch mit der barocken Stadtanlage verbinden lassen, doch die zunehmende ›romantische‹ Bauauffassung lockerte schließlich das strenge Achsengefüge unter Leitung der Baudirektoren Heinrich Hübsch (1795–1863) und Josef Durm (1837–1919). Um 1900 waren die Architekten Robert Curjel, Karl Moser und Hermann Billing für neue Bauaufgaben verantwortlich. Das Stadtzentrum nebst Schloss wurde im Zweiten Weltkrieg weitgehend zerstört, doch größtenteils relativ zügig wieder aufgebaut. Mit der Bildung des Landes Baden-Württemberg verlor Karlsruhe seine Funktion als Landeshauptstadt, wurde aber Sitz des Bundesverfassungsgerichts und des Bundesgerichtshofs. Die Stadt besitzt aufgrund ihrer Nähe zur Pfalz und zum Schwarzwald für ihre Bewohner und Besucher eine äußerst vorteilhafte geographische Lage. Mit ihren Museen, Theatern und der Kunstakademie, an der Markus Lüpertz und Georg Baselitz lehrten, hat die Stadt kulturell viel zu bieten.

Schlossanlage, Landesmuseum und Kunsthalle

Den Stadtrundgang beginnt man am besten vor dem **ehem. großherzoglichen Residenzschloss** (1). Der ovale Schlossplatz ist das Ergebnis mehrerer Umgestaltungen. Er wird von zwei Wachthäuschen eingefasst. In stadtwärtiger Verlängerung sind zwei Reihen mythologische Figuren (1753) von Ignaz Friedrich Lengelacher aufgestellt. Das Denkmal Karl Friedrichs führte der Münchner Bildhauer Ludwig Schwanthaler 1843–44 nach einem Entwurf Heinrich Hübschs aus. Der Großherzog hält in seiner rechten Hand die Urkunde zur Aufhebung der Leibeigenschaft in Baden (1783). Johann Heinrich Schwarz erbaute ab 1715 den hinter dem Schloss aufragenden achteckigen Turm zunächst als Jagdschloss des Markgrafen. Südlich errichtete Friedrich von Batzendorf parallel dazu das Schloss, das durch eine hölzerne Galerie mit dem Turm verbunden wurde. Zwei rechtwinklig zueinander liegende Seitenflügel setzen schräg an den Hauptbau an. Dadurch öffnet sich die Anlage zur südlich anschließenden Stadt. Für die Erneuerung des zunächst lediglich in Holz ausgeführten Schlosses seit 1752 unter Karl Friedrich lieferten die Baumeister Leopold Retti, Maurizio Pedetti und Philippe de La Guêpière Entwürfe, doch wurde schließlich der dritte, sehr reduzierte Plan Balthasar Neumanns durch den Hofbaumeister Friedrich von Keßlau realisiert. Von der ursprünglichen Residenz blieb nur der Turm erhalten. Das Schloss wurde nach erheblichen Beschädigungen im letzten Krieg 1950–66 außen rekonstruiert, innen der Nutzung als Museum angepasst.

Das überregional bedeutende **Badische Landesmuseum** geht bereits auf die Sammlungstätigkeit der beiden markgräflichen Linien seit dem 16. Jh. zurück. Nach dem Aussterben der katholischen Linie Baden-Baden wurde deren Sammlung nach Karlsruhe geholt. Schon zu Beginn des 19. Jh. ergänzten gezielte Staatseinkäufe die

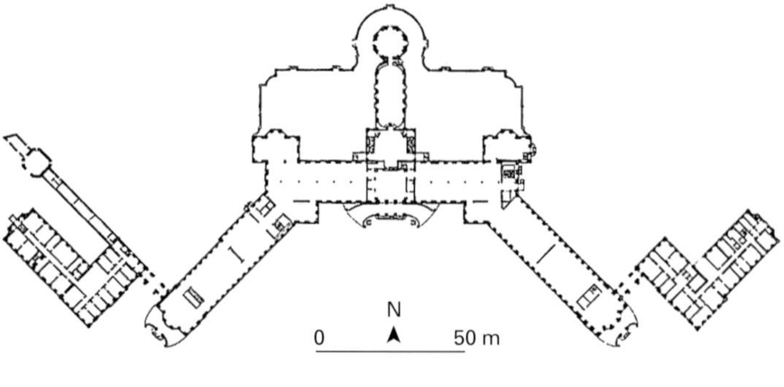

Karlsruhe, Grundriss des Schlosses (nach Dehio)

Karlsruher Schloss

großherzogliche Sammlung. Friedrich I. ließ 1865–73 ein Gebäude am Friedrichsplatz erbauen, in dem die ›Großherzogliche Vereinigte Sammlung‹ der Bevölkerung zugänglich gemacht wurde. Mit dem Ende des Großherzogtums fanden sie im nicht mehr benötigten Residenzschloss eine neue Heimat. Das Landesmuseum besitzt qualitätvolle Holz- und Steinskulpturen vom Mittelalter bis zur Neuzeit, Funde zur Ur- und Frühgeschichte mit Schwerpunkt auf Bodenfunden Südwestdeutschlands und hier wiederum auf den Tongefäßen der sog. Michelsberger Kultur (2500–2000 v. Chr.) und lokalen Funden aus römischer Zeit. Die bedeutende Antikensammlung, die schon auf Ankäufe der Markgräfin Karoline Luise in Paris zurückgeht, versucht die vielschichtigen Verbindungen zwischen den einzelnen antiken Kulturen zu veranschaulichen. Das Münzkabinett präsentiert neben dem Münzwesen am Oberrhein auch Münzen der griechischen und römischen Antike. Weithin bekannt sind auch die Glaskunstsammlung (16.–19. Jh.) und die Jugendstilsammlung. Ein außergewöhnlicher Schatz ist die ›Türkenbeute‹ des Markgrafen Ludwig Wilhelm von Baden-Baden (1655–1707), dem ›Türkenlouis‹: Sie enthält viele kostbare Waffen, Rüststücke und Textilien aus den Türkenkriegen des 17. Jh., die ein facettenreiches Bild der islamischen Kultur bieten. Neben den islamischen Kunstwerken der Museen in Istanbul, Moskau und Wien gehört sie zu den bedeutendsten Sammlungen dieser Art.

Im Mittelaltersaal des Badischen Landesmuseums befindet sich das Marienretabel aus Salem, das der Memminger Maler Bernhard Strigel 1507-08 schuf.

Die heutige Gestalt des **Schlossgartens** (2), der sich nördlich an das Schloss anschließt, ist das Resultat der Bundesgartenschau von 1967. Karl Friedrich hatte gegen 1790 den geometrisch gestalteten Barockgarten in einen englischen Landschaftspark umwandeln lassen. Seit 1884 ist hier das ›Griechentempelchen‹ aufgestellt, das Friedrich Weinbrenner 1802 als Vogelhaus für Markgräfin Amalie

Tipp: Vom Schlossturm übcrblickt man dic Stadt und den Hardtwald.

entworfen hatte. Die lebensgroße Hermann-und-Dorothea-Gruppe (1863–66) stammt von Carl Johann Steinhäuser. Im gleich 1720 angelegten **ehem. Fasanengarten,** der sich östlich vom Schlossgarten befindet und der Aufzucht von Jagdgeflügel diente, liegt das 1764/65 von Friedrich von Keßlau errichtete *Fasanenschlösschen* (Richard-Willstätter-Allee). Als zweigeschossiges Lusthaus konzipiert, zeigt seine Fassade eine an Palmengärten erinnernde Bemalung. Zwei *chinesische Teehäuschen* (1764) bilden eine reizvolle Baugruppe mit Blick in die Tiefe des Fasanengartens mit der künstlichen Ruine und dem ›Biberpark‹. Erst seit der Abdankung des Großherzogs 1918 ist der Garten für die Öffentlichkeit zugänglich. Am Ende der Lärchenallee steht auf einem Hügel die 1889–96 errichtete neugotische *Grabkapelle* der Großherzöge. Anlass zum Bau war der frühe Tod Ludwig Wilhelms (1865–88). In der kreuzförmigen Doppelkapelle dominiert dessen Kenotaph aus Carraramarmor und gegenüber die Kenotaphien seiner Eltern, Großherzog Friedrich I. mit Gemahlin. Beide Grabdenkmäler schuf Hermann Volz. Das im Krieg schwer beschädigte Hoftheater von Heinrich Hübsch, Weinbrenners bedeutendstem Schüler, musste einer 1964–68 von Paul Baumgarten ausgeführten Gebäudegruppe für das Bundesverfassungsgericht weichen. Dieses Verfassungsorgan der Bundesrepublik mit seinen weit reichenden Kompetenzen die Spitze der rechtssprechenden Gewalt des Bundes, hat seit 1951 seinen Sitz in Karlsruhe.

Die **Staatliche Kunsthalle** (3) gehört zu den führenden deutschen Gemäldegalerien in Deutschland. Wie beim Landesmuseum gingen auch ihre Bestände hauptsächlich aus den Sammlungen der badischen Markgrafen und Großherzöge sowie aus säkularisiertem Kirchenbesitz hervor. Diese setzten sich hauptsächlich aus den Kunstwerken der markgräflichen Hofhaltung zu Basel, der Schlösser in Baden-Baden und Rastatt und aus dem Kabinett der Markgräfin Karoline Luise zusammen. In Paris gab letztere beispielsweise zwei Schäferszenen bei François Boucher in Auftrag, die heute die kleine, aber feine Sammlung französischer Malerei des 17.–19. Jh. bereichern. Der Museumsleiter und Landschaftsmaler Karl Ludwig Frommel begann im 19. Jh. den systematischen Ausbau der Sammlung. Hervorragend sind die Werke altdeutscher Malerei, die zum Teil schon Markgraf Ludwig Wilhelm und seine Gemahlin Sibylla Augusta sammelten, wie Lucas Cranachs ›Maria mit Kind‹ oder Hans Baldung Griens ›Geburt Christi‹. Die erschütternden Tafeln der Kreuztragung und der Kreuzigung, die Grünewald 1520–24 für die Tauberbischofsheimer Stadtpfarrkirche St. Martin (s. S. 109f.) gemalt hat, gelangten 1900 hierher, und auch die Tafeln des Lichtenthaler Hochaltarretabels von 1489 (s. S. 215) befinden sich in der Kunsthalle. Weiterhin sind Werke Albrecht Dürers und Hans Holbeins d. J. hervorzuheben. Wer sich für niederländische Barockmalerei, für Werke der Nazarener oder Romantiker interessiert, kommt ebenfalls auf seine Kosten. Zudem hinterließen einige an der Karlsruher Akademie lehrende Künstler wie Anselm Feuerbach und Hans

Karlruhe, Staatliche Kunsthalle, Tafel mit der ›Kreuzigung‹ aus der Tauberbischofsheimer Stadtpfarrkirche von Mathis Neithardt, gen. Grünewald, um 1520-24. Kreuzigung und Kreuztragung bildeten ehemals Vorder- und Rückseite einer einzigen Tafel, die im 19. Jh. gespaltet wurde. Das Leiden Christi ist voller Dramatik und Eindringlichkeit dargestellt. Der Himmel hat sich um die Todesstunde Christi verdunkelt, die Landschaft ist entsprechend in düstere Farben gehüllt. Für die realitätsnahe Wiedergabe des Gekreuzigten hat der Maler wohl intensive Naturstudien betrieben.

Thoma ihre Spuren. Das Kupferstichkabinett umfasst 80 000 Werke, die in wechselnden Ausstellungen präsentiert werden.

Die Entwürfe für den Museumsbau (1837–46) stammen von Heinrich Hübsch, der sich von der Formensprache der italienischen Renaissance inspirieren ließ. Josef Durm ergänzte das Gebäude bis 1896 um die Seitenflügel und Heinrich Amersbach 1908 um den sog. Thomabau, der jedoch bis auf die Fassade einem modernen Erweiterungsbau weichen musste. Die in der Zeit einzigartige Raumausstattung vereint Architektur, Malerei und Skulptur zu einem Gesamtkunstwerk. In der monumentalen Treppenhalle malte Moritz von Schwind 1841–43 die Einweihung des Freiburger Münsters, dann den Maler Hans Baldung Grien, wie dieser gerade den Markgrafen

Karlsruhe, Orangerie, Gewächshäuser

porträtiert, zudem die legendäre Sabina, die Tochter des Baumeisters Erwin von Steinbach, bei der Bildhauerarbeit, sowie in den Lünetten die Allegorien für die Bedingungen der Kunst, nämlich Friede, Mathematik, Architektur, Phantasie und Wohlstand.

In der benachbarten **Orangerie** (4) sind die Neue Abteilung – mit Werken von Manet, Monet, Trübner, Liebermann, den Brücke-Künstlern, Max Ernst und Otto Dix bis hin zur zeitgenössischen Kunst – und ein Kindermuseum untergebracht, das bei den jüngeren Zeitgenossen beliebt ist. Mit der Orangerie und den Gewächs- und Palmenhäusern des Botanischen Gartens (1853–58) zeigte Heinrich Hübsch die verschiedenen Gestaltungsmöglichkeiten seiner Zeit. Zu den Bauten gehören ein Kaltes und ein Warmes Haus, ein Kamelien- und ein Palmenhaus, an die sich der Torbau mit Festsaal und großem Bogendurchlass zum westlichen Schlosspark anschließt. Die Eisen-Glas-Konstruktion der Gewächshäuser zeugt von den technischen Fortschritten des am Beginn seiner Entwicklung stehenden Ingenieurbaus. Nordwestlich des Schlosses liegt die 1901 gegründete zuerst großherzogliche, dann staatliche **Majolika-Manufaktur,** welche seit Max Laeuger (1864–1952), der 1916 die Leitung übernommen hatte, einen sehr guten Ruf besitzt und bis heute produziert. Das Museum in der Majolika dokumentiert die Geschichte der Manufaktur und die Entwicklung der Keramik im 20. Jh. Schräg gegenüber vom Schloss hat der 1818 gegründete **Badische Kunstverein** (5) seinen Sitz, einer der ersten seiner Art in Deutschland. In Wechselausstellungen vermittelt er zeitgenössische Kunst aller Gattungen.

Rund um den Marktplatz

Nach der Stadtgründung 1715 wurde der Markt zunächst auf einem recht kleinen Platz vor der Konkordienkirche abgehalten. Markgraf Karl Friedrich dachte schon bald nach seinem Regierungsantritt an die Anlage eines großen Marktplatzes, doch musste die Realisierung noch einige Jahrzehnte warten, da ihm keiner der eingereichten Entwürfe zusagte. Erst Weinbrenner lieferte einen zufriedenstellenden Plan, nach dem schließlich 1802 die einheitliche, monumentale Platzanlage mit Pyramide, Rathaus und Stadtkirche als bürgerlichem Zentrum begonnen wurde. Wichtig war dabei der Erhalt des barocken Achsensystems. An der Stelle der 1807 abgebrochenen Konkordienkirche erhebt sich seit 1823–25 über der Gruft des Stadtgründers Karl Wilhelm die 6,50 m hohe **Pyramide** (6). Zum einen entspricht dies antiker Tradition, nach der der Stadtgründer auf dem Marktplatz bestattet wurde, zum anderen geht das Motiv der Pyramide als Grabmonument auf französischen Einfluss zurück. Der nach der Zerstörung 1955 wiederhergestellte Marktbrunnen (1822) mit dem ursprünglich von Alois Raufer geschaffenen Standbild des Großherzogs Ludwig ist der Hauptbrunnen der Quellwasserleitung von Durlach nach Karlsruhe. Elf weitere Brunnen lagen auf dem Weg.

Der fünfachsige Mittelrisalit des 1805–25 errichteten **Rathauses** (7) ist auf die Fassade der ev. Stadtkirche gegenüber bezogen. Als Pendant zu deren 75 m hohen Turm überragt der Rathausturm das Gebäude. Unter dem mächtigen Giebel der Rathausfassade öffnet sich in der Mitte die Ratsloggia wie eine antike Rednertribüne. Kennzeichen Weinbrennerscher Architektur ist die antike Säulenordnung: hier die ionische, gegenüber die korinthische. Das Innere wurde im Zuge des Wiederaufbaus nach dem Krieg völlig verändert. Ein schönes Glockenspiel in der Loggia mit 42 Glocken ertönt viermal am Tag (12, 13, 15 und 17 Uhr). Die 1807 an Stelle der abgebrochenen Konkordienkirche begonnene **ev. Stadtkirche** (8) wurde nach 1945 außen rekonstruiert, innen neu gestaltet. Den Außenbau kennzeichnet ein Säulenportikus nach Art römischer Tempel mit sechs hohen korinthischen Säulen und umlaufendem Friesornament. Den Innenraum gestaltete der Stuttgarter Architekt Horst Linde, wobei im Langhaus sehr schlanke, fein kannelierte Betonstützen und ein schwarzer Marmorfußboden eingebaut wurden. Die Chorfenster schuf Georg Meistermann. Hier befindet sich das Grab Weinbrenners, das 1958 vom Alten Friedhof in die Krypta der Vorhalle verlegt wurde. Das *Museum beim Markt* präsentiert die umfangreichen Sammlungen des Badischen Landesmuseums vom Jugendstil bis zur angewandten Kunst der Gegenwart, darunter qualitätvolle Jugendstilwerke und eine Sammlung zur Kunst der 50er Jahre.

Die **ev. Kleine Kirche** (9) entstand 1773–76, also bereits deutlich vor Weinbrenners Tätigkeit, und ist damit das älteste erhaltene Gotteshaus Karlsruhes. Die Pläne stammen von Wilhelm Jeremias Müller, zu der Zeit führender Baumeister in Karlsruhe. Die einfache

Architektur des roten Sandsteinbaus ist ein frühes Beispiel einer klassizistischen Kirche. Bis zum Zusammenschluss der lutherischen und der reformierten Kirche des Großherzogtums, durch die die evangelisch-protestantische Landeskirche entstand, gehörte sie den Reformierten.

Karlsruhe
1 Residenzschloss mit Bad. Landesmuseum
2 Schlossgarten
3 Staatl. Kunsthalle
4 Orangerie
5 Bad. Kunstverein
6 Pyramide
7 Rathaus
8 Ev. Stadtkirche
9 Ev. Kleine Kirche
10 Ehem. Markgräfliches Palais
11 Staatl. Museum für Naturkunde
12 Bad. Landesbibliothek
13 Kath. Stadtkirche St. Stephan
14 Ehem. Erbgroßherzogliches Palais (Bundesgerichtshof)
15 Ehem. Prinz-Max-Palais (Museum für Literatur, Stadtmuseum)
16 Münze
17 Christuskirche
18 Universitätsgebäude (TH)
19 Kath. Bernhardus-kirche
20 Ev. Lutherkirche
21 Bad. Staatstheater
22 Stadthalle (Kongresszentrum)
23 Konzerthaus
24 Schwarzwaldhalle
25 Vierordtbad
26 Zentrum für Kunst- und Medientechnologie
27 Dammerstocksiedlung ▷

Zwischen Rondellplatz und Mühlburger Tor

Die Achse der Karl-Friedrich-Straße öffnet sich südlich des Marktplatzes zum Rondell. Den **Rondellplatz** umrahmen an drei Seiten vornehme Wohnhäuser aus dem frühen 19. Jh. Hier fällt eines der besten Werke Weinbrenners ins Auge, das **ehem. Markgräfliche Palais** (10). Markgraf Karl Friedrich hatte das Palais (1805–13) als Wohnsitz für die Söhne seiner zweiten Gemahlin, Reichsgräfin Luise Karoline von Hochberg, bestimmt, die ihm zur Linken angetraut war, also ohne Erbrecht der Kinder. Mit den 1941 zerstörten Seitenflügeln erreichte die Fassade einst eine Länge von 160 m, wahrlich ein repräsentatives Stadtschloss. Beeindruckend ist die konkav geschwungene Hauptfassade, die der Form des Platzes folgt und diesen zugleich durch den monumentalen Portikus mit seiner korinthischen Säulenordnung beherrscht. Auf dem Platz steht zur Erinnerung an die 1818 von Großherzog Karl eingesetzte badische Verfassung, die fortschrittlichste und freiheitlichste im damaligen Deutschland, das *Verfassungsdenkmal* (1823/24). Der von den badischen Wappentieren, den Greifen, flankierte Obelisk geht auf einen Entwurf Weinbrenners zurück.

Joseph Berckmüller lieferte die Pläne für das ehem. Gebäude der ›Vereinigten Großherzoglichen Sammlungen‹ (1864–76), in dessen neu gestaltetem Inneren das **Staatliche Museum für Naturkunde** (11) untergebracht ist. Gleichfalls in der Erbprinzenstraße steht der schlichte Neubau der **Badischen Landesbibliothek** (12), die aus der großherzoglichen Hof- und Landesbibliothek hervorgegangen war. Hier finden wechselnde Ausstellungen statt. Gegenüber steht die **kath. Stadtkirche St. Stephan** (13), die Weinbrenner 1808–14 für Stephanie de Beauharnais, Adoptivtochter Napoleons und Gemahlin des späteren Großherzogs Karl, und die katholische Gemeinde Karlsruhes konzipierte. Bereits 1721 war – ein Zeichen der Toleranz des Stadtherrn – neben der protestantischen auch eine katholische Kirche vorgesehen. Doch erst als durch die Vereinigung mit der katholischen Markgrafschaft Baden-Baden 1771 die Zahl der katholischen Gemeindemitglieder stetig angestiegen war, wurde 1804 eine Pfarrei eingerichtet. Ausgehend vom römischen Pantheon, kombinierte Weinbrenner den Rundbau mit den vier kurzen Seitenschiffarmen in Form des griechischen Kreuzes. Die Eingangsfront erhielt eine achtsäulige Vorhalle mit toskanischen Kapitellen. Der Wiederaufbau nach dem Zweiten Weltkrieg ist ein Kompromiss zwischen der Weinbrennerschen Konzeption und eigenständigen, modernen

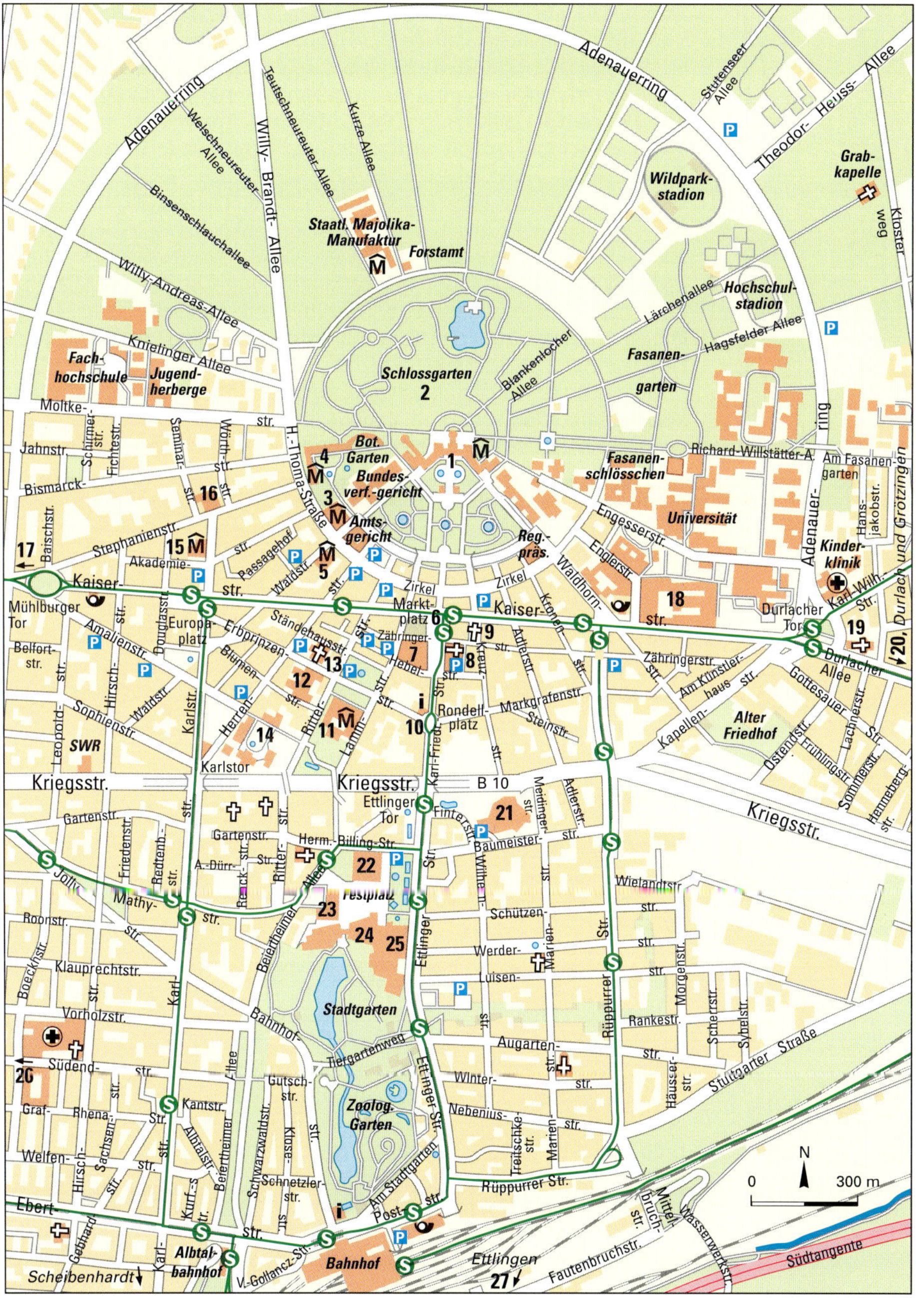
Adenauerring
Welschneureuter Allee
Binsenschlauchallee
Willy-Andreas-Allee
Willy-Brandt-Allee
Teutschneureuter Allee
Kurze Allee
Staatl. Majolika-Manufaktur
Forstamt
Stutenseer Allee
Theodor-Heuss-Allee
Grabkapelle
Klosterweg
Wildparkstadion
Hochschulstadion
Lärchenallee
Hagsfelder Allee
Fasanengarten
Blankenlocher Allee
Kriegstr. Fachhochschule
Knielinger Allee
Jugendherberge
Schlossgarten
2
Moltkestr.
Jahnstr.
Schirmerstr.
Fichtestr.
Seminarstr.
Wörthstr.
H.-Thoma-Straße
Bot. Garten
Bundesverf.-gericht
Amtsgericht
Reg.-präs.
Fasanenschlösschen
Richard-Willstätter-A.
Am Fasanengarten
Universität
Hans-Jakob-str.
Adenauerring
Kinderklinik
Durlach und Grötzingen
Bismarckstr.
Baischstr.
16
Stephanienstr.
15
Akademiestr.
Passagehof
Waldstr.
17
Mühlburger Tor
Kaiserstr.
Zirkel
Marktplatz
Engesserstr.
Englerstr.
Waldhornstr.
Kronenstr.
18
Durlacher Tor
Karl-Wilh.-Str.
19
20
Belfortstr.
Amalienstr.
Douglasstr.
Europaplatz
Erbprinzenstr.
Ständehausstr.
Zähringerstr.
Hebelstr.
Kreuzstr.
Adlerstr.
Am Künstlerhaus
Durlacher Allee
Gottesauer Str.
Lachnerstr.
Leopoldstr.
Hirschstr.
Sophienstr.
Blumenstr.
Herrenstr.
Ritterstr.
Lammstr.
Rondellplatz
Markgrafenstr.
Steinstr.
Kapellenstr.
Alter Friedhof
Ostendstr.
Frühlingstr.
Sonnenstr.
Henneberg-str.
SWR
Karlstr.
Karlstor
Kriegsstr.
Karl-Friedr.-Str.
B 10
Ettlinger Tor
Fintelstr.
Meidingerstr.
Adlerstr.
Gartenstr.
Redtenb.-str.
Reckstr.
Herm.-Billing-Str.
Baumeisterstr.
Wilhelmstr.
A.-Dürr-Str.
Jollystr.
Mathystr.
Festplatz
Beiertheimer Allee
Wielandtstr.
Roonstr.
Boeckhstr.
Klauprechtstr.
Schützenstr.
Werderstr.
Marienstr.
Luisenstr.
Rüppurrer Str.
Morgenstr.
Vorholzstr.
Stadtgarten
Rankestr.
Scherrstr.
Sybelstr.
Südendstr.
Tiergartenweg
Augartenstr.
Stuttgarter Straße
Gutschstr.
Winterstr.
Häusserstr.
Graf-Rhena-Str.
Kantstr.
Sachsenstr.
Zoolog. Garten
Nebeniusstr.
Welfenstr.
Albtalstr.
Beiertheimer Allee
Schwarzwaldstr.
Klosestr.
Ettlinger Str.
Treitschkestr.
Schnetzlerstr.
Am Stadtgarten
Rüppurrer Str.
Mittelbruchstr.
Wasserwerkstr.
N
0
300 m
Ebertstr.
Kurfürstenstr.
Poststr.
Albtalbahnhof
Bahnhof
V.-Gollancz-Str.
Fautenbruchstr.
Südtangente
Gebhardstr.
Scheibenhardt
Ettlingen
27

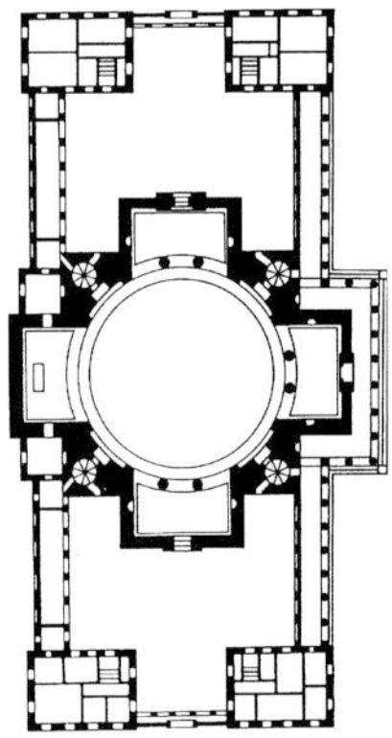

Karlsruhe, kath. Stadtkirche St. Stephan, Grundriss

Zügen. Die abgebrannte, einst gewaltige hölzerne Kuppel über der Vierung wurde durch eine Kuppel aus Stahlbeton ersetzt. Die Kirche birgt einige interessante Kunstwerke. In der Kapelle links neben dem Chor befindet sich ein qualitätvolles Relief der Hl. Dreifaltigkeit, das der Konstanzer Bildhauer Hans Morinck um 1600 in typischen manieristischen Formen erschaffen hat: darauf deuten der zu kleine Kopf Christi, sein langer Hals und sein langer Körper. Die drei Wandfelder hinter dem Hochaltar füllt ein riesiges Teppichtriptychon aus, das der Karlsruher Künstler Emil Wachter 1963 entworfen hat. Der mittlere Teppich thematisiert das Martyrium des Kirchenpatrons, des hl. Stephan, und die Verherrlichung Christi in der Dreifaltigkeit, der rechte und linke stellt Szenen aus dem Leben Christi dar. Die Kreuzwegstationen schuf Emil Sutor 1960, die Bronzereliefs am Hauptportal Alfred Erhart 1958/59.

Gegen Ende des 19. Jh. erbaute Josef Durm das **ehem. Erbgroßherzogliche Palais** (14) in den Formen der italienischen Renaissance. Hier hat seit 1950 der Bundesgerichtshof seinen Sitz, der das seit 1877 in Leipzig tätige Reichsgericht ablöste. Der *Brunnen* am **Stephansplatz** besticht mit seiner Jugendstilornamentik. Hermann Billing (1867–1946) und Hermann Binz konzipierten ihn 1903. Am Beckenrand sieht man die Bronzefigur einer nackten Quellnymphe. An den Innenseiten der 14 Pfeiler, die ein rundes Wasserbecken umstehen, sind Hermen ausgebildet, deren Gesichter stadtbekannte Persönlichkeiten, Politiker und Künstler karikieren. Das **Prinz-Max-Palais** (15) gab ein wohlhabender Bankier 1881 als luxuriöses Stadthaus bei Josef Durm in Auftrag. Ab 1899 wohnte hier Prinz Max von Baden (1867–1929), der spätere Reichskanzler. Heute beherbergt es das *Museum für Literatur am Oberrhein*, das Handschriften, Briefe, Erstausgaben und Tondokumente oberrheinischer Dichter präsentiert, sowie das *Stadtmuseum* mit einem Modell der Weinbrenner-Stadt.

Die Karlsruher Münze ist eine der vier staatlichen Münzprägeanstalten in Deutschland. Die erste hier geprägte Münze war eine Zehnguldenmünze aus Rheingold.

Friedrich Weinbrenner erlebte die Ausführung der von ihm entworfenen **Münze** (16) nicht mehr, so übernahm 1826–27 sein Schüler Friedrich Theodor Fischer die Bauleitung. Das Gebäude bildet den monumentalen nördlichen Abschluss der breit angelegten Karlsstraße. Der dreigeschossige Mittelteil der Fassade schließt mit einem durchbrochenen Dreiecksgiebel ab. Heute ist die Münze der einzige, weitgehend original erhaltene Großbau Weinbrenners in Karlsruhe, in der noch immer alle Münzen, die ein G als Aufprägung tragen, gestanzt werden.

Karlsruhe dehnte sich seit dem späten 19. Jh. immer weiter aus. Läuft man die Stephanienstraße hoch zum Kaiserplatz, erhält man in der **Baischstraße** noch den Eindruck einer privaten Villenstraße, die 1900–03 von Hermann Billing angelegt wurde. Als Gesamtkunstwerk mit einheitlicher Straßenpflasterung, Trottoirs und durchlaufender Garteneinfriedung nach Pariser Vorbild konzipiert, sind die einzelnen Bauten in ihren Formen und Materialien doch äußerst vielfältig. Die **Christuskirche** (17) am Mühlburger Tor wurde 1896–1900 von Robert Curjel und Karl Moser entworfen. Sie besitzt einen kreuzförmigen, zentralisierenden Grundriss, der Aufbau zeigt neugotische Architekturformen, während die dekorativen Details Jugendstilornamente aufweisen. Nach der teilweisen Zerstörung im Zweiten Weltkrieg erfolgte erst 1976 der Wiederaufbau. Im Innern dominieren die historisierenden Glasfenster, die an florale Ornamentzeichnungen eines William Morris denken lassen. Die Bildhauerarbeiten führten Wilhelm Sauer und Hermann Binz aus. Hier in der Weststadt stehen zahlreiche vornehme Villen der Gründerzeit. Besonders ansprechend ist das Wohnhaus (1889) des Karlsruher Akademiemalers Gustav Schönleber, das mit seiner Secco-Malerei an eine italienische Landvilla denken lässt (Reinhold-Frank-Str./Jahnstr.). Um die Ecke befindet sich auch die ehem. Kunstgewerbeschule, die heutige **Akademie der Bildenden Künste,** die Josef Durm 1887/89 im Stil der Neurenaissance errichtete.

Von der Technischen Hochschule über das Durlacher Tor zur Südstadt

Heute sind in der Technischen Universität knapp 18 000 Studenten eingeschrieben.

Daneben bietet die Oststadt interessante Architekturen. Zunächst ist das **Hauptgebäude der Technischen Hochschule, der Fridericiana** (18), zu nennen. 1833–36 erbaute Heinrich Hübsch den roten Sandsteinbau, der durch Verdoppelung des Gebäudes und Zwischenschalten eines neuen Haupteingangs von Friedrich Theodor Fischer 1864 erweitert wurde. Am Portal stehen zwei Figuren von Alois Raufer, die den Straßburger Baumeister Erwin von Steinbach und den Astronom und Mathematiker Johannes Kepler darstellen. 1825 wurden die Baugewerbeschule Weinbrenners und die Ingenieurschule Tullas zu einer Polytechnischen Schule zusammengefasst, die 1885 in Technische Hochschule umbenannt wurde und seit 1967 den Status einer Universität besitzt. Am Physikalischen Institut entdeckte 1886 Heinrich Hertz das Phänomen der elektromagnetischen Wellen. Eine herausragende architektonische Leistung der Zeit ist der Tribünenbau des ehem. Hochschulstadions (1926–34) von Hermann Alker.

In der Kaiserstraße nahe der Universität steht etwas zurückversetzt das 1771–76 von Wilhelm Jeremias Müller errichtete Jagdzeughaus. Am Durlacher Tor angekommen, erkennt man die von Max Meckel 1895–1901 erbaute **kath. Bernharduskirche** (19). Die historistische Kirche mit ihrem dreikonchalen Ostabschluss besitzt eine neugotische Ausstattung. Nur wenig später (1905–07) entstand ebenfalls in der Oststadt am Gottesauer Platz mit der **ev. Lutherkirche** (20) ein weiterer Sakralbau. Robert Curjel und Karl Moser verwendeten die von der zeitgenössischen Architektur favorisierten Materialien Bossenquader, Haustein und Granit. Stilistisch steht der Zentralbau dem Jugendstil nahe. Die Lutherfigur an der Fassade schuf Oskar Kiefer, die Glasfenster (1961) Klaus Arnold.

Karlsruhe dehnte sich im 20. Jh. stetig in Richtung Süden aus. Hinter dem Ettlinger Tor befinden sich das Theater, die Stadt- und

Karlsruhe, einer der zehn Lichthöfe im Zentrum für Kunst- und Medientechnologie

die Schwarzwaldhalle sowie der Stadtgarten und schließlich der Hauptbahnhof. In den 30er Jahren des 20. Jh. schuf Hermann Billing die Wohnhäuser in der nach ihm benannten Straße und schließlich die vierflügelige Oberpostdirektion am Ettlinger Tor mit dem charakteristischen Turm. In der Nachbarschaft dominiert das 1975 eröffnete **Badische Staatstheater** (21) von Helmut Bätzner. Das Äußere wird durch den grauen Beton bestimmt, das Innere lässt ein Nebeneinander von Funktionen zu: 1000 Plätze bietet es im Großen und 500 Plätze im Kleinen Haus. Vor dem Eingang steht der ›Musengaul‹ (1979), eine Skulptur des Bildhauers Jürgen Goertz. Hier befand sich übrigens der erste Bahnhof Karlsruhes, der zu Beginn des 20. Jh. weiter nach Süden verlegt wurde.

Am Festplatz stehen die von Curjel und Moser ursprünglich als Ausstellungshalle errichtete **Stadthalle** (22), das **Konzerthaus** (23) aus dem Jahre 1915 sowie die 1953 von Erich Schelling erbaute **Schwarzwaldhalle** (24), mit der er eine der ersten Hängedachkonstruktionen Europas schuf. Sie zeugt von dem neuen architektonischen Geist im Nachkriegsdeutschland. Der Bankier Vierordt schenkte der Stadt das nach ihm benannte **Vierordtbad** (25), das Josef Durm 1871–73 in unterschiedlichen historischen Stilen erbaute und das um die Jahrhundertwende noch eine Schwimmhalle hinzubekam. Im Südwesten der Stadt entstand in der jüngsten Vergangenheit ein außergewöhnlicher Museumskomplex, der weltweit eine Vorreiterrolle einnimmt und einen längeren Besuch wert ist. Das **Zentrum für Kunst- und Medientechnologie** (26), kurz ZKM, gehört zu den größten Zentren der Gegenwartskunst in Europa. Es vereint mehrere Museen, die Institute für Bildmedien und für Musik und Akustik, eine Mediathek sowie ein Medientheater unter einem Dach. Quartier bezogen hat es in der ehemaligen Produktionsstätte der 1872 in Berlin gegründeten »Deutschen Waffen- und Munitionsfirma«. Architekt des Betonskelettbaus (1915) mit den zehn Lichthöfen war Philipp Jacob Manz. Wenn man bedenkt, wie viele historische Bauten im Zweiten Weltkrieg unwiederbringlich verloren gingen, so wundert man sich, dass just dieses Gebäude als nicht ›zerstörungsnötig‹ eingestuft wurde und dadurch unversehrt erhalten blieb. Heute kann man froh darüber sein, denn die Umnutzung der 40 000 qm Fläche der denkmalgeschützten IWKA-Hallenbauten (Industriewerke Karlsruhe-Augsburg) ist wahrlich gelungen.

Das Motto des *Medienmuseums* ist Interaktion, nichts ist wie in einem herkömmlichen Museum. Hier muss der Besucher selbst aktiv werden, denn erst dadurch entstehen aus den Installationen Kunstwerke, und zwar immer wieder neue. Beispielsweise sitzt der Besucher in Jeffrey Shaws ›The Legible City‹ auf einem Standfahrrad und radelt so durch eine simulierte Stadt. Der Museumsbesuch ist eine faszinierende und kurzweilige Reise in die Möglichkeiten der Neuen Medien. Das in den Lichthöfen 1 und 2 untergebrachte *Museum für Neue Kunst* bietet auf rund 7000 qm Fläche seit Dezember 1999 eine der größten Präsentationen zur zeitgenössischen Kunst in Deutschland. Eigene Bestände des Museums und bedeutende Werke aus momentan fünf baden-württembergischen Privatsammlungen ergänzen sich zu einer hervorragenden Darstellung der Tendenzen europäischer und amerikanischer Kunst nach 1960. Beispiele des abstrakten Expressionismus sind ebenso vertreten wie die Pop-Art-Künstler Roy Lichtenstein, Robert Rauschenberg und Andy Warhol, Minimal Art und Konzeptkunst von Donald Judd, Sol LeWitt und Richard Serra sowie Vertreter der Arte Povera. Neue Ansätze ergeben sich aus der Konfrontation zeitgenössischer Werke traditioneller Kunstgattungen mit Glanzstücken der Medienkunst wie Fernseh- und Videoskulpturen. Höchst interessante Wechselausstellungen runden den Museumsbesuch ab. Im Lichthof 10 befindet sich seit 1997 die *Städtische Galerie*, die bereits vor gut hundert Jahren gegründet wurde. Neben wechselnden Ausstellungen zeigt sie Kunstwerke badischer Künstler aus der Zeit von 1850 bis 1960 sowie die Entwicklung der deutschen Kunst nach 1945 mit Arbeiten von Georg Baselitz, Markus Lüpertz und A. R. Penck.

Die architektonische Moderne begann in Karlsruhe mit der **Dammerstocksiedlung** (27) im Süden der Stadt. Nach den Vorstellungen von Walter Gropius entstand hier 1928/29 eine seinerzeit mustergültige Wohnsiedlung zur »Schaffung gesunder praktischer Gebrauchswohnungen«. Sie sollten finanzierbar, gleichwohl auch ästhetisch schön sein. Unter Beteiligung der Architekten Otto Haesler, Wilhelm Riphahn und anderen realisierte Walter Gropius auf den Grundlagen der Bauhausarchitektur durch bestimmte wiederkehrende Merkmale wie gleich große Fenster, Flachdächer, weißer Fassadenputz und glatte Türen eine einheitliche und dennoch lebendige Wohnsiedlung. Die viergeschossigen Wohnbauten in der Dammerstockstraße besitzen Grünflächen und Spielplätze, die zweigeschossigen Häuser im

Falkenweg Gärten. Der Eingangsbau zur Siedlung, der einzige Querblock der sonst akribisch eingehaltenen Zeilenbauweise, ist ein Wohnhauskomplex mit völlig verglastem Gemeinschaftswaschhaus und einer Gaststätte.

Rund um Karlsruhe

Rüppurr, Scheibenhardt und Gottesaue

Besonders sehenswert: Schloss Gottesaue Ettlingen ☆

Vor 1715 bestand das Gebiet zwischen dem Rhein, dem Kraichgau und den Ausläufern des Schwarzwaldes aus mehreren Orten und Siedlungen, die zwar mittlerweile nach Karlsruhe eingemeindet sind, doch ihren eigenen Charakter bewahrt haben. Nach der Erbteilung der Markgrafschaft 1535 gelangten einige der relativ eng zusammenliegenden Orte an die evangelische Linie Baden-Durlach, andere an die katholische Linie Baden-Baden, was sich besonders an den Sakralbauten bis heute verfolgen lässt. Die *ev. Pfarrkirche* in **Grünwettersbach** ist wohl die Mutterkirche der gesamten Umgebung. Ihr ursprünglich freistehender Westturm (12. Jh.) ist mit der Hirsauer Klosterkirche verwandt. 1701 hatten sich in dem Ort, der zu Württemberg gehörte, Waldenser angesiedelt.

Ganz im Süden der Stadt an dem Flüsschen Alb liegt das 1230 erstmals genannte Dorf **Rüppurr.** Es schließt sich an das *Wasserschloss* der einst angesehenen Familie der Pfauen von Rüppurr an. Von der Schlossanlage ist allerdings nur die ehem. Meierei erhalten. Um 1600 gelangte Rüppurr ganz in badischen Besitz. In Verlängerung der alten Dorfstraße bildet der Ostendorfplatz den Eingang zur *Gartenstadt Rüppurr.* Den Schalenbrunnen auf dem Ostendorfplatz entwarf Max Laeuger 1925. Das Wohngebiet, das bis heute eine geschlossene Struktur aufweist, ist aus den Reformbestrebungen für ein gesundes Wohnen im Grünen hervorgegangen. Das ursprüngliche Konzept lieferten Friedrich Ostendorf, Karl Kohler und Max Laeuger, die Ausführung erfolgte schließlich 1910–11. **Bulach** besitzt in der Litzenhardtstraße eine Reihe kleiner giebelständiger Fachwerkhöfe, charakteristische Bauten eines Hardtdorfes. Die neuromanische *kath. Backsteinkirche St. Cyriakus* errichtete Heinrich Hübsch 1834–37 als Pfeilerbasilika mit Chortürmen. Sie birgt eine Orgel von Johann Andreas Silbermann (1753). Bei Bulach steht in reizvoller Landschaft auf einer ovalen, grabenumzogenen Fläche das *Jagdschloss Scheibenhardt* des Markgrafen Ludwig Wilhelm von Baden-Baden. Bereits in der zweiten Hälfte des 16. Jh. hatte die Baden-Badener Linie den ehem. Wirtschaftshof des Klosters Herrenalb zu einem Schloss umgebaut. Darauf aufbauend entstand nach Plänen des Italieners Domenico Egidio Rossi ein zweigeschossiger, gestreckter Bau mit Mansarddach, der 1702 im Rohbau vollendet war. Auf Anweisung der Witwe Ludwig Wilhelms, Sibylla Augusta, verlängerte und erhöhte deren Baumeister Johann Michael Ludwig Rohrer das Schloss. Schließlich baute es Franz Ignaz Krohmer 1754 nochmals um. Seit 1970 dient es der Karlsruher Staatlichen Akademie der Bildenden Künste.

Zwischen zwei verlandeten Altrheinschleifen liegt das ehem. Fischerdorf **Daxlanden.** Ebenso wie Beiertheim und Bulach fiel es 1535 an die katholische Linie Baden-Baden. Deren Hofbaumeister J.

Schloss Gottesaue

M. L. Rohrer schuf 1713–23 die *kath. Pfarrkirche St. Valentin* als einschiffige Saalkirche mit Chorturm. Ebenfalls nahe am Rhein liegt das 769 als Cnutlinga erwähnte **Knielingen,** eine der ältesten Siedlungen der Gegend. Malerische Fachwerkhäuser umrahmen die *ev. Pfarrkirche* (1480), deren Chor Wandmalereifragmente aus dem frühen 16. Jh. birgt.

Auf dem Weg nach Durlach stößt man auf das **Renaissanceschloss Gottesaue.** Es entstand an der Stelle des 1110 von Graf Berthold von Hohenberg-Lindenfels gestifteten Benediktinerklosters Gottesaue, das im frühen 13. Jh. an die badischen Markgrafen gekommen war, 1525 von aufständischen Bauern in Brand gesetzt und wenig später aufgehoben wurde. 20 Jahre nachdem sein Vater die markgräfliche Residenz nach Durlach verlegt hatte, ließ Markgraf Ernst Friedrich nach einem Entwurf von Johannes Schoch westlich davon dieses stattliche Lustschloss (1588–94) errichten. Zweimal musste es wieder aufgebaut werden: Zunächst um 1740 nach dem Brand 1689, dann nach der Zerstörung im Zweiten Weltkrieg. Heute stellt es eines der wenigen, zumindest in Teilen original erhaltenen Lustschlösser des 16. Jh. in Südwestdeutschland dar. Genutzt wird es von der Hochschule für Musik.

Durlach, die ehemalige Markgrafenresidenz

Die Gründung des 1196 erstmals genannten *Durlaich* geht wohl auf den Staufer-Kaiser Heinrich VI. zurück. Aus dieser Zeit stammt die elliptische Grundform der Altstadt. Durlach kam schon 1219 an die Markgrafen von Baden. Im selben Jahrhundert plünderten König Rudolf und der Straßburger Bischof kurz hintereinander die Stadt. Als Konsequenz dieser Attacken ersetzten die Markgrafen die ohnehin zerstörte Burg auf dem Turmberg durch eine Tiefburg, um die sich neben der bereits bestehenden Altstadt eine weitere Siedlung entwickelte. Nur der Bergfried blieb bis heute von dieser ersten Anlage erhalten. Von hier oben hat man eine schöne Rundsicht auf die Rheinebene und den Schwarzwald. Seine Bedeutung erlangte Durlach 1565, als Markgraf Karl II. (reg. 1553–77) seine Residenz von Pforzheim hierher verlegte. Bis 1718 blieb es Residenzstadt der Baden-Durlacher Linie, dann zog der Hof ins neu erbaute Karlsruhe um. Die Stadt am Ausgang des Pfinztals verlor ihre Stellung, 1938 erfolgte die Eingemeindung nach Karlsruhe.

Tipp: Mit einer 1880 erbauten Bergbahn kann man von Durlach auf den 278m hohen Turmberg fahren.

Mit dem Entschluss Karls II., die Residenz nach Durlach zu verlegen, wurde auch der Bau eines **Residenzschlosses** anstelle des schon bestehenden kleinen Jagdschlosses nötig. Der Markgraf beauftragte damit Demetrius Dangell. Von diesem Renaissanceschloss blieb nach dem Durchzug der Franzosen 1689 nur der südliche Torbau, der Prinzessinnenbau, mit einem Ziergiebel und dem Treppenturm erhalten. Markgraf Friedrich VII. (reg. 1677–1709) hatte zunächst Zuflucht im Baseler Exil gefunden. Unter Verwendung der Ruinen wollte er nach seiner Rückkehr zunächst das Schloss wieder aufbauen. Dann jedoch lieferte der in Rastatt für den Markgrafen von Baden-Baden tätige Italiener Domenico Egidio Rossi einen großartigen Entwurf für eine stattliche Residenz, die von Giovanni Mazza 1698 begonnen wurde. Aus finanziellen Gründen stockten die Arbeiten an der weitläufig geplanten Anlage schon ein Jahr später. Schließlich machte der Entschluss Karl Wilhelms, ein ganz neues Schloss mit einer neuen Stadt im Hardtwald zu gründen, jegliche weitere Bauarbeiten überflüssig. Zur Ausführung kamen daher nur der westliche Hofflügel (Kavaliersbau), der zugehörige Rückflügel und die beide verbindenden Ehrenhofachsen. Der Rückflügel wurde jedoch zwischenzeitlich abgerissen. Heute schließt sich an den Prinzessinnenbau der lang gestreckte, dreigeschossige Kavaliersbau an, der noch einen kleinen Eindruck des Rossischen Entwurfs vermittelt. Der Prinzessinnenbau beherbergt das *Pfinzgaumuseum*, das die Geschichte der Stadt mit einem Stadtmodell der Zeit um 1800 darstellt und eine gute Sammlung Durlacher Fayencen besitzt, sowie das *Karpatendeutsche Museum*.

Durlach, Brunnen im Schlossgarten

Das Durlacher Stadtbild wird von barocken Häusern geprägt. Beim Wiederaufbau nach dem Brand 1689 legte das markgräfliche Baubüro unter Leitung von Thomas Lefèbvre das Aussehen der Häuser nach einem bestimmten Modell fest: zwei- bis dreigeschossige, verputzte Traufenhäuser mit breitem Hoftor sind in der Bienleinstor-, Zunft-, Amthaus- und Kelterstraße noch erhalten. Bei einigen wurden Reste der Stadtmauer mitverwendet. Der dreigeschossige, in Fachwerk ausgeführte Haustyp steht primär in der Ochsentor- und Jägerstraße. Zugleich mit dem Umzug nach Durlach ließ Karl II. 1565 die vier Stadttore erneuern, von denen nur der Baseler Torturm mit über den Graben führender Brücke erhalten ist. Von der einst mächtigen Stadtmauer blieben nur Reste im Süden und Norden der Altstadt bewahrt.

Der möglicherweise ehemals frei stehende Westturm der **ev. Stadtkirche St. Stephan** geht auf das 12. Jh. zurück und folgt dem Hirsauer Vorbild. Sein achteckiges Obergeschoss wurde in der Spätgotik, der Turmhelm erst 1739 aufgesetzt. Domenico Egidio Rossi lieferte die Pläne für den Neubau des 1689 zerstörten Langhauses. Erstaunlich ist, dass der italienische Barockbaumeister die dreischiffige Hallenkirche (1698–1700) unter Verwendung gotischer Strebepfeiler und Spitzbogenfenster konzipierte. Ob hier die Auftraggeber einen Rückgriff auf bestimmte vorhandene Traditionen forderten? Das Innere birgt ein steinernes, spätgotisches Sandsteinkruzifix, das an die Baden-Badener Kreuzigung von Nikolaus Gerhaerts erinnert.

Am Ausgang des Pfinztals in die Ebene erreicht man **Grötzingen.** Die mehrmals umgebaute *ev. Kirche* geht im Kern auf eine Chorturmkirche des 13. Jh. zurück. Im Innern sind Wandmalereien aus dem 16. Jh. freigelegt. Gegenüber steht *Schloss Augustenburg*, das Geburtshaus Karl Wilhelms, des Gründers Karlsruhes. Markgraf

Ende des 19. Jh. entstand in Grötzingen eine Malerkolonie.

Friedrich Magnus von Baden-Durlach schenkte das Schloss 1676 seiner Gattin Augusta Maria von Holstein-Gottorf, die es erneuern und erweitern ließ. Das Obergeschoss ist in schönem Fachwerk ausgeführt, zwei Treppentürme flankieren den Hauptbau.

Ettlingen

Als Ausgangspunkt einer Fahrt auf der Schwarzwald-Bäderstraße bietet sich Ettlingen an, das malerisch am Ausgang des Albtales in die Rheinebene liegt. Die Stadt hat ihren Ursprung in einer römischen Siedlung, die sich mit dem Bau einer Militärstraße entwickelte, die von Straßburg nach Cannstadt führte, bei Ettlingen von der Strecke Straßburg–Neuenheim abzweigte und im heutigen Stadtgebiet die alte Rheintalstraße kreuzte. Die erste urkundliche Nachricht von *Ediningon* stammt aus dem Jahre 788. Zu dieser Zeit gab es schon die Martinskirche. Die Regelmäßigkeit des Stadtgrundrisses lässt noch die römischen und hochmittelalterlichen Wurzeln erkennen. Die Staufer verliehen dem Marktflecken am Ende des 12. Jh. Stadtrecht, um so die Straßenverbindung zwischen ihren elsässischen und schwäbischen Besitzungen zu sichern. 1219 kam Ettlingen an die Markgrafen von Baden und bei der Erbteilung 1535 an die katholische Linie Baden-Baden. Auch Ettlingen blieb von den Kriegen des 17. Jh. nicht verschont. Nach dem Pfälzischen Erbfolgekrieg war neben einigen Fundamenten lediglich die Straßenführung erhalten. Beinahe wäre der Stadt eine weit reichende Bedeutung als Residenzstadt der badischen Markgrafen zugekommen. Doch gab Ludwig Wilhelm, der ›Türkenlouis‹, seinen Plan, die Residenz vom zerstörten Baden-Baden nach Ettlingen zu verlegen, zugunsten von Rastatt auf. Seine Witwe Markgräfin Sibylla Augusta, eine eifrige Bauherrin, betrieb schließlich den Wiederaufbau von Stadt und Schloss.

Dem 1662/63 in Ettlingen eingerichteten Jesuitenkolleg gehörte auch der bis heute für seine Weine geschätzten Jesuitengarten in Forst (Pfalz).

Vor dem Schloss befindet sich der *Narrenbrunnen*, ein Renaissancewerk mit der Figur eines Hofnarren mit Narrenkappe und Zepter, das ›Hansele von Singen‹. Das Ettlinger **Schloss** geht auf eine gotische Wasserburg der Markgrafen von Baden zurück, die kurz vor 1558 niederbrannte. Den anschließend erfolgten Wiederaufbau machte der erneute Brand 1689 zunichte. Das heutige Aussehen bestimmt weitgehend die Bautätigkeit unter Sibylla Augusta. 1728–33 entstand nach Plänen ihres Hofbaumeisters Johann Michael Ludwig Rohrer und Gutachten von Balthasar Neumann eine dreigeschossige Vierflügelanlage um einen nahezu symmetrischen Innenhof. Den Südflügel akzentuieren vier Ecktürme und im Hof eine Schaufassade, deren illusionistische, von Lucca Antonio Colomba ausgeführte Bemalung anhand von originalen Farbspuren 1977 rekonstruiert werden konnte. Die vom Allianzwappen Baden-Baden/Sachsen-Lauenburg bekrönte reiche Portalarchitektur schuf Domenico Riccardo Retti. Im Südosten des Innenhofes befindet sich

Ettlingen, Schloss, Deckenfresko im Asamsaal (ehem. Schlosskapelle)

am Fuß des Bergfrieds ein schöner *Wandbrunnen* (1612) mit wasserspeiendem Delphin. Mit seinem mächtigen Beschlagwerk und den schweren Voluten zählt er zu den gelungensten Werken manieristischer Architekturdekoration am Oberrhein. Erschaffen hat ihn Johannes Schoch, der Erbauer des Heidelberger Friedrichbaues. Darüber sieht man das Allianzwappen Baden-Bayern aus der Zeit um 1560, als Markgraf Philibert (reg. 1556–69) das Schloss zum Witwensitz seiner Frau Mechthild von Bayern auszubauen begann. Für die Innendekoration waren Domenico Riccardo Retti (Stuck) und Luca Antonio Colomba (Ausmalung) verantwortlich, die kurz zuvor in Schloss Ludwigsburg tätig waren. Im Südflügel sind Räume der Markgräfin mit den zarten Bandelwerkstuckaturen der 20er Jahre des 18. Jh. zugänglich. Im Schlosskomplex befinden sich weiterhin das *Albgaumuseum* (Heimat- und Stadtgeschichte), die Städtische Galerie und ein Ostasien-Museum.

In die Nordostecke des Schlosses ließ die fromme Markgräfin nach Plänen Johann Michael Ludwig Rohrers 1732 die **Schlosskapelle** einfügen, die dem erst drei Jahre zuvor kanonisierten Johannes von Nepomuk geweiht ist. Heute dient sie als Konzertsaal *(Asamsaal)*. Cosmas Damian Asam, einer der führenden Freskanten seiner Zeit, malte im gleichen Jahr das prächtige Deckengemälde mit Szenen aus der Vita des hl. Nepomuk: Im Zentrum der Kuppel wird er von der Dreifaltigkeit in die ›Glorie der Märtyrer‹ aufgenommen, darunter ist er im Kreis der markgräflichen Familie dargestellt. An den Wänden erkennt man die drei christlichen Kardinaltugenden. Meisterhaft ist die Lichtführung gelungen, die die Gestalten erstrahlen lässt. Nach dem Verlust der von Asam geschaffenen Fresken in den Schlössern Mannheim und Bruchsal ist dieses Werk heute eine unschätzbare Kostbarkeit. Das prachtvolle barocke Hochaltarretabel (1731) der Ettlinger Schlosskapelle von Johann Bargör steht heute in der kath. Kirche St. Dionysius in Ettlingenweier.

In Ettlingen liegt alles nah beieinander. Der eigentliche Stadtkern befindet sich zwischen Martinskirche und Marktplatz. Die **kath. Pfarrkirche St. Martin** präsentiert sich heute als barocker Saalbau mit einem spätgotischen Chor. Die Kirche geht bereits auf einen vorkarolingischen Sakralbau zurück, der auf den Ruinen einer römischen Bäderanlage und einem Gräberfeld aus fränkischer Zeit errichtet wurde. Ältester erhaltener Teil ist der romanische Chorturm, der seine frühgotische Wölbung mit Blattkapitellen und Kreuzrippen kurz nach 1246 erhielt. Nach der Erhebung zur Stiftskirche durch Papst Pius II. 1459 erfolgte die Erweiterung um den sterngewölbten Chor. 1689 brannte das Langhaus nieder. Mit finanzieller Unterstützung der Markgräfin Sibylla Augusta wurden 1733 das barocke Langhaus und der Turmhelm nach Plänen J. M. L. Rohrers fertig gestellt. Eine Inschrift am Giebel der Westfassade nennt die Bauherrin und das Datum der Vollendung, darüber sieht man den Kirchenpatron und das Wappen Baden-Baden/Sachsen-Lauenburg. Im Innenraum sollte man an den beiden barocken Stipes der Seitenaltäre mit ihren schönen ornamentalen und figürlichen Intarsienarbeiten nicht achtlos vorübergehen. Sie sind signiert und datiert (1732). Darauf stehen neubarocke Retabel. Zudem birgt die Kirche einige moderne Ausstattungsstücke. Der Bildhauer Wilhelm M. A. Müller gestaltete 1984 das bronzene Lesepult, die Kerzenständer, das Tabernakel und die bronzene Verzierung an dem Altarstipes. Das Langhausgewölbe ist seit 1988 mit einem modernen Deckengemälde (800 m^2) des Karlsruher Künstlers Emil Wachter geschmückt. Als Gesamtthema wählte er ›Himmel und Erde‹ bzw. ›Die Vollendung der Welt und der Weg des Menschen‹. Der Mensch steht sozusagen zwischen Himmel und Erde, denn er wirkt auf der Erde, doch sein Ziel ist der Himmel. Beziehungsreich ist nicht nur die Thematik, sondern auch die Farbgestaltung. Nur wenige Schritte sind es zum Ettlinger **Marktplatz,** den alte Fachwerkbauten und Neubauten, die sich geschickt eingliedern, säumen. Über dem erneuerten Becken des Marktbrunnens erhebt sich die Kopie einer Georgsfigur aus dem späten 15. Jh. Das volutengeschmückte, im 19. Jh. veränderte **Rathaus** geht auf den Bau Anton Mohrs von 1737–38 zurück. Auf dem Giebel steht Justitia, darunter wiederum der hl. Georg. Am Rathaus ist zur Erinnerung an die Römerzeit eine Nachbildung des römischen Neptunsteins eingelassen, der 1480 von der Alb angeschwemmt worden ist und um den sich viele Sagen ranken. Der imposante Stadtturm trägt eine barocke Zwiebelhaube. Die Stadtbefestigung wurde im 19. Jh. bis auf den Lauerturm und Reste der Stadtmauer abgerissen.

Tipp: Von Mai bis Oktober fährt einmal im Monat eine historische Dampflokomotive von Ettlingen nach Bad Herrenalb.

Wallfahrtskirche in Bickesheim

Auf halber Strecke von Karlsruhe nach Rastatt kommt man an der Wallfahrtskirche Unserer Lieben Frau in Bickesheim vorbei. Schon im 12. Jh. hatte sich hier eine Wallfahrt entwickelt. Markgraf Rudolf I. von Baden (gest. 1288) und seine Frau Kunigunde von Eberstein stifteten schließlich um 1250 an der Stelle der bereits vorhandenen Kapelle einen Kirchenneubau. Bald schon kamen Pilger von weither. Im ausgehenden Mittelalter war die Wallfahrt sehr zurückgegangen, doch erlebte sie seit der Übernahme der Seelsorge durch die Jesuiten einen erneuten Aufschwung, den die katholische markgräfliche Linie Baden-Baden sehr förderte. Nach Aufhebung des Ordens 1773 wurde die Kirche erst von Ettlingen, dann von Durmersheim aus versorgt.

Die Wallfahrtskirche blickt auf eine wechselvolle Baugeschichte zurück: Von dem Bau Rudolf I. blieben nur die Mittelschiffarkaden und der nördliche Katharinenchor erhalten, um 1450 wurden ein größerer Chor und das Schiff errichtet. Veränderungen erfolgten im 17., 18. und 20. Jh. Der trotzdem stimmungsvolle Raum birgt im Katharinenchor bedeutende gotische Wandmalereien des späten 14. Jh., die allerdings mäßig erhalten sind. Im Ostfenster des Chores befindet sich eine Glasmalerei der Gottesmutter mit Kind (um 1300). Das barocke Hochaltarretabel (1737), das das kleine, hochgotische Gnadenbild der Muttergottes umschließt, schuf Martin Eigler d.Ä., das Marien- und das Josephretabel der Seitenaltäre entstanden 1744–46, die Kanzel mit den Evangelistenfiguren im Jahr 1761.

Zu einem weiteren Wallfahrtsort gelangt man auf landschaftlich schöner Strecke in Richtung Bad Herrenalb. Die *Wallfahrtskirche Maria Hilf* in **Moosbronn** wurde Mitte des 18. Jh. nach Plänen von Franz Ignaz Krohmer errichtet. Aus dieser Zeit stammen auch die den Heiligen Josef und Wendelin geweihten Seitenretabel von Martin Eigler. Vom Mahlsberger Aussichtsturm (611 m) genießt man einen schönen Ausblick.

Die Schwarzwald-Bäderstraße

Die Goldstadt Pforzheim

Die landschaftlich besonders reizvolle Schwarzwald-Bäderstraße führt durch die Täler von Nagold und Enz bis in deren Quellgebiet auf dem Hochplateau (800 m) von Freudenstadt. In Pforzheim (109 000 Ew.) fließen Nagold und Enz zusammen.

Pforzheim
Besonders sehenswert: Ehem. Schloss- und Stiftskirche St. Michael Schmuckmuseum im Reuchlinhaus

Die Stadt teilt ihr Schicksal mit Dresden: Ein verheerender Luftangriff mit Brandbomben zerstörte kurz vor Kriegsende 1945 beinahe 100 % der Innenstadt. Eine Woche lang wütete ein Feuersturm, in dem mindestens 18 000 Menschen, fast ausschließlich Frauen und Kinder, ihr Leben verloren. Eine Gedenkstätte auf dem Friedhof auf der Schanz erinnert an die Opfer. Das Stadtbild ist dementsprechend vom Wiederaufbau geprägt, und es finden sich besonders viele interessante moderne Kirchenbauten. Doch hat die Stadt bereits eine lange Geschichte. Der Name Pforzheim leitet sich vom lateinischen *portus* ab. In der Nähe der Altstädter Kirche überschritt die von Straßburg über Ettlingen nach Cannstatt verlaufende römische Militärstraße die Enz. Nach dem Bau der Straße (um 90 n. Chr.) erfolgte die Gründung einer römischen Siedlung, von der aufschlussreiche Funde freigelegt wurden. Das heutige Gemeinwesen entwickelte sich aus zwei Siedlungskernen: Aus der Altstadt im Bereich der einstigen Römersiedlung, heute der Bezirk um die Altstädter Kirche, und aus der bis 1227 gegründeten Neustadt auf der Anhöhe, dem Schlossberg.

Um 1220 kam Pforzheim in den Besitz der Markgrafen von Baden, bei denen sie mit pfälzischen Unterbrechungen bis 1871 verblieb. 30 Jahre lang war Pforzheim Sitz der Ernestinischen Linie von der Erbteilung 1535 bis 1565. In diesem Jahr verlegte Markgraf Karl II., der 1556 die Reformation eingeführt hatte, seinen Wohnsitz nach Durlach. Das Leben der mittelalterlichen Stadt war durch Flößerei und Tuchmacherei geprägt. 1455 erblickte der Humanist Johannes Reuchlin (1455–1522) in Pforzheim das Licht der Welt. Er besuchte die an die Stiftskirche angegliederte Lateinschule, eine der besten im damaligen Südwestdeutschland. Ihr vermachte er seine umfangreiche Bibliothek, die in der sog. ›Reuchlinkammer‹ aufbewahrt wurde. Durch die Kriege in ihrem Bestand dezimiert, wird die Bibliotheca Reuchlini heute in der Badischen Landesbibliothek in Karlsruhe verwahrt. In den Kriegen des 17. Jh. erfolgte die erste Zerstörung der Stadt und der damit verbundene wirtschaftliche Niedergang. Dieser konnte erst mit der Gründung einer Bijouterie-Industrie 1767 durch Markgraf Karl Friedrich und seine Frau Karoline Louise überwunden werden. Durch Einführung der Fabrikation von Uhren und Schmuck entwickelte sich ein stetiger Aufschwung. Heute ist Pforzheim, die ›Goldstadt‹, das Zentrum der deutschen Schmuck-, Kleinuhren- und Silberwarenindustrie.

1906 wurde mit 1 243 Bijouteriebetrieben und ca. 24 000 Beschäftigten ein Höhepunkt der industriellen Entwicklung verzeichnet.

Von der mittelalterlichen Stadtbefestigung steht einzig der Leitgastturm östlich der Schlosskirche. Von der einstigen Residenz der

Bad Wildbad, Graf-Eberhard-Bad ◁ *(Palais Thermal)*

Pforzheim. Dem Reformator Johannes Reuchlin wurde vor der ehem. Schloss- und Stiftskirche St. Michael ein Denkmal gesetzt.

Markgrafen von Baden-Durlach auf dem Schlossberg über der Enz blieb nach dem Luftangriff 1945 nur der Archivturm, ein dreigeschossiger Renaissancebau, erhalten. Die **ehem. Schloss- und Stiftskirche St. Michael** brannte bis auf die Außenmauern ab. Unter Verzicht auf die Reuchlinkammer sowie die spätgotische Kapelle wurde die Kirche bis 1957 wieder aufgebaut. Die Architektur bezeichnet den Übergang von der Romanik zur Gotik. Der nach 1200 entstandene Westbau mit dem Stufenportal gehört noch der Spätromanik an, das Langhaus schon der Frühgotik. 1460 erreichte Markgraf Karl I. die Umwandlung der Pfarrkirche in eine Kollegiatstiftskirche, in deren Folge der ursprüngliche Ostabschluss zugunsten eines mächtigen, spätgotischen Stiftschores beseitigt wurde. Ausgezeichnet ist das schöne Sterngewölbe. Als Baumeister verpflichtete man den in Pforzheim ansässigen Hans Spryß von Zaberfeld, der sich mit Meisterzeichen und Werkzeugen im östlichen Schlussstein verewigte. Unter der Sakristei ließ Markgraf Ernst um 1537 eine Krypta bauen, die bis ins 19. Jh., also auch nach der Verlegung der Residenz nach Durlach und später nach Karlsruhe, den Markgrafen als Grablege diente. Als letzte wurde 1860 Großherzogin Stephanie beigesetzt. Davon künden bis heute die *Grabmäler und Epitaphien* der ernestinischen Linie im Chor. Die Mitte nimmt die hervorragende Tumba Ernst von Baden-Durlachs (gest. 1553) ein, die Christoph von Urach zugeschrieben wird. Sie gehört zu den bedeutendsten Denkmälern der Renaissance in Nordbaden. Hervorzuheben ist weiterhin das Epitaph des Kanzlers Dr. Martin Achtsynit, der als Vater der ev. Kirchenordnung von 1556 gilt. Er ließ sich mit seinen beiden Frauen darstellen.

Vom Schlossberg ist es nicht weit zu der um 1280 erbauten **Barfüßerkirche.** Ihr Chor ist als einziger Teil des ehem. Klosters übriggeblieben. Auf der anderen Enzseite fällt der monumentale Zentralbau der **Herz-Jesu-Kirche** ins Auge. Albert Otto Linder schuf den expressionistischen Kirchenbau in den späten zwanziger Jahren des 20. Jh. und leitete auch die Bauarbeiten des Wiederaufbaus nach 1945. Eine Straße weiter steht am Zusammenfluss von Enz und Nagold das neuzeitliche Wahrzeichen Pforzheims: der 76 m hohe Turm der **ev. Stadtkirche.** Von einer Aussichtsplattform kann man die Stadt und ihre Umgebung überblicken. Die Kirche ist ein 60er-Jahre-Bau des Architekten Heinrich Otto Vogel. Im 1962 von Manfred Lehmbruck errichteten **Reuchlinhaus** ist das *Schmuckmuseum* untergebracht. Präsentiert werden wunderschöne Schmuckstücke aus fünf Jahrtausenden, von der Antike bis zur Gegenwart. Einen Schwerpunkt der bereits in der zweiten Hälfte des 19. Jh. begonnenen Sammlung bilden Schmuckstücke der Renaissance, deren ›Tragweise‹ durch Abbildungen veranschaulicht wird. Gegenüber befindet sich die Edelsteinausstellung Schütt, die rohe, geschliffene und zu Schmuck verarbeitete Edel- und Halbedelsteine präsentiert. Die Altstädter **ev. Pfarrkirche St. Martin** (um 1150) an der ehem. Römerfurt ist die älteste Kirche der Stadt. In der vermutlich karolingi-

In Pforzheim lebte Ferdinand Oechsle, der Erfinder der Weinwaage. Die Waage ermittelt in Oechsle-Graden das spezifische Gewicht des Mostes und damit den Zuckergehalt, ein wesentliches Qualitätsmerkmal des Weines.

schen Vorgängerkirche fanden die Fundamente eines nie vollendeten römischen Großbaus Verwendung. Damit wird ähnlich wie in Ladenburg und anderen Städten das Anknüpfen der frühmittelalterlichen Organisationen an die Verkehrsknotenpunkte der Römerzeit deutlich. Man muss sich daher eine kontinuierliche Weiterentwicklung auch nach Wegzug der Römer vorstellen. Das romanische Tympanonrelief in der Turmvorhalle symbolisiert die Bedrohung des Menschen durch das Böse und die Rettung durch die Kirche. Im Chorbereich haben sich ferner spätgotische Wandmalereien erhalten.

In der Südstadt haben sich einige repräsentative Wohnfabrikhäuser erhalten: In der Schwarzwaldstr. 9 das 1897 errichtete Haus des Bijouteriefabrikanten Wankel, daneben die ehem. Schmuckfabrik Bek (1903), ein langgestreckter Fabrikflügel mit einer trutzigen Villa.

Sehenswert ist das Museumsareal des **Stadtmuseums** im Stadtteil Brötzingen. Es umfasst mehrere Gebäude, so die Pfarrkirche, das Alte Schul- und das Alte Pfarrhaus – Bauten, die 1945 verschont blieben. Aufschlussreich sind die Räume zur Stadtgeschichte seit dem 12. Jh. mit Modellen, die auch das einstige markgräfliche Schloss darstellen. Weiterhin sind authentische Werkstätten von Handwerkern sowie bäuerliche und bürgerliche Wohnräume eingerichtet. Thematisiert wird zudem die Geschichte des Verkehrs und des Buchdrucks sowie der neuen Medien. Bekanntlich hat Thomas Anshelm bereits im späten 15. Jh. eine Druckwerkstatt in Pforzheim betrieben und unter anderem Bücher für Johannes Reuchlin gefertigt. Zu dem Komplex gehört ferner das Haus der Landsmannschaften. Nicht weit von hier steht auf einer Anhöhe in der Vorstadt Arlinger die **ev. Matthäuskirche.** Die 1952–56 von Professor Egon Eiermann errichtete zeltartige Saalkirche ist sozusagen der Prototyp aller Eiermann-Kirchen. Die im Innern wie im Äußeren sehr einfache und schlichte Kirche soll die Idee vom durchleuchteten Zelt Gottes verwirklichen.

Fährt man von der Innenstadt Richtung Osten, so kann man im Hagenschieß-Wald die freigelegten Fundamente der Umfassungs-

Pforzheim, Denkmal Johannes Reuchlin (vor dem Reuchlinhaus) von Matthias Dämpfle, 1995. Die vier Eingänge symbolisieren die Sprachen griechisch, hebräisch, deutsch und lateinisch, der Innenraum verkörpert Reuchlins Bibliothek. Die waagerechten Bildreihen zeigen unten Zeitzeugnisse (z.B. das Druckerzeichen Thomas Anshelms), darüber Zeitgenossen (z.B. Melanchthon), dann Zeitzeichen (z.B. der Luftangriff 1945) und ganz oben heutige Stadtbilder.

mauer, des Badehauses und des Wirtschaftsgebäudes eines **römischen Gutshofes** aus dem 2. Jh. n. Chr. betrachten (über Kanzlerstr. zu erreichen). Von April bis Oktober sei ein Besuch des **Alpengartens** im Würmtal oberhalb des Stadtteils Würm empfohlen. Hier blühen über 100 000 Pflanzen aus allen Gebirgsgegenden der Welt. Markgraf Karl II. schenkte die in der Nähe Pforzheims gelegene **Niefernburg** 1555 seinem Kanzler Dr. Martin Achtsynit. Die kleine ev. Pfarrkirche in **Niefern-Öschelbronn** birgt einige bedeutende Ausstattungsstücke spätgotischer Zeit: die Holzdecke, ein fünfjochiger, in spitzbogigen Arkaden geöffneter Lettner mit Netzgewölben sowie umfangreiche Wandmalereien im Chor (um 1430–40). Dargestellt ist an der Nordwand das Martyrium des hl. Bartholomäus mit Stifterfigur, darunter in einzelnen Bildstreifen untereinander Gottvater und die Propheten, ein dreizeiliger Inschriftenstreifen mit den Credo-Artikeln, Christus und das Apostelkollegium, im Chorpolygon die Kreuzigung und Wurzel Jesse. Die aus Jesses Leib wachsenden Seitentriebe zeigen Szenen des Neuen Testaments. Wer sich für die Geschichte des Weins interessiert, kann sich in **Eisingen** eine historische Kelteranlage mit vier großen Traubenpressen von 1556 und das Weinmuseum betrachten.

St. Maria Magdalena in Tiefenbronn

Tiefenbronn ☆☆
Besonders sehenswert:
Magdalenenretabel von Lucas Moser in der Pfarrkirche St. Maria Magdalena

Fährt man von Pforzheim entlang der Würm an der Ruine Liebeneck vorbei Richtung Süden, so gelangt man nach Tiefenbronn. Von weitem schon erspäht man den Turm der kath. Pfarrkiche St. Maria Magdalena. Sie entging dem Bildersturm und besitzt eine intakt erhaltene Ausstattung mit einigen einmaligen mittelalterlichen Kunstwerken. Grund hierfür ist der Umstand, dass die Patronatsrechte des Hirsauer Klosters nach der Säkularisation über die Württemberger Herzöge an die katholischen Herren von Gemmingen kamen und bis zum Verkauf an Baden 1839 in deren Besitz blieben. Diese Familie hielt im Unterschied zu der evangelisch gewordenen umliegenden Markgrafschaft am katholischen Glauben fest. Von Anfang an war das Gotteshaus als Wallfahrtskirche geplant und so ist St. Maria Magdalena für eine Dorfkirche recht stattlich ausgefallen. Um 1340 scheint die Kirche mit dem Chor begonnen worden zu sein, das Langhaus und der Turm folgten im frühen 15. Jh. Erst 1455 erhob sie der Speyrer Bischof zur Pfarrkirche. Die Sakristei an der Chornordseite schuf schließlich Meister Balthasar 1463.

So wie diese muss man sich die meisten mittelalterlichen Kirchen vorstellen, die mit ihren Retabeln, Skulpturen, Wandbildern und Glasmalereien vom ausgeprägten mittelalterlichen Stiftungswesen kündet. Die Tiefenbronner Kirche wurde in besonderem Maße durch großzügige Gaben gefördert, für die die besten Künstler ihrer Zeit,

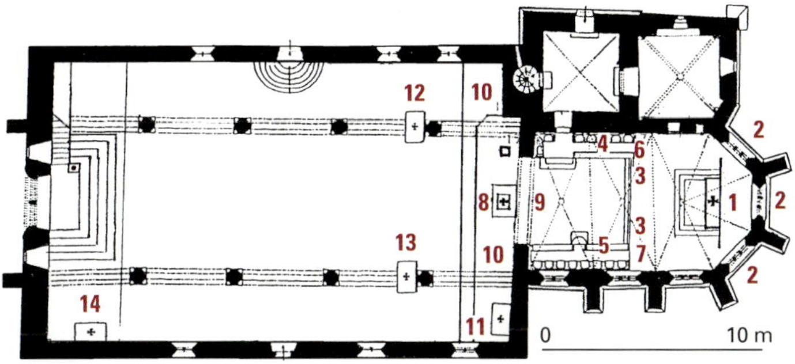

Tiefenbronn, St. Maria Magdalena, Grundriss
1 Hochaltarretabel
2 Glasmalerei
3 Chorgestühl
4 Skulpturen
5 Got. Muttergottes
6 Grabmal Otto v. Gemmingens
7 Grabmal Joh. Konrad v. Gemmingens und seiner Frau
8 Moderner Zelebrationsaltar
9 Wandmalerei
10 Altarwandbilder
11 Magdalenenretabel
12 Marienretabel
13 Kreuzretabel
14 Retabel mit der hl. Sippe

die in den ›Zentren‹, in Straßburg und Ulm, arbeiteten, beauftragt wurden. Das 10,85 m hohe **Hochaltarretabel** ist ein Hauptwerk spätgotischer Malerei. Wie eine Inschrift auf der Rückseite mitteilt, schuf es der Ulmer Maler Hans Schüchlin (um 1440–1505) im Jahre 1469. Selten verfügt ein gotisches Kunstwerk über eine so aufschlussreiche Inschrift. Auf dem Schrein steht: »Anno domini MCCCLXVIIII Jare ward diszi daffel vff gesetz unn gantz uszgema(cht vff sant) stefa(n)stag des bapst vnn ist gemacht ze ulm vo(n) hannsze(n) schüchlin malern«. Mit diesem Werk zeigte Schüchlin erstmals sein Können. Er verarbeitete in den Tafeln niederländische Anregungen, die ihm wohl sein Lehrer Hans Pleydenwurff übermittelt hatte. Ebenso ist die Darstellung der Hintergrundlandschaft in Lichtperspektive auf den Einfluss Pleydenwurffs zurückzuführen. Weiterhin geben die Wappen über die Stifter Auskunft: die Häuser Baden und Württemberg, Abt Bernhard von Hirsau und die Familie von Gemmingen beteiligten sich an der Finanzierung. Man darf annehmen, dass der Maler Schüchlin, wie dies gängige Werkstattpraxis war, für den Entwurf und die Malerei verantwortlich war, während er einen Kollegen mit der Anfertigung der Skulpturen beauftragte. Dieser stand in der Tradition des berühmten Ulmer Bildschnitzers Hans Multscher (um 1400–1467). Die Rückwand ist vollständig mit Heiligen bemalt, die Werktagsseite, also die Außentafeln, zeigt die Verkündigung, Heimsuchung, Geburt Christi und die Anbetung der Heiligen Drei Könige. Die Feiertagsseite veranschaulicht mit der Kreuzabnahme und der Beweinung Christi die Leidensgeschichte, flankiert von den Heiligen Katharina und Dorothea und den beiden Johannes. Die Beweinungsgruppe ist übrigens ein älteres Werk. Das Gesprenge darüber ziert eine Kreuzigung. Die gemalten Innenflügel zeigen Christus vor Pilatus, Kreuztragung, Grablegung und Auferstehung, die Predella Gottvater im Kreis der Apostel. Die seitlichen Wangen sind mit Stilleben bemalt, eine Seltenheit in dieser Zeit.

Für die **Glasmalereien** der drei Chorfenster beauftragten die Stifter um 1390 eine Straßburger Werkstatt. Sie lassen Szenen aus dem Leben Christi, Annas und Mariens sowie Stifterwappen aus dem 19.

Tiefenbronn, St. Maria Magdalena. Oben: Hochaltarretabel (rechter Flügel), Detail aus der Grablegung. Rechts: Magdalenenretabel von Lucas Moser, Detail aus der ›Meerfahrt‹

Jh. erkennen. Die knienden Stifter im Südfenster sind vermutlich mit Graf Eberhard III. von Württemberg und Markgraf Bernhard von Baden zu identifizieren. Die ornamentalen Ergänzungen des Karlsruher Künstlers Emil Wachter fügen sich harmonisch ein. Zunächst entstand um 1450–60 das einfache **Chorgestühl** an der Nordseite, schließlich um 1520 das kunstreiche Gestühl der Südseite, für das wohl der Pforzheimer Kunstschreiner Hans Kern verpflichtet wurde. Es besitzt kunstvolle Wangenreliefs, Prophetenbüsten und amüsante Miserikordien. Weiterhin sind im Chor u. a. Kalksteinskulpturen vom Außenbau des Chores und eine gotische Muttergottes aufgestellt. Etliche Grabmäler des 16. bis 18. Jh. zeugen davon, dass die Kirche einst als Grablege diente. An bevorzugter Stelle im Chor steht das **Grabdenkmal** Otto von Gemmingens und gegenüber das von Johann Konrad von Gemmingen und seiner Frau. Das Sakramentshaus ist zeitgleich mit dem Sakristeibau entstanden und gehört ursprünglich in den Zusammenhang mit der Sakramentsnische in der Chornordwand. Modern sind Zelebrationsaltar, Lesepult, Sedilien und Leuchter, die Wilhelm Müller 1975 anfertigte. Weiterhin präsentiert die Triumphbogenwand die gemalte Darstellung des Jüngsten Gerichts (um 1370). Die drei um 1400 entstandenen Altarwandbilder beiderseits des Triumphbogens mit ihren spitzbogigen, breiten Rahmen zeigen verschiedene Heilige. Vor dem vierten Wandbild steht ein wegweisendes Spitzenwerk der Malerei des 15. Jh.: Das **Magdalenenretabel** von Lucas Moser. Über das Leben dieses bedeutenden Malers ist nichts bekannt, das Tiefenbronner Retabel ist das einzige Zeugnis seiner Kunst. Die von der frankoflämischen Buchmalerei und den führenden Kunstzentren der Zeit beeinflussten Tafelbilder markieren einen Wendepunkt in der Kunst: Während die Heiligen und ihre Geschichten vorher meist idealisiert wiedergegeben wurden, legten die Maler nun Wert auf einen möglichst detaillierten Realismus. Dabei half Lucas Moser auch die Beherrschung bestimmter Maltechniken, wodurch eine exakte Darstellung der Materialien wie Glas, Holz, Metall, Stein und Textilien gelang. In diesem Zusammenhang sollte man sich den Landschaftshintergrund der Meerfahrt oder das Figurenportal mit den Skulpturen genauer betrachten. Das Retabel trägt eine anklagende Inschrift: »schri.kunst.schri.und.klag.dich.ser.din.begert.iecz.niemen.mer.so. o.we.1432.« »LVCAS.MOSER.MALER.VON.WIL.MAISTER.DEZ. WERX.BIT.GOT.VIR.IN.« Niemand begehrt mehr Kunst. Beklagt sich Lucas Moser über mangelnde Aufträge? Was er tatsächlich mit diesem Satz mitteilen wollte, ist in der Forschung umstritten. Die ungewöhnliche spitzbogige Form des Retabels erklärt sich daraus, dass der Aufsatz das bereits vorhandene, spitzbogige Altarwandbild ersetzen musste. Im Bogenfeld ist Magdalena mit Christus im Haus des Simon anlässlich eines Gastmahls zu sehen, also die Begegnung, die sie zum Glauben führte. Im geschlossenen Zustand, d. h. auf den Außenseiten der Flügel, berichten drei Szenen über Magdalenas Leben: Mit ihren Verwandten Lazarus, Martha und Cedonius sowie Bischof Maximin wird sie auf einem steuerlosen Floß ausgesetzt. Durch eine Fügung Gottes landen sie in Marseille, die Heiligen stehen vor den Toren der Stadt, doch das heidnische Fürstenpaar verwehrt ihnen den Zutritt. Oben erscheint Magdalena dem Fürstenpaar im Traum. Schließlich erhält die Heilige durch Bischof Maximin die letzte Kommunion in der Kathedrale von Aix-en-Provence. Auf den Flügelinnenseiten sind die bethanischen Geschwister der Heiligen, Martha und Lazarus, dargestellt. Sie flankieren einen schmalen Schrein mit der geschnitzten Gruppe der Erhebung Maria Magdalenas (erst um 1520). Schließlich zeigt die Predella das Gleichnis der klugen und törichten Jungfrauen mit dem Stifterwappen des Bernhard von Stein zu Steinegg und seiner Frau Agnes Maiser von Berg.

Es sind noch weitere spätgotische Flügelretabel in der Kirche erhalten, die möglicherweise alle in einer Werkstatt bestellt worden sind. Zwei befinden sich an den östlichen Pfeilern des Schiffes: Im Schrein des 1517 datierten **Marienretabels** steht die von Petrus und Paulus flankierte Muttergottes, auf den Flügeln die Heiligen Helena und Heraklius. Die Predella zeigt das Schweißtuch Christi, bekrönt wird der Schrein von einer Kreuzigungsgruppe. Das 1524 datierte **Kreuzretabel** präsentiert die Kreuzigung in seiner Mitte. Die von einem oberrheinisch geschulten Maler gefertigten Flügelinnenseiten erzählen zwei Episoden aus dem Leben Johannes des Täufers: die Taufe Christi und die Enthauptung des Täufers. Die Außentafeln zeigen links Bischof Nikolaus von Myra, rechts die hl. Katharina. Auf den schmalen Standflügeln sind die Heiligen Rochus und Sebastian dargestellt. Eine beeindruckende Selbstdarstellung einheimischer Adelsfamilien führt der **Fries** mit 38 Adelswappen an der nördlichen Hochschiffwand vor Augen, der allerdings 1947 abgeschlagen und neu gemalt wurde. Ähnliches gibt es im Mönchschor der nicht allzuweit entfernt gelegenen Maulbronner Klosterkirche. Unter der Orgelempore steht ein weiteres Retabel mit der Darstellung der Hl. Sippe. Schließlich besitzt die Kirche kostbare **Goldschmiedewerke,** die zu den besten ihrer Zeit gehören. Der reiche Kirchenschatz bewahrt z. B. eine große, spätgotische Hostienmonstranz, die Architektur und Skulptur ›en miniature‹ vereinigt.

Auf kleinen Straßen geht es weiter Richtung Bad Liebenzell. Dabei passiert man die kleine *Sebastianskapelle* in **Neuhausen,** eine einstige Gottesackerkapelle (1475), die mit ihrer gotischen Ausstattung fast unverändert erhalten ist. Ihr Baumeister ist mit dem der nicht mehr erhaltenen Hirsauer Nikolauskapelle identisch. Die Kapelle bewahrt drei gotische Schnitzretabel des 15. und 16. Jh. sowie einige gotische Skulpturen.

Das Nagoldtal

Besonders sehenswert:
Hirsau ☆☆
Calw ☆
St. Candidus in Kentheim
Zavelstein ☆☆
Bad Teinach ☆
Berneck ☆☆
Altensteig ☆☆

Von Pforzheim aus setzen wir die Reise fort und fahren das beschauliche Nagoldtal entlang. Die *ev. Kirche* in **Monakam** hält unerwartet ein besonderes Kunstwerk bereit, ein spätgotisches Flügelretabel von 1497 mit einer geschnitzten Beweinung in der Mitte. Die qualitätvollen Flügel entstanden im Umkreis des Ulmer Malers Hans Schüchlin. Das Retabel kam aus der abgerissenen Kapelle »Zum heiligen Kreuz« in die 1801/02 errichtete Kirche.

Einst Sitz der Grafen von Calw, gibt die *Burgruine Liebenzell* mit ihrem in die Schildmauer integrierten gut erhaltenen Bergfried (Aussichtsturm) und den schönen Fensteröffnungen des Palas heute noch ein beeindruckendes Bild eines romanischen Profanbaus. 1954 ist die Burg aus dem frühen 13. Jh. von Jugendlichen aus ganz Europa wieder aufgebaut und als Jugendherberge und Tagungsstätte neu eingerichtet worden. In dem bekannten, traditionsreichen Heilbad **Bad Liebenzell** wurden bereits zu Beginn des 15. Jh. Badehäuser gebaut.

Klosterruine Hirsau

Eines der bedeutendsten geistigen Zentren Deutschlands im hohen Mittelalter war das ehem. Benediktinerkloster Hirsau. Auch wenn die große Anlage nur noch Ruine ist, geht von ihr doch ein eigentümlicher Reiz aus. Vielleicht ist es auch nur die idyllische Lage inmitten der bewaldeten Höhen des Nördlichen Schwarzwaldes, die etwas von der Einsamkeit der Gegend im 11. Jh. erahnen lässt. Das Kloster geht auf eine karolingische Gründung zurück. Die größte Bedeutung erlangte Hirsau unter Abt Wilhelm (reg. 1069/71–92) durch die von

Nagold- und Enztal ▷

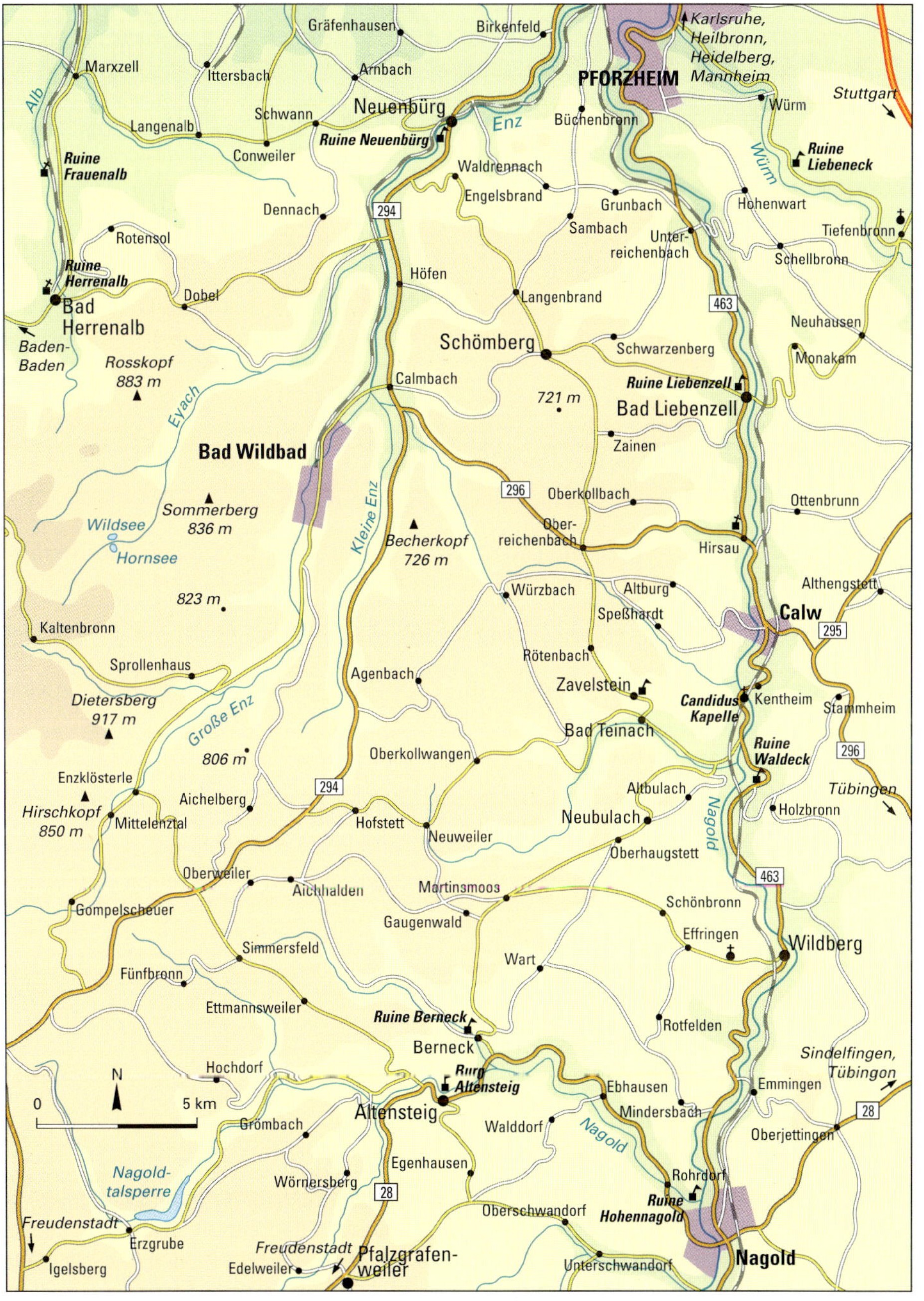

Gräfenhausen
Birkenfeld
Karlsruhe, Heilbronn, Heidelberg, Mannheim
Marxzell
Ittersbach
Arnbach
PFORZHEIM
Stuttgart
Alb
Würm
Schwann
Neuenbürg
Langenalb
Enz
Büchenbronn
Ruine Neuenbürg
Conweiler
Ruine Liebeneck
Ruine Frauenalb
Waldrennach
Engelsbrand
Grunbach
Hohenwart
Dennach
294
Sambach
Unter-reichenbach
Tiefenbronn
Rotensol
Schellbronn
Ruine Herrenalb
Höfen
Dobel
Langenbrand
463
Bad Herrenalb
Neuhausen
Schömberg
Schwarzenberg
Monakam
Baden-Baden
Rosskopf 883 m
Calmbach
Ruine Liebenzell
721 m
Bad Liebenzell
Eyach
Zainen
Bad Wildbad
296
Oberkollbach
Ottenbrunn
Sommerberg 836 m
Ober-reichenbach
Hirsau
Wildsee
Kleine Enz
Becherkopf 726 m
Hornsee
Althengstett
Würzbach
Altburg
823 m
Calw
Speßhardt
295
Kaltenbronn
Rötenbach
Sprollenhaus
Agenbach
Zavelstein
Candidus Kapelle
Kentheim
Dietersberg 917 m
Stammheim
Große Enz
Bad Teinach
Ruine Waldeck
806 m
Oberkollwangen
296
Enzklösterle
294
Altbulach
Tübingen
Hirschkopf 850 m
Aichelberg
Nagold
Holzbronn
Mittelenztal
Hofstett
Neubulach
Neuweiler
Oberhaugstett
Oberweiler
463
Aichhalden
Martinsmoos
Gompelscheuer
Schönbronn
Gaugenwald
Effringen
Simmersfeld
Wildberg
Wart
Fünfbronn
Ettmannsweiler
Rotfelden
Ruine Berneck
Berneck
Sindelfingen, Tübingen
Hochdorf
N
Burg Altensteig
Ebhausen
Emmingen
0
5 km
Altensteig
Mindersbach
28
Grömbach
Walddorf
Oberjettingen
Nagold
Egenhausen
Nagold-talsperre
Wörnersberg
28
Rohrdorf
Ruine Hohennagold
Oberschwandorf
Freudenstadt
Erzgrube
Freudenstadt
Pfalzgrafen-weiler
Igelsberg
Edelweiler
Unterschwandorf
Nagold

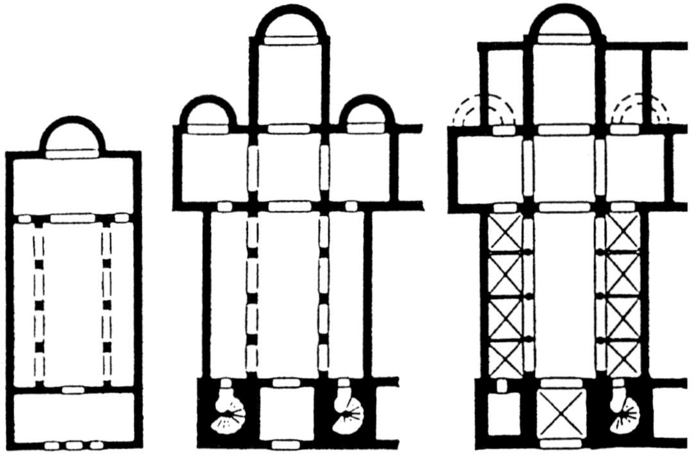

Hirsau, St. Aurelius, Grundrisse nach unterschiedlichen Bauzeiten
Links: 830-838
Mitte: 1059-71
Rechts: nach 1077

ihm ins Leben gerufenen Reformen, die sich auch auf viele andere Klöster auswirkten.

Der eigentliche Ursprung Hirsaus liegt bei der **ehem. Klosterkirche St. Aurelius** (heute kath. Pfarrkirche) auf der rechten Nagoldseite. Nach der Überführung der Gebeine des hl. Aurelius aus Mailand (830) wurde an dieser Stelle ein Benediktinerkloster gegründet und mit dem Bau der Kirche begonnen, die 838 geweiht wurde. Ihr Aussehen ist durch Grabungen bekannt. Es handelte sich um eine dreischiffige Pfeilerbasilika mit Vorhalle und einem nicht über das Langhaus hinausgehenden Querhaus. Nach dem Niedergang der mönchischen Gemeinschaft im 10. Jh. erneuerte Graf Adalbert II. von Calw auf Veranlassung seines Onkels Papst Leo IX. (1002–54) das Kloster ab 1059. Dazu berief er Abt und Mönche aus Einsiedeln, dem damals bedeutendsten Kloster im Südwesten des Reiches. Hirsau wurde also ein zweites Mal gegründet und eine neue Kirche errichtet. Der bestehende Bau ist der Rest dieser 1071 geweihten Säulenbasilika, deren Seitenschiffe gewölbt waren.

Bereits 1069 setzte der Calwer Graf als neuen Abt Wilhelm aus St. Emmeram in Regensburg ein. In Verlängerung der Seitenschiffe ließ dieser noch zwei Nebenchöre bauen. Als das Aureliuskloster zu klein geworden war, begann Wilhelm 1082 mit einem großartigen Neubau auf der anderen Flussseite. Nach dem Umzug des Konvents in das neue Kloster verlor St. Aurelius seine Bedeutung und wurde Priorat. 1584 erfolgte der Teilabbruch der Kirche, nur das in der Höhe reduzierte Langhaus und die Westtürme blieben erhalten. In der Folgezeit als Scheune und Turnhalle missbraucht, besann man sich in den 50er Jahren des 20. Jh. wieder auf die einstige Funktion und rekonstruierte Mittelschiff und Chor. Der Raum ist dunkel, die Proportionen wirken durch die drei stämmigen Säulen mit ihren attischen Basen und mächtigen Würfelkapitellen gestaucht. Die Gestaltung der zwischen die Reste der Vierungspfeiler gespannten Ostwand durch Reliefs stammt von dem Stuttgarter Bildhauer Otto Herbert Hajek, der auch den Altar und den Reliquienschrein im Südschiff entwarf (1955). Neben der Kirche ist seit 1991 im ehemaligen herzoglichen Forsthaus das *Klostermuseum* eingerichtet. Es stellt Fundgegenstände aus den Klöstern und ein Klostermodell aus, das es erlaubt, die baulichen Zusammenhänge vor der Zerstörung 1692 zu erkennen.

Mit Abt Wilhelm wurden die Voraussetzungen für die in der Folgezeit große Bedeutung Hirsaus geschaffen. Wilhelm gab dem Schwarzwaldkloster eine geistige und kirchenpolitische Stellung, die es zum Mittelpunkt der päpstlichen Partei in Deutschland machte. Als entschiedener Befürworter der von Gregor VII. vorangetriebenen Kirchenreform, die Auslöser des Investiturstreits war, erreichte er die Befreiung des Klosters aus der Abhängigkeit der Grafen von Calw, die 1075 ihr Eigenkirchenrecht aufgaben. Hirsau war nun von allen weltlichen Herrschern unabhängig und unmittelbar dem Papst unterstellt, die Abtwahl konnte frei erfolgen.

Die Reformbewegung war vom burgundischen Kloster Cluny, das seit dem 10. Jh. eine Erneuerung des benediktinischen Mönchtums erstrebte, ausgegangen und fasste in Deutschland zuerst in Hirsau Fuß. Von hier aus wurde sie zunächst in einer vom cluniazensischen Vorbild geringfügig abweichenden Form rasch verbreitet. Abt Wil-

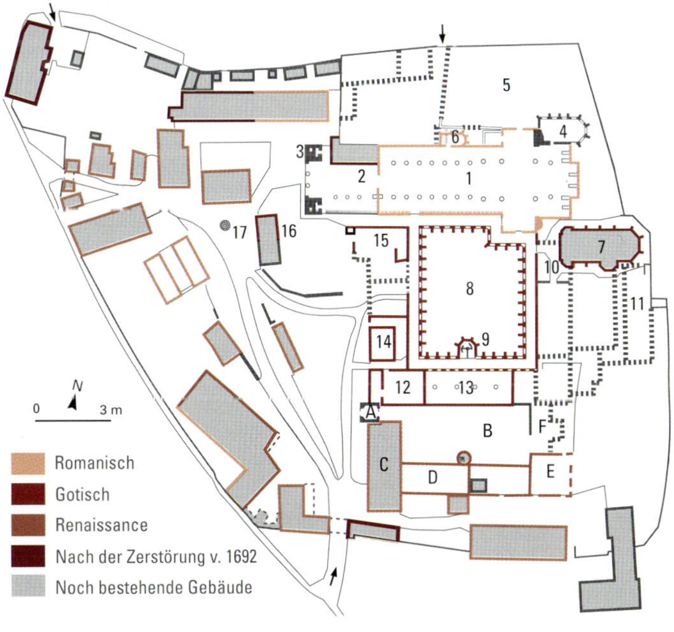

Hirsau, Lageplan des Klosters St. Peter und Paul

Kloster
1 Klosterkirche
2 Vorkirche
3 Eulenturm
4 Allerheiligenkapelle
5 Mönchsfriedhof
6 Kapelle
7 Marienkapelle
8 Kreuzgang
9 Brunnenhaus
10 Kapitelsaal
11 Krankenbau
12 Klosterküche
13 Sommerrefektorium
14 Winterrefektorium
15 Neue Abtei
16 Ehem. Klosterbad
17 Klosterbrunnen

Jagdschloss
A Torturm des Schlosses
B Schlosshof
C Westflügel
D Südflügel mit Treppenturm
E Ostflügel
F Schlossküche

Klosterruine Hirsau, Eulenturm

helm verfasste die *Constitutiones Hirsaugienses,* eine an die strengen Gebräuche Clunys angelehnte, die überaus asketische Lebensführung der Mönche betonende Ordensregel. Das klösterliche Leben wurde darin neu festgelegt, eine Erneuerung der Literatur eingeleitet. Im Vordergrund standen die völlige Besitzlosigkeit der Mönche, strenges Stillschweigen und die feierliche Liturgie. Hinzu kamen der Kampf gegen Laieninvestitur, Simonie (Ämterkauf) und Priesterehe. Laienbrüder, die die Feld- und Handarbeit ausführten, wurden aufgenommen, damit sich die Priestermönche auf die Gebete konzentrieren konnten, Marien- und Kreuzverehrung und die tägliche Messfeier wurden gefördert, das Totengedenken durch die Einführung des Festes Allerseelen gepflegt.

Äußeres Zeichen war der strenge Baustil. Die Kirchenbauten der Reformbewegung bilden innerhalb der romanischen Architektur eine eigene Gruppe. Sie sind durch eine den besonderen liturgischen Bedürfnissen des Reformordens entsprechende Raumanordnung gekennzeichnet. Hierzu gehören Reliquienverehrung, Vermehrung der Gottesdienste und der Altäre, Zunahme der Priester im Konvent und Vertiefung der Askese. Bei hervorragender Bautechnik und Steinbearbeitung wurde Einfachheit und altchristliche Strenge angestrebt.

Abt Wilhelm errichtete ab 1082 die neue **Klosterkirche St. Peter und Paul** nach dem Vorbild der zweiten Klosterkirche von Cluny. Der Neubau war nötig geworden, da der Konvent unaufhörlich wuchs und bei Wilhelms Tod 1091 rund 150 Mönche umfasste – die Laienbrüder nicht mitgerechnet. Kurz vor Wilhelms Ableben wurde die Kirche geweiht, der Konvent siedelte 1092 in das neue Kloster auf der anderen Seite der Nagold über.

Mit der Kirche entstand eine Bauschöpfung von neuem, einzigartigem Charakter, die große baugeschichtliche Folgen haben sollte. Mit einer Länge von 96 m und einer Breite von 22 m gehörte sie zu den größten Gotteshäusern des 11. Jh. Leider sind von dem romanischen Bau nur der nordwestliche Eulenturm und geringe Reste der Umfassungsmauern der Basilika erhalten. Der Grundriss der Kirche ist nach Grabungen gut zu erkennen: Es war eine langgestreckte, dreischiffige Säulenbasilika über lateinischem Kreuz mit ausladenden quadratischen Querarmen, ausgeschiedener Vierung, geradem Chorschluss und einer Vorkirche im Westen. Einen nahezu unverfälschten Raumeindruck einer Kirche nach Hirsauer Vorbild erhält man übrigens in Alpirsbach (s. S. 238).

Die Kirche schloss nach Westen mit einer monumentalen Doppelturmfassade ab. Der Südturm ist nur noch in Ansätzen, der mächtige Nordwestturm vollständig erhalten. Dieser sog. **Eulenturm** (um 1110–20) besitzt sechs Geschosse und hat eine Höhe von mehr als 37 m. Den Sockel des dritten Geschosses umzieht ein Figurenfries. Außer der Ostseite zeigen alle Seiten das gleiche Kompositionsschema mit einem von symbolhaften Tier- und Menschendarstellungen flankierten bärtigen Mann. An den Ecken liegen Löwen als Wächter. Die Bedeutung des Frieses ist umstritten.

Ludwig Uhland ehrte die ehemals zwischen den Schlossruinen aufragende Ulme mit diesen Strophen:
»Zu Hirsau in den Trümmern
Da wiegt ein Ulmenbaum
Frischgrünend seine Krone
Hoch überm Giebelsaum.
Weil des Gemäuers Enge
Ihm Luft und Sonne nahm,
So trieb's ihn hoch und höher,
Bis er zum Lichte kam.
Er wurzelt tief im Grunde
Vom alten Klosterbau.
Er wölbt sich statt des Daches
Hinaus ins Himmelblau.
Es ragen die vier Wände,
Als ob sie nur bestimmt,
Den kühnen Wuchs zu schirmen,
Der zu den Wolken klimmt.«

Klosterruine Hirsau, Marienkapelle, Konsolen mit Apostelfiguren

Im 13. Jh. setzte eine Zeit des wirtschaftlichen und geistigen Zerfalls ein, doch dann begann in der zweiten Hälfte des 15. Jh. eine neue Blütezeit. Das Kloster schloss sich der Bursfelder Reform an und gelangte wieder zu beachtlichem Wohlstand. In den langen Amtsperioden der Äbte Bernhard von Gernsbach (1460–82) und Blasius Schöltraub (1484–1503) wurden die romanischen Konventbauten und der Kreuzgang durch Um- und Neubauten unter Beibehaltung der alten Grundrisskonzeption ersetzt. Mit der Gesamtplanung der 1474–1503 neu errichteten Klausurgebäude wurde Hans Spryß von Zaberfeld betraut. Es entstanden die 1487 geweihte Allerheiligenkapelle, ein Spätwerk des Hans Spryß, und nördlich der Kirche eine weitere Kapelle, die jedoch beide nicht erhalten sind. Dagegen steht die zweigeschossige **Marienkapelle** (heute ev. Pfarrkirche) noch. Diesen letzten größeren Bau des Klosters schuf Martin von Urach 1508–16, wie eine Inschrift an der nördlichen Langhauswand mitteilt. Ursprünglich war sie mit dem westlich anschließenden Kapitelsaal verbunden und bildete zusammen mit den Gebäuden des Krankenhauses und des Noviziats einen selbstständigen, um einen rechteckigen Hof gruppierten Gebäudekomplex. Im Chor und an der südlichen Langhauswand sind das Grabdenkmal des Bauherrn der Kapelle, Abt Johann II. sowie die Memoriensteine für Graf Berthold von Zähringen, Graf Erlafried, den Stifter des ersten Klosters St. Aurelius, und für den hl. Aurelius aufgestellt. Die Konsolen der Gewölbeanfänge sind mit Halbfiguren der zwölf Apostel geschmückt, ansonsten sind die Gewölbe jedoch eine Zutat des 19. Jh. Über der Marienkapelle liegt der einstige Bibliothekssaal des Klosters mit seiner hervorragenden spätgotischen Ausstattung. Den weitläufigen spätgotischen Kreuzgang mit seinen reichen Fenstermaßwerken,

von dem wesentliche Teile der Mauern noch stehen, schufen Hans Spryß von Zaberfeld, Martin von Urach und Peter von Koblenz.

Kloster Hirsau wurde 1535 im Rahmen der Reformation säkularisiert, und wie in vielen anderen Klöstern wurde hier eine Klosterschule eingerichtet. Bis ins 17. Jh. war Hirsau ein häufig besuchter Sommersitz der württembergischen Herzöge. 1586–92 baute der württembergische Hofarchitekt Georg Beer ein **Jagdschloss** für Herzog Ludwig. Die Dreiflügelanlage konnte ihre schönen Renaissancegiebel bewahren. Dazwischen stand die berühmte Ulme, die Ludwig Uhland dichterisch verewigte. 1692 brannten Truppen Ludwigs XIV. unter General Mélac Kloster und Schloss bis auf die Umfassungsmauern nieder. Danach setzte die Zerstörung der Ruine durch Raubbau ein.

Von Calw über Nagold nach Altensteig

Calw, ein hübsches Fachwerkstädtchen, ist die Geburtsstadt Hermann Hesses (1877–1962), dem am Hermann-Hesse-Platz ein Denkmal gesetzt ist.

Die Siedlung entstand einst in Zusammenhang mit der Burg der Grafen von Calw, einem der bedeutendsten schwäbischen Hochadelsgeschlechter, deren Angehörige unter anderem das Kloster Hirsau stifteten. Nachdem die Familie 1345 im männlichen Stamm ausgestorben war, kam die Stadt an Württemberg. Seinen Wohlstand zog Calw – es war lange die bedeutendste Industriestadt Württembergs – aus dem Tuchmacher- und Gerberhandwerk sowie aus dem Salz- und Holzhandel. Das Stadtbild prägen die Fachwerkbauten des 18. Jh., die nach den Brandschatzungen 1634 und 1692 errichtet worden waren.

Einen besonderen Reiz besitzt die *Nikolauskapelle* auf dem Mittelpfeiler der Nagoldbrücke, eine der wenigen erhaltenen mittelalterlichen Brückenkapellen. Der gotische Bau mit einem Dreiachtel-Chorschluss stammt aus dem frühen 15. Jh. Die Skulpturen in den Nischen entstanden 1929. Von der ehem. Stadtbefestigung ist ein Turm erhalten, genannt ›der Lange‹. Der 1518 bezeugte Bau diente einst als Arrestturm (Im Zwinger 20). Am lang gezogenen Marktplatz mit seinen schönen Fachwerkbauten steht das ansehnliche *Rathaus*, das die Wirtschaftskraft der Stadt eindrucksvoll vor Augen führt. Das Erdgeschoss mit der großen Laube stammt von 1673, das Obergeschoss von 1726. Zwei Marktbrunnen mit einem Löwen und dem württembergischen und Calwer Wappen schmücken den Platz.

Am oberen Ende des Marktplatzes kann man im *Hermann-Hesse-Museum* mit Blick auf sein Geburtshaus einiges über sein Leben erfahren. In zehn Räumen zeigt das Museum die Lebens-, Werk- und Wirkungsgeschichte des Schriftstellers, angefangen bei der pietistischen Calwer Kindheit über Stationen in Maulbronn, Tübingen und Basel bis nach Montagnola im Tessin. Die *ev. Stadt-*

Hermann Hesse, Gemälde von Ernst Morgenthaler, 1945. »Das schöne alte Calw ist für mich nach wie vor die Heimmat geblieben, obwohl ich durch meine Art von Weltbürgertum, ... ihr scheinbar ferngerückt bin ...«, sagte Hermann Hesse über seine Geburtsstadt.

Calw, Fachwerk

kirche, am oberen Marktplatz gelegen, wurde ebenfalls durch die Brandschatzungen der Franzosen stark beschädigt. Von der mittelalterlichen Kirche sind nur Chor und Sakristei erhalten, das Langhaus erneuerte man 1884–88. Unter den schönen Fachwerkhäusern abseits des Marktplatzes ist Haus Schnaufer (1692–94) mit seinem Erker hervorzuheben (Lederstr. 39). Jenseits der Nagold ließ 1694 ein wohlhabender Kaufmann das Steinhaus (Bischofsstr. 52), einen dreigeschossigen Massivbau, errichten. Das nahegelegene Vischersche Haus (Bischofsstr. 48) von 1790/91 diente dem Chef der Floß- und Holzhandels-Compagnie Johann Martin Vischer als herrschaftliches Wohnhaus. Das Gebäude beherbergt heute das *Heimatmuseum,* in dem Volkskunst, Zinn, Möbel, kirchliche Kunst und Erinnerungsstücke an Hermann Hesse gezeigt werden.

Im nahegelegenen **Altburg** blieben in der *ev. Pfarrkirche* das originale Holztonnengewölbe und Wandmalereien erhalten. Ein besonderes Kleinod ist die *St. Candiduskirche* in **Kentheim.** Die kleine Gottesackerkirche, eine der ältesten Kirchen im Nordschwarzwald, wurde zwischen 950 und 1075 erbaut. Die Reliquien des Reimser Erzbischofs und Märtyrers Candidus kamen wohl durch einen Verwandten des Grafen von Calw hierher. Die erstmals 1075 als Gründungsgut des Hirsauer Klosters erwähnte Kirche war im 12. Jh. vorübergehend Teil eines Nonnenklosters. Im Langhaus sind noch Wandmalereifragmente aus dem späten 13. Jh. erhalten, die in drei übereinanderliegenden Reihen einzelne Szenen aus dem Leben Christi darstellen. Die Fresken im Chor gehören dem frühen 15. Jh. an (Schlüssel bei der Messnerin, Candidusstr. 11). Auf einem Felsensporn über dem Nagoldtal liegt die **Burgruine Waldeck,** in deren Zentrum der Bergfried aus dem 12. Jh. aufragt.

Die *Burgruine Zavelstein* und der Ort **Zavelstein** oberhalb von Bad Teinach gehören eng zusammen. Sie wurden etwa gleichzeitig gegründet und gehen unmittelbar ineinander über. Das Städtle, ein einstraßiger Burgweiler, war bis zur Gemeindereform 1975 die kleinste Stadt Württembergs. Im befestigten Kern bewahrt sie ihr ursprüngliches, schön hergerichtetes Stadtbild. Über die Vorburg und Zugbrücke gelangt man in den Burghof. Die um 1200 von den Grafen von Calw als Vogtsburg errichtete Anlage ging im 14. Jh. an die Herzöge von Württemberg. Noch heute erhält man einen guten Eindruck von der imposanten Wehranlage, obwohl das von Heinrich Schickhardt entworfene Renaissanceschloss bis auf wenige Mauern 1692 zerstört wurde. Vom Bergfried hat man eine gute Rundsicht.

Das Nagoldtal bietet eine beträchtliche Anzahl an Badeorten. In **Bad Teinach,** einst Sommersitz des Hofes, hatten die württembergischen Herzöge den Ausbau des Bades vorangetrieben. 1617 beauftragte Herzog Johann Friedrich seinen Hofarchitekten Heinrich Schickardt mit dem Bau einer Badeherberge. Nach dem Dreißigjährigen Krieg ließ Herzog Eberhard III. von Württemberg (reg. 1628–74) auch die *ev. Pfarrkirche* errichten, deren originale Ausstat-

Burgruine Zavelstein

tung noch größtenteils vorhanden ist. Vor der Kirche steht der spätgotische Schalenbrunnen, den Martin von Urach um 1489 für die Hirsauer Brunnenkapelle geschaffen hat. Bereits 1714 gelangte er auf Geheiß des Herzogs Eberhard Ludwig (reg. 1677–1733), unter dem das Bad einen großen Aufschwung nahm, hierher. Berühmt ist die einzigartige *Lehrtafel der Prinzessin Antonia* von Württemberg von 1672 an der Chorsüdseite, bei der es sich um eine Neuschöpfung ohne Vorbild handelt. Antonia (1613–79) war die gebildete und fromme Schwester des Kirchenstifters. Die Tafel zeugt von der evangelischen Weltsicht der Stifterin und ihrer theologischen Berater und steht ganz im symbolgläubigen Geist des 17. Jh. Es ist eine Universalschau der christlichen Weltordnung mit Symbolen der vorreformatorischen Überlieferung und Elementen der jüdischen Kabbala. Himmlischer und irdischer Kosmos sind in einer Gesamtschau vereinigt. König Wilhelm I. ließ schließlich durch die Architekten Gott-

Bad Teinach, Lehrtafel der Prinzessin Antonia von Württemberg, Detail

lob Georg Barth und Nikolaus Friedrich von Thouret 1842–45 ein Badhotel errichten.

Das zur Besichtigung wiederhergestellte *Silberbergwerk* in **Neubulach** ist eine Asthma-Therapiestation, da die Luft im Innern völlig staub- und pollenfrei ist. Der Silberbergbau wurde bereits von den Staufern im 11. Jh. begonnen und erst 1924 eingestellt. Die Stadtbefestigung mit dem Calwer Tor ist noch weitgehend erhalten. Die ehem. Bergvogtei entstand nach einem Stadtbrand im Jahre 1505. Ein *Bergwerksmuseum* befindet sich in der Burgstr. 1. Aufgrund seiner exponierten Lage auf dem Talsporn bietet **Wildberg** eine schöne Aussicht. Um 1200 von den Pfalzgrafen von Tübingen errichtet, kamen Burg und Herrschaft zunächst an Pfalzgraf Ruprecht III., dann an Württemberg. An der Stelle der 1618 niedergebrannten Burg wurde in den Jahren 1688–92 ein Amtshaus gebaut, das ein Fliegerangriff 1945 weitgehend zerstörte. In der Oberstadt steht über einer Straßendurchfahrt das dreigeschossige *Rathaus* (1480), ein alemannischer Fachwerkbau, dessen Gefüge allerdings nur im straßenseitigen Erdgeschoss frei liegt. Blasius Berwart schuf 1553 den Marktbrunnen mit dem Standbild Herzog Christophs von Württemberg und dem württembergischen Herzogswappen. Im Fruchtkasten des ehem. Klosters Reuthin befindet sich das *Wildberger Museum.* Es stellt die Geschichte des Klosters, das 1824 einem Brand zum Opfer fiel, und die Textilherstellung in Wildberg dar. Unerwartet trifft man in dem wenige Kilometer entfernten Dorf **Effringen** auf eine interessante dreischiffige *Hallenkirche* mit fast vollständig erhaltener spätgotischer Ausstattung. Zuerst etwa 400 Jahre mit dem Benediktinerkloster Stein am Rhein verbunden, lenkte eine Bürgerfamilie, die Grückler von Bulach, bis zur Reformation ihre Geschicke. Der einschiffige Chor entstand um 1400, das Langhaus um 1500. Die reichen Netzgewölbe schmückt noch die ursprüngliche Rankenmalerei der Zeit um 1520. Eine Besonderheit bilden die als Büsten und Masken gestalteten Gewölbekonsolen im Chor. Dort befinden sich auch Wandmalereien mit ganzfigurigen Heiligenbildern (um 1460). Das Kruzifix stammt aus der Mitte des 13. Jh. Das Chorgestühl schuf Jörg Apt im Jahre 1481.

Die nächste Station ist **Nagold,** das unterhalb der Burg Hohennagold am Zusammenfluss von Nagold und Waldach liegt. Der Ort besitzt einige hübsche Fachwerkhäuser, z. B. die barocke ›Alte Post‹ (Hotel), eine ehem. Poststation der Fürsten von Thurn und Taxis, und weitere in der Schulstraße. Von der gotischen *Pfarrkirche* blieb indes nur der Turm von 1401 erhalten. Die *ev. Friedhofskirche St. Remigius* (Schlüssel beim Messner, Remigiusweg 3), bis ins 15. Jh. Pfarrkirche, wurde auf dem Gelände eines römischen Gutshofes erbaut. Die Kirche geht auf einen karolingischen Vorgängerbau zurück und gehört damit zu den ältesten Gotteshäusern im Nordschwarzwald. Der heutige Bau entstand im frühen 14. Jh., im 15. und 16. Jh. erfolgten mehrere Umbauten. Interessant ist die kleine Kirche aufgrund ihrer Wandmalereien von 1320–25 an der südlichen Langhauswand. Hier werden in zwei Reihen Szenen aus dem Leben Mariens und Christi erzählt: Oben der bethlehemitische Kindermord, die Flucht nach Ägypten, Maria mit dem Christuskind an der Hand, der zwölfjährige Jesus im Tempel und die Taufe Christi. Unten sind die Kreuzigung, Kreuzabnahme, Grablegung, Auferstehung und Christus in der Vorhölle dargestellt. Am Triumphbogen befindet sich der Erzengel Michael als Seelenwäger. Fährt man in südlicher Richtung weiter, so führt die Straße an Wiesen und Feldern vorbei nach Horb (s. S. 234ff.). Wir verlassen Nagold in Richtung Altensteig. Gleich rechter Hand ist ein Parkplatz, von dem aus ein Weg zur **Burgruine Hohennagold** führt. Zunächst Eigentum der Pfalzgrafen von Tübingen, gingen Stadt und Burg um 1250 in den Besitz der Grafen von Hohenberg, die wiederum an Württemberg verkauften. 1646 wurde sie abgebrochen und es stehen nur noch Reste der turmbewehrten Ringmauer aus der zweiten Hälfte des 13. Jh., der Bergfried und Teile des Palas und der Vorburg.

Eine hervorragend gearbeitete Muttergottes kann man in der kleinen *Kirche* in **Rohrdorf** bewundern. Die überlebensgroße Skulptur von 1485 stand einst in dem Altarretabel, dessen gemalte Flügel jetzt in der Staatsgalerie Stuttgart hängen. Dass ein solches Kunstwerk in einen recht kleinen Ort gelangt, erklärt sich daraus, dass in Rohrdorf der Johanniterorden seit 1303 eine Kommende unterhielt, wovon noch einige erhaltene Gebäude zeugen. Die Kirche wurde 1311 geweiht, ihr Langhaus 1740 verlängert.

Die Reise führt weiter nach **Berneck,** einer intakten mittelalterlichen Anlage aus Burgruine, Städtchen und Kirche. Die wunderschöne, malerische Lage kann man beim Hinauflaufen des Burgwegs genießen. Das sog. *Obere Schloss* (nur Außenbesichtigung möglich) in beeindruckender Spornlage beherrscht noch heute das sich an den Berg schmiegende Städtchen. Einziger Überrest der Burganlage der Herren von Berneck ist die mächtig hochragende *Schildmauer*. Sie gibt einen aufschlussreichen Eindruck von der spätromanischen Profanbaukunst im Schwarzwald. An die *Schildmauer* lehnt sich der Schlossneubau der Freiherren von Gültlingen aus den Jahren 1846/47 hufeisenförmig an. Unterhalb liegt der schlichte Erweiterungsbau des sog. *Unteren Schlosses* (1768). In der *Kirche* sind alt- und neutestamentliche Wandmalereien (um 1500) freigelegt. Ferner birgt die Kirche eine um 1420 entstandene kleine Pietà aus Lindenholz, eine spätgotische Sakramentsnische sowie Grabmäler der Ortsherren. Darunter ist das figürliche Grabmal Balthasar von Gültlingens (gest. 1563) hervorzuheben, der als einer der Räte des württembergischen Herzogs maßgeblich an der Einführung der Reformation beteiligt war.

Unweit von Berneck breitet sich eine weitere malerische mittelalterliche Stadt am Hang unterhalb einer Burg aus. **Altensteig** steht als Gesamtanlage unter Denkmalschutz. Das Stadtbild prägen die giebelständigen, vielfach verschindelten Fachwerkhäuser aus dem 15. bis 18. Jh. Die idyllische, hoch über dem Städtchen thronende *Burg* umgibt eine intakte Wehrmauer mit den beiden Türmen ›Himmel‹ und ›Hölle‹. Sie war zunächst Wohnsitz der Grafen von Hohenberg, dann von 1397 bis 1603 unter badischer Herrschaft und schließlich württembergisch. Der massive Unterbau ist aus heimischem Buntsandstein und trägt einen alemannischen Fachwerkaufsatz. Das sog. Alte Schloss beherbergt in vier Etagen das *Heimatmuseum*. Es informiert über die Geschichte der Stadt, der Schlossherren und der Region. Auch typische Berufe des Nordschwarzwaldes werden dargestellt. Bemerkenswert ist der zum großen Teil erhaltene mittelalterliche Innenausbau (14.–15. Jh.) mit Schnitzereien an Decken und Stützpfeilern. Ganz in der Nähe liegt **Altensteigdorf.** In seiner spätromanischen *Chorturmkirche* sind gotische Wandmalereien (um 1300) mit Szenen aus dem Leben Christi bewahrt.

Das Enztal

Besonders sehenswert:
Bad Wildbad ☆
Bad Herrenalb
Frauenalb ☆

Am Ortsende von Altensteig fahren wir Richtung Nagoldtalsperre. Hier treffen wir auf einen unberührten Teil des Nagoldtals mit ehemaligen Mühlen, Forellenteichen und Talauen. Der Nagold-Stausee ist ein beliebtes Naherholungsgebiet und ein Segel- und Surfrevier. Von hier geht es weiter zum **Enzklösterle.** Aus dem einstigen Flößerdorf, das seinen Namen von einem kleinen, nicht mehr vorhandenen Kloster ableitet, ist ein Fremdenverkehrsort geworden. An einem Kohlenmeiler kann man die Herstellung von Holzkohle studieren und im Sommer eine Vorführung anschauen.

Entlang der großen Enz geht es weiter nach **Bad Wildbad.** Bereits seit dem frühen 13. Jh. ist der Ort für seine Bäderkultur bekannt. Die

Bad Wildbad, Graf-Eberhard-Bad (Palais Thermal)

Thermalquellen waren bis 1819 im Besitz der württembergischen Herzöge, die sich gerne hier aufhielten. Bedeutende Persönlichkeiten wie der in Bruchsal residierende Speyrer Bischof Ulrich von Hutten kamen zum Kuren, dann wurde es Staatsbad. Mehrere Brände haben die mittelalterlichen Bauten zerstört. Die heutige Stadtstruktur geht auf Pläne des württembergischen Oberbaudirektors Johann Christoph David von Legers zurück, der nach 1742 auch die Pfarrkirche und neue Badegebäude errichtete. Wildbad besitzt zwei historische Badehäuser: Nicolaus Friedrich von Thouret lieferte den Entwurf für das prachtvolle *Graf-Eberhard-Bad* mit seinen mächtigen Sandsteinfassaden (1840–47). Es ist aufgeteilt in Fürsten-, Herren- und Frauenbad sowie Einzelbäder, die um einen Innenhof gruppiert sind. Dieser wurde bei Umbauten um das Jahr 1900 mit einer Eisen-Glaskonstruktion überdacht, sodass die Maurische Halle entstand. Bezaubernd ist die schöne Jugendstilausstattung. Die Figuren der Badehallen schufen die Bildhauer Bertel Thorvaldsen (1770–1844) und Johann Heinrich Dannecker (1758 1841). Das historistische *König-Karl-Bad* (heute Haus des Gastes) wurde einige Jahrzehnte später fertiggestellt. Sein Treppenhaus ist reich mit Stuck- und Sandsteinarbeiten ausgestattet, die Böden sind mit Mosaiken ausgelegt. Sehenswert ist auch das neue Thermalbewegungsbad (1965) in der Bätznerstraße. Seine wabenförmige Konstruktion wirkte vor allem durch die differenzierte Gliederung im modernen Thermal- und Hallenbadbau bahnbrechend. Wer die Zeit mitbringt, kann sich hier hervorragend entspannen.

Tipp: Von Bad Wildbad kann man mit der Bergbahn auf den Sommerberg (800 m) fahren. Oben hat man einen schönen Blick auf Wildbad. Es gibt Cafés und Restaurants und natürlich Wanderwege. Man kann auch von Kaltenbronn in ca. 6 Std. ohne Steigung zum Sommerberg wandern.

Die Schwarzwald-Bäderstraße führt nun im romantischen Tal der Alb an zwei ehemaligen Klöstern vorbei, die kurz nacheinander von einer Familie gegründet wurden. Graf Berthold III. von Eberstein und seine Frau Uta stifteten 1149 das *Zisterzienserkloster St. Maria* in **Bad Herrenalb** und bestimmten es zu ihrer Grablege. Gut 20 Jahre später war die Klosterkirche fertiggestellt. Das reichsunmittelbare Kloster besaß ein bedeutendes Territorium. Im Bauernkrieg teilweise niedergebrannt und 1535 reformiert, zerstörten es die Schweden im Dreißigjährigen Krieg. Nur wenig blieb von der befestigten Klosteranlage erhalten.

Malerisch ist die Ruine des um 1200 entstandenen ›Paradieses‹, von dem die Außenmauern mit Fensteröffnungen noch stehen. An dem mehrfach gestuften Portal des Mittelschiffes erinnert eine lateinische Inschrift an den Stifter: »Leser, wenn du wissen willst, wie unser Stifter hieß, nun, sein Name war Berthold. Mit den Heiligen umfängt ihn nun die ewige Halle«. Die Ostwand der Vorhalle war zugleich Westwand der Kirche, doch nahm das Paradies nicht die ganze Breite der Westfront ein, da sich im Süden noch ein Teil der Klausur befand. Daher resultiert die Verschiebung der Portalachsen.

Gut vorstellen kann man sich die einstige Anlage beim Betrachten des Klostermodells im Chor der *ehem. Klosterkirche,* einst eine dreischiffige querhauslose Säulenbasilika von acht Jochen und mit drei halbrunden Apsiden. Der 1427 datierte Chor und die dazugehörende Nebenkapelle (um 1250) stammen aus der Zeit vor der Zerstörung, während Turm und Langhaus im 18. Jh. errichtet wurden. Erstaunlich ist indes, dass ein Werk der Zerstörung entging: An der Nordwand des Chores in einer offenen Spitzbogenarkade steht die mächtige, farbig gefasste Tumba des Markgrafen Bernhard von Baden (gest. 1431) mit der liegenden Figur des Toten, der einen differenziert ausgearbeiteten Harnisch trägt. Das Werk stammt vermutlich von einem Straßburger Meister.

Von Bad Herrenalb sind es nur wenige Kilometer talabwärts bis zur idyllisch gelegenen Ruine des **ehem. Benediktinerinnenklosters Frauenalb.** Als Gegenstück zum benachbarten Herrenalb wurde es um 1180–85 von Graf Eberhard III. von Eberstein, Sohn des Stifters von Herrenalb, gegründet. Es durchlebte eine wechselvolle Geschichte. 1508 bis auf die Kirche abgebrannt und im Bauernkrieg mehrfach geplündert, hob Markgraf Ernst Friedrich von Baden-Durlach 1598 das Damenstift im Zuge der Reformation auf. Im Verlauf des Dreißigjährigen Krieges fiel es an die katholische Baden-Badener Linie zurück, die es 1631 mit vier Benediktinerinnen wiederbesiedelte. In der Folgezeit wurden zuerst die Konventsgebäude (1669–1704) nach Entwürfen des Voralbergers Franz Beer und dann die Klosterkirche nach Plänen von dessen Schwiegersohn Peter Thumb (1681–1766) wieder errichtet. Die endgültige Aufhebung des Konvents erfolgte 1802. Nach 1811 zerstörten mehrere Brände Kirche und Klosteranlage. Heute sind nur noch Fassade, Umfassungsmauern und Türme übriggeblieben.

Kirchenruine des ehem. Benediktinerinnenklosters Frauenalb

Die barocke *Klosterkirche* (1727–36) steht in enger Beziehung zu St. Peter im Schwarzwald. Der Bau ist ein Beispiel für das um 1700 verbreitete ›Vorarlberger Münsterschema‹. Die Kirche hatte ein tonnengewölbtes Langhaus zwischen Kapellennischen und darüber liegenden Emporen, ein gleichmäßiges Wandpfeilerschema und im Westen eine tiefe Nonnenempore. Bewahrt blieb bis heute die schlichte Zweiturmfassade, die in drei Achsen und drei Geschosse mit klassischer Säulenordnung gegliedert ist. Zusammengehalten wird sie durch starke Gesimslagen und bekrönt von einem Volutengiebel. Nicht versäumen sollte man einen Blick auf den malerischen Abteigarten mit dem Gartenhaus gegenüber der Kirchenwestfassade. Peter Thumb lieferte wohl die Entwürfe für den um 1730 in drei Terrassen mit Rampen und Treppen am Hang angelegten Garten.

Während sich die restaurierte Orgel (1741) heute in der kath. Pfarrkirche in Ettlingenweier bei Ettlingen befindet, stehen einige Frauenalber Grabmäler seit der Auflösung der Abtei in der *kath. Kirche St. Markus* in **Marxzell.** Zudem gibt es dort ein zu Ehren von Carl Benz eingerichtetes *Fahrzeugmuseum.* Nun geht es auf kleinen Sträßchen nach **Neuenbürg.** Die erhöht über der Stadt liegende Burg der Grafen von Calw-Vaihingen aus der Mitte des 12. Jh. ist Ruine. Das Vordere Schloss, eine teilweise von Heinrich Schickhardt errichtete Renaissanceanlage, erhielt ihr Aussehen unter Herzog Ulrich von Württemberg. Die *ehem. Schlosskirche St. Georg* ist ein frühgotischer Bau, der 1557 im Zuge des ersten Schlossneubaus verändert wurde. Sie birgt einen umfangreichen Zyklus gotischer Wandmalereien (um 1350): Die Südwand zeigt Szenen der Jugend Christi in der unteren Reihe, in der oberen Reihe das Pfingstfest, Marientod und Marienkrönung sowie das Jüngste Gericht und Christusszenen an der Westwand. Eine weitere Gerichtsdarstellung an der Chorbogenwand ist etwa 100 Jahre jünger.

Rastatt, Baden-Baden und Umgebung

Rastatt, das badische Versailles

Rastatt ☆☆
Besonders sehenswert:
Stadtanlage
Prunkräume im Schloss
Schlosskirche
Marktplatz
Städt. Galerie in der Fruchthalle

Die Reise führt nach Rastatt (45 000 Ew.), der einstigen Residenzstadt der Markgrafen von Baden-Baden. Mittel- und Ausgangspunkt ist das einzige unzerstört erhaltene Barockschloss am Oberrhein und eines der ersten, das nach Versailler Vorbild in Deutschland erbaut wurde. Es geht auf den 1697 gefassten Entschluss des Markgrafen Ludwig Wilhelm von Baden-Baden und seiner Gemahlin Sibylla Augusta von Sachsen-Lauenburg (1675–1733) zurück, in einer Schleife der Murg nicht allzuweit entfernt von Baden-Baden, ein Jagdschloss mit einem großen Parterregarten und einer kleinen Planstadt zu errichten. So erhob der Markgraf, der als Reichsgeneralfeldmarschall wegen seiner Siege über die osmanischen Truppen 1689 und 1691 zu Ruhm gekommen war, das Dorf Rastatt zur Stadt. Zwei Jahre später entschied er sich, den schon weit fortgeschrittenen Bau zugunsten eines großzügigen, repräsentativen Herrschaftssitzes im Stile des Schlosses Ludwigs XIV. aufzugeben und seine Residenz ganz nach Rastatt zu verlegen. Der ›Türkenlouis‹ hatte sich Hoffnungen auf die polnische Königskrone gemacht, doch als sich diese zerschlugen, musste er sich endgültig in seinen eigenen Landen niederlassen und hierfür eine geeignete Behausung finden. Enttäuscht hatte er feststellen müssen, dass ihm seine Dienste für das habsburgisch-deutsche Kaiserreich nicht angemessen entlohnt wurden. Ganz im Gegenteil: Das Schloss seiner Väter in Baden-Baden war durch die Truppen Ludwig XIV. stark in Mitleidenschaft gezogen, die Stadt größtenteils niedergebrannt. Nun hieß es etwas Neues schaffen, denn abgesehen von der Zerstörung entsprach das Bergschloss nicht mehr dem Zeitgeschmack, vielmehr brauchte es Raum, um moderne architektonische Konzepte umsetzen zu können. Was lag da näher, als ein Domizil in der Rheinebene zu errichten. Finanziell war der Markgraf durch seine Heirat dazu in der Lage. Seine politische Niederlage sollte mit dem Prunkschloss überspielt werden, um mit den größeren Höfen mithalten zu können und Anerkennung zu erreichen. Dazu berief Ludwig Wilhelm den Bologneser Baumeister Domenico Egidio Rossi (1659–1715) aus Wien, der eine weitläufige Anlage aus Schloss, Garten und Stadt konzipierte, die schon bald nahezu abgeschlossen war. Bereits 1705 zog die markgräfliche Familie ein. Ludwig Wilhelm konnte seine neue Residenz allerdings nur kurze Zeit genießen, denn schon 1707 starb er.

Nach seinem Tod entließ Markgräfin Sibylla Augusta die italienischen Künstler und beschäftigte fortan den aus ihrer Heimat stammenden böhmischen Architekten Johann Michael Ludwig Rohrer (1683–1732). Dieser war ab 1707 für Umbauten, Beseitigung von Bauschäden und ab 1710 für den Anbau des sog. Sibyllenflügels und den Neubau der Schlosskirche verantwortlich. Die Arbeiten schritten nur langsam voran. 1740 übernahm Franz Ignaz Krohmer die

Blick auf
◁ Baden-Baden

Rastatt
1 Residenzschloss
2 Schlosskirche
3 Piaristenkloster (Ludwig-Wilhelm-Gymnasium mit Historischer Bibliothek)
4 Fruchthalle (Städt. Galerie)
5 Ehem. Jagdzeughaus
6 Kath. Pfarrkirche St. Bernhardus
7 Rathaus
8 Kath. Stadtpfarrkirche St. Alexander
9 Pagodenburg
10 Kapelle Maria Einsiedeln

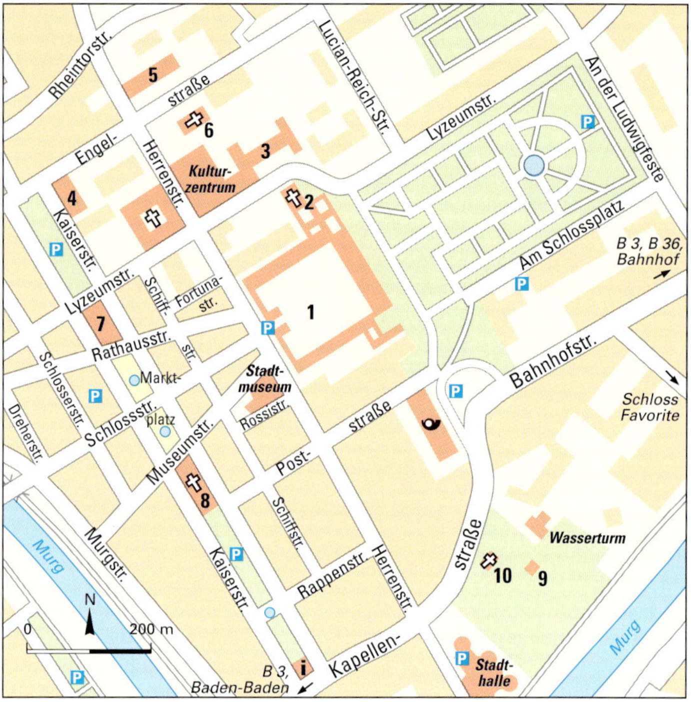

Fertigstellung des Südflügels mit dem nicht mehr erhaltenen Schlosstheater. Als im Jahr 1771 die Baden-Badener Linie der Markgrafen ausstarb, fiel das Land an das Haus Baden-Durlach. Das Schloss wurde nur noch ab und zu genutzt, unterlag daher nicht mehr dem sich wandelnden Zeitgeschmack und ist mit seinen reichen Stuckaturen und Gemälden bis heute beinahe unversehrt erhalten. 1797–99 war das Schloss Mittelpunkt eines Kongresses von Vertretern der am ersten Koalitionskrieg beteiligten Staaten und Länder, bei dem über einen europäischen Frieden mit dem Napoleonischen Frankreich verhandelt wurde (›Rastatter Kongress‹). Nach dem Ende der Revolutionskriege beschloss man 1841 den Ausbau Rastatts als Bundesfestung zur Sicherung der Grenze gegen Frankreich. Ludwig Wilhelm hatte nämlich schon 1697 sein Schloss genau gegenüber dem von Ludwig XIV. 1686 auf einer Insel mitten im Rhein gegründeten Fort Louis errichten lassen, sodass sich die topografische Lage Rastatts für eine Festung geradezu anbot. Ein weiteres interessantes Kapitel Rastatter Geschichte hängt eng mit der Durchsetzung der Demokratie in Deutschland zusammen: In der Feste meuterte im Verlauf der ›Badischen Revolution‹ 1849 die dort stationierte Garnison. Nach den Niederlagen der Freischärler bei Käfertal und Waghäusel ergaben sie sich nach dreiwöchiger, harter Belagerung den eingesetzten preußischen Truppen. 20 Aufständische wurden standrechtlich erschossen. 1888 wurde die Festung geschleift. Die bis heute im Kern unverändert erhaltene barocke Anlage von Schloss und Stadt beeindruckt wegen ihrer immer noch gut zu erkennenden ursprünglichen topografischen Lage: das leicht erhöht liegende Schloss, die Stadt wenige Meter tiefer davor in einem halbkreisförmigen Bogen der Murg. Hinter dem Schloss erstreckte sich eine weite Gartenlandschaft, von der allerdings nur das Parterre geblieben ist. Wie üblich war die neu entstehende Stadt auf den Schlossbau bezogen. Der an einen Gänsefuß (Patte d'oie) erinnernde Grundriss orientierte sich am französischen Vorbild Versailles, auch wenn er freilich um einiges kleiner ausgefallen ist: Vom Ehrenhof des Schlosses gehen strahlenförmig drei Straßen aus, die auf eine breite Querachse treffen und das übrige rechtwinklige Straßennetz durchschneiden. Die mittlere kreuzt den rechteckigen, parallel zum Schloss liegenden Marktplatz, der an den Schmalseiten von Rathaus und Stadtkirche begrenzt wird. Er bildet somit den bürgerlichen Gegenakzent zur fürstlichen Residenz.

Residenzschloss und Schlosskirche

Am besten beginnt man den Rundgang am **Schloss** (1). Schon am Außenbau der in hellem Sandsteinrosa verputzten Dreiflügelanlage wird deutlich, dass hier am Oberrhein mit der Pracht französischer Schlösser und italienischer Paläste gewetteifert werden sollte. Rastatt ist ein typisches Beispiel eines Barockschlosses absolutistischer Prägung mit allen dafür nötigen Bestandteilen. Dem strengen Zeremoniell des Absolutismus entspricht die Symmetrie der Anlage, die auch innen beibehalten wurde. Das langgestreckte, dreigeschossige Corps de logis beherrscht die übrigen Teile, die sich um den Ehrenhof gruppieren. Die Ehrenhofflügel ›Kongressbau‹ und ›Bibliotheksbau‹ verlängern auf der Gartenseite noch die Front des Schlosses. Die Mitte betont ein Laternenturm, auf dem die Figur des blitzeschleudernden Jupiter steht, der im Volksmund ›Goldener Mann‹ genannt wird. In dem weitläufigen Komplex residierte aber nicht nur der Herrscher, hier waren auch die Regierung und Verwaltung, Gäste

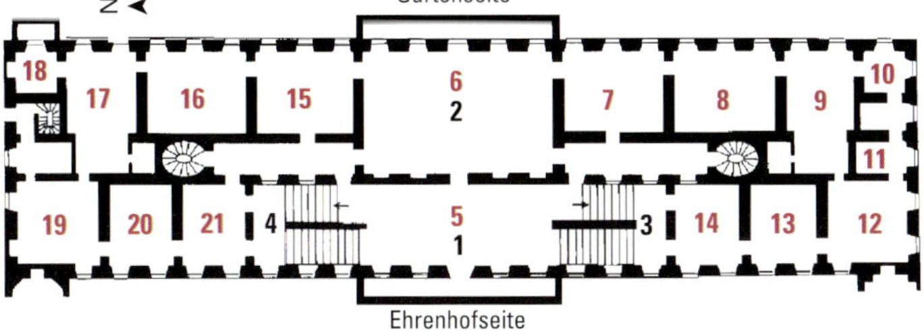

Rastatt, Grundriss des Residenzschlosses

Erdgeschoss
1 Intrada
2 Sala terrena
3 Südl. Treppenhaus (Aufgang)
4 Nördl. Treppenhaus (Aufgang)

Obergeschoss
5 Antisala
6 Ahnensaal
7 Vorzimmer
Gemächer des Markgrafen:
8 Audienzzimmer
9 Schlafzimmer
10 Porzellankabinett
11 Schreib- oder Friedenskabinett
12, 13, 14 Privatgemächer
Gemächer der Markgräfin:
15 Vorzimmer
16 Audienzzimmer
17 Schlafzimmer
18 Kabinett
19, 20, 21 Privatgemächer

und die Dienerschaft untergebracht. Hinter den Ehrenhofflügeln befanden sich Kasernen-, Küchengebäude, Ställe und Remisen.

Über den Ehrenhof gelangt man in die Eingangshalle des **Corps de logis,** dessen Haupträume zu besichtigen sind. Hinter der Eingangshalle (Intrada) erstreckt sich der Gartensaal (Sala terrena), der sich zum Garten hin öffnet. Die gesamte malerische und stuckierte Dekoration des Schlosses stammt aus dem ersten Jahrzehnt des 18. Jh. Um 1750 modernisierte Hofstuckateur Johann Schütz unter Markgraf Ludwig Georg im Rahmen einer zweiten großen Ausstattungsphase viele Räume im Rokokostil, wobei die neue Dekoration den alten Stuck einbezieht, ihn erweitert und prächtiger gestaltet. Die bedeutenden Stuckaturen im Erdgeschoss fertigte Giovanni Battista Artario, der auch die Stuckaturen im Treppenhaus und in der Beletage schuf. Die großzügig angelegten, seitlichen Treppenläufe gehören zu den gelungensten Konzeptionen, die in barocken Schlossbauten verwirklicht worden sind. Sie sind mit aufwendigen Stuckaturen und Fresken geschmückt, die sich auf die Verherrlichung des Bauherrn beziehen, der in Ost und West das Reich verteidigte. Diese Thematik wird in den markgräflichen Gemächern weitergeführt. Beide Treppenläufe besitzen durchbrochene Decken, durch die man vom Erdgeschoss aus bis in das Mezzaningeschoss blickt. Die ovalen Kuppeln zeigen indirekt beleuchtete, allegorische Deckengemälde. Die Treppen führen zur Beletage. Zuerst tritt man in die reich stuckierte ›Antisala‹. Von dort geht es über ein großzügig angelegtes Podest weiter in den *Ahnensaal,* der seinen Namen von den Porträts der markgräflichen Vorfahren ableitet. Der fast zweigeschossige Raum ist der Mittelpunkt der gesamten Anlage und zugleich der zentrale Festsaal des Schlosses, hier wurden die pompösen barocken Feste gefeiert. Seine Ausstattung vermittelt ein unverfälschtes Bild des 18. Jh. Eine korinthische Kolossalordnung aus Pilastern, die mit rosa Stuckmarmor überzogen sind, trägt die stuckierte Decke. Die fünf Deckengemälde stammen von dem Bologneser Maler Giuseppe Roli (1645–1727). Dieser hatte zusammen mit zwei Kollegen 1704 auch die Ausmalung der Staatsgemächer der Markgräfin begonnen, nachdem 1703 der bereits hier tätige Italiener Paolo Manni gestorben war.

Dargestellt ist die Aufnahme des Herkules in den Olymp als Metapher auf die Heldentaten des Türkenlouis. Der heldenhafte Herkules befreit durch sein Tun die Welt von Übeln, ebenso wie Ludwig Wilhelm das Reich gegen die Türken verteidigte und damit zur Rettung der Christenheit beitrug. Verstärkt wird dieser Bezug durch die Stuckfiguren auf den Deckenplatten der Wandpilaster: gefesselte Türken tragen die Deckenwölbung. An den Ahnensaal schließen sich symmetrisch die prunkvollen *Staatsgemächer* des Markgrafen und der Markgräfin an. An ihrer ursprünglichen Ausstattung beteiligten sich ausschließlich italienische Künstler – einzigartig bei einem deutschen Schloss. Die Räume sind ungewöhnlich gut erhalten, und der Besucher kann nachvollziehen, wie sich ihre Bedeutung

Rastatter Schloss, Corps de logis, Mittelrisalit (Ausschnitt). Den Laternenturm bekrönt die Figur des Jupiters (›Goldener Mann‹).

gemäß des höfischen Zeremoniells steigerte: Geradezu mustergültig ist diese Abfolge in der immer aufwendigeren Dekoration von Vorzimmer über Audienzzimmer zum Schlafzimmer erhalten. Während die Staatsgemächer an der Gartenseite liegen, wird die Hofseite des Schlosses von den Privat- oder Winterräumen eingenommen.

Das Vorzimmer der *Gemächer des Markgrafen* freskierte Paolo Manni mit den Tugenden des klugen und starken Herrschers, das Audienzzimmer mit Szenen aus der Apollo-Mythologie. Im Schlafzimmer, wo das höfische Zeremoniell seinen Höhepunkt erreichte, entfaltet sich die volle Pracht fürstlicher Repräsentation. Das Zim-

Rastatter Schloss, Audienzzimmer, Detail der Stuckdekoration

mer besitzt eine bühnenartig gestaltete Bettnische. Darin steht das Prunkbett in einem von Doppelpilastern und -säulen eingefassten Alkoven mit reicher teilvergoldeter Stuckdekoration. Putti halten eine Lorbeergirlande, die auf den Ruhm des von ihnen bewachten Schlafenden hinweist. Das Deckengemälde zeigt eine Allegorie des Winters und die dazugehörigen Tierkreiszeichen. Die anschließenden Räume beherbergen das Porzellan- und das Schreibkabinett. Wände, Decken und Böden sind mit kostbaren hölzernen Wandverkleidungen und Intarsienböden besonders prächtig ausgestattet. Bestückt mit kostbaren Porzellanen und Gläsern, stellten sie den fürstlichen Reichtum zur Schau.

Die *Gemächer der Markgräfin* unterscheiden sich in Stil und Ausführung inhaltlich und künstlerisch von denen des Herrschers. Die mythologischen Themen haben privaten Charakter. Zur Malerei von Giuseppe Roli und seinem Schüler Giuseppe Antonio Caccioli (1672–1740) treten stark vergoldete Stuckverzierungen norditalienischer Maler, die die Grenze zwischen Malerei und Stuckatur aufheben. Dabei tritt der Stuck zugunsten der Fresken immer mehr zurück. Im Vorzimmer zeigt das Deckenbild die Vereinigung von Bacchus und Ariadne, ein Hinweis auf die irdische Vermählung Sibylla Augustas mit Ludwig Wilhelm. Während hier die Architekturmalerei Ton in Ton und ›farblos‹ gehalten ist, entfaltet sich im angrenzenden Audienzzimmer farbenfrohe Malerei mit spielenden Putten. Im Deckengemälde ist anhand des Mythos von Alkmene und ihrem Sohn Herkules die Hauptaufgabe der Fürstin beschrieben: die Erziehung eines Prinzen zum künftigen Helden. Besonders effektvolle Illusionsmalerei bestimmt Wand- und Deckengestaltung. Im Schlafzimmer findet man eine ›Ruhende Venus‹, ein Motiv, das für einen solchen Raum fast zwingend vorgeschrieben war. Kunstvolles

Rastatter Schloss, Vorzimmer, Detail der Stuckdekoration

vergoldetes Rahmenwerk zieht sich über die Decke und umgibt das Gemälde. Über dem Alkoven erhebt sich ein prachtvoller Triumphbogen. Im Miniaturenkabinett waren einst die Wände mit 143 Miniaturgemälden in vergoldeten Rahmen verziert, die leider verloren sind. In den Privaträumen der Markgräfin stellte Giuseppe Antonio Caccioli das Wirken von Göttinnen (Juno und Flora) für Wachstum und Gedeihen dar: die Fürstin als Beschützerin der Wohlfahrt des Landes.

Die mobile Ausstattung des Rastatter Schlosses wurde entfernt, doch können heute wieder einige kostbare Kunstwerke und Mobiliar, die auf der großen Auktion des markgräflichen Privatbesitzes 1995 in Baden-Baden vom Land ersteigert wurden, in ihrem ursprünglichen Zusammenhang an ihrem angestammten Ort präsentiert werden. Das Schloss beherbergt das *Wehrgeschichtliche Museum,* das die deutsche Wehrgeschichte von 1500 bis 1918 darstellt, unter anderem die nachgestellte Schlacht bei Slankamen 1691 sowie die *Erinnerungsstätte für die Freiheitsbewegungen in der deutschen Geschichte,* ein Museum, das gerade in Rastatt, dem Zentrum der Badischen Revolution von 1848/49, gut aufgehoben ist.

Die *ehem. Schlosskirche* (2), heute kath. Hl. Kreuz-Kirche, schließt im Norden direkt an den Wohnflügel der Markgräfin an und ist von außen vollkommen in die architektonische Gliederung des Schlosses eingebunden. Das Versprechen des Markgrafen, der Bevölkerung ein Gotteshaus zu errichten, löste erst seine Witwe ein. Allerdings benutzte sie die Kirche dann doch überwiegend als Hofkirche und schließlich als ihre Grabeskirche. Angeregt von einer Romreise ließ die Markgräfin 1719–23 die Kirche mit einer *Heiligen Stiege* (Scala sancta) erbauen, die ihre Wohnräume mit dem Gotteshaus verband. Der ausführende Architekt war wieder Johann Michael Ludwig Rohrer. Durch das von dem markgräflichen Allianzwappen bekrönte Eingangsportal tritt man in einen prächtig ausgestatteten, weitgehend im Originalzustand erhaltenen Kirchenraum. Die Leitung des Innenausbaus war Franz Pfleger zugetragen worden. Sibylla Augusta bediente sich bei der architektonischen Umsetzung ihrer großen Frömmigkeit der typischen barocken Theatralik: Illusionsmalereien vermitteln den Eindruck eines unendlichen Kirchenraums, die prachtvolle Ausstattung verbindet viele Einzelteile zu einem Gesamtkunstwerk, das den Gläubigen in seinen Bann zieht. Größten Wert wurde auf das Zusammenspiel von Licht und Farben gelegt. Um dies zu verwirklichen, sind neben das große Gewölbefresko vielfältige, kleinere Ornamentfelder getreten. Den Stuck fertigte Johann Baptist Artario. Im *Deckengemälde* ließ sich die Markgräfin als hl. Helena bei der Kreuzauffindung darstellen. Die Legende des Heiligen Kreuzes, dem das Gotteshaus geweiht ist, malte 1722 der aus Böhmen stammende Johann Hiebel (1681–1755). Es bestimmt zusammen mit der über zwei Treppenläufe erreichbaren Altarbühne den Eindruck des Innenraums. Beherrschender Mittelpunkt des gesamten Kirchenraums ist der *Hochaltar* mit dem versilberten Holzkruzifix. Die Altarbilder malte der Böhme Johann Onghers. Der Altar wird von einer stuckierten Wolkenglorie mit der Dreifaltigkeit im Zentrum überragt und durch Alabastersäulen gefasst, die von innen mit Öllämpchen beleuchtet werden konnten. In den Glaskästen an den Längsseiten des Kirchenschiffes werden kostbar gekleidete Reliquien der Heiligen Theodora und Theodor aufbewahrt.

Der **Terrassengarten** auf der Nordostseite des Schlosses war zur Entstehungszeit direkt mit dem Schloss bzw. Schlossgarten verbunden. Allerdings wurden die Entwürfe D. E. Rossis für den Barockgarten des 18. Jh. nie vollständig umgesetzt. Der von Markgraf Karl Friedrich von Baden-Durlach viel später angelegte Garten bestand bis 1832, dann wurde er erst umgenutzt, dann neu angelegt und schließlich verwilderte er. Vom ursprünglichen Garten sind nur die Bauten und wenige Reste des Statuenschmucks erhalten, die jetzige Parkanlage geht auf Planungen der 70er und 80er Jahre des 20. Jh. zurück.

Zu den Nebenbauten der Residenz gehörte auch das ehem. Hofpfarrhaus und **Piaristenkloster** (3), eine schlichte, dreiflügelige Anlage gegenüber der Hofkirche, das heutige Ludwig-Wilhelm-Gymnasium. Die Markgräfin hatte die Piaristenmönche aus Böhmen nach Rastatt kommen lassen. In dem Bau befindet sich die sehenswerte *Historische Bibliothek* mit knapp 25 000 Bänden, z. B. eine 1498 in Augsburg gedruckte Ausgabe des ›Narrenschiffs‹ von Sebastian Brant sowie mehrere von Albrecht Dürer illustrierte Bücher. Einige Bände sind ausgestellt. Das Kloster wurde wie auch das ehem. Vogelsche Haus, das heute das Stadtarchiv und -museum beherbergt (Herrenstraße), von J. M. L. Rohrer in den 20er Jahren des 18. Jh. entworfen und von seinem Bruder Johann Peter Ernst bis 1745 erweitert.

Rund um den Marktplatz

Die **Fruchthalle** (4) in der Engelstraße, ein Zweckbau von 1852/53, beherbergt heute die *Städtische Galerie* mit Kunstwerken badischer Künstler des 20. Jh. Ausgestellt sind u. a. Anselm Kiefer, Horst Antes, Otto Dix, Georg Baselitz und Markus Lüpertz. In der Nähe befindet sich das **ehem. Jagdzeughaus** (5), ein Barockbau, der jetzt von der Polizei genutzt wird.

Hinter dem Piaristenkloster steht die bereits 1207 erwähnte **kath. Pfarrkirche St. Bernhardus** (6), der letzte Überrest des mittelalterlichen Marktfleckens Rasteden. Die Kirche wurde 1771 unter Verwendung des spätgotischen Chorschlusses erneuert. Das 1908 von J. Wagenbrenner gemalte Deckenbild stellt den Auszug des seligen Markgrafen Bernhard von Baden aus Burg Hohenbaden dar. 200 m gegenüber dem Schloss liegt der barocke **Marktplatz** – das bürgerliche Zentrum Rastatts. Hier dominieren das Rathaus und die Stadtkirche. Die Rastatter Bürger mussten freilich lange warten, bis die geplante Stadtanlage endlich ausgeführt war. Das 1716 von J. M. L. Rohrer begonnene **Rathaus** (7) wurde erst 1750 nach Plänen seines jüngeren Bruders Johann Peter Ernst Rohrer fertiggestellt. Es besaß im Erdgeschoss einst offene Arkaden für die Marktleute. Gegenüber steht die **kath. Stadtpfarrkirche St. Alexander** (8), mit der zwar gleich nach der Stadtgründung 1701 begonnen wurde, doch deren Bau bis 1738 stagnierte. Nach einer zweiten Grundsteinlegung kam es endlich 1765 zur Vollendung. Die Entwürfe gehen auf J. P. E. Rohrer zurück, der eine fünfjochige Wandpfeilerhalle mit Emporen konzipierte. Der nüchterne, geradlinige Innenraum mit der ebenso nüchternen Ausstattung deutet bereits auf das Ende des Barock und auf die klaren Formen des aufkeimenden Klassizismus. Die drei Retabel schuf Martin Eigler d.Ä., die Altarblätter Joseph Melling (1736–70). Zwischen den beiden Bauwerken fallen zwei schöne Barockbrunnen (1734) ins Auge: Der Alexiusbrunnen, ein Röhrenbrunnen, ist dem Schutzheiligen gegen Erdbeben gewidmet; der Johann-Nepomuk-Brunnen ist ein ehem. Ziehbrunnen. Beide werden Johann Peter Ernst Rohrer zugeschrieben. Hinter dem Chor der Stadtpfarrkirche St. Alexander steht der Bernhardus-Brunnen (1770–78), der an den 1458 in Moncalieri verstorbenen und später selig gesprochenen Markgrafen Bernhard von Baden erinnert.

In einem Park nahe der Murg außerhalb der einstigen Stadtgrenze erbaute J. M. L. Rohrer 1722/24 die **Pagodenburg** (9) als ›Spielhaus‹ für die beiden markgräflichen Söhne. Auf Wunsch der Markgräfin diente die von Joseph Effner in den Gartenanlagen von Schloss Nymphenburg errichtete Pagodenburg als Vorbild. Der zierliche, zweigeschossige Bau hat einen oktogonalen Kern mit vier kurzen rechteckigen Kreuzarmen. Unmittelbar davor steht eine Nachbildung der Wallfahrts- und Klosterkirche im schweizerischen Einsiedeln, deren Eingangsfront und Gnadenbild zum direkten Vorbild genommen wurden. Die 1717 geweihte **Kapelle Maria Einsiedeln**

Rastatt, Pagodenburg

(10) besitzt ein schmuckreiches Äußeres, doch eine schlichte Ausstattung, ihr Entwurf geht auf J. M. L. Rohrer zurück. 1715 hatte Sibylla Augusta sie zum Dank für den 1714 zwischen Frankreich und Österreich geschlossenen ›Rastatter Frieden‹ gestiftet.

Lustschloss Favorite

Am Rande eines als Fasanerie genutzten Wäldchens ließ Markgräfin Sibylla Augusta in den Jahren 1710–12 ihr Lustschloss Favorite errichten. In diese ländliche Umgebung wollte sie sich vom offiziellen, strengen Zeremoniell der Residenz zurückziehen. Die Lage unweit von Rastatt erlaubte es Sibylla Augusta, an einem Tag hin- und zurückzureisen. Das außergewöhnlich gut erhaltene, kleine Schloss ist ein sehr persönliches Zeugnis, das die Markgräfin nach ihren eigenen Vorstellungen von ihrem Architekten Johann Michael Ludwig Rohrer errichten ließ. In vielem dachte sie dabei an ihr väterliches Schloss Schlackenwerth, ihre Heimat in Böhmen. Dies zeigt beispielsweise der höchst originelle Kieselverputz der Fassaden. Auch auf die Innenausstattung nahm sie Einfluss, seit 1714 unterstützt durch den kunstsinnigen Schlossverwalter Franz Pfleger. Heute liegt das Gebäude inmitten eines englischen Landschaftsgar-

Schloss Favorite liegt etwa 5 km südlich von Rastatt bei Rastatt-Förch.

Schloss Favorite

tens, der allerdings erst 1788 angelegt wurde. Die original erhaltene, prunkvolle Ausstattung birgt eine *kostbare Sammlung* erlesener Keramik, Delfter Porzellan, Straßburger Fayencen und chinesischen Porzellans, die die Markgräfin zusammengetragen hat. Es ist das einzige erhaltene ›Porzellanschlösschen‹ in Deutschland. Nach dem Tod der Markgräfin wurde es nur selten benutzt, dies ist auch der Grund für den guten Erhaltungszustand.

Den Mittelpunkt der Dreiflügelanlage bildet ein vom Erdgeschoss bis in die belichtete Kuppel durch alle Stockwerke gehender *Gartensaal* (Sala terrena), der als Fest- und Speisesaal diente. Von diesem führt eine doppelläufige, geschwungene Freitreppe in den Garten hinab. An den Mittelsaal der Beletage schließen westlich die Gemächer der Markgräfin und östlich die ihres Sohnes, des Erbprinzen Ludwig Georg, an. Sie bestehen jeweils nur aus wenigen Zimmern, die freilich aufs Reichste ausgestattet sind. Die Wanddekorationen sind aus kostbaren Textilien, ostasiatischen Importstücken und Papiermaché gefertigt. Das *Spiegelkabinett* der Markgräfin mit konvexer und konkaver Anordnung der Spiegelscheiben gehört zu den frühesten und reichsten, die in Deutschland bewahrt blieben. Das Kabinett des Erbprinzen, das sog. *Florentinerzimmer*, besitzt zahlreiche Pietra-dura-Arbeiten, Intarsienarbeiten aus Halbedelsteinen. Ebenso wie die Tischplatte dürfte es sich um Geschenke der letzten Großherzogin von Toskana aus dem Hause Medici, der Schwester Sibylla Augustas, handeln. Erstaunlich sind in einigen Räumen die

Schloss Favorite, Florentinerzimmer, Details

Fußböden aus verschieden gefärbtem Stuckmarmor in einer sehr empfindlichen Intarsienarbeit (Scagliola) sowie die Chinoiserie-Dekorationen. Neben den Prunkräumen ist die Küche mit dem ausgestellten Geschirr höchst sehenswert, denn auf diese Facette höfischen Lebens trifft man selten. Es ist also alles andere als ein bescheidenes Schlösschen geworden, in das die Witwe sich manchmal zurückzog.

Die niedrigen, lang gestreckten Arkadenbauten dienten wohl als Orangerie. Vier ehem. Kavaliershäuser stehen zwischen Fasaneriewald und einstigem Barockgarten. Letzterer erstreckte sich vor und hinter dem Schloss mit einem mittleren Wasserbecken. Ab 1787 erfolgte die Umwandlung in einen englischen Garten. Ein Rundweg um das gesamte Schlossareal ist so angelegt, dass sich immer wieder schöne Aussichten in die Landschaft hinaus ergeben. Auf einer Waldlichtung steht die von J. M. L. Rohrer errichtete **Magdalenenkapelle** (um 1717) in der Mitte einer achteckigen Eremitage, umgeben von rindenbeschlagenen Wohnräumen, einer Küche, einem Schlafraum und einem Speisezimmer, ausstaffiert mit lebensgroßen Heiligenfiguren aus Holz und Wachs. Hierhin zog sich die fromme Markgräfin zum stillen Gebet zurück. Es ist ein höchst originelles Zeugnis ihrer Frömmigkeit.

Wer Näheres über den Rhein und über die durch den Fluss geprägte Kulturlandschaft erfahren möchte, ist im **Riedmuseum Ottersdorf** in der Nähe Rastatts gut aufgehoben. In einer historischen Abfolge wird beispielsweise gezeigt, welche Veränderungen durch die Begradigung des Rheins durch Johann Gottfried Tulla seit dem 19. Jh. stattfanden, welche Bedrohung von dem Fluss für die Bewohner ausging und welche Bedeutung der Fluss heute hat. Besonders faszinierend ist eine Simulation des Rheinverlaufs zur Zeit der Korrektion 1852.

Autobahnkirche St. Christophorus

Setzt man die Fahrt von Rastatt nach Baden-Baden auf der Autobahn fort, so lohnt es, den Hinweisschildern zur Autobahnkirche St. Christophorus zu folgen. Der an eine ägyptische Pyramide erinnernde Bau ist ein gelungenes Beispiel zeitgenössischer Kirchenarchitektur mit beziehungsreicher und interessanter Ikonographie (1976–78). Architekt war Friedrich Zwingmann, das künstlerische Gesamtkonzept mit dem bildnerischen Schmuck entwarf der Karlsruher Künstler Emil Wachter, der auch die Kirchen in Osterburken und Ettlingen ausgestattet hat. Das Gotteshaus erhebt sich im Schnittpunkt zweier Ahornalleen, die »in die vier Himmelsrichtungen zeigen, aus denen die Menschen hierher kommen«. An deren Ende strebt jeweils ein reliefierter Turm nach oben. Jeder enthält ein anderes Programm: Im Osten bezieht es sich auf Noah, im Westen auf Johannes d. T., im Norden auf Elia und im Süden auf Moses. Die unterschiedlichsten Materialien haben am Innen- und Außenbau Verwendung gefunden: Beton, Kieselputz, Holz, Glas und Schiefer. Im Innern wirkt die Kirche hell und freundlich, und ebenso wie die Gesamtanlage folgt sie dem Leitgedanken des Kreuzes.

Baden-Baden, die mondäne Kurstadt

Baden-Baden ☆☆
Besonders sehenswert:
Stadtmuseum
Kruzifix in der ehem. Stiftskirche
Römische Bäder
Friedrichsbad
Kurhaus
Kloster Lichtenthal

Nicht erst der römische Kaiser Caracalla, nach dem eine der schönsten und größten modernen Thermen Europas benannt ist, hat im Jahre 213 n. Chr. hier die warmen Bäder genossen. Bereits seit dem 1. Jh. schätzten die Römer Baden-Baden wegen seiner heißen Quellen (69 °C) und gaben der Stadt den Namen *Aquae,* also schlicht Heilbad oder Bad. Der Badeort wurde weithin bekannt und viel besucht, besonders von den in Straßburg *(Argentorate)* stationierten Legionären. Die Römer richteten unterschiedlich ausgestattete Bäder ein, die wohl nach höhergestellten Persönlichkeiten und Soldaten getrennt waren. Das Zentrum des antiken Kurbetriebs bildeten die Badeanlagen am Fuß des Florentinerbergs. Baden-Baden entwickelte sich zu einem regionalen Verwaltungsmittelpunkt. Zahlreiche Funde, die im Badischen Landesmuseum Karlsruhe und den Städtischen Sammlungen Baden-Baden ausgestellt sind, sowie mehrere Ruinen erzählen noch von dieser Zeit. Die Alemannenüberfälle brachten das Ende der Römerherrschaft wie auch das vorläufige Ende des Badebetriebs. Die römischen Anlagen verfielen. Zwar berichten historische Quellen immer wieder über die Stadt, doch erst zu Beginn des 12. Jh. ließ Markgraf Hermann II. von Zähringen (gest. 1130), ein Enkel Bertholds I. von Zähringen, Burg Hohenba-

Blick auf Baden-Baden

den, das sog. Alte Schloss, erbauen und nannte sich fortan ›von Baden‹. Die Errichtung der markgräflichen Residenz auf dem Battert gab auch der nahe gelegenen Siedlung neuen Aufschwung. 1479 zog Markgraf Christoph I. in das tiefer und näher zur Stadt gelegene Neue Schloss. Bereits im späten Mittelalter war das römische Aquae wieder zu einem bekannten Badeort geworden. Wie schon bei den Römern kamen viele ›Kurgäste‹ aus dem nicht weit entfernten Straßburg. Um 1500 gab es nachweislich 12 Badehäuser und 389 Einzelbadekästen. Eine Verordnung führte die erste Kurtaxe Deutschlands ein. Im Jahre 1526 rettete der berühmte Arzt Paracelsus mit den Heilquellen den badischen Markgrafen Philipp I. vor dem Tode. Während der Kriege des 17. Jh. brannte auch Baden-Baden mitsamt seinem Schloss nieder. Anstatt eines barocken Neubaus auf dem Schlossberg zog es Markgraf Ludwig Wilhelm vor, eine ganz neue Residenz im nahegelegenen Rastatt zu errichten. Durch Heirat hatte er die finanziellen Möglichkeiten zur Verwirklichung einer großen, repräsentativen Schlossanlage in der Rheinebene. Die Stadt erlitt durch den Weggang des Hofes einen schmerzlichen Rückschlag in ihrer Entwicklung, der erst gegen Ende des 18. Jh. wieder aufgeholt werden konnte.

Bis heute steht der Name Baden-Baden für eine mondäne Kur- und Bäderstadt, die aufgrund ihres angenehmen Klimas und der landschaftlich reizvollen Lage im Tal der Oos im 19. Jh. die Sommer-Hauptstadt Europas genannt wurde. Der Aufstieg zum Weltbad entwickelte sich rasant. Der zum Großherzog ernannte Markgraf wählte die Stadt zu seiner Sommerresidenz und Kaiser Wilhelm kam jahrelang mit seiner Familie zur Kur. Fortan trafen sich hier gekrönte Häupter, Künstler und Schriftsteller aus aller Welt. 1825 konnten bereits weit über 8000 Kurgäste gezählt werden. An der Oos und den umgebenden Hängen entstanden Paläste, Villen und prunkvolle Hotels, die das Stadtbild prägen. Dostojewskis Roman ›Der Spieler‹ ist aus den eigenen leidvollen Erlebnissen an der Baden-Badener Spielbank entstanden. Hier dichteten Nikolaj Gogol, Clemens Brentano und Ludwig Uhland, hier weilte Honoré de Balzac, und Mark Twain beschrieb die Stadt an der Oos in seinem Buch ›Bummel durch Europa‹. Eugène Delacroix und Gustave Courbet malten Baden-Badener Ansichten, Johannes Brahms komponierte hier viele Sommer lang. Sein Domizil ist heute als Museum eingerichtet.

Das Alte und das Neue Schloss

Vor dem Besuch der Stadt (50 000 Ew.) sei ein Aufstieg zum **Alten Schloss (Schloss Hohenbaden)** auf dem Battert empfohlen. Vom *Bergfried* der Burgruine genießt man eine weite Sicht auf die Rheinebene und verschafft sich einen Überblick über Ober- und Unterburg. Die imposante Anlage ist aufgrund der von Friedrich Wein-

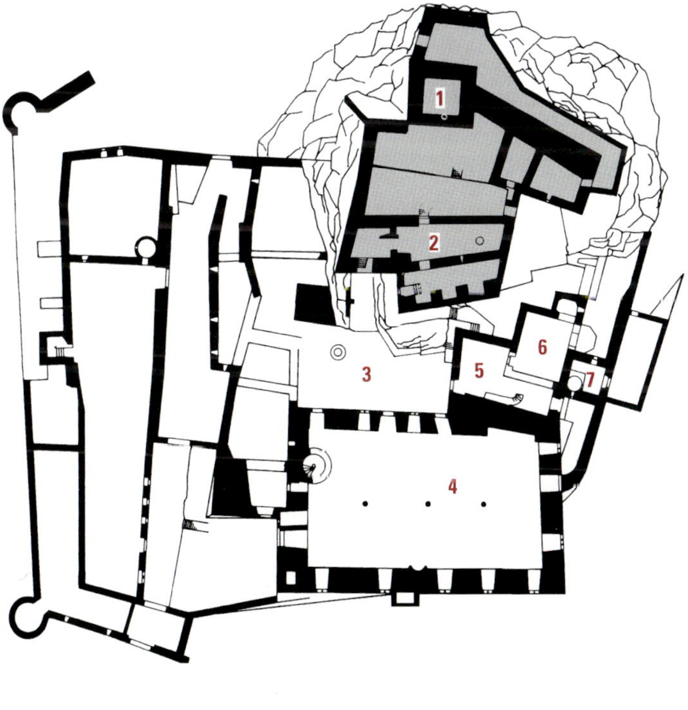

Baden-Baden, Altes Schloss (Schloss Hohenbaden; nach Dehio)
1 Bergfried
2 Hermannsbau
3 Unterer Burghof
4 Bernhardsbau (Palas) mit ehem. Rittersaal
5 Jakobsbau
6 Kapelle
7 Kapellenturm (Wohnturm)

Baden-Baden
1 Neues Schloss (Stadtgeschichtliche Sammlungen)
2 Rathaus
3 Stadtmuseum im Baldreit
4 Ehem. Stiftskirche
5 Altes Dampfbad
6 Friedrichsbad
7 Ehem. Frauenkloster vom Hl. Grab
8 Caracalla-Therme
9 Spitalkirche
10 Kurhaus
11 Neue Trinkhalle
12 Theater
13 Stourdza-Kapelle
14 ›Badischer Hof‹, Drei-Schalen-Brunnen
15 Alter Stadtbahnhof
16 Kath. Pfarrkirche St. Bernhardus
17 Schloss Fremersberg
18 Staatl. Kunsthalle
19 Ev. Stadtkirche
20 Gönneranlage
21 Russisch-orthodoxe Kirche
22 Brahmshaus
23 Kloster Lichtenthal

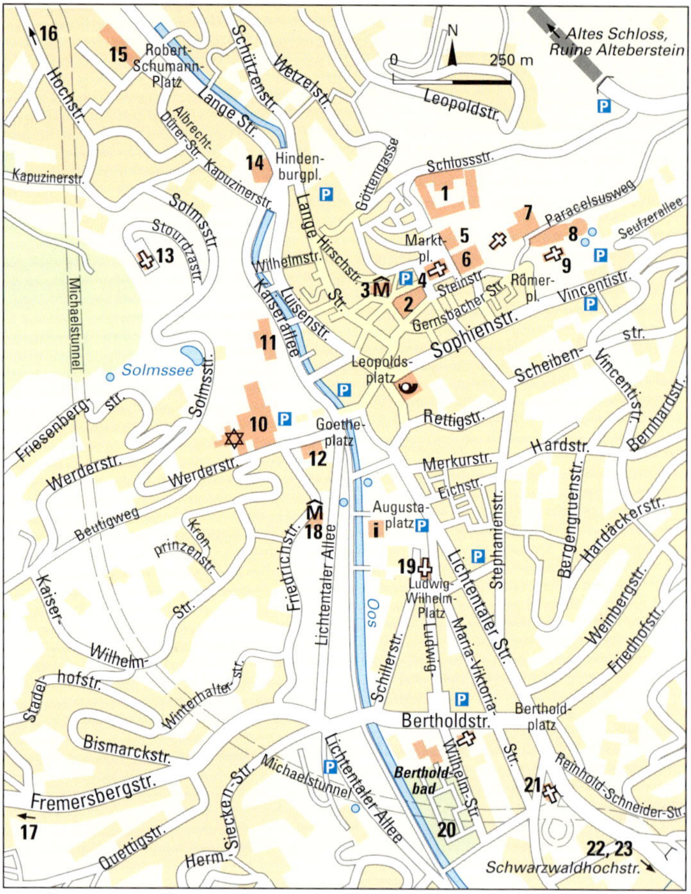

brenner zu Beginn des 19. Jh. durchgeführten Sicherungsarbeiten recht gut erhalten. Von der Stammburg des ersten badischen Markgrafen Hermann II. aus dem frühen 12. Jh. blieben Teile des Burgaufgangs, der Bergfried und die Umfassungsmauern bewahrt. Nach ihm und den Nachfolgern bis Hermann VI. ist der *Hermannsbau* benannt, der höchstgelegene und zugleich älteste Teil der Burg (Oberburg). Schildmauer und Bergfried an der Bergseite und die massiven, fast schmucklosen Mauern lassen deutlich den in dieser Zeit notwendigen wehrhaften Charakter erkennen. Seine Nachfolger sorgten für weitere Befestigungen. Über den *unteren Burghof* gelangt man zu dem erst unter Markgraf Bernhard I. um 1400 erbauten großen *Palas* (Bernhardsbau) im Süden der Anlage. Aus der mittelalterlichen Wehrburg sollte nun eine repräsentative und zugleich wohnlichere Residenz werden. Den einst auf Steinkonsolen und

Flachbogen verankerten Wehrgang, in dem der Schutzcharakter zum Ausdruck kommt, kann man noch erahnen. Im Obergeschoss des Palas befand sich einst ein großer *Rittersaal,* dessen Aussehen man sich gut vorstellen kann: Er besaß an der Wand zum Jakobsbau eine Loge, zudem zwei Kamine und große Fenster. Der Schacht an der Westseite enthielt eine Wendeltreppe, über die man den Rittersaal erreichen konnte. Reste der Stufen sind noch zu erkennen. Die frei stehende Steinsäule im Erdgeschoss lässt dagegen auf die Stützkonstruktion des Palas schließen. Der Sohn Bernhards I. verband den Bau seines Vaters mit der Oberburg und erweiterte so die Anlage um den nach ihm benannten *Jakobsbau.* Von der bereits dort befindlichen *Kapelle,* die von dem neuen Wohngebäude überbaut wurde, haben Gewölbeteile und Fragmente eines kleinen Spitzbogenfensters die Zeiten überdauert. An die Kapelle ist im Osten der mehrstöckige *Kapellenturm* angebaut, der den Burgkaplänen als *Wohnturm* diente. Dies war die letzte Bautätigkeit, denn schließlich verlegte Markgraf Christoph I. 1479 seine ständige Residenz in Stadtnähe, ohne jedoch Hohenbaden ganz aufzugeben. Erst nach einem Brand um 1590 verfiel die Anlage.

Von hier aus kann man auf dem oberen oder unteren Felsenweg zur **Burgruine Alteberstein** wandern. Die urkundlich erstmals 1085 genannte Burg war Sitz der Herren von Eberstein, des ältesten Dynastengeschlechts dieser Gegend. Auf den Kunstreisen durch den Nordschwarzwald begegnet man ihnen häufig, denn als Lehensleute des Bistums Speyer bauten sie hier eine bedeutende Herrschaft auf. Eine geschickte Heiratspolitik brachte umfangreiche Erwerbungen und schließlich den Grafentitel. Im 12. Jh. gründeten Mitglieder der Familie die Klöster Herrenalb und Frauenalb. Bereits gegen Ende des 13. Jh. begann jedoch der Niedergang des Grafengeschlechts. Im Jahre 1283 verkaufte Otto II. von Eberstein die Stammburg an den Markgrafen von Baden und zog nach Schloss Eberstein bei Gernsbach. Die Markgrafen von Baden benutzten die Burg zeitweise als Residenz, dann als Witwen- und Dienersitz. Vom Bergfried aus dem 13. Jh. genießt man eine weite Rundsicht. Der im 16. Jh. umgestaltete Wohnbau beherbergt ein Restaurant (mit Terrasse).

Talabwärts laufen oder fahren wir zum **Neuen Schloss** (1). In die Schlagzeilen kam es im Jahre 1995, als Sotheby's im Auftrag des Markgrafen große Teile der Ausstattung und sonstige Kunstwerke versteigerte. Es war *das* gesellschaftliche Ereignis! Dem Land Baden-Württemberg wurde das Vorkaufsrecht für den Gesamtbestand eingeräumt, doch lehnte man zunächst ab. Dann jedoch entschloss man sich, zumindest einen Teil der bedeutenden Kunstwerke für das Land Baden zu retten, zu dem sie historisch gehören. Heute sind sie Anziehungspunkte in vielen Museen. Das Schloss stand 1999 immer noch zum Verkauf. Aufgrund der hohen Instandsetzungskosten scheint es nahezu unmöglich, Investoren zu finden. In der Zwischenzeit leidet die Bausubstanz, denn Kälte und Nässe nagen am Stammsitz der Zähringer.

Baden-Baden, Neues Schloss

Der Umbau der gotischen Burg zum Renaissanceschloss geht im Wesentlichen auf die Bautätigkeit unter Philipp II. (1559–88) zurück, der als kunstsinniger fürstlicher Mäzen in die Geschichte einging. Der früh verwaiste Markgraf war am Hofe seines Onkels Herzog Albrecht V. von Bayern in München erzogen worden. Von dort kam auch der Baumeister Caspar Weinhart (gest. um 1597). Das Renaissanceschloss diente jedoch nur bis zum Umzug in das neu erbaute Rastatter Schloss im frühen 18. Jh. als Residenz der Markgrafen von Baden. Daher unterblieb ein prunkvoller Ausbau nach dem Brand im Erbfolgekrieg (1689). Als schließlich die Baden-Badener Linie 1771 ausstarb und das Land von Karlsruhe aus weiter regiert wurde, stand das Schloss vorübergehend leer. Im 19. Jh. nutzte es dann der badische Großherzog mit seiner Familie als Sommerresidenz und ließ es im Innern umfassend nach Plänen des Architekten Friedrich Theodor Fischer (1862–1938) gemäß den an Frankreich orientierten Ansprüchen im Neurenaissance-Stil ausbauen.

Betritt man den wegen der beengten Höhenlage etwas unregelmäßig viereckigen Hof durch den spätmittelalterlichen Torturm, hat man den lang gestreckten Remisentrakt zu seiner Rechten (Schlosscafé), den ebenfalls einstöckigen, 1709 wiederhergestellten Kavaliersbau zu seiner Linken. Der Remisentrakt öffnet sich zum Hof in 15 Arkadenbögen, von denen der mittlere einen Wandbrunnen mit der Figur des Aktäon umgibt. Mit diesem Brunnen vollendete Weinhart 1592 den Schlossbau. Um den Hof gruppiert sich zudem der Küchenbau mit seiner zweigeschossigen Loggia und einem später aufgesetzten Fensterstockwerk. Mittelpunkt ist der dreigeschossige *Renaissancepalast,* den Weinhart zwischen 1573 und 1575 ausführte. Die Architektur mit den rustikaumrahmten Fenstern und dem zentralen, kuppelbekrönten Dachreiter sind höchst eigenwillige Schöpfungen der deutschen Baukunst jener Zeit und möglicherweise mit italienischen und französischen Einflüssen zu erklären. Das prächtige Renaissanceportal mit den bandgeschmückten Doppelpilastern, Giebeln und dem Wappenfeld wird von einer Statue der Justitia bekrönt, darüber ist ein barocker Giebel aufgesetzt. Nach alten Beschreibungen zu urteilen, muss das Innere von ausgewählter Pracht gewesen sein, vor allem der Fürstensaal mit seiner Spiegeldecke und den Bildnissen der Markgrafen von Baden-Baden. Im Torbau sind die *Stadtgeschichtlichen Sammlungen* mit Römerfunden und den originalen Portalskulpturen der Stiftskirche untergebracht. Von der Terrasse genießt man eine malerische Rundsicht über die Stadt und den Schwarzwald. Der schöne Schlosspark ist leider nicht mehr öffentlich zugänglich.

Rund um die Stiftskirche

Vom Neuen Schloss geht es die Schlossbergstraße und Stiftsgasse hinunter zum bürgerlichen Mittelpunkt der Stadt, dem Marktplatz. Hier steht das **Rathaus** (2). Der streng gegliederte, schmucklose Bau hatte bereits mehrere Funktionen inne, ehe 1862 der Bürgermeister einzog. Ursprünglich war es für die Jesuiten erbaut worden, die Markgraf Wilhelm (reg. 1622–77) zur Rekatholisierung des Landes geholt hatte. Nach dem großen Stadtbrand von 1689 wurde es zwar zunächst wieder aufgebaut, doch nach Aufhebung des Ordens von Friedrich Weinbrenner bis 1824 umgestaltet. Zunächst diente es als Konversationshaus, dem Vorläufer des heutigen Kurhauses. Bis zu dessen Errichtung an der Oos war hier in der Altstadt das Zentrum des Baden-Badener Kurlebens. Vom Marktplatz aus ist es nicht weit zum **Stadtmuseum im Baldreit** (3). Das historische Ensemble gruppiert sich um einen kleinen, stillen Innenhof und lässt noch gut den Aufbau der mittelalterlichen Badeherberge erkennen, um die es sich einst handelte. Ringsherum lagen 30 Badestuben und genauso viele Zimmer. Im 19. Jh. war hier ein Armenbad untergebracht. 1979 wurde die Anlage restauriert und das Stadtmuseum eingerichtet. Es präsentiert unter anderem Denkmäler der Römerzeit, Sammlungen zur Badegeschichte und zur Spielbank sowie das Grabmal Hans Ulrich Scherers, dem Stifter des berühmten Kruzifixes von Nikolaus Gerhaerts von Leyden, von dem weiter unten die Rede sein wird.

Am Marktplatz steht auch die **ehem. Stiftskirche** (4), heute kath. Pfarrkirche St. Petrus und Paul, der beherrschende Mittelpunkt der Altstadt. Sie erhebt sich über der römischen Thermenanlage. Ver-

Baden-Baden, ehemalige Stiftskirche, Grundriss
1 Sakramentshaus
2 Kruzifix
3 Grabmal Friedrichs IV.
4 Grabmal Philipps I.
5 Epitaph Ludwig Wilhelms I.
6 Sitzmadonna

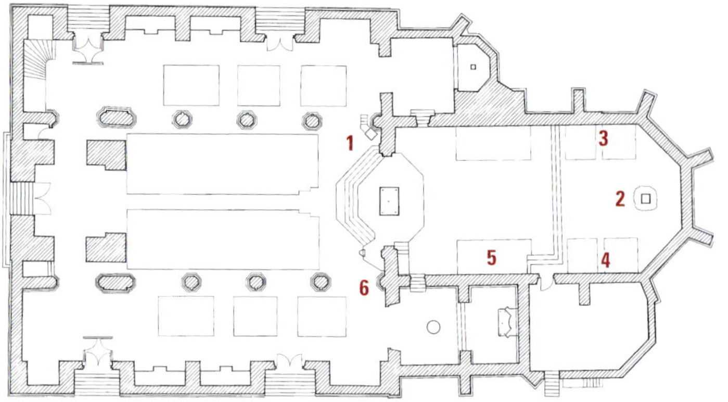

mutlich gab es bereits in ottonischer Zeit an dieser Stelle ein Gotteshaus. Im 13. Jh. entstand dann ein größerer Bau. Von 1391 bis zum Aussterben der katholischen Linie im späten 18. Jh. diente die 1453 durch Markgraf Jakob I. zum Kollegiatstift umgewandelte Kirche als Grablege der Markgrafen von Baden-Baden. Nach der Stiftsgründung erfolgte die Umgestaltung in eine weite Hallenkirche mit hohem Mittelschiff, die von dem romanischen Bau nur den unteren Teil des Westturms übernahm. Diesem wurde ein spätgotisches Portal mit bekrönender Bauskulptur vorgeschaltet, das seine heutige Form freilich erst 1751/52 erhielt: Dargestellt sind eine Verkündigung, ein Prophet und ein König aus dem Alten Testament, eine barocke Marienfigur mit Kind, die von den Schutzheiligen der Kirche flankiert wird, sowie die hl. Veronika mit dem Schweißtuch im Tympanon (Originale befinden sich in den Stadtgeschichtlichen Sammlungen). Nach dem Stadtbrand wurde der Turm durch Johann Michael Ludwig Rohrer 1712/13 wiederhergestellt. Das Langhaus hat seitliche Kapellennischen, die mit den seitlichen Eingängen abwechseln, sodass der Grundriss nahezu quadratisch ist. Die Stiftskirche präsentiert sich heute als ein besonders gelungenes Beispiel spätgotischer Architektur.

Herausragend ist die reiche Ausstattung. Das berühmte *Sakramentshäuschen* besitzt die stattliche Höhe von 12,85 m. Um 1490 hat es ein anonymer Steinmetz geschaffen, der sich selbst am Sockel mit Zirkel und Winkel darstellte. Darüber stehen die Evangelisten mit ihren Symbolen. Es folgt der von drei Propheten umgebene Tabernakel. Im nächsten Geschoss erkennt man die Kirchenpatrone Petrus und Paulus und darüber den hl. Martin mit dem Bettler, Anna selbdritt, Johannes den Evangelisten und schließlich im obersten männliche Gestalten mit Spruchbändern. Deutlich ist der Einfluss Nikolaus Gerhaerts von Leyden erkennbar. Eines seiner wichtigsten Werke, das für die Kruzifixgestaltung der nachfolgenden Generationen weit über den Oberrhein hinaus maßgebend war, befindet sich heute ebenfalls in der Stiftskirche. Es ist das 5,60 m hohe *Sandstein-*

kruzifix vor dem Chor, das bis 1967 auf dem Alten Friedhof stand. Der Wundarzt Hans Ulrich Scherer hatte es einst gestiftet und ließ sich an der unteren Sockelstufe des Kreuzes mit seinem Wappen darstellen. Auf der Rückseite findet sich die Künstlerinschrift sowie die Datierung 1467. Die Wirklichkeitsnähe, die differenzierte Bearbeitung und der ruhige Ausdruck Christi nach überstandenem Leid machen aus dieser Skulptur eines der eindrucksvollsten Werke der Spätgotik.

Der Chor diente seit dem späten 14. Jh. als Grablege der Markgrafen und besitzt entsprechend viele Denkmäler. Die symmetrisch angeordneten *Wandnischengräber von Bischof Friedrich IV.* von Utrecht (gest. 1517) und *Philipp I.* (gest. 1533) zeigen einen vergleichbaren Aufbau. So liegt der Bischof oben in Rüstung und Ornat,

Baden-Baden, ehem. Stiftskirche, Prunkepitaph für den Markgrafen Ludwig Wilhelm I. (Türkenlouis)

Baden-Baden, Römischer Bäderbezirk, Grundriss

Kaiserbäder
1, 2 Becken zur Abkühlung des Thermalwassers
3, 4 Badebecken
5 Heißluftraum

Soldatenbäder
A Caldarium
B Tepidarium
C Sudatorium

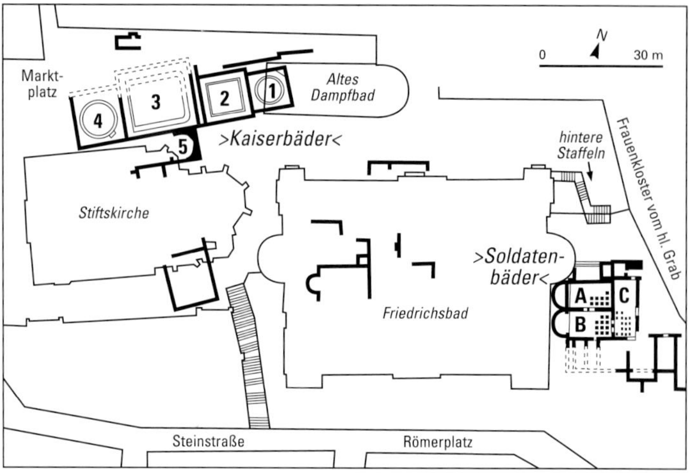

unten zum Zeichen der Vergänglichkeit als Skelett. Der detaillierte Bronzeguss entstand in einer Nürnberger Werkstatt. Der inschriftlich überlieferte Schöpfer des Grabdenkmals Markgraf Philipps I. ist Christoph von Urach. Antoine Coyzevox ist das Grabmal des in antikisierender Gewandung wiedergegebenen Leopold Wilhelm (gest. 1671) zugeschrieben. Beeindruckend ist das riesige *Prunkepitaph für Markgraf Ludwig Wilhelm I.*, den Türkenlouis und Erbauer Rastatts (gest. 1707). Der Hofstuckateur Johann Schütz errichtete es postum im Jahre 1752. Er stellte den Feldherrn in imposanter Pose in Paraderüstung, den Marschallstab in der Hand, auf seiner Grabtumba dar. Allegorien der Tapferkeit, Gerechtigkeit und Weisheit, Trophäen und Embleme umgeben ihn. Deutlich überwiegt die Verherrlichung seiner weltlichen Taten, der militärischen Erfolge des Türkenbesiegers. Am Chorbogen thront eine *Sitzmadonna* aus dem 14. Jh., in der Marienkapelle steht eine spätgotische Marienfigur aus Sandstein und an einem der Turmpfeiler eine gut gearbeitete, spätgotische Christophorusfigur.

Um und unter der Stiftskirche befinden sich die römischen und die neuzeitlichen Bäder. Die **Römischen Kaiserbäder** sind durch die Stiftskirche und die Marktbebauung vollständig überbaut. Nur ein auf dem Straßenpflaster markierter Grundriss weist auf die 1847 bei Bauarbeiten entdeckten, erforschten und nach Bergung einiger Fundstücke wieder zugeschütteten Bäder. Die prachtvolle römische Anlage mit mehreren großen Baderäumen und -becken, einer Bodenheizanlage sowie einem großen Quellheiligtum erstreckte sich von der Stiftskirche bis unter das Alte Dampfbad. Ihre luxuriöse Ausstattung mit Wandverkleidungen aus weißem Marmor und grünem Granit deuten darauf hin, dass sie von höher gestellten Persönlichkeiten benutzt wurde. Hier fand man auch die marmorne Inschriftentafel, die auf die Finanzierung durch Kaiser Caracalla hinweist. Das **Alte Dampfbad** (5) nördlich der Kirche wurde 1846–48 nach Plänen Heinrich Hübschs errichtet. Heute benutzen es verschiedene Kultureinrichtungen als Ausstellungsfläche. Ein beeindruckendes Kunstwerk ist seit 1998 vor dem Gebäude aufgestellt. Mit Bezug zu der einst hier vorhandenen römischen Badekultur bilden drei riesige Amphoren auf langen Eisenstelzen eine Arkade.

Ein Rundgang im Kurviertel

Steigt man die hinteren Staffeln hinab, findet man gleich rechts in einer grottenartigen Nische am Hang die heiße (63 °C) und leicht salzige Fettquelle. Ihr Name bezieht sich auf das Gestein, welches das Wasser wie Fett glänzen lässt. In der nahe gelegenen Tiefgarage unter dem Römerplatz vermitteln die freigelegten **Römischen Soldatenbäder** ein anschauliches Bild antiker Thermen. Der sehr gute Erhaltungszustand ermöglicht Einblicke in die Konstruktion einer solchen Thermalheizungsanlage, in der vor fast 2000 Jahren Römer badeten. Deutlich ist die Aufteilung des Bades in Caldarium (Warmwasserbad), Tepidarium (lauwarmer Verbindungsraum), Sudatorien (Schwitzbad) und Frigidarium (Kaltwasserbad) zu erkennen. Nach Süden schlossen sich die Räume an, die vielleicht als Massage- oder Ruheräume genutzt wurden. Aufgrund einer umfassenden Restaurierung kann man die Anlage z. Zt. (1999) nicht begehen und nur von außen durch eine Glasfront betrachten.

Das 1871–77 entstandene, äußerst luxuriöse **Friedrichsbad** (6) geht auf die Initiative des Großherzogs Friedrich I. zurück. Seine Büste ist neben Porträtmedaillons antiker bis neuzeitlicher Fürsten und Wissenschaftler, die mit der Stadt und dem Kuren in Zusammenhang stehen, an der Fassade dargestellt. Carl Dernfeld (1831–79) entwarf das Gebäude nach dem Muster eines Römerbades als damals modernstes Badehaus Europas, und noch heute gilt es zu Recht als eine der schönsten Thermalanlagen. Die prunkvolle Architektur nach dem Vorbild der italienischen Hochrenaissance lässt nicht unbedingt ein Bad dahinter vermuten. Doch erwartet den Besucher hier, wo aus 2000 m Tiefe die heißesten Thermalquellen Europas sprudeln, eine ganz besondere Badeerfahrung.

Baden-Baden, Friedrichsbad, Detail

Das **ehem. Frauenkloster vom Heiligen Grab** (7), das vermutlich Markgräfin Maria Franziska 1670 stiftete, liegt zwischen Friedrichsbad und der modernen Caracalla-Therme. Die Hauptaufgabe des Ordens der Sepulchrinerinnen bestand in der Erziehung und Ausbildung von Mädchen, das heutige Mädchengymnasium führt diese Tradition weiter. Die Kirche hat den Franzosenangriff von 1689 überdauert, die kurz zuvor fertiggestellten Klosterbauten brannten jedoch nieder und wurden danach wieder neu aufgebaut. Weitere Veränderungen erfolgten im 19. und 20. Jh. Auch die Kirchenfassade erhielt 1895 eine neue Gestaltung. Überzeugend ist der schlichte, einschiffige Innenraum mit dem schönen Gitter, das die Nonnenem-

Vom Römerplatz bietet sich ein kleiner Umweg zum ›Wasserkunst Paradies‹ an, einer 1925 von Max Laeuger geplanten Garten- und Villenanlage. Nach italienischem Vorbild schuf er eine Wassertreppe, Becken und Bassins sowie mehrere Wandbrunnen. Auf einer großen Tafel steht das Gedicht ›Der römische Brunnen‹ von Conrad Ferdinand Meyer.

pore vom Raum der Kirchengemeinde trennt. Die um 1730 entstandene Kanzel ist eine reiche Schnitzarbeit mit pflanzlichen Motiven.

Der Freiburger Architekt Hans Dieter Hecker knüpfte 1983–85 beim Bau der **Caracalla-Therme** (8) an die Tradition der Baden-Badener Bäderkultur an. Die neuzeitliche Thermenlandschaft bietet viele unterschiedliche Möglichkeiten der Erholung. Im ersten Stock der Eingangshalle kann man übrigens das Wasser der Friedrichsquelle, Fettquelle und Murquelle testen. Das große barocke Baden-Badener Spital fiel 1960 der Erweiterung der Kuranlagen zum Opfer. Doch steht noch die kleine **Spitalkirche** (9), von der lediglich eine Achse dem Kurmittelhaus, dem Vorgänger der Caracalla-Therme, weichen musste. Der bereits im 14. Jh. erwähnte, spätgotische Bau wurde nach dem Brand von 1689 wiederhergestellt. Bemerkenswert ist die Innenausstattung: Kanzel und *Chorgestühl* mit ausgezeichneten figürlichen Schnitzereien schuf Hans Kern aus Pforzheim im frühen 16. Jh. Er hat sich selbst auf der Wange der vorderen Reihe des Gestühls als jugendlicher Schreiner verewigt, der auf dem Tisch kniend ein Brett zersägt. Markgraf Philipp hatte das Chorgestühl 1512 der Stiftskirche geschenkt, von dort kam es später in die Spitalkirche. Zudem haben sich mehr als 30 Grabmäler und Epitaphien von Bürgern der Stadt erhalten, die an den Wänden aufgereiht sind. Der Altarblock, dessen Seiten in Bronze gegossene Reliefs mit Motiven aus den Evangelien aufweisen, wurde erst 1995 erschaffen. Harry Mac Lean gestaltete 1951–59 die Fenster aus altem, farbigem Glas. Dargestellt ist die Offenbarung des Johannes. Eine spätgotische, große Ölberggruppe befindet sich hinter der Kirche.

Einen großen Einschnitt in der architektonischen Entwicklung erfuhr Baden-Baden mit dem Aufstieg zum Weltbad zu Beginn des 19. Jh. Neue, größere und repräsentativere Bauten mussten geschaffen werden, bei deren Planung Friedrich Weinbrenner eine führende Rolle spielte. Ein neues Konversationshaus an der Oos sollte das Alte Konversationshaus am Marktplatz ersetzen. Überhaupt hieß es die Enge der Altstadt zu verlassen, um eine neue großzügige Kuratmosphäre zu entfalten. So verlagerte sich in der Folgezeit der Kurbetrieb aus dem Stadtzentrum in das Gebiet unterhalb des Friesenberges. An der Oos entstanden prunkvolle Hotels und Villen des Historismus und des Jugendstils, die der Stadt ihren mondänen Charakter verleihen. Das **Kurhaus** (10) ist heute Repräsentations-, Veranstaltungs- und Tagungsort. Friedrich Weinbrenner baute 1821–24 den sog. Promenadenbau aus dem 18. Jh. zum Neuen Konversationshaus um und schuf damit vielleicht sein bedeutendstes Bauwerk außerhalb der Residenzstadt Karlsruhe. Heute gibt nur der Mittelteil mit seinen acht korinthischen Säulen einen Eindruck von der ursprünglichen Weinbrennerschen Konzeption. Hinter diesem verbirgt sich der ›*Weinbrennersaal*‹, der mit seinen Kassettendecken und schweren Lüstern die Atmosphäre der Kurhaustage des 19. Jh. widerspiegelt. Drei Jahrzehnte später erweiterte der französische Theaterarchitekt Charles Séchan (1803–74) im Auftrag des damali-

Baden-Baden, Trinkhalle, Fresko (Ausschnitt)

gen Spielbankpächters Edouard Bénazet den rechten Flügel um die vier prächtigen *Spielsäle*. Jeder wurde im Stil einer anderen Phase des Barock von Louis XIII. bis Louis XVI. nach dem Vorbild französischer Schlösser ausgestattet. Vorher war hier das Theater untergebracht, doch nun waren Umbauten nötig geworden, da zum einen der zentrale Spielsaal zu klein geworden war und zum anderen die unterschiedlichen Publikumsschichten getrennt werden sollten. Beim Betrachten des Wintergartens, des Roten Saals, des Salon Pompadour und des Florentiner Saals wird man sicherlich zustimmen, hier im »schönsten Spielcasino der Welt« zu stehen. Es ist zugleich das größte und älteste Deutschlands. Und man muss kein Spieler sein, um hier die besondere Atmosphäre eines Spielabends genießen zu können. Die Kolonnaden am Kurhaus bieten exklusive Geschäfte, in denen man sein gewonnenes oder nicht verspieltes Geld bestens anlegen kann.

Bereits 1838 sollte die erst 14 Jahre vorher von Weinbrenner vollendete Alte Trinkhalle durch einen Neubau ersetzt werden. Die Pläne für die 1842 fertig gestellte **Neue Trinkhalle** (11) stammen von Weinbrenners Schüler Heinrich Hübsch. Den 90 m langen Wandelgang mit seinen korinthischen Säulen malte Jakob Götzenberger (1800–66) mit 14 zwar künstlerisch wenig anspruchsvollen, doch inhaltlich recht aufschlussreichen Fresken aus. Sie erzählen einige Legenden der Stadtgeschichte. Das Giebelrelief über der Freitreppe mit der ›Heilung durch die Quellnymphe‹ führte Franz Xaver Reich nach einem Entwurf von Christian Lotsch aus. Die Terrakottareliefs in den Supraporten der Schmalseiten erzählen Allegorien der Tages- und Jahreszeiten, die an den Schmalseiten des Wandelgangs einige Ereignisse der badischen Geschichte. In der Halle kann man das Wasser der Friedrichsquelle testen. Vor dem Gebäude steht ein *Denkmal Wilhelms I.*, der über 40 Jahre regelmäßig in Baden-Baden kurte. Die Büste fertigte Joseph von Kopf (1827–1903). Zudem

liegen um die Ecke im öffentlich zugänglichen Leseraum deutsche und internationale Periodika aus, mit denen die Tradition des Lesekabinetts weitergeführt wird. Das 1862 mit der speziell für diesen Anlass geschriebenen Oper ›Béatrice und Bénédict‹ von Héctor Berlioz eingeweihte **Theater** (12) ist nach Entwürfen des Architekten Charles Dérchy im neubarocken Stil der Pariser Oper erbaut. Der Bau war 1860 notwendig geworden, nachdem der Spielbankpächter Bénazet den Theatersaal im Neuen Konversationshaus den neu eingerichteten Spielsälen geopfert hatte. Im Attikageschoss der Fassade erkennt man die Reliefmedaillons von Goethe (links) und Schiller (rechts) sowie in der Mitte das badische Wappen zwischen Reliefs von Flussgottheiten. Die Skulpturen darüber, Allegorien der Dichtkunst, Musik und Malerei, schuf Lodovic Eugène Durand (1832–1905). Das Rangtheater besitzt eine prunkvolle, vollständig erhaltene Innenausstattung.

Die rumänisch-orthodoxe **Stourdza-Kapelle** (13) oberhalb der Kuranlagen, einen spätklassizistischen Zentralbau, entwarf Leo von

Baden-Baden,
Stourdza-Kapelle

Klenze. Der rumänische Fürst Michael Stourdza hat die Kapelle 1864 nach dem frühen Tod seines Sohnes in Auftrag gegeben. Im Innern stehen die Marmorstatuen der fürstlichen Familie. Weiter geht es an der Oos entlang. Um den Hindenburgplatz gruppieren sich seit dem 19. Jh. einige der großen Luxushotels, für die Baden-Baden berühmt ist. Im Park des Steigenberger Hotels **›Badischer Hof‹** (14) steht eines der bekanntesten Wahrzeichen der Stadt, der 1925 geschaffene *Drei-Schalen-Brunnen*. Das Hotel selbst erhielt sein heutiges Aussehen 1807–09 von Friedrich Weinbrenner, der das ehemalige Kapuzinerkloster zur Nobelherberge umbaute. Hier endet die Kaiserallee und wir laufen noch ein Stück die Lange Straße entlang. Das Gutleuthaus wurde im 16. Jh. wie üblich in einiger Entfernung zur Stadt für Leprakranke eingerichtet. Die heutige Form des lang gestreckten, zweigeschossigen Gebäudes mit einer Giebelfensterreihe im Walmdach entstand 1816 unter Friedrich Weinbrenner.

Das Baden-Badener Festspielhaus, Bühne für großartige Veranstaltungen wie Musicals und Konzerte, ist an den 1977 stillgelegten

Baden-Baden, Alter Stadtbahnhof, zentrale Eingangshalle

Alten Stadtbahnhof (15) angebaut. Bereits 1845 hatte die Kurstadt Baden-Baden mit der Einrichtung einer Stichbahn die Anbindung an die Rheintalstrecke und an die Strecke Wien–Paris erreicht. Durch das hohe Aufkommen an Gästen benötigte man bald einen größeren Bahnhof, der 1892–94 überaus prunkvoll in Neorenaissanceformen verwirklicht wurde. Die zentrale Eingangshalle wird durch beidseitig angeschlossene Galerien mit zwei Eckpavillons verbunden. Die Wartesäle waren streng nach Gesellschaftsschicht getrennt, so blieb der Fürstensaal blaublütigen Reisenden vorbehalten. Die Hauptschalterhalle ist äußerst üppig ausgestattet: Kassettendecken, Böden mit ›Mettlacher Fliesen‹ von Villeroy und Boch, Wandgemälde mit Allegorien der Industrie und Wissenschaften sowie Skulpturen in den Bogennischen.

Etwas abseits in der Weststadt gelegen, ist die 1911–14 von Johannes Schroth (1859–1923) entworfene **kath. Pfarrkirche St. Bernhardus** (16) recht interessant, denn sie besitzt noch ihre nahezu vollständige Ausstattung. Es sollte wohl ein Jugendstilbau werden, doch weckt das Gotteshaus eher Erinnerungen an eine romanische Kirche. Der Turm hinter dem imposanten Kuppelbau mit dem grünen Kupferdach lässt an einen italienischen Campanile denken. Das Mosaik der Westfassade mit dem monumentalen Christusbild, das von jeweils sechs Aposteln umgeben wird, ist allerdings erst nach 1945 entstanden. Die Figuren der Apostel Petrus und Paulus bekrönen die frei stehenden Säulen vor der Kirche, die Figur des Kirchenpatrons den Turm. Im Innern fällt vor allem das Lamm Gottes im Zentrum der Kuppel auf. Darunter singen die 24 Ältesten der Apokalypse des Johannes und ein Engelchor das Lied der Erlösung. Die Hochaltarwand enthält ein Nischenbild mit dem Heiligen Abendmahl. Nicht mehr weit ist es nun zum **Schloss Fremersberg** (17), Ausgangspunkt schöner Spaziergänge. 1716–21 beauftragte Markgräfin Sibylla Augusta ihren Baumeister Johann Michael Ludwig Rohrer mit dem Bau eines Schlosses für ihre beiden minderjährigen Söhne Ludwig Georg und August Georg. Außergewöhnlich ist schon allein die Form: Das eingeschossige Schlösschen ist über dem Grundriss des pfälzischen Hubertusordens als achteckiger Stern errichtet. Die Wahl dieses Grundrisses hängt wohl mit der Auszeichnung des jungen Erbprinzen Ludwig Georg mit dem Hubertusorden zusammen.

Auf dem Weg nach Lichtental

Vom Kurhaus Oos-abwärts gelangen wir am Internationalen Club vorbei zur **Staatlichen Kunsthalle** (18). Den nüchternen Bau aus dem Jahre 1908 planten die Architekten Hermann Billing (1867–1946), Erbauer der Mannheimer Kunsthalle, und Wilhelm Vittali (1895–1920). Das Haus besitzt zwar keine eigene Sammlung, doch werden ständig wechselnde Ausstellungen zeitgenössischer Künstler realisiert. Die einzigen eigenen Bestände sind einige Installationen im Außenbereich. Der Amerikaner Richard Serra (geb. 1939) entwarf 1978 die beiden Stahlplatten, die sich in den Hang vor der Kunsthalle hineinschieben, während die Lichtinstallation an der Fassade ein Werk des Amerikaners Dan Flavin (geb. 1933) ist. Sie unterstreicht seit 1989 bei Dunkelheit die Fassadengliederung des Seitenflügels und tritt in Beziehung zu Stadt, Land und Leuten: Die vertikalen, roten und gelben Stabreihen tragen den Titel ›To the people of Baden-Baden, respectfully‹. Flavin schuf noch eine weitere Installation: Ausgehend von fünf ultravioletten Leuchtstoffröhren schimmert nachts blaues Licht durch das Laub. Rechts neben der Eingangstreppe liegt der lang gezogene Eisenquader ›Lineare Masse‹, den David Rabinowitch (geb. 1943) 1971 konzipierte. Jüngstes Werk ist die 1998 aufgestellte metallene Luftmatratze des Karlsruher Künstlers Jürgen Zimmermann (geb. 1953). Voraussichtlich ab Ende 2001 wird in einem eigenen Anbau ein großer Teil der Sammlung Frieder Burda mit Werken bedeutender zeitgenössischer Künstler wie Gerhard Richter, Sigmar Polke und Georg Baselitz gezeigt werden.

Den **Augustaplatz** beherrscht die imposante, neugotische **ev. Stadtkirche** (19). Die erste evangelische Kirche Baden-Badens wurde ab 1855 errichtet. Friedrich Eisenlohr (1805–54) hatte sie als neugotische Halle mit Doppelturmfassade konzipiert. Das Innere beherrschen die neugotischen Glasfenster mit ihren christologischen Themen. Das Auferstehungsfenster im Chor stiftete Wilhelm I. aus Dankbarkeit für das Misslingen eines 1861 auf ihn in Baden-Baden verübten Anschlags. Der ebenfalls am Augustaplatz stehende rosa gestrichene ›Palais Gagarin‹ besaß ehemals weit größere Ausmaße. In ihm residierte seit 1859 die russische Fürstin Isabella Gagarin mit ihren beiden Töchtern. Sie hatte es verstanden, ihr Haus zu einem gesellschaftlichen Mittelpunkt Baden-Badens zu machen. Einen Blick sollte man auch in den Innenhof des ›Goldenen Kreuzes‹ auf der gegenüberliegenden Straßenseite werfen. Das 1891 errichtete Mietshaus beherbergte einst nahezu ausschließlich Fürsten und Grafen. Heute ist es ein gelungenes Beispiel eines Sanierungsprojekts.

Wir spazieren gemütlich die Lichtentaler Allee weiter zur **Gönneranlage** (20). Die Lichtentaler Allee wurde bereits vor über 300 Jahren mit exotischen Bäumen, Sträuchern und Blumen angelegt. Sie führt mehrere Kilometer an der Oos entlang bis nach Lichtental und war einst Treffpunkt des europäischen Adels, der Künstler und Diplomaten. Rechts und links säumen Luxushotels und private Villen den Weg. Noch heute ist es ein Genuss, hier entlang zu schlendern. Die einst zur Lichtentaler Klosterwiese gehörende Gönneranlage gestaltete der Karlsruher Gartenarchitekt Max Laeuger 1909–12 in geometrischen Formen zu Ehren des Bürgermeisters Albert Gönner. Den Jugendstilbrunnen schuf der Münchner Bildhauer Josef Floßmann (1862–1914). Seine Figuren personifizieren links die Badekur und rechts die Trinkkur. Seit 1952 ist hier ein Rosengarten mit rund 360 verschiedenen Rosenarten angelegt.

Die 1880–82 im byzantinischen Stil errichtete **Russisch-orthodoxe Kirche** (21) mit ihrer goldenen Zwiebelkuppel wirkt zunächst etwas fremd in dieser Umgebung. Doch lebten und kurten in jenen Tagen sehr viele Russen, insbesondere höherer Gesellschaftsschichten, in Baden-Baden. Unmittelbarer Hintergrund für die Erbauung waren schließlich die verwandtschaftlichen Beziehungen zwischen der markgräflichen Familie und dem russischen Zarenhof. Die Ehe Prinz Wilhelms von Baden mit der Schwester Zar Alexanders II. gab den Ausschlag. Den Entwurf lieferte der russische Architekt Iwan Strom, die Ausführung übernahmen Bernhard Belzer und Wladimir Potemkin. Das prächtige Giebelmosaik mit der Verklärung Christi fertigte der Italiener Antonio Salviati nach Plänen Grigor Gagarins. Die gemalten Szenen aus dem Leben Christi stammen von dem Münchner Maler Joseph Anton Schwarzmann. Das **Brahmshaus** (22) im Ortsteil Lichtental ist die einzige in Deutschland noch erhaltene Wohnstätte des Komponisten. Brahms verbrachte die Sommermonate der Jahre 1865–74 in Baden-Baden und komponierte hier die Zweite Sinfonie, die Lichtentaler Sinfonie. Die Mansardenwohnung ist mit nachgebildeten Möbelstücken der Zeit eingerichtet, sodass man in dem kleinen Museum einen guten Eindruck der damaligen Wohnverhältnisse erhält.

Die Lichtentaler Allee führt nun direkt zum **Zisterzienserinnenkloster Lichtenthal** (23), das von einer Schleife der Oos fast dreiseitig umschlossen wird. Durch einen hohen Torbau betritt man den baumbewachsenen Klosterhof, einen stillen, kontemplativen Ort. Irmengard von Baden, eine Enkelin Heinrichs des Löwen, gründete nach dem Tod ihres Gemahls Markgraf Hermann V. im Jahre 1243 das Frauenkloster. Bis heute dient es ohne Unterbrechung seiner Bestimmung. Während fast alle Klöster Badens zu Beginn des 19. Jh. säkularisiert wurden, scheute sich Markgraf Karl Friedrich vor der Profanierung der Grablege seiner Ahnen.

Die den Klosterhof umgebenden Konventgebäude wurden 1728–34 nach Entwürfen des Vorarlberger Baumeisters Peter Thumb völlig neu errichtet. In diese Zeit fällt auch die Einwölbung der gotischen *Kirche*. Heute wirkt der Raum nüchtern und kahl, denn anlässlich einer Restaurierung wurde er weiß getüncht und die Ausstattung größtenteils entfernt. In einer Grabnische im Chor findet sich eine zart gezeichnete gotische Wandmalerei (um 1330) mit der Kreuzigung Christi nebst Stiftern. Der zugehörige Grabstein des 1324 verstorbenen Grafen von Lichtenberg, Urenkel Irmengards, steht heute direkt neben dem hinteren Eingang. Die thronende Muttergottes mit dem Jesuskind war ursprünglich im ehem. Dreikönigretabel (vor 1489) aufgestellt, dessen gemalte Flügel heute in der Karlsruher Kunsthalle hängen (s. S. 142). Ein gelungenes Werk ist auch das spätgotische Triumphkreuz des Pforzheimer Bildschnitzers Hans Kern. Die moderne Fensterverglasung fertigte Emil Wachter. Im Westen sieht man die Empore mit dem Chorgestühl der Zisterzienserinnen. Die Flügel des Frauenchorretabels sind heute in der Fürstenkapelle aufgestellt (1496).

Kloster Lichtenthal, Schlüsselmuttergottes

Die *Fürstenkapelle* stiftete Markgraf Rudolf I. 1288 als Grablege seiner Familie, eine Funktion, die sie annähernd ein Jahrhundert innehatte. Danach ließen sich die Markgrafen in der Stiftskirche bestatten. An der Fassade des 1830–32 weitgehend neugotisch erneuerten Baus finden sich zwei um 1300 entstandene Sandsteinfiguren aus dem aufgelösten Schwarzwaldkloster Allerheiligen mit der Darstellung des ersten Abts Gerungus und seiner Mutter, Uta von Schauenburg, der Stifterin Allerheiligens. Im Giebelfeld steht die hl. Helena. In der Kapelle liegt die Klosterstifterin Irmengard begraben. Den vorzüglichen Grabstein schuf der Straßburger Meister Wölfelin von Rufach um 1350. Er zeigt die Stifterin in lebensgroßer Darstellung mit dem Kirchenmodell in Händen. Weitere beachtenswerte Kunstwerke sind die Tischgräber der Markgrafen Rudolf IV. (gest. 1348), der den für die 40er Jahre des 14. Jh. typischen Spangenharnisch trägt, und Rudolf VI. (gest. 1372), der in voller Rüstung auf der von vier Löwen getragenen Tischplatte liegt. Die Nebenaltäre besitzen die gemalten Seitenflügel und die Predella des berühmten Frauenchorretabels. Ein unbekannter Meister, der nach diesem Werk ›Lichtenthaler Meister‹ genannt wird, schuf es um 1496. Dargestellt sind Szenen aus dem Leben der Heiligen Ursula und Magdalena. Das Hochaltarretabel ist der Heiligen Sippe gewidmet (1503). Am Chorbogen links steht die hochverehrte Schlüsselmuttergottes.

Zum Abschluss kann man das *Klostermuseum* besuchen, in dem hervorragende Werke sakraler Kunst, insbesondere Textilien, ausgestellt sind.

Romanisches Benediktinerkloster Schwarzach

Schwarzach ☆
Besonders sehenswert: Ehem. Klosterkirche St. Peter und Paul

Nahe am Rhein liegt die **ehem. Klosterkirche St. Peter und Paul** (heute kath. Pfarrkirche), eine der wenigen Basiliken des ›Hirsauer Typs‹. Die für ein Benediktinerkloster ungewöhnliche Lage erklärt sich wohl aus der Nähe zu Straßburg und aus der hier entlang führenden Römerstraße. Wahrscheinlich gründete bereits der hl. Pirmin um die Mitte des 8. Jh. das Kloster. Ausgrabungen förderten den Grundriss einer rechteckigen Saalkirche mit querrechteckigem Chor aus der zweiten Hälfte des 8. Jh. zutage, der bis 1190 bestand. 817 wurde das Kloster erstmals urkundlich erwähnt. Wie so viele andere Kirchen hatte Schwarzach im 10. und 11. Jh. teilweise seine Eigenständigkeit verloren. Im 12. Jh. begann unter dem aus Hirsau stammenden Abt Konrad durch die Einführung der cluniazensischen Klosterreform eine neue Blüte des klösterlichen Lebens, dessen positive Wirkung sich auch auf das umliegende Land auswirkte. Für die benachbarten Markgrafen von Baden war das Reichskloster eine starke Konkurrenz. Als es ihnen schließlich gelungen war, die Schirmvogtei über das Kloster zu erwerben, leiteten sie daraus landesherrliche Rechte ab. Dies führte zu jahrelangen gerichtlichen Streitigkeiten, die erst mit der Säkularisation beendet wurden.

Mehrere Brände und Überfälle fügten dem Kloster im Bauernkrieg (1525) Schäden zu, von denen es sich im Reformationszeitalter nur langsam erholte. Die Aufnahme in die Bursfelder Reformkongregation 1607 hatte jedoch die Wiederherstellung der Abtei zur Folge. Ein erneuter Schlag war der Dreißigjährige Krieg. Er raubte der Abtei ihre wirtschaftliche Grundlage und ließ ein verwüstetes Kloster zurück. Trotzdem lebte Schwarzach im frühen 18. Jh. noch einmal auf. Die teilweise niedergebrannten mittelalterlichen Konvent- und Wirtschaftsgebäude wurden erneuert, die romanische Kirche aus Geldmangel lediglich zeitgemäß umgebaut. Es entstand eine große, symmetrische Klosteranlage. Hauptsächlich dafür verantwortlich war der Vorarlberger Architekt Peter Thumb, der auch in Lichtenthal und Frauenalb tätig war. 1803 wurde Schwarzach aufgelöst, die Barockbauten verkauft und abgerissen.

Man betritt den einstigen Klosterbezirk durch das um 1770 entstandene *Haupttor* aus Sandstein. Im Giebelfeld zeigt es das von zwei Löwen gehaltene Abteiwappen, darüber in der Mittelachse den hl. Benedikt mit einem Adler zu seinen Füßen. Über den Seitendurchgängen stehen zwei weitere Ordensheilige, links Placidus und rechts Maurus, der bevorzugte Schüler Benedikts. Der Baubeginn der romanischen *Klosterkirche* erfolgte vermutlich im späten 12. Jh., wobei unter Abt Burkhard (1209–1229) die wichtigste Bautätigkeit zu verzeichnen ist. Bald darauf wurden die Konventbauten errichtet. Das Gotteshaus erfuhr im Laufe der Jahrhunderte zahlreiche Eingriffe in seine Bausubstanz. Nach einem verheerenden Brand im Jahre 1298 wurde die Kirche mit finanzieller Unterstützung der Bischöfe von Straßburg und Basel zügig wiederaufgebaut, denn bereits 1302 erfolgte die Altarweihe. Peter Thumb verbreiterte 1724–32 das Langhaus und baute große Fenster und Altarnischen in die Seitenschiffwände ein. Vor allem diese barocken Veränderungen verschwanden während der letzten Restaurierung in den 60er Jahren des 20. Jh. Die romanische Kirche wurde wiederhergestellt, dabei die Seitenschiffe und zwei Apsiden weitgehend neu erbaut sowie die noch nachweisbare mittelalterliche Farbgestaltung erneuert und die barocken Werke neu aufgestellt.

Die dreischiffige, flach gedeckte Basilika ist in ihrem Grundriss und Aufbau ein später Nachfolger der Klosterkirche Alpirsbach, die den ›Hirsauer Bautyp‹ am reinsten wiedergibt. Der Anschluss an die Hirsauer Reformbewegung lässt sich demnach auch an der Architektur ablesen, vor allem an der Dreiteiligkeit des Chores, dem Fehlen einer Krypta und an der geplanten Anlage einer Vorkirche vor der Westfassade, die aber nie zur Ausführung kam. Spuren dieses Vorhabens sind noch gut zu erkennen. Der starke, erst in der Gotik vollendete Vierungsturm und die Apsiden im Osten prägen das Äußere der Kirche. Das *Tympanon* des Westportals präsentiert den thronenden und segnenden Christus, flankiert von den Kirchenpatronen Petrus und Paulus. Zwei Himmelskörper weisen Christus als Herrscher über die Welt aus. Das moderne Bronzeportal schuf der Freiburger Bildhauer Walter Schelenz.

Die zwölf Langhaussäulen im Innern sind größtenteils Kopien, geben aber den ursprünglichen Zustand wieder. Die eigenwillige Formensprache der Architektur lässt einen Straßburger oder elsässischen Baumeister vermuten. Von der ehemaligen reichen Ausstat-

Schwarzach, ehem. Klosterkirche St. Peter und Paul, Kapitell

tung ist kaum mehr etwas vorhanden. Die mittelalterlichen Kunstwerke gingen bereits im 16. und 17. Jh. verloren, lediglich der romanische Taufbrunnen steht noch im Pfarrgarten. Von der barocken Ausstattung sind einige Kunstwerke bis heute erhalten. Die Gottesmutter an der Seitenschiffwand wird von 15 Tafeln der Darstellung des Rosenkranzes gerahmt. Das monumentale *ehem. Hochaltarretabel* im nördlichen Querhaus schuf der Rastatter Hofschreiner Martin Eigler d. Ä. 1752 im Auftrag Abt Bernhards II. Beck. In der Mitte steht die von der Hl. Dreifaltigkeit aufgenommene Maria Immaculata, seitlich zwischen den Säulen die Kirchenpatrone Petrus und Paulus und außen Benedikt und seine Schwester Scholastika als Schutzheilige des Ordens.

Das geschnitzte *Chorgestühl* (um 1700) zeigt in seiner strengen architektonischen Gliederung reichen ornamentalen Schmuck. In der Mitte ist ein qualitätvolles Relief mit der Krönung Mariens eingesetzt, das wohl bereits Anfang des 17. Jh. für einen anderen Zusammenhang entstanden ist. Die ornamentale *Fensterverglasung* im Chorbereich gestaltete Emil Wachter in den 60er Jahren des 20. Jh. Im südlichen Querhaus steht das um 1700 entstandene *Rufina-Retabel*. Es birgt den Schrein mit den Reliquien der Heiligen, die 1653 nach Schwarzach kamen. Den Erlösungsbaum aus Weidenholz mit Szenen aus dem Leben Christi schnitzte Wilhelm M. A. Müller 1978. Der auferstandene Christus an der Seitenschiffwand bekrönte einst die Barockkanzel. Die schön gestaltete *Orgel* baute der böhmische Orgelbauer Johann Georg Rohrer, ein Bruder des Hofbaumeisters der Markgräfin Sibylla Augusta, in Straßburg 1758. Über den Verbindungsgang zum Pfarrhaus gelangt man in eine kleine Ausstellung zur Geschichte der Abtei. Dort sind auch Fragmente der originalen Säulen aufgestellt. Einige Skulpturen aus dem Kreuzgang befinden sich heute im Badischen Landesmuseum in Karlsruhe.

Ein Stück die Badische Weinstraße entlang

Besonders sehenswert:
Ruine Yburg
Ruine Schauenburg
Fachwerkhäuser in Oberkirch

Zwischen der Oberrheinischen Tiefebene und dem Schwarzwaldaufstieg erstreckt sich ein von der Sonne verwöhntes und mit einem guten Boden ausgestattetes Hügelland. Kein Wunder also, dass hier eines der größten Weinbaugebiete Deutschlands liegt. 80 % der Anbaufläche wird von Riesling eingenommen. Die Tradition des Weinbaus geht bereits auf die Römer zurück. Die erste gesicherte Erwähnung des Reblandes als Weinbaugebiet stammt immerhin aus dem Jahre 1070. In jener Zeit betrieben die Klöster den Weinbau.

Die Fahrt geht kurvenreich durch schöne Winzerdörfer und alte Städte, vorbei an Burgen und Schlösser inmitten von Weinbergen.

Blick auf Varnhalt

Die **Ruine Yburg** überragt die typischen Weindörfer Varnhalt, Steinbach, Umweg und Neuweier. Als einzige deutsche Weinorte dürfen diese neben den Franken den Wein in Bocksbeutel abfüllen. Zudem dürfen sie sich ›Rebland‹ nennen. Von Neuweier aus fährt man zur Ruine hinauf. Auf dem Bergkegel des 517 m hohen Ybergs (Eibenberg) stand schon zur Römerzeit ein Stützpunkt. Der Name leitet sich von der althochdeutschen Bezeichnung *iwa* (Eibe) ab. Auf der um 1200 erbauten Ritterburg saßen Lehensträger der Markgrafen von Baden. Wie fast alle anderen Adelssitze dieser Gegend wurde sie 1689 niedergebrannt. Gut erhalten ist der etwa 20 m hohe Bergfried aus der Entstehungszeit, von dem man die schöne Aussicht über den Schwarzwald und die Rheinebene genießen kann. Erst 1977 wurde die Ringmauer wieder ganz geschlossen. An der Stelle des einstigen Palas steht seit 1892 in zeittypischer Jagdhausform ein Rasthaus (Burg u. Gaststätte Di geschlossen).

Tipp: Wandermöglichkeit zur Yburg von Baden-Baden Lichtental aus (knapp 6 km) oder von Baden-Baden Tiergarten über Steinbruch ›Waldeneck‹ (3,6 km)

Schloss Neuweier geht auf eine im 13. Jh. gegründete Tiefburg zurück. Den heutigen Renaissancebau, der seine historische Bausubstanz größtenteils bewahren konnte, ließ Philipp von Dahlberg 1548 errichten. Ein tiefer Graben läuft um die einstige Wasserburg herum. Sie war wohl nie als Wehrburg erbaut, dazu liegt sie strategisch zu ungünstig. Durch eine Durchfahrt im Gebäude der ehemaligen Stallungen gelangt man in die Vorburg. Zwei Seiten werden von Wirtschaftsgebäuden mit einem großen Schlosskeller eingenommen. Über dem Eingangsportal gibt das Allianzwappen aus Sandstein mit

Blick auf Sasbachwalden

sechs Lilien den Erbauer und das Erbauungsjahr bekannt. Heute kann man im Restaurant die badische Küche genießen. Wenige Kilometer entfernt liegt **Steinbach**. Die einst bedeutende Stadt sollte die Markgrafschaft gegen Süden sichern. Diese Funktion verlor sie mit der Erweiterung des badischen Territoriums. Nach der fast völligen Zerstörung 1689 sank Steinbach in die Bedeutungslosigkeit. Das Langhaus und der Westturm der *kath. Pfarrkirche St. Jakob* wurden erst 1906/07 an der Stelle mehrerer Vorgänger errichtet, nur der Chor entstammt noch der Spätgotik. In der Vorhalle erkennt man ein romanisches Tympanon mit Christus, Jakobus und Johannes. In der Taufkapelle befindet sich eine gotische Beweinung Christi (15. Jh.) und am linken Triumphbogenpfeiler eine Marienfigur mit Kind (um 1480); die Glasmalereien des Langhauses sind neugotisch. An der Außenwand des nördlichen Seitenschiffs steht das imposante Grabmal des 1415 gestorbenen Ritters Georg von Bach aus Schloss Neuweier. Aus Steinbach kam wohl einer der fähigsten Baumeister des deutschen Mittelalters, Erwin von Steinbach (1240/50–1318). Er baute die grandiose Westfassade des nahe gelegenen Straßburger Münsters und soll auch an der Stiftskirche in Bad Wimpfen mitgewirkt haben. Kein Geringerer als Johann Wolfgang von Goethe entriss während seiner Straßburger Studienjahre den Meister seiner Anonymität. Vom Münsterbau und dessen Architektur begeistert, schrieb Goethe den Aufsatz ›Von deutscher Baukunst – D. M. Ervini a Steinbach‹. Ist man an der Geschichte dieser Weingegend interessiert, so kann man das *Rebland-Heimatmuseum* im ehem. Amtshaus besuchen.

In **Eisental** kommt man an der 1752 erbauten *Wendelinus-Kapelle* vorbei. Eine Besonderheit ist **Bühls** *Rathaus*, das sich seit 1880 in der umgebauten einstigen Kirche St. Peter und Paul (1514–24) befindet. Zuvor hatte Carl Dernfeld gegenüber eine große neugotische Kirche (1872–76) nach dem Vorbild des Freiburger Münsters errichtet. Oberhalb von Bühl erhebt sich die Stammburg der Herren von Windeck. Von der auf einer Bergnase um 1200 erbauten **Burg Altwindeck** hat man eine gute Sicht ins Rheintal, insbesondere vom Bergfried (Hotel-Restaurant). In der nächsten Ortschaft, in **Ottersweier,** pilgert man zum geschnitzten Gnadenbild einer sitzenden Madonna (um 1320) im barocken Hochaltarretabel der Wallfahrtskirche Maria Linden aus der zweiten Hälfte des 18. Jh.

In der reizvollen Landschaft, in der neben Wein auch Obst angebaut wird, liegt am Fuße der Hornisgrinde die Fachwerkstadt **Sasbach.** Hier führte einst die Römerstraße vorbei, die Baden-Baden und Straßburg verband. Sasbachs *kath. Pfarrkirche* stammt größtenteils aus dem 18. Jh., nur der Turmchor ist aus dem frühen 16. Jh. erhalten. Bemerkenswert sind die drei erst 1962 angekauften Retabel des fürstbischöflich-würzburgischen Bildhauers Peter Wagner von 1790. Auf dem Friedhof außerhalb der Ortschaft ist ein monumentales *Steinkruzifix* (1549) aufgerichtet, das in der Tradition des berühmten Baden-Badener Kreuzes von Nikolaus Gerhaerts steht.

Die kleine *Nikolauskapelle* (direkt an der B 3), auch Klausenkirchle genannt, des 13./14. Jh. in **Achern** besitzt einen seltenen kleinen Rundturm. Sie wurde zur Abwendung der verheerenden Hochwasser der Acher gestiftet. Will man hier die Weintour abbrechen und die Höhenluft des Schwarzwaldes genießen, so empfiehlt sich die hübsche Strecke über den Wein- und Kurort Sasbachwalden zur Schwarzwald-Hochstraße. **Sasbachwalden** bietet mit seinen vielen Fachwerkhäusern ein bezauberndes Stadtbild. Oder man fährt von Achern nach Kappelrodeck mit der 1879 zu großen Teilen neu errichteten Burg Rodeck. Auch von hier führt eine landschaftlich schöne Route zur Schwarzwald-Hochstraße.

Über Haslach geht die Reise weiter nach **Oberkirch,** wo die *Ruine Schauenburg* zu besichtigen ist. Die von den Herzögen von Zähringen erbaute Burg gehörte einst zu den größten und mächtigsten in Baden. Hier lebte Uta, die Stifterin des Klosters Allerheiligen, die sich, nachdem ihr Gemahl Herzog Welf VI. sie verstoßen hatte, nach dieser Burg benannte. Von dem 1689 zerstörten Adelssitz sind noch Reste wie zwei von ehemals mehreren Wohntürmen erhalten. Die denkmalgeschützte Fachwerkstadt Oberkirch lädt zu einer Pause ein. Besonders idyllisch ist die geschlossene, unter Denkmalschutz stehende *Fachwerkbebauung* in der Gerbergasse an der Rench. Ein schöner Fachwerkbau ist auch das Romantik-Hotel ›Zur oberen Linde‹, das 1702 durch Johann Georg Fischer errichtet wurde (an der B 28).

Die Schauenburg diente dem Schutz der zum Kniebispass führenden Renchtalstraße.

Wallfahrtskirche Lautenbach

Lautenbach: ☆☆
Besonders sehenswert: Hochaltarretabel und Glasmalereien in der Wallfahrtskirche

Die **Wallfahrtskirche Mariä Krönung** in Lautenbach im Renchtal stellt mit ihrer vollständig erhaltenen spätgotischen Ausstattung ein einzigartiges Gesamtkunstwerk dar. Sie hat den Eindruck einer spätgotischen Kirche auch im Innern bewahrt, und dies trotz der Kriege im 16. und 17. Jh., trotz Reformation und Säkularisierung. Die Wallfahrtskirche zeugt vom Stiftungswesen des Spätmittelalters, von dem Bestreben der Menschen, sich des göttlichen Strafgerichts durch gute Werke zu entziehen. Vor allem die Pröpste des Klosters Allerheiligen traten als Stifter und Förderer auf und beauftragten bevorzugt Künstler der nahe gelegenen Kunstmetropole Straßburg.

Wann die Wallfahrt tatsächlich begann, ist unbekannt, doch muss sie 1303 bereits bestanden haben. Den heutigen Kirchenbau ließen

Lautenbach, Grundriss der Wallfahrtskirche Mariä Krönung
A Westportal B Gnadenkapelle C Kanzel D Lettner E Beweinungsretabel F Retabel von 1521 G Kruzifix H Hochaltarretabel
Stifterscheiben: 1 Verkündigung und Heimsuchung – Propst Johannes Magistri 2 Hl. Johannes Bapt. – Friedrich v. Schauenburg und Katharina v. Sulzbach 3 Hl. Katharina – Melchior von Neuenstein und Lucia v. Großweier 4 Hl. Barbara – Melchior v. Schauenburg und Veronika v. Schauenburg 5 Hl. Sebastian – Gebhard v. Neuenstein mit Frau und Johannes v. Neuenstein mit Frau 6 Zusammengefasste Originalfragmente 7 Christus am Kreuz und hl. Achatius mit 10 000 Märtyrern – Anton v. Ramstein und Barbara Bock v. Staufenberg; hl. Jakobus d. Ä. – Pilger und Pilgerin 8 Strahlenkranzmadonna – Notar Joh. Mottenstein und Pilgerin; hl. Johannes Bapt. – Konrad Wegstein und Katharina Wegstein 9 Verkündigung (urspr. im Westfenster) 10 Hl. Ursula – hl. Josef - hl. Norbert v. Xanten (von 1897) – Wappenscheibe d. Bischofs Albrecht v. Straßburg 11 Hl. Leonhard (unter Lettner); Originalfragmente (oberhalb Lettner) 12 Pietà – Bernhard aus dem Sulzbad und Frau Elsa 13 Thronende Gottesmutter mit Kind und Engeln – Schultheiß Heinrich Diestelzweig und Frau Anna

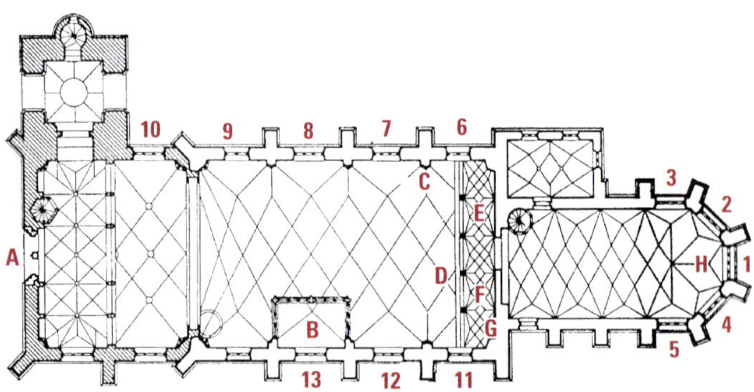

Lautenbach, Wallfahrtskirche Mariä Krönung

1471–88 die Familie Rohart von Neuenstein und Ortenauer Ritter anstelle einer kleinen Wallfahrtskirche errichten. Seit 1480 befand sich die Kirche im alleinigen Besitz des nahe gelegenen Prämonstratenserklosters Allerheiligen, dessen Mönche sich 1470 nach einem dortigen Brand vorübergehend in Lautenbach niedergelassen und ein Klosterhospiz eingerichtet hatten. Die Bauten sind noch an der Südseite der Kirche erhalten. Dort im Pfarrgarten steht auch der Wallfahrtsbrunnen mit Mariensäule.

Die Architektur der Kirche ist recht einfach. Als Baumeister ist Hans Hertwig von Bergzabern, ein Steinmetz der Straßburger Hütte, überliefert. Er schuf auch die schmuckreiche Gnadenkapelle und den Lettner im Innern. Bevor man die Kirche betritt, richte man seinen Blick auf das *Westportal*, auf die Muttergottes mit Kind und die zwei sie krönenden Engel aus der Erbauungszeit der Kirche. Die qualitätvolle Figur gehört in den Umkreis des Nikolaus Gerhaerts. Im Innern fällt zuerst die spätgotische *Gnadenkapelle* auf, die 1485 über den Fundamenten der ersten Wallfahrtskapelle errichtet wurde. Stifter war die Ortenauer Ritterschaft: Die Wappen der Familien

Bach, von Roeder und von Schauenburg erkennt man in den Schlusssteinen. In der durch die großen Fenster sehr hell wirkenden Kapelle befand sich das 1973 gestohlene Gnadenbild der Muttergottes, das seitdem durch eine Kopie ersetzt ist.

Die *Kanzel* hat Johannes Mayr aus Gengenbach 1650 in reicher Intarsienarbeit gestaltet. In den Bogenöffnungen des *Lettners* (1488), der den Bereich der Chorherren mit dem Hochaltar vom Langhaus trennte, standen einst vier Retabel. Ehemals bestand in jeder Kloster- und Stiftskirche die liturgische Notwendigkeit, Chor und Langhaus zu teilen. Doch wurden die Lettner meist in späterer Zeit wieder abgebrochen, da sie überflüssig geworden waren. Mariä Krönung verfügt nicht nur über einen intakten Lettner, sondern auch über zwei in ihrem ursprünglichen Zusammenhang erhaltene Lettner-Retabel. Das 1523 datierte *Beweinungsretabel* links stiftete der Propst Heinrich Fehl, der sich auch an der Finanzierung des Hochaltarretabels beteiligte. Das Vesperbild wird von den Aposteln Philippus und Jakobus d. J. flankiert. Auf den Flügeln befinden sich die Heiligen Katharina und Barbara. Das Altarwerk (1521) rechts geht auf eine Stiftung Bischof Albrechts und Melchior von Schauenburgs zurück. Es zeigt im Schrein die Bischöfe Wolfgang von Regensburg und Martin von Tours, auf den Flügeln die Heiligen Antonius der Eremit und Wendelin, beide Schutzpatrone des Viehs. Auf dem Lettner stand ursprünglich das Kreuzretabel, zu dem das *Kruzifix* ganz rechts gehörte. Auch dieses steht in der Nachfolge des berühmten Werkes von Nikolaus Gerhaerts in Baden-Baden. Der moderne Altar, Ambo, Taufstein und Sakramentshaus (1979) stammen aus der Breisacher Werkstatt von Helmut Lutz.

Eines der wenigen im deutschen Südwesten noch am angestammten Ort erhaltenen spätgotischen *Hochaltarretabel* und zugleich eines der schönsten ist in der Wallfahrtskirche zu bewundern. Wir kennen die Stifter, aber leider nicht die Künstler dieses Werkes. Die Stifter, der Allerheiligenpropst Johannes Magistri (1475–92) und Heinrich Fehl, der spätere Propst Allerheiligens, ließen sich mit ihren Wappen auf den Außentafeln darstellen, die dem Leben Mariens gewidmet sind. In der Mitte des geöffneten Schreins präsentiert die auf einer Mondsichel stehende Muttergottes den Jesusknaben. Sie ist in einen reich vergoldeten Mantel gehüllt, zwei schwebende Engel tragen ihre Krone. Maria und die beiden Johannes scheinen in einer gotischen Kapelle zu stehen, diesen Eindruck vermitteln das überaus reiche, mit Weintrauben geschmückte Gewölbe und die mit Maßwerkfenstern durchbrochene Rückwand. Die Lanzettfenster lassen Licht herein – ein neues künstlerisches Gestaltungsmittel, um die Heiligen erstrahlen zu lassen. Nur wenige Bildschnitzer bedienten sich dieses Motivs. Bekannt ist es fast ausschließlich von Tilman Riemenschneider. Es stellt sich die Frage, ob dieser als junger, wandernder Geselle an den Oberrhein kam und an der Herstellung des Lautenbacher Hochaltarretabels beteiligt war. Die Skulpturen erinnern zum einen an oberrheinische Werke – Maria gleicht der sog.

Lautenbach, Wallfahrtskirche Mariä Krönung, Mittelschrein des Hochaltarretabels

Dangolsheimer Muttergottes – zum anderen sind durchaus Parallelen zur Kunst Riemenschneiders erkennbar. Die gemalten Flügel präsentieren vier Szenen aus der Kindheit Christi: Geburt, Beschneidung, Anbetung der Könige und Darstellung im Tempel. Der Maler der qualitätvollen Tafeln muss die Werke der führenden Meister seiner Zeit gekannt haben. Man darf vermuten, dass das Retabel um 1490 in Straßburg entstanden ist und von dort nach Lautenbach transportiert wurde.

Eine weitere Besonderheit der Kirche sind die spätgotischen *Glasmalereien* des Chores und des Langhauses. Von insgesamt 81 mittelalterlichen Scheiben sind immerhin noch 59 erhalten. Sie entstanden ebenfalls in Straßburg in der bedeutenden Werkstatt des Peter Hemmel von Andlau in den Jahren 1482–88. Die Stifter der Scheiben können durch ihre Wappen und Namensinschriften identifiziert werden.

Durch den Nordschwarzwald

Die Schwarzwald-Hochstraße

Von Baden-Baden nach Freudenstadt

Die rund 70 km lange Schwarzwald-Hochstraße führt durch eines der schönsten Gebiete des Schwarzwaldes. Verlässt man Baden-Baden an Lichtental vorbei in Richtung Freudenstadt, geht es nach dem Geroldsauer Wasserfall ständig bergauf in die mit Tannen bewachsenen Höhen. Zahlreich und einzigartig sind die vielen weiten Ausblicke auf das Rebland, die Oberrheinebene bis hinüber zu den Vogesen. Zunächst gelangt man zur Bühlerhöhe (750 m) mit der Adenauerkapelle, wo sich Sanatorien in bester Lage befinden. Die Schwarzwald-Hochstraße führt nun durch dichte Wälder, windet sich in 800–1000 m Höhe vorbei an Höhenhotels und Seen. Noch Anfang des 20. Jh. waren diese Höhenzüge zwischen Baden-Baden und Freudenstadt fast unerschlossen, denn bis 1930 die Schwarzwald-Hochstraße eröffnet wurde, führten nur wenige Passstraßen durch den Schwarzwald in die oberrheinische Tiefebene.

Besonders sehenswert:
Allerheiligen ☆
Freudenstadt ☆
Horb ☆

Unterhalb der Hornisgrinde, dem mit 1164 m höchsten Gipfel des Nordschwarzwaldes, liegt der **Mummelsee.** 240 m lang, 192 m breit und bis zu 18 m tief erstreckt er sich auf 1036 m Höhe. Es handelt sich um einen Karsee in einer runden Gletschermulde, der in der letzten Eiszeit vor 12 000 bis 18 000 Jahren entstanden ist. Diese Karseen sind eine typische Eigenart des nördlichen Schwarzwaldes. Sein Name leitet sich von ›Mummel‹, einer volkstümlichen Bezeichnung für die gelbe Teichrose, ab. Mit diesen Blumen hat der Volksmund Nixen in Verbindung gebracht und so werden die der Sage nach den See bevölkernden Wassernixen ›Mümmeln‹ genannt. Bevor die Schwarzwald-Hochstraße hier entlang führte, war der See sehr einsam gelegen und schwer zugänglich. Daher glaubte man, Wassergeister würden hier wohnen. Heute spürt man allerdings nur noch wenig von dieser Romantik, denn es herrscht ein reger Ausflugsverkehr (Hotel, Restaurant). Ein kurzer Spazierweg führt um den See herum.

Ein Karsee entsteht, indem zunächst Schnee zu Eis komprimiert wird. Dieses Eis sprengt durch sein Gewicht und Sickerwasser das darunter liegende Gestein und befördert es abwärts. Im Laufe der Zeit bildet das Gestein einen Riegel. Kommt es in der dadurch entstandenen Mulde zu einer Wasserfüllung, spricht man von einem Karsee.

Als nächstes kommt der Passeinschnitt Ruhestein. Der Name sagt es schon: Hier stand der Überlieferung nach eine alte Steinbank zum Ausruhen und zum Abstellen von Traglasten. Wer sich für die Natur des Schwarzwaldes interessiert, kann das Naturschutzzentrum besuchen (an der Abzweigung Richtung Baiersbronn). Vom Ruhestein zweigt eine Straße rechts in ein einsames, wunderschönes Schwarzwaldtal, Wiesenau genannt, ab. Etwa 8 km geht es hinunter, bis sich das Tal plötzlich öffnet. In dichten Wald eingebettet, ragen die steinernen Reste der romantischen **Klosterruine Allerheiligen** als eines der frühesten Zeugnisse der Gotik in Baden empor. Zwischen 1191 und 1196 gründete Herzogin Uta von Schauenburg das Kloster als Prämonstratenser-Propstei. Sie war eine Tochter des Pfalzgrafen

◁ Herbst im Nordschwarzwald

Der amerikanische Schriftsteller Mark Twain hat im Jahr 1878 in seinem ›Bummel durch Europa‹ eine bezaubernde Schilderung Allerheiligens verfasst: »Den ganzen Nachmittag über waren wir bergauf gewandert. Gegen fünf oder halb sechs erreichten wir den Gipfel, und mit einemmal teilte sich der dichte Vorhang des Waldes, und wir schauten in ein tiefes, herrliches Tal hinunter und weit über bewaldete Berge hinweg, deren Gipfel in der Sonne leuchteten, während ihre schneisendurchfurchten Hänge von violetten Schatten gedämpft wurden. Das enge Tal zu unseren Füßen – es hieß Allerheiligen – bot am Ende seiner grasbewachsenen Sohle gerade Raum genug für ein behagliches, wonnevolles Menschennest, an das die Welt mit ihren Belästigungen nicht heranreichte …«.

Gottfried von Calw, Tante Friedrich Barbarossas und Heinrich des Löwen und in zweiter Ehe mit Welf VI. verheiratet, der sie verließ und 1191 starb. Hochgotische Skulpturen der Gründerin und des ersten Abtes befinden sich heute an der Fassade der Fürstenkapelle des Klosters Lichtenthal bei Baden-Baden. Mit dem Bau der Anlage wurde kurz nach der Gründung begonnen. Aber erst um 1300 waren Kirche und Kloster fertig gestellt. Bald schon war in Allerheiligen aufgrund seiner umfangreichen Besitzungen ein blühendes Klosterleben zu verzeichnen. Hier in der Abgeschiedenheit des Schwarzwaldtales wurde gebetet und gearbeitet. Das Kloster lenkte auch die Entwicklung der Region, denn mehrere Kirchen der Umgebung wurden ihm übertragen und die Mönche erteilten auch Unterricht. Schließlich entwickelte sich eine bereits seit dem späten 13. Jh. zum Kloster gehörende bedeutende Wallfahrt, die Scharen von Pilgern anzog.

Kurz nach der Säkularisation 1802 vernichtete ein durch Blitzeinschlag hervorgerufenes Feuer Teile der Kirche, die oberen Stockwerke der Klausurgebäude sowie angrenzende Klosterbauten. Ab 1819 wurde, nach der Klausur, auch die Kirche zum Abbruch freigegeben, sodass heute nur noch der südliche Kapellenanbau eingewölbt ist. Doch obwohl das Kloster Ruine ist, geben die erhaltenen Teile Auskunft über den ursprünglichen Zustand. Die ältesten Bauelemente der *Kirche* weist das innere Portal der Vorhalle auf. Bei der Übernahme der aus Frankreich kommenden Gotik spielte die Kirche eine wichtige Rolle, ja, sie ist geradezu ein Musterbeispiel einer spätromanischen Kirche unter dem Einfluss des aufkommenden neuen Stils. Als Vorbild war nicht zuletzt das nahe gelegene Straßburger Münster entscheidend.

Frühgotische Stilmerkmale weisen die Kleeblattbogennischen des Chors, das Maßwerk des Nordquerhausfensters und die Kelchkapitelle und Tellerbasen der Säulen auf. Deutlich erkennt man die Vierung (um 1250), die einst einen niedrigen Turm trug. Ihr Grundmaß gilt auch für das Chorquadrat und die Querschiffarme, denn der Grundriss der dreischiffigen Basilika mit Querhaus ist dem ›Quadratischen Schematismus‹ verpflichtet. Vor allem die Klosterbrände von 1470 und 1555 machten aufwendige Renovierungen und verschiedene An-, Neu- und Umbauten notwendig. Das 1470 abgebrannte Langhaus wurde anschließend im spätgotischen Stil als dreischiffige Halle mit erhöhten Seitenschiffen wieder aufgebaut. Überreste dieser Umbauten sind die weit gespannten Arkaden zum südlichen und die Pfeileransätze zum nördlichen Seitenschiff. Auch die Klostergebäude waren 1470 stark beschädigt worden, sodass der Konvent vorübergehend nach Lautenbach ziehen musste.

Nachdem die Propstei Allerheiligen 1657 zur Abtei erhoben worden war, stieg ihr Ansehen. Die wachsende Bedeutung hatte die barocke Umgestaltung der Kirche und die Erweiterung der Klosteranlage zur Folge: Um 1735 gehörten ein Gästehaus, die in dem mehrstöckigen Komplex untergebrachte Abtwohnung und ein Gesinde-

Klosterruine Allerheiligen

haus zum Kloster. Die Abtwohnung und die Klosterküche waren im Klosterwestflügel untergebracht, der sich am Platz der heutigen Gaststätte befand. Nach 1735 legte man einen terrassierten Garten für die Gäste an. In der wiederhergestellten barocken Zierteichanlage können heute noch historische Teile der Balustrade, Treppen und ein Mauerstück ausgemacht werden. Ein kleines Museum zeigt ein Modell der Klosteranlage und erzählt die Geschichte Allerheiligens (Gaststätte Mo Ruhetag).

Zur Rettung der Klosterruine trug entscheidend die Erschließung der berühmten **Büttensteiner Wasserfälle** um 1840 durch die Forstverwaltung bei. Sie sind seitdem eine der Hauptattraktionen Allerheiligens. Die größten natürlichen Wasserfälle Deutschlands bilden eine Kaskade von sieben Fällen mit einer Gesamthöhe von 83 m. Zu den Fällen, die unterhalb des Klosters in einer tief eingeschnittenen Schlucht hinunter ins Tal stürzen, führt ein schöner Spazierweg.

Wieder zurück zur Schwarzwald-Hochstraße, trifft man auf den 1055 m hohen Schliffkopf, eines der ältesten Naturschutzgebiete Baden-Württembergs. Es erstreckt sich über einen Buntsandstein-Höhenrücken zwischen Zuflucht und Ruhestein und besitzt sehr schöne Spazier- und Wanderwege. Vorbei an ›Zuflucht‹ (Jugendherberge), mündet die Schwarzwald-Hochstraße schließlich bei der Alexanderschanze (996 m) in die B 28, die von Straßburg nach Freudenstadt führt.

Freudenstadt

Nun geht es hinab nach Freudenstadt (ca. 23 000 Ew.), einer Kurstadt auf einem Hochplateau in rund 800 m Höhe. An einem Knotenpunkt vieler Straßen, die die Schwarzwaldtäler miteinander ver-

Freudenstadt liegt an der ›Europäischen Kulturstraße Heinrich Schickhardt‹, die vom elsässischen Horbourg-Wihr nach Backnang (Schwaben) führt und den Spuren des 1558 in Herrenberg geborenen ›schwäbischen Leonardo‹ folgt.

binden, gründete Herzog Friedrich I. von Württemberg 1599 die »Idealstadt«, die erste Stadt Deutschlands mit einem regelmäßigen, auf dem Reißbrett entworfenen Grundriss. Es war die Zeit des großen europäischen Glaubensstreites, der einige Jahre später in den Dreißigjährigen Krieg mündete. Verursacht durch die konfessionellen und politischen Gegensätze zwischen dem Reich und Habsburg, ging es letztlich um die Vorherrschaft in Europa. Weil Herzog Friedrich dem Hugenotten Heinrich von Navarra wirksame Hilfe geleistet hatte, wurde die von ihm regierte Grafschaft Mömpelgard von der katholischen Liga der Franzosen mit Krieg überzogen. Die württembergischen Besitzungen im Elsass waren durch das protestantische Bistum Straßburg von dem übrigen Herzogtum Württemberg getrennt. Eine Gelegenheit wahrnehmend, erwarb Friedrich das Bistum Straßburg als Bindeglied zwischen seinen links- und rechtsrheinischen Besitzungen. Schließlich wählte er Freudenstadt als zentral gelegene Residenz seines neuen Territorialstaates. Religionsflüchtlinge aus den Alpenländern und Bergleute aus dem Forbachtal sollten hier angesiedelt werden. Allerdings verlief die Entwicklung nach

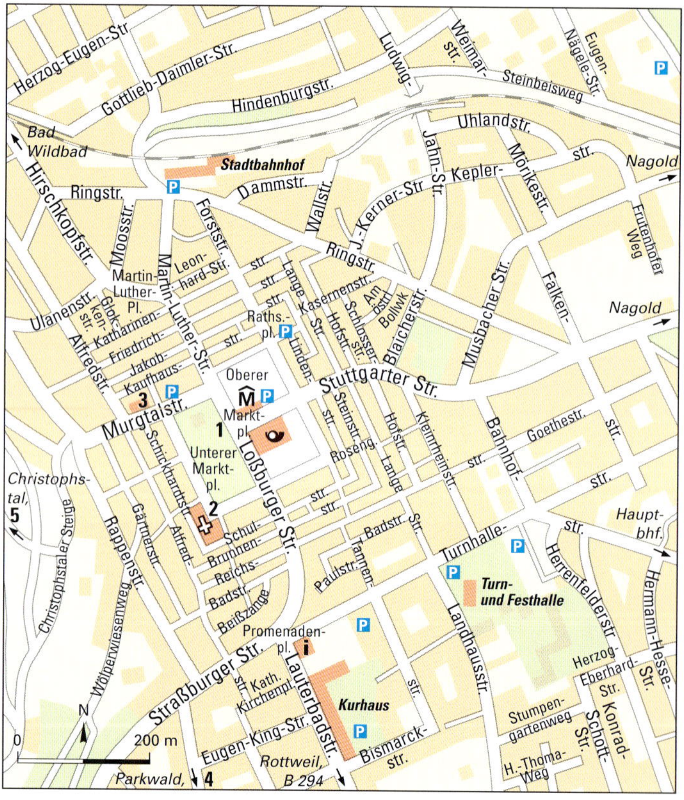

Freudenstadt
1 Marktplatz
2 Ev. Stadtkirche
3 Ehem. Schickhardtbau
4 Parkwald
5 Christophstal

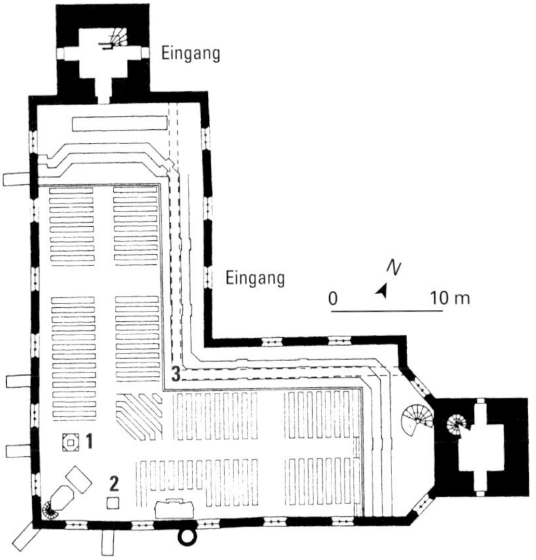

Freudenstadt, Grundriss der Stadtkirche (nach Dehio)
1 Taufstein
2 Lesepult
3 Engel mit sieben Schalen

dem Tod des Gründers nicht in seinem Sinne und das geplante Freudenstädter Residenzschloss wurde nie begonnen.

Der Stadtgrundriss des herzoglichen Baumeisters Heinrich Schickhardt basiert auf den Idealstadt-Theorien der italienischen Renaissance: In der Mitte ist ein riesiger **Marktplatz** (1) von 225 m × 225 m, auf dem die quadratische Anlage des Residenzschlosses entstehen sollte. Um dieses frei gebliebene Quadrat sind wie bei einem Mühlespielbrett parallel die Straßenzüge angeordnet. Die vier Hauptgebäude der Stadt markierten die Ecken des Platzes. Drei Rokokobrunnen an den Seiten des Marktplatzes zeugen von einem gewissen Wohlstand im späten 18. Jh. Die anschließenden Wohnhäuser waren zweistöckig und giebelständig. Nach der Zerstörung des Stadtkerns 1945 baute man den größten Teil vereinfacht wieder auf. Die Häuser sind heute traufständig, der Platz teilweise mit öffentlichen Einrichtungen bebaut. Im unteren Teil ist eine Grünanlage eingerichtet. An die Zerstörung 1945 und an den Wiederaufbau der Stadt erinnert die Gedenksäule von David Fahrner an der Loßburger Straße.

Gemütlich wirkt Freudenstadt aufgrund seiner Arkaden an den Häusern um den Marktplatz und in den nahe gelegenen Straßen. Hier laden viele Geschäfte, Restaurants und Cafés zum Bummeln ein. Heinrich Schickhardt lieferte auch den Entwurf für die 1601–08 erbaute **ev. Stadtkirche** (2). Der ungewöhnliche Grundriss entspricht einer Winkelhakenform, d. h. zwei Schiffe stoßen im rechten Winkel aufeinander. An den Schmalseiten der Renaissancekirche strebt je ein mächtiger Turm empor. Schöne Sandsteinportale mit ionischer Säulenordnung schmücken die Eingänge. Über den äuße-

Freudenstadt, ev. Stadtkirche, im Vordergrund der romanische Taufstein, hinten auf der Empore der Gerichtsengel

ren Portalen sind Kalksteinreliefs von Gerhard Schmidt mit Szenen aus dem Alten Testament angebracht.

Die Kirche birgt einige hervorragende Ausstattungsstücke, die zwar ursprünglich für andere Gotteshäuser geschaffen wurden, aber bereits 1608 auf Befehl des Herzogs hierher überführt wurden: Der romanische *Taufstein* (um 1100) besteht aus einer monolithischen Beckenschale aus Buntsandstein mit einem Fries aus Tierdarstellungen über einer Sockelzone mit einem Löwen und einer menschlichen Figur. Den Hauptfries schmücken Reliefbilder aus untereinander verschlungenen Tieren und Menschen. Ein Einhorn steht auf dem Kopf eines Mannes, der ein Bein des Tieres und gleichzeitig den Schwanz eines Basilisken ergreift. Das Fabelwesen kämpft mit einem Artgenossen. Einer der beiden speit Feuer auf ein kleines Tier, das eine Schlange zu verschlucken scheint. Ein bärtiger Mann greift nach dem Schwanz des einen und dem Hals des anderen Untiers, greift also in deren Kampf ein. Ein Hirsch verschlingt eine Schlange, die von der Sünde vergiftet ist. Oberhalb des Hirsches erklärt die lateinische Inschrift: »Es speit aus der Hirsch-Mensch das von der Schlange eingeflößte Gift.« Die Darstellungen verweisen auf die erlösende Wirkung der Taufe und können nach dem Physiologus gedeutet werden.

Freudenstadt, ev. Stadtkirche, Taufstein, Detail. Die Darstellungen verweisen auf die erlösende Wirkung der Taufe.

Eines der bedeutendsten romanischen Kunstwerke Deutschlands ist das um 1150 entstandene *Lesepult*, das Herzog Friedrich vermutlich aus Kloster Hirsau oder aus einem mit Hirsau verbundenen Kloster hierher bringen ließ. Die vier Evangelisten Matthäus, Markus, Lukas und Johannes tragen auf ihren Schultern und mit erhobenen Händen ein Lesepult, an dessen Wangen sich ihre Symbole und Spruchbänder mit den Anfangsworten der Evangelien befinden. Das Kunstwerk ist aus einem einzigen Stück Weidenholz geschnitzt, nur die vier Evangelistensymbole und der Deckel sind nachträglich eingefügt. Eine Seltenheit ist die 1980 freigelegte, originale Fassung des Lesepults. Stilistisch erinnern die Evangelisten an die Hirsauer Buchmalerei, daher liegt eine Entstehung in Hirsau nahe. Das Kruzifix aus dem späten 15. Jh. ist vielleicht eine Ulmer Arbeit. Doch besitzt die Kirche nicht nur mittelalterliche, sondern auch moderne Kunstwerke. Die rundum an den Wänden angebrachten Engelfiguren aus Gips und die mit christlichen Symbolen geschmückten Schlusssteine entstammen der Hand des Bildhauers Hans Pfeiffer. Auf der Empore schuf Jürgen Goertz 1982 eine interessante Interpretation der Offenbarung des Johannes (Kap. 16): Ein 3 m hoher Gerichtsengel mit den sieben Schalen des Zornes Gottes, die über die Erde ausgegossen werden. Goertz verwendete hierfür Aluminium und Holz mit Buchfetzen, Federn, Keramik und Gips. Der Stadtkirche gegenüber steht der 1606–09 von Heinrich Schickhardt als Kauf- und Rathaus erbaute **Schickhardtbau** (3). Er ist wie die Kirche in Winkelhakenform ausgeführt.

Ende des 19. Jh. zum Luftkurort ernannt, begann die Stadt bald mit dem Bau der Kuranlagen. Mit einem ›Kurbähnle‹ kann man in den **Parkwald** (4; Kienberg) fahren und auf zahlreichen Wegen spazieren gehen. Der Herzog-Friedrich-Aussichtsturm bietet eine schöne Sicht über die Stadt, den Nordschwarzwald und hinüber zur Alb. Er wurde 1899 anlässlich der 300-Jahr-Feier der Stadt errichtet. Im **Christophstal** (5) ließ der herzogliche Münzmeister Peter Stein 1627 das Bärenschlössle im Stil der Renaissance errichten (Café-Restaurant).

Von Freudenstadt nach Horb am Neckar

Von Freudenstadt sind es nur wenige Kilometer bis nach **Dornstetten,** einer im Kern mittelalterlichen Stadtanlage in charakteristischer Spornlage. Die 1276 erstmals erwähnte Stadt wurde von den Grafen von Urach-Fürstenberg planmäßig angelegt. Schon 1320 kam Dornstetten an Württemberg. Der Stadtkern besteht aus drei fast parallel laufenden Längsstraßen. Sämtliche Bauwerke fielen 1676 einem großen Stadtbrand zum Opfer, nur Teile der mächtigen Stadtmauer blieben verschont. Dornstetten war durch seine Lage am Steilhang, durch einen Graben im Westen und durch Wall und Graben im Norden gesichert. Die eigentliche Stadtbefestigung besteht aus einer inneren und einer äußeren Ringmauer, die ursprünglich zwölf bis vierzehn Befestigungstürme besaß.

Das Wahrzeichen Dornstettens ist die spätgotische *ev. Stadtkirche St. Martin* (1490–1500) mit ihrem hohen Westturm, die nach 1676 wieder neu aufgebaut wurde. Der mittlere Schlussstein des netzgewölbten Chores zeigt den Kirchenpatron, die Konsolen Apostelfiguren. Im oberen Teil der Stadt gibt es in der Hauptstraße etliche prächtige *Fachwerkbauten* zu bewundern, vor allem die Gasthäuser Löwen, 1686–1741 (Nr. 3), Engel (Nr. 9), Lamm, 1835 (Nr. 17), und Linde, 1740–1811 (Nr. 21). Um den Marktplatz gruppieren sich weitere schöne Fachwerkhäuser. Das *Rathaus* wurde nach 1682 wieder aufgebaut. Im ehem. Gasthaus Ochsen von 1701 ist heute die Stadtverwaltung untergebracht. Den Marktbrunnen bekrönt eine Ritterfigur (1509).

Horb am Neckar beeindruckt durch seine malerische Lage auf einem schmalen Bergrücken oberhalb des Neckars. Schon früh erlangte die 1100 erstmals erwähnte Stadt eine gewisse Bedeutung. Zunächst war sie Sitz einer Linie der Pfalzgrafen von Tübingen, dann kam sie durch Heirat an die Grafen von Hohenberg, die ihre Grafschaft 1381 an Österreich veräußerten. Wichtigster Wirtschaftsfaktor war das Tuchmachergewerbe. Bereits 1556 hatte ein Brand gewütet, doch 1725 wurde nahezu die gesamte Stadt verwüstet. 1805 dem Königreich Württemberg zugeschlagen, ist Horb heute dem Landkreis Freudenstadt eingegliedert.

Die Stadtmauer verlief zwischen zwei Burgen. Das einzige erhaltene Stadttor des inneren Stadtmauerrings ist das *Ihlinger Tor* (1), auch Luziferturm genannt, da es zeitweise als Hexengefängnis diente. Das Haupthaus des *Stubenschen Schlössles* (2) von 1519 steht mit seiner Westfront auf der inneren Stadtmauer, die vom Schurkenturm aus hinunter zum Mühlkanal läuft. Hier wohnte seit 1706 die verwitwete Maria Johanna von Stuben aus dem Geschlecht der Freiherren von Hohenberg. Das alemannische Fachwerkhaus *Hoher Giebel* (3) diente einst dem vorderösterreichischen Vogt als Amtssitz. Das Eingangstor schmückt das Wappen der Erbauer, der Herren von Ow, mit der Jahreszahl 1622. Das Haus ist eines der wenigen, die den Stadtbrand von 1725 überstanden haben. Bei der

Horb am Neckar

Restaurierung der 50er Jahre des 20. Jh. konnte die Inneneinteilung nicht bewahrt werden. Lediglich der Raum mit dem Kreuzgewölbe (rechts vom Eingang) blieb fast vollständig erhalten. Hier ist das Heimatmuseum untergebracht: Es dokumentiert die Stadtgeschichte, zeigt sakrale Kunst des 16.–18. Jh. sowie Gemälde, Skulpturen und Dokumentationen der Horber Bildhauerschule.

Nun geht es die Marktsteige hinauf zum Mittelpunkt der Oberstadt, dem lang gestreckten Marktplatz. Der große Stadtbrand vernichtete hier alle Fachwerkbauten, sodass die Häuser sämtlich jünger sind. Das ›Horber Bilderbuch‹, seit 1927 auf die Fassade des *Rathauses* (4) gemalt, erzählt einiges über die Stadtgeschichte. Den Marktbrunnen bekrönt ein Löwe, der ein Schild mit den Wappen Hohenbergs und Österreichs hält.

Ein Stück aufwärts gelangt man zum staufischen *Schurkenturm* (5), wohl zugleich Rest der oberen Burg, der die gefährdete Westseite der Stadt schützte und als Gefängnis diente.

Die *kath. Pfarrkirche* (6), die ehem. Chorherrenstiftskirche zum Hl. Kreuz, bekrönt die Stadt. Nach der Erhebung zur Pfarr- und Stiftskirche durch Rudolf III. von Hohenberg 1387 wurde ein bereits bestehender Bau zur Hallenkirche erweitert. Nach dem Stadtbrand von 1725 blieben nur der Chor und zwei Portale erhalten, den Rest baute man wieder auf. Das Stift wurde 1806 aufgehoben. Auf der Südseite des Langhauses fällt das schmuckreiche gotische Doppelportal auf, das ›Brautportal‹ mit einem Kruzifix im Bogenfeld. Das Innere der lichten Kirche birgt einige sehenswerte Ausstattungsstücke. Im Westen steht das barocke Orgelprospekt (1725–30) mit seinem reichen ornamentalen und figürlichen Schmuck. Zu beiden Seiten des Chores befinden sich die qualitätvollen spätgotischen Skulpturengruppen, Verkündigung an Maria und Geburt Christi, die um 1480/90 in Ulm im Umkreis des Ulmer Bildschnitzers Michel Erharts entstanden sind. Sicherlich gehörten sie einst zu einem großen Altarretabel. Im Frauenchörlein verdient die um 1410–20 entstandene Schöne Madonna aus Kalkstein ungeteilte Aufmerksamkeit. Obwohl sie erst 1917 aus 35 Bruchstücken wieder zusammengesetzt wurde, erkennt man noch die hervorragende Qualität der dem

Horb
1 Ihlinger Tor
2 Stubensches Schlössle
3 Hoher Giebel (Heimatmuseum)
4 Rathaus
5 Schurkenturm
6 Ehem. Stiftskirche
7 Ehem. Dominikanerinnenkloster
8 Ehem. Franziskanerinnenkloster
9 Unterer Markt
10 Kath. Liebfrauenkirche (ehem. Spitalkirche)
11 Steinhaus
12 Junghanssches Haus
13 Wehrtor

Umkreis der Bildhauer- und Baumeisterfamilie Parler zugeschriebenen Skulptur. Daneben gibt es noch einen wertvollen Stiftskirchenschatz, der leider nicht öffentlich zugänglich ist.

Das ehem. *Dominikanerinnenkloster* (7), das mit seiner Westfront auf der Stadtmauer ruht, baute man gleich nach dem Stadtbrand 1726 neu auf. Heute befindet sich in dem Gebäude das Finanzamt. Hier oben liegt auch das ehem. Franziskanerinnenkloster (8). Es diente seit 1408 der Mittleren Sammlung als Klause und wurde 1780 geschlossen. Einen Blick sollte man auch auf das harmonische Fachwerkensemble am Beginn der Bußgasse werfen.

Horb, Liebfrauenkirche, Pietà am mittleren Arkadenpfeiler, Gnadenbild aus dem ehem. Dominikanerinnenkloster, um 1430/50,

Jetzt heißt es wieder hinuntersteigen zum *Unteren Markt* (9) mit seinen hübschen Fachwerkbauten. Der Brunnen ist ein Nachbau von 1960. Das Kornhaus geht auf die 1415 erteilte Erlaubnis Herzog Friedrichs IV. von Österreich zurück, hier ein Kaufhaus zu errichten. Auch dieses wurde nach 1725 wiederaufgebaut. Dominierend ist die gotische *kath. Liebfrauenkirche* (10). Die wechselvolle Baugeschichte der ehem. Spitalkirche beginnt um 1280 als Kapelle des Klosters Reichenbach. Aus dieser Zeit stammt noch ihr aus der Achse geknickter Chor. Den ehemaligen Zugang bildet das reiche frühgotische Nordportal. Mit der Gründung eines Franziskanerklosters 1650, das den Ursprung des Spitals bildete, wurde der Chor entsprechend umgestaltet, die Kirche neu ausgestattet. Gleich nach Betreten der Kirche stößt man auf ein Bildnis ihres Baumeisters an der Konsole des westlichen Pfeilers. Der Raumeindruck lebt von der erneuerten Architekturmalerei und von den gotischen und historistischen Ausstattungsstücken. Im Seitenschiff befindet sich das Antoniusretabel mit einem barocken Altarblatt. Die Wandmalerei mit der Darstellung der Schmerzen Mariens ist in das frühe 15. Jh. zu datieren. An der Ostwand des Seitenschiffes steht ein neugotisches Retabel (1882) der Horber Meintel-Schüler Peter Pius Hausch und Johann Bayer mit der thronenden Maria, flankiert links von den Heiligen Dorothea und Notburga, rechts von Franziskus und Dominikus. Das Hochaltarretabel (1510–20) stifteten die Horber Tuchmacher in die nicht mehr vorhandene Johanneskirche. Die im frühen 15. Jh. entstandene Wandmalerei an der südlichen Chorwand zeigt im oberen Bildfeld eine vielfigurige Kreuzigung, darunter ganz links die übergroße Gestalt des Sensenmannes. Im Langhaus dominiert die neugotische Kanzel, daneben hängt der sog. Horber ›Kreuzschlepper‹ (um 1430).

Am Burgstall steht das *Steinhaus* (11) mit seinem mächtigen Staffelgiebel. Es entstand 1507 als neuer Speicher für das Horber Spital. Die Häuser gegenüber gehören zu den ältesten Horber Fachwerkbauten. Das *Junghanssche Haus* (12) stammt von 1448, das ehem. Hirschwirtshaus geht auf einen noch älteren Bau zurück. Am Neckarkanal befindet sich das vollständig erhaltene *Wehrtor* (13). Hier wurde der Aischbach über die 1347 erwähnte Wettegasse durch das mit Buckelquadern eingefasste niedere Gewölbe des Tores aus der ummauerten Stadt in den Mühlkanal geleitet.

Die Schwarzwald-Tälerstraße

Das Kinzigtal: Über Kloster Alpirsbach nach Gutach

Besonders sehenswert:
Ehem. Benediktinerkloster Alpirsbach ☆☆
Schiltach ☆
Wolfach ☆
Freilichtmuseum Vogtsbauernhof bei Gutach ☆
Klosterreichenbach

Von Freudenstadt geht die Reise in südliche Richtung. Der Luftkurort **Loßburg** bietet ein Schwarzwaldmuseum in einem früheren Kornspeicher mit Trachten, ländlichem Gerät und sakralen Gegenständen.

Ein Höhepunkt jeder Schwarzwaldreise ist das **ehem. Benediktinerkloster Alpirsbach,** dessen Kirche eines der großartigsten romanischen Gotteshäuser Deutschlands ist. Im waldreichen oberen Kinzigtal stifteten im Jahre 1095 Ruotmann von Hausen, Alwig von Sulz und Adalbert von Zollern das Kloster und statteten es reich aus. Letzterer legte um 1100 selbst das Mönchsgelübde in Alpirsbach ab, er liegt in der Kirche begraben. Anfangs war das Kloster mit Benediktinermönchen aus St. Blasien besiedelt, doch schloss es sich bald der Hirsauer Reformbewegung an. Beide, Hirsau und St. Blasien, gehörten im 11. Jh. zu den Klöstern im deutschen Südwesten, die sich erfolgreich gegen das Eingreifen der weltlichen Herrscher in die Angelegenheiten des Klosters wandten. 1101 bestätigte Papst Paschalis II. nicht nur die Stiftung, sondern zugleich das Recht auf freie Abts- und Vogtswahl.

Bereits gut 30 Jahre nach der Gründung war die Klosterkirche mit den Klausurgebäuden und dem Kreuzgang nahezu fertig gestellt. Die

Alpirsbach, Grundriss des ehem. Benediktinerklosters (nach Dehio)

1 Eingang; Informationszentrum mit Ausstellung
2 Kreuzgang
3 Klosterkirche
4 Sakristei
5 Kapitelsaal
6 Parlatorium
7 Ehem. Camera (Bruderraum)
8 Ehem. Refektorium (heute kath. Pfarrkirche)
9 Küche
10 Brunnenhaus
11 Westportal

A Schlussstein mit hl. Benedikt
B Chorbühne
C Säulen mit Schmuckkapitellen
D Kirchenbank
E Altarretabel

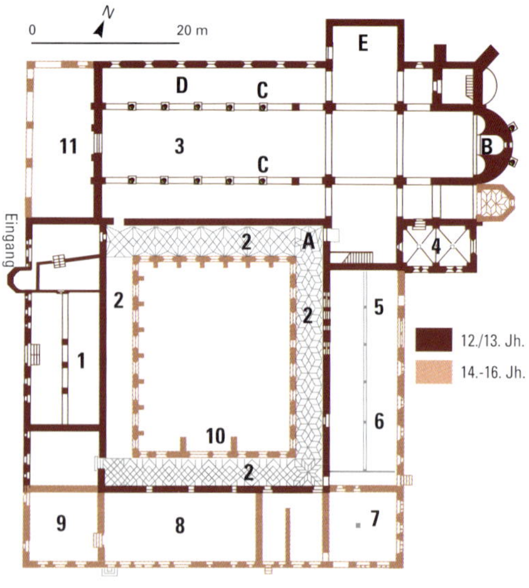

Abtei erlangte während des Mittelalters einen beachtlichen Wohlstand und umfangreiche Besitzungen. Einen vorübergehenden wirtschaftlichen Niedergang konnte sie durch den Anschluss an die Bursfelder Reform (1481–94) überwinden. Die Reform, der sich auch andere Schwarzwaldklöster anschlossen, wandte sich gegen den zunehmenden Verfall der klösterlichen Sitten, der schleichend bereits sehr viel früher eingesetzt hatte. Im Zuge der Reformation wurde Alpirsbach 1534 und nach einer kurzen Wiederbesiedlung 1556 endgültig aufgehoben, gleichzeitig jedoch eine ev. Klosterschule eingerichtet, die vier Jahrzehnte Schüler für das Theologiestudium ausbildete.

Man betritt die Klosteranlage durch das Infozentrum. Hier ist im ehem. Cellarium eine kleine, interessante *Ausstellung* über die Klostergeschichte eingerichtet. Dann gelangt man in den *Kreuzgang*, den Mittelpunkt der gesamten Anlage; hier finden im Sommer Konzerte statt. Der Anschluss des Klosters an die Bursfelder Reform zog eine Reihe bedeutender spätgotischer Neubauten nach sich. In dieser Zeit entstand der auf dem romanischen Vorgänger aufbauende Kreuzgang, für dessen Ausführung vermutlich ein zuvor in Bebenhausen tätiger Meister verpflichtet wurde.

Kloster Alpirsbach, Türklopfer am Westportal

Die ehem. Klosterkirche, heute *ev. Pfarrkirche,* zeichnet sich durch Strenge und monumentale Einfachheit aus. Hier wird deutlich, was die Hirsauer Reformarchitektur kennzeichnet. Durch Verzicht auf Wölbung und üppige Schmuckformen steht sie ganz bewusst im Gegensatz zur übrigen Baukunst ihrer Zeit. Die dreischiffige, flach gedeckte Säulenbasilika mit Querhaus im Osten und Nebenchören gehört zu den wenigen nahezu unverändert erhaltenen Werken des Hirsauer Bautyps. Im Innenraum erhält man trotz geringerer Ausmaße eine gute Vorstellung von der zerstörten Hirsauer Kirche. Grundlage des Grundrisses ist das Maß des Vierungsquadrats: Das Mittelschiff besteht aus dreieinhalb Quadraten und die Seitenschiffe aus sieben kleinen Quadraten von halber Seitenlänge des Grundquadrats. Die kräftigen Säulen besitzen Würfelkapitelle über mächtigen attischen Basen.

Die kluniazensischen Reformideen wurden seit 1079 von Hirsau aus auf etwa 200 Benediktinerklöster im deutschsprachigen Raum verbreitet. Viele zeigen mit Hirsau übereinstimmende, durch die reformierte Liturgie bedingte Bauformen. Allerdings wirkten sich auch weiterhin lokale Traditionen aus.

Auf das Hirsauer Vorbild gehen auch die Säulenarkade ohne Stützenwechsel und der Verzicht auf eine Krypta zurück. Stattdessen sind drei Altarnischen am Ende des Hauptchors angeordnet. Die Anlage einer 4 m hohen Chorbühne über den Apsiden ist einzigartig in Deutschland. Vielleicht wurden hier Reliquien ausgestellt, die so über die ehemals vorhandenen Chorschranken hinweg auch von den Laien gesehen werden konnten. Die Lanzettfenster und das Rippengewölbe sind erst in der Spätgotik hinzugekommen, als sich der Orden längst über die strengen Hirsauer Bauvorschriften hinwegsetzte. Die mittlere Altarkonche birgt stark restaurierte Wandmalereien aus dem frühen 13. Jh.: Christus als Weltenrichter scheidet die Auferstandenen in Selige und Verdammte. Die Kalotte ist mit einer Kreuzigungsszene geschmückt.

Die von den Reformorden eigentlich abgelehnte Bauskulptur findet sich nur an den Kapitellen des östlichen Säulenpaares, an der

Kloster Alpirsbach, ehem. Klosterkirche, Altarretabel im nördlichen Querschiff. Krönung Mariens durch die Dreifaltigkeit, flankiert von den Heiligen Nikolaus und Benedikt

Stelle des Langhauses, wo ehemals ein Lettner die Laienkirche vom Chor der Mönche trennte. Es scheint sich um eine verkürzte Darstellung des Jüngsten Gerichts zu handeln: Das nördliche Kapitell zeigt die Seligen. In jeder Schleife des rundum verlaufenden Liniengeflechts sitzt ein kleiner Kopf, die Zwischenräume sind mit stilisierten Engelsflügeln angefüllt. Dies symbolisiert die Seelen der Gesegneten. Am südlichen Kapitell sind die Verdammten dargestellt. Aus ihren gespaltenen Zungen wachsen Drachenköpfe, die als Sinnbild für Lüge und Meineid den Sünder in die Ohren beißen. An den Ecken der Basen kauern Dämonen als Symbole der Unterwelt.

Nur wenig ist von dem einst reichen mobilen Inventar erhalten. Eine Kirchenbank aus gedrechselten Rundhölzern, die lange als romanisch galt, kann aufgrund einer dendrochronologischen Untersuchung mittlerweile nach 1344 datiert werden. Ob sie im Chor, Lesegang oder Kapitelsaal Verwendung fand, ist ungewiss. Nur wenige solcher Möbelstücke existieren noch in Europa. Das Altarretabel im nördlichen Querschiff gehörte wohl einst in die abgebrochene Marienkapelle. In der Klosterkirche muss es, wie in den meisten spätgotisch ausgestatteten Kirchen, eine Vielzahl solcher Wandelretabel gegeben haben. Nur eines ist erhalten. Geschaffen hat es um 1520–25 die große und produktive Ulmer Werkstatt des Nikolaus Weckmann: Erhöht im Schrein wird Maria von Gottvater und Christus gekrönt, flankiert von den Heiligen Nikolaus und Benedikt. Die Flügel zeigen die Verkündigung und Heimsuchung Mariä in Grisailletechnik. Ehemals war das Retabel nur an den hohen Kirchenfesten geöffnet, an Werktagen sah der Gläubige die Geißelung und Dornenkrönung Christi. Über dem Schrein erhebt sich das reich verzierte Gesprenge mit einer von Heiligen flankierten Mondsichelmadonna. 1523 entstand der Grabstein des Abtes Alexius, der als Gerippe mit Abtstab und Wappen dargestellt ist.

Die um den Kreuzgang angelegten, gut erhaltenen Klausurgebäude kann man nur mit einer Führung besichtigen, die mehrmals täglich stattfindet. Die *Sakristei* ist ein zweijochiger Bau mit Kreuzgewölbe, einer der frühesten gotischen Bauten Süddeutschlands (um 1220). Die Wanddienste mit Schaftringen, die Palmetten- und Knospenkapitelle sowie die rosettenbesetzten Schlusssteine, wie sie auch in Maulbronn zu finden sind, weisen auf Burgund. An der Nordwand haben sich Reste eines Passionszyklus aus dem 14. Jh. erhalten. Im romanischen *Kapitelsaal* fand die tägliche Versammlung des Konvents statt. Private Gespräche durften die Brüder allabendlich im anschließenden *Parlatorium* führen. An dessen Portal sind die Wappen der Stifter angebracht. Über den beiden Räumen befindet sich das *Dormitorium,* ursprünglich, wie in frühen Klöstern üblich, ein großer, ungeteilter Schlafsaal. Im späten 15. Jh. entstanden hier einzelne kleine Zellen. Diese sowie zahlreiche von Klosterschülern des 16. Jh. hinterlassene Inschriften und Malereien sind noch vorhanden. Das ehemalige Refektorium, der Speisesaal, wurde durch den Umbau zur kath. Pfarrkirche in den 50er Jahren des 20. Jh. völlig verändert und neu ausgestattet: Den Altar und den Taufbrunnen schuf Otto Herbert Hajek, Glasgemälde und Chorbild Wilhelm Geyer. Vom Brunnenhaus ist nur noch wenig zu sehen.

Wieder vor der Kirche angekommen, fällt der Blick auf das Westportal, ein gestuftes Rundbogenportal. Im Tympanon thront der von Engeln getragene Christus in der Mandorla, flankiert von zwei Stifterfiguren. Die Inschrift lautet: EGO SVM OSTIVM, DICIT DOMINVS. PER ME SI QVIS INTROIERIT, SALVABITVR (»Ich bin die Tür, spricht der Herr. Wer durch mich eingeht, wird errettet werden.«) Die burgundisch beeinflusste Darstellung gehört zu den ältesten Portalskulpturen Deutschlands. Als Türzieher dienen zwei bronzene Löwenköpfe, die in ihrer aufwendig ornamentierten Schnauze einen Ring tragen.

Nordwestlich der Klosterkirche steht als einziger noch erhaltener Teil der *ehem. Leutkirche* ihr romanischer Westturm. Vor der Westfront erheben sich zudem Reste einer *Wasserburg* des 13. Jh., möglicherweise der Wohnturm der Klostervögte. Unmittelbar neben dem Kloster befindet sich ein weiterer Grund für den hohen Bekanntheitsgrad des Luftkurorts Alpirsbach: die Klosterbrauerei, der das extrem weiche Wasser zugute kommt. Ansonsten ist der Ort von alten Fachwerkhäusern und einem prächtigen *Rathaus* von 1566 geprägt.

Kinzigaufwärts kommt man nach **Schenkenzell,** dessen *kath. Pfarrkirche St. Ulrich* (1774) 1980–82 wesentlich erweitert und erneuert wurde. An der Kirche biegt man rechts ab. Wenige Kilometer entfernt liegt abgeschieden in einem Seitental der Kinzig das **ehem. Klarissenkloster Wittichen,** das 1324 durch die Selige Luitgard gegründet wurde. Sie kam aus einem bescheidenen Elternhaus, doch erhielt das Kloster reiche Stiftungen durch Anna von Ungarn, die Tochter König Albrechts. 1803 wurde Wittichen säkularisiert,

Bursfelder Reform: Im 15. Jh. kam es in vielen Klöstern zu einem Zerfall der Regeln des hl. Benedikt und zu einem wirtschaftlichen Niedergang. Im niedersächsischen Benediktinerkloster Bursfeld bei Göttingen in der Diözese Hildesheim begründete 1446 Abt Johannes von Hagen die Reformbewegung der Bursfelder Kongregation, die sich vor allem über Norddeutschland, Dänemark und Holland ausbreitete. Es gelang, die benediktinischen Regeln wiederzubeleben und den Verfall der klösterlichen Sitten aufzuhalten. Weitere Klöster wagten Reformversuche, die schließlich Erfolg hatten. 1482 erreichte der Alpirsbacher Abt die Aufnahme in die strenge Bursfelder Kongregation.

nachdem es bereits im 16. Jh. durch die vorübergehende Reformierung seine einstige Bedeutung verloren hatte. Heute stehen von der einstigen Anlage nur noch die Kirche und der Lange Bau (Pfarrhaus), die restlichen Gebäude riss man 1855–57 ab. Das schöne Renaissanceportal des Langen Baus, der das Tal regelrecht abriegelt, war ursprünglich der einzige Zugang zum Kloster. Die *Kirche* ist ein 1681 nach mehreren Bränden neu errichteter einfacher Saalbau mit bemalter Holzdecke. Ein schlichter Dachreiter mit welscher Haube ziert den Außenbau. Das kleine Portal stammt noch aus gotischer Zeit. Im Innern überzeugt der harmonische Raumeindruck mit der barocken Ausstattung. Die reich verzierte Kanzel stammt aus dem frühen 18. Jh., das barocke Hochaltarretabel mit Allerheiligenbild und Aufnahme Mariens in den Himmel aus dem Jahr 1687. Das Altarbild wird von den Heiligen Klara und Franz von Assisi flankiert. Weiterhin sind einige Grabmäler sehenswert. In einer Nische an der Südwand zeigt das farbige Flachrelief die Klostergründerin in Ordenstracht. Die Rückwand ziert ein Ölgemälde mit der Vision der Seligen, in der sie den Auftrag zur Kirchengründung erhält. Im Hintergrund ist die Klosteranlage vor dem Abriss 1855 dargestellt. Weiterhin sind die Grabmäler des Herzogs von Urslingen (gest. 1442) und der Gräfin Barbara von Fürstenberg (gest. 1592) zu sehen. Beim Hinausgehen fällt die Empore auf, von der die Nonnen am Gottesdienst teilnahmen. Das kleine *Klostermuseum* stellt sakrale Kunstwerke des Klosters aus.

Auf der Weiterfahrt erscheint rechter Hand die **Ruine Schenkenburg,** von der nach der Zerstörung (1524) lediglich Teile des ehemals fünfgeschossigen romanischen Palas, des Bergfrieds und der Ummauerung erhalten sind. In Höhe der Schenkenburg endet die Schwarzwald-Tälerstraße. Die Reise geht noch ein wenig die Kinzig abwärts. Das Kinzigtal ist eines der längsten Schwarzwaldtäler. Es umschließt den Nordschwarzwald südlich und unterbricht die Bergkette in der Nord-Süd-Richtung. Am Zusammenfluss von Kinzig und Schiltach, an der Stelle, an der die Römerstraße von Straßburg nach Rottweil das Kinzigtal verließ, um zur Wasserscheide anzusteigen, liegt eine der schönsten Ortschaften des Nordschwarzwaldes. Das geschlossene Altstadtbild des denkmalgeschützten **Schiltach** wirkt mit seinen vielen schönen *Fachwerkhäusern* äußerst ansprechend. Die Stadt war das wirtschaftliche Zentrum des oberen Kinzigtales, doch hemmten wiederholte Stadtbrände im 16. Jh. die Entwicklung. Den Wiederaufbau nach dem Brand 1590 plante übrigens Heinrich Schickhardt, der ›ideale‹ Stadtplaner Freudenstadts. Besonders idyllisch ist es am Markt. Eindrucksvoll wirkt der ansteigende Platz durch das Zusammenspiel der Fachwerkfassaden. Die Bebauung entstand 1791 nach dem letzten großen Feuer. Hier befinden sich auch das *Heimat-* und das *Apothekenmuseum.* Den Abschluss bildet das *Rathaus* von 1593, dessen Staffelgiebel (1905) gemalte Szenen aus der Geschichte von Stadt und Flößerei (1942) zieren. Unschwer ist zu erraten, dass der Ort seinen beachtlichen

◁ Schiltach

Die Schifferzunft zählte im Jahr 1703 22 Mitglieder, die pro Jahr 66 Flöße die Kinzig und den Rhein bis in die Niederlande hinunter führten.

Wohlstand durch Holzhandel und Flößerei erlangte. Bis in das frühe 19. Jh. hatten die Schiltacher neben den Wolfachern das Monopol auf die Kinzigflößerei bis nach Straßburg. 1894 fuhr das letzte Floß die Kinzig hinab in den Rhein. Typische Ackerbürgerhäuser stehen an der alten Hauptstraße (Schenkenzeller Str.). Hier lebten Handwerkerfamilien, die zur Selbstversorgung eine kleine Landwirtschaft und Viehhaltung betrieben. Unter Denkmalschutz steht die ehemalige *Schüttesäge* mit dem unterschlächtigen Wasserrad, die bis 1931 in Betrieb war. Daneben ist ein *Museum* eingerichtet. Das Gerberviertel ist der älteste und außerhalb der mittelalterlichen Stadtmauer liegende Stadtteil. Dadurch blieb er von den verheerenden Bränden verschont und besitzt die ältesten Häuser der Stadt. Die Burg Schiltach wurde leider 1825 abgerissen. Steigt man trotzdem den Schlossberg hinauf, wird man mit einer schönen Aussicht entlohnt.

Wilhelm Hauff hat das Leben der Flößer und der Glasmacher in die Handlung seines Märchens ›Das kalte Herz‹ verwoben.

Weiter geht die Fahrt, bis die Wolf in die Kinzig mündet. Es fällt auf, dass die Namen der Ortschaften häufig auf ›ach‹ enden – der althochdeutsche Name für Wasser. Auch **Wolfach** ist eine Flößerstadt. Um 1300 gründeten die Grafen von Fürstenberg als Nachfolger der Herren von Wolfach, die hier eine Burg besaßen, die Stadt. 500 Jahre diente sie ihnen als Residenz. Ihre *Schlossanlage* geht auf eine um 1200 entstandene Wasserburg zurück, die sie im 15. Jh. erweiterten. 1631 musste diese Anlage einem barocken Neubau weichen, der bis heute das Bild prägt. Er beherbergt das *Flößer-* und *Heimatmuseum,* in dem man einiges über Kinzigflößerei, Bergbau und die Entwicklung der Stadt lernt. Schloss und Stadt sind baulich eng miteinander verbunden. Das Schloss bildet den Abschluss der Hauptachse, der Marktstraße, die durch das Stadttor am Schloss direkt auf die einzige Kinzigtalstraße führte. Die Marktstraße säumen zahlreiche Bürgerhäuser mit schönen Fassaden, von denen das Hotel Krone und das *Rathaus* (Infozentrum) besonders ansprechend sind. Letzteres wurde nach einem Brand 1893 in Neorenaissance-Formen wiedererrichtet. Die hübsche Fassade des Oberamthauses (1565) verliert leider durch eine übergroße Lichtreklame. Die 1515 geweihte und im 20. Jh. erweiterte *kath. Pfarrkirche St. Laurentius* in der Vorstadt bezieht ihre Bedeutung aus den im Chor erhaltenen spätmittelalterlichen Fresken. Südöstlich der Stadt führt ein Kreuzweg zur Wallfahrtskirche St. Jakob (1680) und der kleinen Antoniuskapelle daneben. Die Saalkirche mit polygonalem Chorschluss und einer Außenkanzel bewahrt eine ländliche Ausstattung des frühen 18. Jh. Einst arbeiteten in vielen Schwarzwaldtälern Glashütten. Die letzte Mundblashütte im Schwarzwald, die *Dorotheenhütte,* ist in Wolfach zu besichtigen.

Um mehr über Lebensweise, Arbeitswelt und Wohnkultur der Schwarzwälder zu erfahren, sollte man das *Freilichtmuseum Vogtsbauernhof* bei **Gutach** nicht versäumen, das die historische, allmählich verschwindende, bäuerlich geprägte Kultur des Schwarzwaldes sehr anschaulich darstellt. Den Grundstock bildet der imposante Vogtsbauernhof, der durch die Museumsgründung bereits 1963

an Ort und Stelle gesichert und so vor dem Abbruch bewahrt wurde. Fünf weitere Schwarzwaldhöfe sowie dazugehörige Bauten sind zwischenzeitlich hinzugekommen. Das Museum stellt heute die wichtigsten Typen des Bauernhauses im gebirgigen Teil des Schwarzwaldes dar. Insgesamt unterscheidet man etwa sieben Haustypen, von denen ein Kinzigtäler, ein Gutachtäler, ein Heiden- oder Höhenhaus, ein Hotzenhaus, ein Schauinslandhaus und ein Dreisamtälerhaus besichtigt werden können. Alle Haustypen sind Eindachhäuser für Mensch, Vieh und deren Nahrung. Sie sind mit Schindeln oder Stroh gedeckt und fast alle ganz aus Holz gebaut. Die Museumshöfe zeigen den ursprünglichen Hausrat und Wirtschaftsgeräte. Sie sind mit prächtigen Herrgottswinkeln, Kachelöfen, Uhren und Bildern, bemalten Schränken und Betten eingerichtet. Zudem werden auch alte Handwerke vorgeführt.

Gutach, Freilichtmuseum Vogtsbauernhof, Vogtsbauernhof von 1570

Die Anordnung der Häuser folgt der Geographie des Gutachtales und des Schwarzwaldes. Der Rundgang beginnt bei dem südlichsten Haustyp. Der Klausenhof und der Reesehanselhof sind nachgebaut. Der *Klausenhof* repräsentiert das Ideal eines Hotzenwaldhauses aus dem 18. Jh., von denen nur noch eins in Groß-Herrischwand erhalten blieb. Der *Reesehanselhof,* ein Schauinslandhaus, kam in den Hochregionen des südlichen Schwarzwaldes vor. Das rauhe, windige Klima bedingte das auf allen vier Seiten herabgezogene Dach sowie den Umgang um den Wohn- und Stallteil im Innern.

Drei weitere Bauernhäuser wurden an ihrem ursprünglichen Standort abgebaut und hierher übertragen. Jüngste Erwerbung des Museums ist der 1737 in Buchenbach-Wagensteig errichtete *Falkenhof.* Er entspricht dem Haustyp des Dreisamtäler oder Zartener Hauses. Seine Dachkonstruktion ist eine Besonderheit: Über dem Wirtschaftsbereich tragen Firstständer den Dachstuhl, über dem Wohnbereich wurde die neuere Form des liegenden Dachstuhls verwendet.

1966 transferierte man den 1599 erbauten *Hippenseppenhof* aus Furtwangen-Katzensteig hierher. Mit seinem mächtigen Vollwalmdach gilt er als Beispiel für das Ältere Heidenhaus, die älteste und weit verbreiteste Hausbauform im Schwarzwald, die besonders im Hochgebiet des mittleren Schwarzwaldes vorkam. Die alte, in ihrem Ursprung nicht mehr bekannte Firstsäulen-Bauweise bezeichnete man als ›heidnisch‹, daher der Name ›Heidenhaus‹. Durch die Konstruktion der Firstsäule ergeben Haus- und Dachgerüst eine bauliche Einheit, eine Konstruktion, die um 1500 allmählich durch den liegenden Dachstuhl abgelöst wurde. Dieser Haustyp stand immer senkrecht zum Berghang, sodass der Dachraum befahren werden konnte. Das Erdgeschoss umfasst den Wohn- und Stallbereich. An Nebengebäuden sind im Museum ein Kornspeicher und eine kleine Hofkapelle zu sehen. Zudem befindet sich hier der nachgebaute Kohlenmeiler.

Nun gelangen wir zum *Vogtsbauernhof* von 1570 mit seinem strohgedeckten Halbwalmdach, der den Gutacher Haustyp repräsentiert. Er kommt in den Tälern des mittleren Schwarzwaldes, vor allem im Gutachtal vor. Im Unterschied zum Heidenhaus ist der Wohnteil nicht an den Hang gedrängt, sondern frei dem Tal und somit dem Sonnenlicht zugewandt. Kennzeichnend für diesen Gutacher Haustyp ist zudem der helle Stein- oder Mauerkern in der Mitte der talseitigen Schmalseite mit der dahinter liegenden Küche, die von Stube und Kammer umgeben ist. Ansonsten sind hier Speicherbau, ein Back- und Brennhäusle, eine Klopf- und Plotzsäge und ein Bienenständer zu sehen. Die Hausmahlmühle stammt von 1609.

Daneben steht der Kinzigtäler Speicher (1601) als ein Nebengebäude des um 1540 erbauten *Lorenzhofes* aus Oberwolfach. Der Hof vertritt die Kinzigtäler Bauweise, ist also im Bereich des Nordschwarzwaldes beheimatet, wo mit die reichsten Waldbauern wohnten. Der Wohnteil des ältesten Museumshofes erhebt sich auf einem steinernen Sockelgeschoss, in dem die Stallungen und der Keller untergebracht waren. Das 1652 errichtete *Leibgedinghaus* war die Wohnung des Altbauernpaares. Weitere Gebäude auf dem Museumsgelände sind ein Kohlenmeiler, eine Hanfreibe, eine Hammerschmiede und eine Ölmühle.

Für die Strecke zurück nach Freudenstadt empfiehlt sich die idyllische Fahrt über Schapbach durch das Wolftal. Hier liegen umsäumt von waldigen Hängen grüne Wiesen und schöne Schwarzwaldhöfe.

Das Murgtal: Von Klosterreichenbach nach Rastatt

Die Straße folgt dem alten Verkehrsweg an der Murg. Das Tal war Zentrum der Holzflößerei. Flößer transportierten einst die Schwarzwaldtannen auf dem Wasser zum Rhein bis hin nach Holland. Dies führte zu großem Reichtum einzelner Familien. Klöster und Städte zeugen von dem Wohlstand der Bevölkerung. Mehrere Kirchenbauten der Jahre um 1900 lassen zudem auf den wirtschaftlichen Aufschwung des Murgtals durch die Industrialisierung schließen. Zunächst hat das Murgtal mit den hochgelegenen Dörfern, charakteristischen hölzernen Heuhütten und den bis Forbach schluchtartig schmalen Bergeinschnitten, durch die sich die Murg schlängeln muss, einen eher alpinen Charakter. Dann wird es flacher, sanfte Hänge wechseln sich ab. Am Ende schließlich ist die Gegend von Kleinindustrie geprägt und recht zersiedelt.

In einem Ortsteil von **Baiersbronn** (ca. 17 000 Ew.), der größten Fremdenverkehrsgemeinde Baden-Württembergs, liegt **Klosterreichenbach**. In dem noch kaum besiedelten Murgtal stiftete 1082 der Edelfreie Bern d. Ä. das erforderliche Land zum Bau eines Benediktinerklosters. Als erstes Hirsauer Priorat gründete es der Hirsauer Reformabt Wilhelm noch persönlich. 1085 erfolgte die Einweihung der Kirche durch den Konstanzer Bischof. Schirmvögte waren nach den Calwer Grafen die Ebersteiner und dann die Markgrafen von Baden. 1595 fiel das Kloster gewaltsam dem württembergischen Herzog zu, der es trotz Protesten des geflüchteten Priors bald reformierte. 1629 wurde es vorübergehend nochmals katholisch. Heute ist nur noch wenig von der ursprünglichen Anlage erhalten. Die *ehem. Klosterkirche St. Gregor* (heute ev. Pfarrkirche) zeigt als frühes Beispiel einer Kirche der Reformliturgie enge formale Beziehung zu der 1071 geweihten Hirsauer Aureliuskirche, allerdings in einer reduzierten Variante. Das saalartige, einschiffige Langhaus endete im Osten in einem Turmpaar, in dessen Ostmauern kleine halbrunde Apsiden eingetieft waren. Ende des 12. Jh. fügte man die-

Hauffs Märchen Museum in Baiersbronn ist dem Märchenerzähler Wilhelm Hauff (1802-27) gewidmet

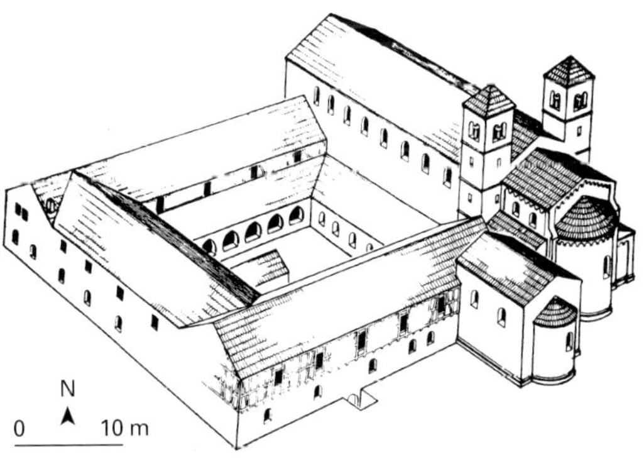

Klosterreichenbach um 1300, Rekonstruktion

Klosterreichenbach, Tympanon

sem dreiapsidialen Ostabschluss einen größeren Chor mit Nebenchören nach Vorbild der Hirsauer Mutterkirche hinzu. Um 1230 wurde der Chor gewölbt und das Paradies vorgebaut. Obwohl weniger detailreich, erkennt man doch Beziehungen zur frühgotischen Maulbronner Vorhalle. Ende des 19. Jh. erfolgte eine durchgreifende, historisierende Restaurierung, deren Auswirkung man von außen gut erkennt: Der baufällige Chor wurde neu hochgezogen, die 1751 abgetragenen Chortürme erneuert und um ein Geschoss aufgestockt. Das gegenwärtige Erscheinungsbild geht auf die Restaurierung in den 60er Jahren des 20. Jh. zurück, bei der die historisierenden Veränderungen größtenteils zurückgenommen wurden. Von der Ausstattung ist außer dem spätgotischen Sakramentshäuschen am nördlichen Chorpfeiler und einigen Grabmälern der Priore und Mönche in der Vorhalle nichts mehr erhalten.

Baiersbronn, Königswart, Aufriss und Grundriss

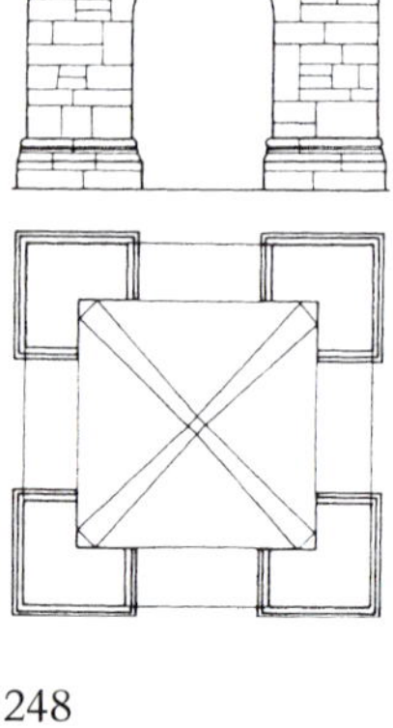

Nördlich von Klosterreichenbach erinnern freigelegte Fundamente an ein ungewöhnliches romanisches Monument: Von der *Königswart* auf der 785 m hohen Spitze eines Höhenzuges steht allerdings nur noch der Sockel. Als einzigartiges Beispiel eines Memorialbaus in freier Landschaft erinnert der ehemals würfelförmige Zentralbau mit einer steinernen Pyramide als Bedeckung an antike Mausoleen. Bauherr war Pfalzgraf Rudolf I. von Tübingen, wie die aufgefundenen Überreste eines Blocks mit folgender lateinischer Inschrift besagten: »Rudolf, Pfalzgraf von Tübingen, ließ dieses Gebäude im Jahre der Fleischwerdung 1209 erbauen, damit alle, die hier jagen werden, seiner gedenken und für das Heil seiner Seele beten mögen«.

Wer Zeit hat, kann von Baiersbronn aus einen kleinen Abstecher zur *Burg Tannenfels* kurz vor Obertal unternehmen (Straße links in den Schlossweg abbiegen), die etwas versteckt im Wald liegt. Ein

Heselbach, ev. Petruskirche, Rundbogenportal

schöner Spazierweg führt zu der Turmburg, die wahrscheinlich zur Überwachung der alten Fernstraße von Dornstetten nach Baiersbronn und über den Ruhestein weiter ins Rheintal diente. Kern der bereits im 11. Jh. besiedelten und schon im frühen 14. Jh. abgebrannten Burg ist ein riesiger herabgestürzter Felsen. Erst in den 70er Jahren des 20. Jh. hat man den Grundriss wieder sichtbar gemacht. Nicht weit entfernt, in dem schön gelegenen **Heselbach,** steht die ehem. Waldkapelle Klosterreichenbachs, heute *ev. Petruskirche.* Die romanische Chorturmkirche besitzt zwei Portale, von denen das südliche für eine Landkirche recht aufwendig gestaltet ist. Es besitzt ein Relief aus dem späten 12. Jh. mit dem segnenden Christus im Bogenfeld und dem Gotteslamm, umgeben von den vier Evangelistensymbolen im Türsturz.

Bei Raumünzach geht es links ab zur Schwarzenbachtalsperre. Die 1922–26 erbaute Sperrmauer staut den Schwarzenbach zu einem 2,2 km langen See, an dem sich besonders an Wochenenden Surfer und Schwimmer tummeln. Die gedeckte *Holzbrücke* in **Forbach** ist eine der größten und ältesten freitragenden, überdachten und befahrbaren Holzbrücken in Europa. Seit 1778 besitzt sie die heutige Form und wurde 1955 erneuert.

Gernsbach, die historische Hauptstadt des Murgtals, erhoben die Grafen von Eberstein gegen 1248 zur Stadt. Zu jener Zeit besaß sie zwei Siedlungskerne: das Markt- und das Kirchdorf. Bis zum Aussterben der Linie 1660 war sie Hauptort der Grafschaft Eberstein, die sie 1387 zur Hälfte an Markgraf Rudolf VII. von Baden verkaufen mussten. Fortan führte neben einem ebersteinischen auch ein badischer Amtmann die Verwaltung. Nach Aussterben der Ebersteiner zog das Speyrer Domstift deren Hälfte ein, die schließlich 1803 ebenfalls an Baden kam. Gernsbach verfügte bis zum Dreißigjährigen

Krieg über einen noch heute am Stadtbild ablesbaren Wohlstand, der zum einen auf der Murgflößerei, zum anderen auf dem reichen Holzbesitz gründete. Von der mittelalterlichen Stadtbefestigung sind neben einigen Mauerresten nur der Storchenturm und der mächtige Wehrturm der *kath. Liebfrauenkirche* (13. Jh.) erhalten. Letzterer bekrönt am hoch gelegenen Westende die Altstadt. Die Kirche hatte sich aus der Kapelle der im 14. Jh. aufgegebenen Burg entwickelt. Die vier hochgotischen westlichen Joche wurden 1833 in gleicher Formensprache wie der bereits bestehende Bau neugotisch erweitert. Das Innere bewahrt wertvolle gotische Ausstattungsstücke: Eingefügt in die Glasmalerei des 19. Jh. sind einige gotische Fragmente, von denen die Kreuzigung (nach 1450) im nördlichen Seitenschiff Beachtung verdient. Weiterhin fallen vier spätgotische Schnitzfiguren auf. Die Heiligen Sebastian, Christophorus und Georg stehen Straßburger Skulpturen des späten 15. Jh. nahe. Die etwas jüngere Beweinung Christi erhielt bei der letzten Restaurierung ihre originale Fassung zurück. Einige Epitaphien erinnern daran, dass die Kirche einst den Grafen von Eberstein als Grablege diente. Die jüngsten Werke sind die Altarleuchter, das Altarwandkreuz und der Tabernakel des Goldschmieds Herbert Kämpfer.

Die ›untere‹ *ev. Kirche St. Jakob*, 1467 außerhalb der Stadtmauer begonnen, birgt ebenfalls spätgotische Ausstattungsstücke. Reich gestaltet ist das von Engeln getragene Sakramentshaus mit Maria, Johannes und einer Schmerzensmannfigur. Im Langhaus dominiert das Spiegelgewölbe von 1771. Neben den Murgflößern gab es noch die sog. ›Schiffsherren‹, die als Großunternehmer tätig waren. Die wohlhabendsten waren die Kasts, die die Holzflößerei bis in die Niederlande betrieben. Johann Jakob Kast ließ für sich und seine Familie einen eindrucksvollen *Stadtpalast* errichten, der zweifelsohne zu den schönsten dieser Epoche in Deutschland zählt. Der Spätrenaissancebau erinnert an den Friedrichsbau des Heidelberger Schlosses und lässt denselben Baumeister Johannes Schoch vermuten. 1617/18 erbaut, übereignete bereits kurz darauf der nach Straßburg ziehende Kast sein Wohnhaus der Stadt, die darin das Rathaus (bis 1936) einrichtete. Ein gemütlicher Fleck ist Gernbachs *Marktplatz* mit der schönen Fachwerkbebauung und dem Marktbrunnen, der aus einem spätgotischen Becken und einer hochbarocken Nepomukfigur besteht.

»...am Meer kennt man die Schwarzwälder und ihre langen Flöße; sie halten an jeder Stadt, die am Strom liegt, an, und erwarten stolz, ob man ihnen Balken und Bretter abkaufen werde ...« Wilhelm Hauff, ›Das kalte Herz‹, 1827

Verlässt man Gernsbach Richtung Süden, so erspäht man hoch auf einem Felsen über einer Murgschleife *Schloss Eberstein,* das 1283 Hauptsitz der Grafen von Eberstein wurde. Mit dem Aussterben der männlichen Linie 1660 fiel das Schloss zunächst zur Hälfte, schließlich ganz an die Markgrafen von Baden. Der Umbau durch Friedrich Weinbrenner und seinen Schüler Heinrich Hübsch im 19. Jh. passte das Schloss den modernen Wohn- und Repräsentationsbedürfnissen der Großherzöge von Baden an, deren Nachfahren das Anwesen noch bewohnen. Aus diesem Grund ist nur der untere Schlosshof zugänglich (Terrassenrestaurant).

Die Strecke nach Bad Herrenalb ist landschaftlich äußerst reizvoll. Auf halbem Wege liegt **Loffenau,** eine malerische Fachwerkstadt. Die *ev. Kirche,* ein schlichter neugotischer Bau (1843) von Ludwig Friedrich von Gaab, bezieht ihre Bedeutung heute aus den spätgotischen Wandmalereien (erste Hälfte des 15. Jh.) im Untergeschoss des ehem. Chorturmes. Das vielschichtige Bildprogramm zeigt Evangelistensymbole, Kirchenväter, Heilige und Stifter, Szenen aus der Legende der hl. Helena und als Besonderheit eine ›Hostienmühle‹, Sinnbild des Messopfers, an der Nordwand. Weiterhin sind die Muttergottes im Strahlenkranz (Südwand) sowie die Credo-Apostel mit den Spruchbändern ihrer Glaubensbekenntnisse hier versammelt.

Friedrich Weinbrenner erbaute *Schloss Rotenfels* als markgräfliches Schlösschen für Wilhelm von Baden-Hochberg, der hier ein landwirtschaftliches Mustergut errichtete. Der für Weinbrenner charakteristische Bau besitzt als auffälliges Merkmal einen sechssäuligen Portikus. Heute ist hier eine Akademie untergebracht. Zu der in der Nähe des Murgufers gelegenen *Barockkirche* in **Gaggenau-Rotenfels** gelangt man am besten über die Murg-Fußgängerbrücke von der B 462 aus. Der Rastatter Hofbaumeister Franz Ignaz Krohmer integrierte bei dem Bau 1762–66 einen bereits vorhandenen mittelalterlichen Turm. Sowohl die 1998 restaurierte Westfassade als auch die neobarocke Ausstattung der Kirche entstammen den Jahren 1902/03. Damals ersetzte man das noch vorhandene gotische Portal durch eines im neubarocken Stil. Die Industriestadt Gaggenau verfügte bereits im 18. Jh. über eine Eisen- und Glasindustrie, wovon die an der Murg stehenden Fachwerkgebäude der Glashütte von 1772 zeugen. In **Bischweier** steht eine kleine spätgotische Dorfkirche mit Fachwerkturm, die *ev. Annenkapelle.* Gegenüber erhebt sich die

Schloss Rotenfels (links) und Skulpturenpark (oben)

Blick auf Forbach

große neugotische Kirche von Johannes Schroth (1859–1923) mit einer bemerkenswerten Ausstattung der Erbauungszeit. Johannes Schroth lieferte auch die Entwürfe für die ebenfalls neugotische *kath. Pfarrkirche St. Sebastian* (1902–04) in der letzten Ortschaft des Murgtals, in **Kuppenheim.** Den besonderen Reiz bezieht der stimmungsvolle Raum aus seiner kompletten Ausstattung. Das Hochaltarretabel mit dem auferstandenen Christus in der Mitte gehört bereits dem Jugendstil an (1922). Von den Seitenaltären ist der Marienaltar (1907) der Gebrüder Moroder in Offenburg hervorzuheben. Eine spätgotische Darstellung des Weltenrichters mit den Aposteln birgt der Bruderschaftsaltar von 1944. Wahrscheinlich handelt es sich dabei um die Predella des ehemaligen Hochaltarretabels der Vorgängerkirche. Weiterhin gibt es einige neugotische Skulpturen sowie neugotische Glasmalereien.

Erläuterung der Fachbegriffe

Altarretabel → Retabel
Akanthus Im Mittelmeergebiet verbreitete Distelart, seit der Antike verwendetes Blattornament in der Bauplastik
Anna selbdritt Darstellung der hl. Anna mit ihrer Tochter Maria und dem Jesuskind
Apsis Meist halbrunde, das äußere Ende des Chors bildende Altarnische

Bandelwerk Aus bandförmigen Leisten gebildetes Ornament, das etwa zwischen 1710 und 1740 hauptsächlich im Stuck verwendet wurde
Basilika Drei- oder fünfschiffiger Kirchenbau mit breiterem, überhöhtem Mittelschiff, der durchfensterte Obergaden sorgt für Lichteinfall
Beletage Hauptsächlich im Barock Bezeichnung für das Wohn- und Hauptgeschoss eines Schlosses oder Palais
Bergfried Hoher, starker Turm einer Burganlage, der als letzte Zuflucht der Bewohner dient
Burg Befestigter Wohnsitz von Adligen auf Bergen oder in der Ebene (= Tiefburg)

Chor Altarraum einer Kirche, einige Stufen höher liegend als der Hauptraum
Chorgestühl An den Längsseiten des Chores angeordnete, meist reich verzierte Sitzreihen für die Geistlichen
Chorhaupt Am Außenbau hervortretendes Abschlusselement des Chores
Chorschranke Hohe Trennwände, die den mittleren Raumteil mehrschiffiger Chöre umschließen und gegen den Laienraum absondern
Corps de logis Hauptgebäude eines Barockschlosses
Cour d'honneur Der von drei Flügeln umschlossene ›Ehrenhof‹ eines Barockschlosses

Dreifaltigkeit Auch Dreieinigkeit oder Trinität. Geht auf die von Matthäus 28,19 und bei der Taufe Christi benannten und charakterisierten Personen zurück: Gottvater = Stimme von oben, Sohn = Täufling, Heiliger Geist = Taube
Dreisitz Sitz für den zelebrierenden Priester und die Diakone beim levitierten Hochamt

Einhaus Bauernhaus, das alle seine Funktionen unter einem Dach vereinigt, im Unterschied zum Gehöft. Eine alemannische Sonderform ist das Schwarzwaldhaus
Epitaph Senkrechtes, meist vor einer Wand aufgestelltes Denkmal zum Gedächtnis an einen Verstorbenen, das sich in der Regel nicht über dem Grab befindet
Eremitage Im Barock beliebte Bezeichnung für ein Garten- oder Lustschloss in ländlicher Abgeschiedenheit (franz.: Einsiedelei)

Fayence Tonwaren, deren einmal vorgebrannter, meist farbiger Scherben mit einer

Akanthus

Bandelwerk

Karyatide

undurchsichtigen weißen und mit Scharffeuerfarben bemalten Zinnglasur überschmolzen wird
Fresko Wandmalerei, bei der mit Kalkwasser angerührte Farbe auf den noch feuchten Putz aufgetragen wird; besonders haltbar, weil sich Farben und Putz unauflöslich miteinander verbinden
Fruchtkasten Herrschaftlicher Getreidespeicher

Gesprenge Feingliedriger, geschnitzter Aufbau über einem Altarretabel
Gewände Schräge, seitliche Mauerfläche einer Fenster- oder Portalöffnung; oftmals profiliert und mit Säulen und Skulpturen geschmückt
Grisailletechnik Malerei in Grautönen

Hallenkirche Eine meist dreischiffige Kirche mit gleich hohen Schiffen
Heilig-Blut-Reliquie Mit Erde vermischtes Blut Christi

Idealstadt Planung nach ästhetischen, geometrischen oder ornamentalen Prinzipien, in der Renaissance neue Belebung der Idee, bis in den Barock anzutreffen
Inkunabeln Bücher, die vor 1500 gedruckt wurden

Kapitell Oberer Abschluss einer Säule, eines Pfeilers oder eines Pilasters mit ornamentaler, figürlicher oder pflanzlicher Dekoration: dorisches Kapitell = stereometrisches Kapitell, eine Variante ist das Toskanische Kapitell; korinthisches Kapitell = Blattkapitell mit Akanthusblätter; Ionisches Kapitell = Volutenkapitell
Kapitelsaal Raum in einem Kloster, in dem der Abt Weisungen an die Mönche erteilt
Karyatiden Gebälktragende Figuren
Klausur Abgeschlossener Bereich eines Klosters rund um den Kreuzgang
Kommende Verwaltungsbezirk oder Ordenshaus, z. B. des Deutschritterordens
Kreuzgang Um den rechteckigen Innenhof eines Klosters angelegter, überdachter Umgang
Krypta Grab- oder Reliquienraum unter dem Chor einer Kirche

Lettner Liturgisch notwendige Trennwand mit einem oder mehreren Durchgängen zwischen Chor und Mittelschiff einer Bischofs-, Kloster- oder Stiftskirche
Liturgie Ordnung des Gottesdienstes und der gottesdienstlichen Handlungen (griech. leiturgia = Dienst am Volk)
Loggia Offene Laube bzw. Säulenhalle eines Bauwerkes
Lustschloss Gartenschloss zum Sommeraufenthalt eines fürstlichen Hofes

Maria Immaculata Maria der unbefleckten Empfängnis. Aus der Gleichsetzung Marias mit dem apokalyptischen Weib entstand der wichtigste Marienbildtyp des Barock und des Rokoko. Maria steht triumphierend auf der von der Schlange umwundenen Erdkugel, umgeben von Sonnenstrahlen, zu ihren Füßen der Halbmond

Maßwerk Geometrisches Bauornament der Gotik, zur Gliederung der Fenster, der Wand, Brüstungen etc.
Mezzanin Halbgeschoss; niedrigeres Zwischengeschoss, über dem Erdgeschoss von Palästen
Miserikordie Gesäßstütze am Chorgestühl, als Erleichterung bei längerem Stehen (lat. misericordia = Mitleid)
Monstranz Liturgisches Gefäß zum Tragen und Zeigen der geweihten Hostie

Netzgewölbe Gewölbeform der Spätgotik mit maschenartig überkreuzten Rippen, zwischen denen rautenförmige Felder entstehen
Neo- oder Neuromanik, -gotik u. a. Im 19. Jh. entstandene Richtungen, die die jeweiligen ursprünglichen Stile wieder aufgreifen, Historismus

Palas Herrenhaus einer mittelalterlichen Burg
Paradies Vorhof oder Vorhalle einer Kirche
Patrozinium Geistliche Schutzherrschaft eines Heiligen oder einer Heiligen über eine Kirche, ein Kloster oder einen Altar
Pfalz Residenz von Kaisern, Königen oder Bischöfen
Pilaster Der Wand oder einem anderen Bauteil vorgelagerter vertikaler Mauerstreifen mit Basis und Kapitell
Physiologus Ein im Mittelalter weit verbreitetes Buch mit frühchristlichen Deutungen der Natur bzw. der Tierwelt
Predella Sockelzone des Altarretabels

Quadratur(a)malerei Perspektivisch-illusionistische Malerei, die einen Raum durch malerische Mittel (nach oben) erweitert oder öffnet

Refektorium Speisesaal eines Klosters
Remise (frz.) Unterstellraum für Wagen
Retabel Altaraufsatz, häufig ungenau als Altar bezeichnet. Kann direkt auf der Mensa stehen oder hinter dieser auf einem Unterbau. In der Gotik entwickelte sich das Retabel zu einem Gesamtkunstwerk. Das Flügelretabel wurde je nach Kirchentag gewandelt. Es kann Tafelmalerei und/oder Skulpturen bzw. Reliefs sowie einen architektonischen Aufbau besitzen
Risalit Ein in ganzer Höhe aus der Flucht eines Gebäudes vorspringender Bauteil, der als Mittel-, Eck- oder Seitenrisalit zur Gliederung der Fassade beiträgt; kommt häufig in der Barockbaukunst vor
Rocaille Asymmetrisches Ornament in Form einer Muschel mit geriefelter Fläche und bewegten Rändern als Hauptmotiv des Rokoko

Rocaille

Sakramentshäuschen → Tabernakel
Scagliola Kunstmarmor aus gefärbter Stuckmasse
Schiff Innenraum in Langbauten, bei mehrschiffigen Anlagen heißt der mittlere Raum Mittelschiff, die seitlichen Seitenschiff. Sie werden durch Stützglieder getrennt und können gleich oder verschieden hoch sein

Schlussstein

Schlussstein Oberster, als letzter eingesetzter Stein eines Bogens oder eines Kreuzrippengewölbes, oft mit Ornamenten geschmückt
Seccomalerei Malerei auf trockenem Putz, im Gegensatz zum Fresko
Skelettbau Gerippebau. Alle tragenden Funktionen werden auf ein System tragfähiger Glieder, für die der Kräfteverlauf formbildend und maßgebend ist, beschränkt. Materialien können Holz, Stein, Stahl und Stahlbeton sein

Tabernakel Gehäuse zur Aufbewahrung geweihter Hostien, in der Gotik zum Sakramentshäuschen umgestaltet
Tiefburg Burg in der Ebene
Tympanon Giebelfeld eines antiken Tempels; Bogenfeld über einem mittelalterlichen Portal
Typologie Entsprechung von Geschehnissen im Alten und Neuen Testament, die auf die Person Christi hin interpretiert werden

Vestibül Vorhalle eines Hauses, meist mit Garderobe
Vierung Rechteckiger Raum im Kreuzungsbereich von Langhaus und Querschiff
Volute Zierform mit schneckenartiger Einrollung

Quadratischer Schematismus In der Romanik Grundrisseinteilung einer Basilika, für die das Vierungsquadrat die Grundeinheit darstellt und das Quer- und das Langhaus bei gleicher Breite ein Vielfaches des Vierungsquadrats bilden

Walmdach Satteldach mit abgeschrägten Giebelspitzen
Wandpfeilerkirche Kirche, bei der die Strebepfeiler, von außen nach innen verlegt, die Wand in nischenförmige Räume gliedern
Wehrkirche Eine zu Verteidigungszwecken eingerichtete Kirche
Weicher oder Schöner Stil Umstrittene Bezeichnung für eine Kunstrichtung um 1400, die in weiten Teilen Europas vorherrschte und daher auch Internationaler Stil oder Internationale Gotik genannt wird. Formale Merkmale sind eine schönheitliche, entmaterialisierte Auffassung von Körperlichkeit und reich gebildete, geschmeidige (›weiche‹), in Schüssel- und Muldenfalten gegliederte Gewandfülle
Westwerk Ein vorgeschobener, turmartiger, liturgisch eigenständiger (mit eigenem Altar) Raumkörper im Westteil großer karolingischer und romanischer Kloster- oder Bischofskirchen
Zisterzienser Neben den Cluniazensern der bedeutendste Reformorden der Benediktiner, 1098 durch Robert von Molesmes gegründet, benannt nach dem ersten Kloster Cîteaux in Burgund
Zisterne Meist unterirdisches Sammelbecken für Regenwasser

Tipps und Adressen

Alle wichtigen Informationen für Ihre Reiseplanung und für unterwegs

Hinweise für die Reiseplanung

Anreise 259
Mit dem Auto 259
Mit der Bahn 259
Mit dem Flugzeug 259
Auskunft 259
Zentrale Informationsstellen 259
Lokale Verkehrsämter. 260
Reisezeit 261

Unterwegs in Nordbaden

Öffentliche Verkehrsmittel 262
Unterkunft 262
Restaurants 264
Badisches Essen und badischer Wein 266
Museen und Sehenswürdigkeiten 267

Informationen von A bis Z

Ausflugs- und Bergbahnen 276
Ballonfahrten und Rundflüge. 276
Besucherbergwerke 277
Fahrradfahren 277
Feste, Festspiele und sonstige Veranstaltungen 278
Gärten und Parks 280
Konzerte und Kleinkunst 281
Lesetipps 282
Schiffstouren 282
Skifahren 283
Theater 283
Thermalbäder 284
Wandern. 284
Wetterdienste 285

Literaturauswahl 286
Abbildungsnachweis 288
Register 290
Impressum. 304

Hinweise für die Reiseplanung

Anreise

Mit dem Auto

Die Nord-Süd-Autobahn A 5 von Frankfurt nach Basel verbindet Mannheim, Bruchsal, Karlsruhe, Rastatt und Baden-Baden. Die A 8 führt von Karlsruhe über Pforzheim nach Stuttgart. Daneben durchziehen gut ausgebaute Bundesstraßen das Land.

Mit der Bahn

Regelmäßige ICE/IC-Verbindungen von Berlin, Hamburg, München, Basel nach Mannheim, Karlsruhe, Heidelberg und Baden-Baden sowie gute Anschlüsse zu den kleineren Städten Nordbadens. Auskunft erteilt die Deutsche Bahn (Internet: www.bahn.de).

Mit dem Flugzeug

Die nächstliegenden internationalen Flughäfen sind Frankfurt (ca. 90 Autominuten nach Karlsruhe), Stuttgart (ca. 60 Minuten nach Karlsruhe) und Straßburg (ca. 60 Minuten nach Karlsruhe). Vom Flughafen Frankfurt sind regelmäßige Lufthansa-Busverbindungen nach Mannheim (Nähe Hauptbahnhof), Heidelberg (Ramada-Hotel) und Karlsruhe eingerichtet; Service-Tel. 0 18 03/80 38 03, Internet: www.lufthansa.com. Zudem gibt es ICE/IC-Bahnverbindungen vom Frankfurter Flughafen nach Mannheim, Heidelberg und Karlsruhe.

Der Baden Airport (Flughafen Karlsruhe/Baden-Baden) liegt an der A 5 bei Söllingen, etwa 30 km südl. von Karlsruhe. Er bietet Linienflugverbindungen zu etlichen Großflughäfen an. Die Cirrus Airlines fliegt mehrmals täglich vom Baden Airport nach Berlin und zurück; Info-Tel. 01 80/2 01 20 12 oder 0 72 29/66 23 01. Cirrus Airlines bedient als einzige Fluggesellschaft auch den Regionalflughafen Mannheim–Neuostheim: Mo–Fr/So dreimal tägl. nach Berlin und zurück sowie zweimal tägl. nach Hamburg; weitere Informationen: Tel. 06 21/42 60 40, Internet: www.cirrus-airlines.de.

Auskunft

Die unten aufgeführten Fremdenverkehrsbüros versenden Informationsmaterial und Unterkunftsverzeichnisse. Schnelle, aktuelle Informationen zu den Städten, Schlössern und Klosteranlagen Nordbadens erhält man auch über das Internet: hier gibt es Anfahrtbeschreibungen, Stadtpläne und einen Hotelsuchservice. Hilfreiche Internet-Adressen sind: www.regioservice.de und speziell für die Hotel- und Restaurantsuche www.varta-guide.de, Fremdenverkehrsämter findet man unter www.germany-tourism.de.

Zentrale Informationsstellen

Landesfremdenverkehrsamt Baden-Württemberg e. V.
Postfach 10 29 51
70025 Stuttgart
Tel. 07 11/23 85 80
Fax 07 11/2 38 58 99
Internet: www.tourismus-baden-wuerttemberg.de

Touristik-Gemeinschaft Baden-Elsass-Pfalz e. V.
Baumeisterstraße 2
76137 Karlsruhe
Tel. 0 71 21/35 50 20
Fax 0 71 21/3 055 02 22

Touristenverein »Die Naturfreunde« Landesverband Baden e. V.
Schützenstraße 12
76137 Karlsruhe
Tel. 07 21/60 74 90

Fremdenverkehrsgemeinschaft Bauland
Im Neckar-Odenwald-Kreis e. V.

Postfach 12 27
74738 Adelsheim
Tel. 0 62 91/6 20 00
Fax 0 62 91/22 99

Touristikgemeinschaft »Die Burgenstraße«
Rathaus
74072 Heilbronn
Tel. 0 71 31/56 22 83
Fax 0 71 31/56 31 40
Internet:
www.burgenstrasse.de

Touristikverband Neckarland-Schwaben
Lohtorstraße 21
74072 Heilbronn
Tel. 0 71 31/62 90 61
Fax 0 71 31/6 86 38

Fremdenverkehrsgemeinschaft Odenwald-Neckartal
Rathaus
Hauptstraße 29
74821 Mosbach
Tel. 0 62 61/8 22 36
Fax 0 62 61/8 22 49

Touristik Nördlicher Schwarzwald
Am Waisenhausplatz 26
75106 Pforzheim
Tel. 0 72 31/31 40 52
Fax 0 72 31/35 76 91
Internet: www.noerdlicher-schwarzwald.de

Ferienkreis Rastatt / Badische Weinstraße
c/o Verkehrsverein Bühlertal e. V.
Hauptstraße 92
77830 Bühlertal/Schwarzwald
Tel. 0 72 23/9 96 70
Fax 0 72 23/7 59 84
Internet: www.buehlertal.de

Lokale Verkehrsämter

72275 **Alpirsbach**
Tourist-Information
Hauptstraße 20
Tel.0 74 44/9 51 62 81
Fax 0 74 44/9 51 62 83
Internet: www.alpirsbach.de

72213 **Altensteig**
Verkehrsamt
Paulusstraße 4
Tel. 0 74 53/66 33
Fax 0 74 53/32 49
Internet:
www.altensteig.de

75378 **Bad Liebenzel**l
Kurverwaltung
Kurhausdamm 4
Tel. 0 70 52/40 80
Fax 0 70 52/40 81 08
Internet:
www.bad-liebenzell.de

75323 **Bad Wildbad**
Reise- und Verkehrsbüro
König-Karl-Straße 5-7
Tel. 0 70 81/1 02 80
Fax 0 70 81/1 02 90

74206 **Bad Wimpfen**
Tourist-Information
Gästezentrum Alter Bahnhof
Tel. 0 70 63/9 72 00
Fax 0 70 63/97 20 20
Internet:
www.badwimpfen.de

76530 **Baden-Baden**
Marketing GmbH Schloss Solms
Solmsstraße 1
Tel. 0 72 21/27 52 00
Fax 0 72 21/27 52 02
Internet:
www.baden-baden.de

72270 **Baiersbronn**
Kurverwaltung
Rosenplatz 3
Tel. 0 74 42/84 14 14
Fax 0 74 42/84 14 48
Internet:
www.baiersbronn.de

76646 **Bruchsal**
Stadtinformation
Am Alten Schloss 2
Tel./Fax 0 72 51/7 27 71
Internet: www.bruchsal.de

77815 **Bühl**
Tourist-Information
Hauptstraße 41
Tel. 0 72 23/93 53 32
Fax 0 72 23/93 53 39
Internet: www.buehl.de

75365 **Calw**
Stadtinformation Calw
Marktbrücke 1
Tel. 0 70 51/96 88 10
Fax 0 70 51/96 88 77
Internet: www.calw.de

72280 **Dornstetten**
Tourist-Information
Marktplatz 2
Tel. 0 74 43/96 20 30
Fax 0 74 43/96 20 99

76275 **Ettlingen**
Stadtinformation
Schillerstraße 7-9
Tel. 0 72 43/10 12 21
Fax 0 72 43/10 14 30
Internet: www.ettlingen.de

72250 **Freudenstadt**
Tourist-Information
Am Promenadenplatz 1
Tel. 0 74 41/86 40
Fax 0 74 41/8 51 76
Internet:
www.freudenstadt.de

69048 **Heidelberg**
Verkehrsverein
Postfach 10 58 60
Tel. 0 62 21/14 22 11
Fax 0 62 21/14 22 22
Internet:
www.heidelberg.de/cvb

72160 **Horb**
Stadtinformation
Marktplatz 12
Tel. 0 74 51/36 11
Fax 0 74 51/90 12 90
Internet: www.horb.de

76137 **Karlsruhe**
Verkehrsverein
Karlsruhe e. V.
Bahnhofplatz 6
Tel. 07 21/3 55 30
Fax 07 21/35 53 43 99
Internet:
www.karlsruhe.de

68526 **Ladenburg**
Stadtinformation
Dr.-Carl-Benz-Platz 1
Tel. 0 62 03/92 26 03
Fax 0 62 03/92 47 09
Internet:
www.ladenburg.de

68161 **Mannheim**
Tourist-Information
Willy-Brandt-Platz 3
Tel. 01 90/77 00 20
Fax 06 21/2 41 41
Internet:
www.tourist-mannheim.de

74819 **Mosbach**
Verkehrsamt
Hauptstraße 29
Tel. 0 62 61/8 22 36
Fax 0 62 61/8 22 49

72202 **Nagold**
Touristikinformation
Marktstraße 27
Tel. 0 74 52/68 12 47
Fax 0 74 52/68 11 22
Internet: www.nagold.de

75175 **Pforzheim**
Tourist-Information
Pforzheim Kongress und
Marketing GmbH
Marktplatz 1
Tel. 0 72 31/14 57 22 50
Fax 0 72 31/1 45 45 70
Internet:
www.pforzheim.de

76437 **Rastatt**
Stadtinformation
Im Schloss
Herrenstraße 18
Tel. 0 72 22/97 24 62
Fax 0 72 22/97 21 18
Internet: www.rastatt.de

77761 **Schiltach**
Tourist-Information
Hauptstraße 5
Tel. 0 78 36/58 50
Fax 0 78 36/58 58
Internet: www.schiltach.de

68723 **Schwetzingen**
Verkehrsverein
Hebelstraße 1
Tel./Fax 0 62 02/49 33
Internet:
www.schwetzingen.de

97941 **Tauberbischofsheim**
Tourist-Information
Marktplatz 8
Tel. 0 93 41/8 03 13
Fax 0 93 41/8 03 89
Internet:
www.tauberbischofsheim.de

74731 **Walldürn**
Tourist-Information
Altes Rathaus
Hauptstraße 27
Tel. 0 62 82/6 71 06
Fax 0 62 82/6 71 03
Internet:
www.wallduern.de

69469 **Weinheim**
Verkehrsverein
Bahnhofstraße 15
Tel. 0 62 01/9 91 10
Fax 0 62 01/99 11 35
Internet: www.weinheim.de

Reisezeit

Schon früh blühen an der Bergstraße und in der Oberrheinebene die Obstbäume. Karlsruhe gehört mit einer Jahresdurchschnittstemperatur von knapp 11 °C zu den wärmsten Städten der Bundesrepublik. Überhaupt ist die Rheinebene vom Klima ausgesprochen begünstigt. An manchen Orten kann man bereits an Fastnacht im Freien sitzen, und zu Ende geht die Freiluftsaison meist erst im Oktober. Im Schwarzwald dagegen hält der Frühling in der Regel vier Wochen später Einzug. Reisesaison ist in Nordbaden das ganze Jahr. Allerdings sind einige Sehenswürdigkeiten im Winter nur eingeschränkt oder überhaupt nicht zugänglich (s. Museen und Sehenswürdigkeiten).

Unterwegs in Nordbaden

Öffentliche Verkehrsmittel

Die Städte Nordbadens verfügen über ein ausgebautes Netz an Bussen und Bahnen. Aufgrund der sich immer weiter zuspitzenden Parkplatzprobleme in den Innenstädten empfiehlt es sich, öffentliche Verkehrsmittel zu benutzen, mit dem Auto von Park-and-Ride-Angeboten Gebrauch zu machen oder zumindest frühestmöglich ein Parkhaus aufzusuchen. Auch bieten immer mehr Städte günstige Pauschalpreise für öffentliche Nahverkehrsmittel in Kombination mit Eintrittskarten an. Interessant sind zudem 24-Stunden-Tickets, die preiswerte Sonderkonditionen offerieren. Aktuelle Informationen erhält man über die Fremdenverkehrsämter.

Von Mai bis September verkehrt ab Hauptbahnhof Heidelberg ein Linienbus der Deutschen Touring GmbH auf der *Burgenstraße* bis Rothenburg o. d. T. und zurück; Infos sind bei den Tourist-Informationen Mannheim und Heidelberg erhältlich. Die *Schwarzwald-Hochstraße* wird zwischen Baden-Baden und Freudenstadt ebenfalls von einem Linienbus befahren.

Unterkunft

Nordbaden verfügt über sehr gute und vielfältige Übernachtungsmöglichkeiten. Der Reisende hat die Wahl zwischen Luxusherbergen und preiswerteren Hotels oder Pensionen. Odenwald und Schwarzwald bieten zudem als traditionelle Urlaubsregionen Ferienwohnungen und Ferien auf dem Bauernhof an. Günstig übernachtet man in Jugendherbergen, die teilweise in schönen, historischen Bauwerken untergebracht sind. Ausführliche Informationen bieten die Unterkunftsverzeichnisse, die über die Fremdenverkehrsbüros der einzelnen Landkreise sowie Städte und Gemeinden zu beziehen sind. Nachfolgend ist nur eine kleine Auswahl an Hotels bzw. Hotel-Restaurants aufgeführt, die in schönen und häufig historischen Gebäuden untergebracht oder aber in angenehmer Umgebung gelegen sind.

Preiskategorien:

pro DZ mit Frühstück (Stand: 2000)

Günstig	bis DM 150 (bis € 77)
Moderat	DM 150–250 (€ 77–128)
Teuer	DM 250–350 (€ 128–179)
Luxus	ab DM 350 (ab € 179)

72275 **Alpirsbach**
Gasthof Waldhorn
Kreuzgasse 4
Tel. 0 74 44/9 51 10
Fax 0 74 44/95 11 55
günstig

76332 **Bad Herrenalb**
Mönchs Posthotel
Dobler Straße 2
Tel. 0 70 83/74 40
Fax 0 70 83/74 41 22
teuer

75323 **Bad Wildbad**
Badhotel
Kurplatz 5
Tel. 0 70 81/17 60
Fax 0 70 81/17 61 70
moderat bis teuer

74206 **Bad Wimpfen**
Hotel garni Klosterkeller
Hauptstraße 39
Tel. 0 70 63/96 10 50
Fax 0 70 63/9 61 05 29
Inmitten der Altstadt; neue, gepflegt eingerichtete Zimmer; günstig bis moderat

76530 **Baden-Baden**
Badhotel Zum Hirsch
Hirschstraße 1

Tel. 0 72 21/93 90
Fax 0 72 21/3 81 48
Traditionshotel, schön ausgestattete Zimmer; teuer

Hotel Greiner
Lichtentaler Allee 88
Tel. 0 72 21/7 11 35
Fax 0 72 21/99 38 88
günstig

76532 Baden-Baden
Altes Schloss
Alter Schlossweg 10
Tel. 0 72 21/2 69 48
Fax 0 72 21/39 17 75
Mitten im Wald gelegen, mit Blick über die Stadt; günstig

72270 **Baiersbronn-Tonbach**
Hotel Traube Tonbach
Tonbachstraße 237
Tel. 0 74 42/49 20
Fax 0 74 42/49 26 92
Luxus

Landhaus Mühlengrund
Tonbachstraße 95/97
Tel. 0 74 42/8 43 20, 52 76
Fax 0 74 42/84 32 10
Familiär geführt, schöne, gemütlich eingerichtete Zimmer; günstig

75365 **Calw**
Hotel Ratsstube
Am Marktplatz 12
Tel. 0 70 51/9 20 50
Fax 0 70 51/7 08 26
günstig

69412 **Eberbach**
Hotel Zum Karpfen
Am Alten Markt 1
Tel. 0 62 71/7 10 15
Fax 0 62 71/7 10 10
Zentral gelegen; gepflegte, z. T. romantisch eingerichtete Zimmer; günstig

76275 **Ettlingen**
Hotel-Restaurant Erbprinz
Rheinstraße 1
Tel. 0 72 43/32 20
Fax 0 72 43/1 64 71
teuer

72250 **Freudenstadt**
Hotel Schwanen
Forststraße 6
Tel. 0 74 41/9 15 50
Fax 0 74 41/91 55 44
Familiär geführtes Hotel mit Restaurant in der Nähe des Marktplatzes; günstig

Hotel-Restaurant Warteck
Stuttgarter Straße 14
Tel. 0 74 41/9 19 20
Fax 0 74 41/91 92 93
Stadthotel mit gutem Restaurant; günstig

74736 **Hardheim**
Waldhotel-Restaurant Wohlfahrtsmühle
Tel. 0 62 83/2 22 20
Fax 0 62 83/22 22 40
Gepflegtes Haus in schöner Umgebung mit Forellenteich; sehr gute Küche; günstig

69117 **Heidelberg**
Romantik-Hotel Zum Ritter St. Georg
Hauptstraße 178
Tel. 0 62 21/13 50
Fax 0 62 21/1 32 30
Das bekannteste Heidelberger Hotel; teuer bis Luxus

Weißer Bock
Große Mantelgasse 24
Tel. 0 62 21/9 00 00
In der Altstadt gelegen; gepflegte Zimmer; moderat

Denner Hotel
Bergheimer Straße 8
69115 Heidelberg
Tel. 0 62 21/60 45 10
Fax 0 62 21/60 45 30
moderat

72160 **Horb-Isenburg**
Forellengasthof Waldeck
Mühlsteige 33
Tel. 0 74 51/38 80
Fax 0 74 51/49 50
Gasthof in ruhiger Lage am Waldrand; günstig

76137 **Karlsruhe**
Schlosshotel
Bahnhofplatz 2
Tel. 07 21/3 83 20
Fax 07 21/3 83 23 33
›Bestes Haus am Platz‹ mit eindrucksvollem Spiegelsaal; teuer

Hotel Eden
Bahnhofstraße 15–19
Tel. 07 21/1 81 80
Fax 07 21/1 81 82 22
Mit schöner Gartenterrasse und Wintergarten; moderat

76227 **Karlsruhe-Durlach**
Hotel-Restaurant Zum Ochsen
Pfinzstraße 64
Tel. 07 21/94 38 60
Fax 07 21/9 43 86 43
moderat bis teuer

68526 **Ladenburg**
Nestor Hotel Ladenburg
Benzstraße 21
Tel. 0 62 03/93 90
Fax 0 62 03/93 91 13
moderat

68165 **Mannheim**
Maritim Parkhotel Mannheim
Friedrichsplatz 2
Tel. 06 21/1 58 80
Fax 06 21/1 58 88 00
Traditionshaus am Wasserturm; teuer bis Luxus

68259 **Mannheim-Feudenheim**
Gasthof Zum Ochsen
Hauptstraße 70
Tel. 06 21/79 95 50
Fax 06 21/7 99 55 33
Ältestes Gasthaus Mannheims, gepflegtes Ambiente; moderat

76534 **Neuweier**
Hotel Heiligenstein
Heiligensteinstraße 19 a
Tel. 0 72 23/9 61 40
Fax 0 72 23/96 14 50
Familiäres, stilvolles Hotel inmitten der Weinberge; moderat

76437 **Rastatt**
Hotel Schwert
Herrenstraße 3 a
Tel. 0 72 22/76 80
Fax 0 72 22/76 81 20
Zentral gelegenes Hotel; gehobenes Niveau; moderat

69198 **Schriesheim-Altenbach**
Waldhotel-Restaurant Bellevue
Röschbachstraße 1
Tel. 0 62 20/93 10
Fax 0 62 20/9 31 65
günstig

68723 **Schwetzingen**
Hotel Zum Erbprinzen
Karlsruher Straße 1
Tel. 0 62 02/9 32 70
Fax 0 62 02/93 27 93
Stilvolles Hotel am Schlossplatz; moderat bis teuer

Restaurants

72213 **Altensteig**
Bäck Schwarz
Paulusstraße 19
Tel. 0 74 53/74 97
Urige Stube mit Kachelofen; kleine Gerichte

76332 **Bad Herrenalb**
Klosterschänke in Mönchs Posthotel
Dobler Straße 2
Tel. 0 70 83/74 40
Eines der ältesten Gasthäuser Süddeutschlands mit leichter regionaler Küche

74206 **Bad Wimpfen**
Hohenstaufenpfalz
Hauptstraße 34
Tel. 0 70 63/3 03
In dem Fachwerkhaus gibt es Hausgemachtes, Schwäbisches und Wildgerichte

76530 **Baden-Baden**
La Provence
Schlossstraße 20
Tel. 0 72 21/2 55 50
Gemütlich eingerichtetes Gewölbe mit preiswerter Küche

Überall in Nordbaden findet man gediegene, rustikale bis luxuriöse Restaurants. Die Preise sind recht unterschiedlich, abhängig von der Region und natürlich vom Standard.

76534 **Baden-Baden-Oberbeuren**
Waldhorn
Beuerner Straße 54
Tel. 0 72 21/7 22 88
Badisches Wirtshaus mit regionaler Küche

77815 **Bühl**/Baden-Baden
Grüne Bettlad
Blumenstraße 4
Tel. 0 72 23/9 31 30
Haus aus dem 16. Jh. mit bäuerlicher Einrichtung; Gourmet-Restaurant

Gute Stub
Dreher Straße 9
Tel. 0 72 23/84 80
Kleines Schwarzwaldhaus mit schöner Gartenterrasse; gehobene Preisklasse

Burg Windeck
Kappelwindeckstraße 104
Tel. 0 72 23/9 49 20
Schöne Aussicht auf die Rheinebene; badische Küche

Schlosshotel Bühler Höhe – Gourmet-Restaurant Imperial
Schwarzwaldhochstraße 1
Tel. 0 72 26/5 50
Internationale Haute Cuisine und regionale Spezialitäten

72280 **Dornstetten-Aach**
Gasthaus Waldgericht
Grünstaler Straße 4
Tel. 0 74 43/80 33
Ältestes Gasthaus im Nord-

schwarzwald (425 Jahre), urig eingerichtet mit Kachelofen; schwäbische Küche

72250 **Freudenstadt-Christophstal**
Bärenschlössle
Tel. 0 74 41/78 50
Im alten Jagdschloss mit Blick auf Freudenstadt

72226 **Freudenstadt-Simmersfeld**
Bio-Haus Sonne
Freudenstädter Straße 8
Tel. 0 74 84/3 85
Vollwertig-vegetarische Küche aus kontrolliert-biologischem Anbau

74736 **Hardheim**
Wohlfahrtsmühle
Tel. 0 62 83/2 22 20
Sehr gute, gehobene Küche, leckere Fischgerichte

69117 **Heidelberg**
Simplicissimus
Ingrimstraße 16
Tel. 0 62 21/18 33 36
Französische Küche; teuer

Zum Roten Ochsen
Hauptstraße 217
Tel. 0 62 21/2 09 77
Historische Studentenkneipe, touristisch

Weißer Bock
Große Mantelgasse 24
Tel. 0 62 21/90 10 00

Hackteufel
Steingasse 7
Tel. 0 62 21/90 53 80
Regionale Küche
Kurpfälzisches Museum
Hauptstraße 97
Tel. 0 62 21/2 40 50
Schöne Gartenterrasse im Hof

Burg **Hornberg**
Hotel-Restaurant Im Alten Marstall
74865 Neckarzimmern
Tel. 0 62 61/9 24 60
Romantische Lage mit herrlichem Blick über das Neckartal

76133 **Karlsruhe**
Oberländer Weinstube
Akademiestraße 7
Tel. 07 21/2 50 66
Französisch-badische Küche

76227 **Karlsruhe-Durlach**
Hotel-Restaurant Zum Ochsen
Pfinzstraße 64
Tel. 07 21/94 38 60
Mit französisch-alemannischer Küche, die vom Guide Michelin ausgezeichnet wurde

76189 **Karlsruhe-Daxlanden**
Künstlerkneipe
Pfarrstraße 18
Tel. 07 21/57 22 47
Badische Küche

68526 **Ladenburg**
Weinstube Sackpfeife
Kirchenstraße 45
Tel. 0 62 03/31 45

72886 **Loßburg-Unterbrändi**
Zur alten Kirche
Tel. 0 74 46/22 61
Einstige Pfarrkirche aus dem 13. Jh.; schwäbische Küche

68161 **Mannheim**
Alte Münz
Quadrat P 7, 1
Tel. 06 21/2 82 62
Kurpfälzer Spezialitäten, Weinkarte

Badische Weinstube
Quadrat U 2, 2
Tel. 06 21/2 36 77

68165 Mannheim
Goldene Gans
Tattersaalstraße 19/Bismarckplatz 7
Tel. 06 21/42 20 20
Regionale Küche; gut und preiswert

68259 **Mannheim-Feudenheim**
Gasthof Zum Ochsen
Hauptstraße 70
Tel. 06 21/79 95 50
Fax 06 21/7 99 55 33
Ältestes Gasthaus Mannheims; badische und französische Küche

76534 **Neuweier**
Schloss Neuweier
Mauerbergstraße 21
Tel. 0 72 23/96 14 99
In restaurierter Wasserburg mit schönem Ambiente; feine badische Küche

76327 **Pfinztal-Berghausen**
Hotel-Gasthaus Laub
Karlsruher Straße 87
Tel. 07 21/46 94 99
Hier stiegen schon Johann Wolfgang von Goethe,

Hans Thoma u. a. ab
76437 **Rastatt**
Sigi's Restaurant
Rappenstraße/Im Hotel Schwert
Tel. 0 72 22/76 80

75233 **Tiefenbronn**
Häckermühle
Im Würmtal 5
Tel. 0 72 34/61 11

Badisches Essen und badischer Wein

Speisen

Baden ist für seine gute Küche weithin bekannt, nicht umsonst gibt es zahlreiche Kochbücher, die sich ausschließlich badischen Rezepten widmen. Das Essen ist vielgestaltig, bodenständig und oft gehaltvoll. Die Nähe zum Elsass bedingt den französischen Einfluss; gelungen ist die Kombination aus traditioneller Küche mit neuen Variationen. Im althergebrachten Speiseplan sind Forellen, Wild, Spargel und Schinken ein wichtiger Bestandteil.

Auf den Höhen des Schwarzwaldes kochte man anders als in den geschützten Tälern und hier wieder anders als in der Ebene oder im Rebland. Die Bevölkerung in den Bergen war sehr arm, entsprechend waren auch ihre Speisen recht karg. In den Tälern, besonders in der Rheinebene gab es schon seit jeher reichlich Gemüse, Obst, alle Getreidesorten und Wein. Wie in allen ländlichen Gebieten hat auch in Nordbaden das Vesper eine große Bedeutung. Es geht nichts über eine Odenwälder oder eine Schwarzwälder Brotzeit. Während im Odenwald der gute Korb- oder Handkäse ganz oben steht, findet man bei einer typischen Schwarzwälder Vesper meist den bekannten Schinken. Zur Weinlese gibt es in allen Weingegenden Nordbadens Suser und dazu Zwiebelkuchen.

Typisch badische Gerichte

Bibliskäs': Mit viel Schnittlauch, Knoblauch, Frühlingszwiebeln und Sahne angemachter Quark; manchmal auch mit Radieschen- und Rettichscheiben angerichtet. Dazu gibt es Pellkartoffeln, Bauernbrot oder Bratkartoffeln.
Kratzede: Mehlspeise. Omelettes werden mit zwei Gabeln in Stücke gerissen, im Backofen in wenigen Minuten fertiggebacken und mit zerlassener Butter verfeinert. Wird häufig als Beilage zu Spargel und Schinken gereicht.
Schäufele: Leicht gepökelte und geräucherte Schweineschulter. Spezialität, die auf Schwarzwälder Tradition zurückgeht. Schäufele wird in einem Sud aus Wein und Gewürzen gekocht und mit einem warmen Kartoffelsalat, grünem Salat (Feldsalat) und Bauernbrot serviert.

Weine

Die klimatischen Bedingungen der badischen Weinanbaugebiete sind ebenso unterschiedlich wie die Böden. Die Vielfalt der Weine ist folglich enorm und so kann man die badischen Weine kaum auf einen Nenner bringen. Mit rund 15 600 ha Rebfläche ist Baden das drittgrößte unter den 13 deutschen Weinanbaugebieten. Nicht zuletzt aufgrund des Klimas ist es ein Weingebiet mit Spitzenerzeugnissen. Dank der geschützten Lagen an den Flanken des Schwarz- und des Odenwaldes und der klimatisch begünstigten oberrheinischen Tiefebene ist es hier sonnig und warm. Zu den nordbadischen Weinanbaugebieten zählen Tauberfranken, die badische Bergstraße, das Kraichgau und die nördliche Ortenau. Die Weine zeichnen sich durch geschmackliche Dichte und Raffinesse aus, vor allem sind es trockene Weine. Die meistangebaute Rebsorte ist mittlerweile der Müller-Thurgau (über 30 %), dessen trocken ausgebaute, eher leichte Variante in Baden meist Rivaner heißt. Der Riesling ist vor allem in der Ortenau anzutreffen. Insgesamt hohe Anteile hat der Spätburgunder, der jedoch in Tauberfranken und an der badischen Bergstraße weniger vertreten ist.

Die in Nordbaden am häufigsten angebauten Sorten sind:
Müller-Thurgau: Eine Kreuzung der Sorten Riesling und Silvaner durch Prof. Dr. Müller aus dem schweizerischen Kanton Thurgau. Dieser bekömmliche Wein besitzt ein feinfruchtiges Muskataroma und jugendliche Frische bei milder bis rassiger Säure.
Riesling: ›Der König der Weißweine‹ zeichnet sich durch seine feine Frucht, sein nuancenreiches Bukett, prickelnde Lebendigkeit und rassige Säure aus.
Silvaner: Ein neutraler Wein, feinfruchtig, mit zartem Bukett und meist milder Säure.
Kerner: Eine Kreuzung aus Trollinger und Riesling. Die kernigen, charaktervollen, zugleich frischen Weine lassen meist einen rieslingähnlichen Duft erkennen.
Schwarzriesling: Der auch ›Müllerrebe‹ genannte Wein ist eine Mutation des Blauen Spätburgunders und wird ausschließlich in den nördlichen Bereichen Kraichgau und Tauberfranken angebaut.
Blauer Spätburgunder: Er ist rubinrot, mitunter dicht und dunkelrot sowie reich an Frucht und Aroma.
Suser: Teilweise gegorener Traubenmost, ein junger fruchtiger Wein mit erfrischender Säure, der sich im Stadium der Alkoholbildung befindet. Vergleichbar überregional mit der Bezeichnung ›Federweißer‹ oder ›Neuer‹.

Weitere Informationen erhält man über: Weinwerbezentrale badischer Winzergenossenschaften eG, Keßlerstraße 5, 76185 Karlsruhe, Tel.: 07 21/55 70 28, Fax 07 21/55 70 20, und Winzerkeller Südliche Bergstraße/Kraichgau eG, Bögnerweg 3, 69156 Wiesloch, Tel. 0 62 22/80 27.

Weinlehrpfade und *Weinlagewanderungen* s. unter Wandern.

Museen und Sehenswürdigkeiten

Allerheiligen
Klosterruine frei zugänglich

Alpirsbach
Ehemaliges Benediktinerkloster
Tel. 0 74 44/5 10 61 oder 9 51 62 81
15. März bis 31. Okt.: Mo–Sa 9.30–17.30 Uhr, So/Feiertage 11–17.30 Uhr,
1. Nov. bis 14. März: Do, Sa 13.30–15 Uhr

Ergänzende Informationen, beispielsweise zu Sonderveranstaltungen, erhält man entweder über das Internet (www.museen.de) oder direkt bei der jeweiligen Institution.

Altensteig
Heimatmuseum der Stadt Altensteig
Im Alten Schloss
Tel. 0 74 53/13 60
Mi 14–16 Uhr, So 11–12 und 14–16 Uhr, im Sommer So bis 17 Uhr

Bad Herrenalb
Klosterruine frei zugänglich

Bad Teinach
Evangelische Pfarrkirche
Führung mit Aufklappen der Tafeln des Bildschreins
1. Apr. bis 31. Okt.: Do 15 Uhr

Bad Wimpfen
Historisches Museum im Steinhaus
Burgviertel 15
Tel. 0 70 63/87 79
1. Apr. bis 15. Okt.: Di–So 10–12 und 14–16.30 Uhr
Geschichte der Kaiserpfalz

Kirchenhistorisches Museum in der Pfalzkapelle
Burgviertel 25
1. Apr. bis 15. Okt.: Di–So 10–12 und 14–16.30 Uhr

Blauer Turm
Burgviertel 9
Tel. 0 70 63/89 68
1. Apr. bis 15. Okt.:
Di–So 10–18 Uhr
Aussichtsturm mit Ausstellung zu seiner Geschichte

Roter Turm
Burgviertel
1. Apr. bis 15. Okt.:
Sa/So je nach Witterung

Reichsstädtisches Museum im Alten Spital
Hauptstraße 45
Tel. 0 70 63/95 03 13
Di–So 10–12 und 14–17 Uhr
Geschichte der Reichsstadt

Evangelische Pfarrkirche
Kirchgasse
Sa 15–17 Uhr, So 14–16 Uhr

Ehem. Stiftskirche St. Peter
Lindenplatz
Tel. 0 70 63/9 70 40
1. Apr. bis 15. Okt.: Di–So 10–12 und 14–16 Uhr

Baden-Baden
Alt-Eberstein, Burgruine
Bei Ebersteinburg, nur wenige Kilometer von Baden-Baden entfernt; im Sommer von 11-20 Uhr zugänglich

Altes Schloss
(Burgruine Hohenbaden)
Alter Schlossweg 10
Tel. 0 72 21/2 69 48
Di–So frei zugänglich

Brahmshaus
Maximilianstraße 85
Baden-Baden-Lichtental
Tel. 0 72 21/7 11 72
Mo/Mi/Fr 15–17 Uhr,
So 10–13 Uhr
Einzige in Deutschland noch erhaltene Wohnstätte des Komponisten

Kurhaus (Kasino und Veranstaltungsort)
Kaiserallee 1
Tel. 0 72 21/2 10 60
Besichtigung des Gebäudes 9.30–12 Uhr, Spielbetrieb ab 14 Uhr: Gespielt wird französisches und amerikanisches Roulette, Black Jack, Poker, Baccara und Klondyke. Eine Spieleinführung gibt es freitags.

Kloster Lichtenthal
Hauptstraße 40
Tel. 0 72 21/7 23 32
Kirche tagsüber geöffnet (Mittagsruhe), außer Mo und 1. So im Monat
Besichtigung der Kapelle und des Museums (Tafelbilder 15.–19. Jh., Textilien, Möbel, Porzellan und Silberschmiedearbeiten) nur in Gruppen ab 7 Personen nach Voranmeldung

Choralamt (gregorianisch): Mo–Fr 6.30 Uhr, Sa 7 Uhr und So 8 Uhr, gesungene lateinische Vesper: tägl. 17 Uhr

Staatliche Kunsthalle
Lichtentaler Allee 8 a
Tel. 0 72 21/2 53 90 oder 2 32 50
Di–So 11–18 Uhr,
Mi bis 20 Uhr
Keine eigene Sammlung, Wechselausstellungen zeitgenössischer Kunst

Museum der Harmonie
Lichtentaler Allee 28
Tel. 0 72 21/2 43 34
Nur nach Anmeldung.
Neuartiges Museum, das die Harmonie als philosophisches Weltverständnis näherbringen will.

Russisch-orthodoxe Kirche
Lichtentaler Straße
Tel. 0 72 21/39 06 34
1. Apr. bis 31. Okt.:
tägl. 10–18 Uhr

Neues Schloss und Stadtgeschichtliche Sammlungen
Schlossstraße 22
Tel. 0 72 21/93 22 74
1. Apr. bis 31. Okt.: Di–So 10–12.30 und 14–17 Uhr

Stadtmuseum im Baldreit
Küferstraße 3
Tel. 0 72 21/93 22 72/71
Di–So 10–12.30 und 14–17 Uhr
Archäologie, Glas, Porzellan, Gemälde und Geschichte der Spielbank

Neue Trinkhalle mit Leseraum
Kaiserallee 3
Tel. 0 72 21/27 52 77
1. Apr. bis 31. Okt.:
tägl. 10–17.30 Uhr

Baiersbronn
Hauffs-Märchen-Museum
Alte Reichenbacher Straße 1
Tel. 0 174 42/84 14 14
(Kurverwaltung)

Bretten
Stadtmuseum
Marktplatz 1
Tel. 0 72 52/95 76 20
So/Feiertage 11–13 und 14–17 Uhr

Gerberhaus
Gerbergasse 10
Tel. 0 72 52/92 14 00
So 15–18 Uhr

Handwerksgeschichte, insbesondere Ledererzeugung und -verarbeitung

Melanchthonhaus
Melanchthonstraße 1
Tel. 0 72 52/9 44 10
Di–Fr 14–17 Uhr, Sa/So 11–13 und 14–17 Uhr
Cranach-Bildnisse, Bücher und Handschriften aus der Reformationszeit; Leben und Werk P. Melanchthons

Bruchsal
Schloss Bruchsal
Schönbornstraße
Tel. 0 72 51/74 26 61
Im Schloss befinden sich die folgenden Museen:
– *Museum mechanischer Musikinstrumente*
Di–So 9.30–17 Uhr
Selbst spielende Instrumente, etwa 400 Exponate
– *Städtisches Museum*
Di–Fr 14–17 Uhr, Sa/So 9.30–13 und 14–17 Uhr
Ur- und Frühgeschichte bis ausgehendes Mittelalter, Mineralogie, Tiere der Eiszeit
– *Zweigmuseum des Badischen Landesmuseums sowie Prunkräume*
Di–So 9.30–17 Uhr; Führungen jeweils zur vollen Stunde
›Höfische Kunst des Barock‹: Gobelins, Ausstattungsstücke des Schlosses

Kath. Pfarrkirche St. Peter
Tel. 0 72 51/20 54
Besichtigung nach Vereinbarung oder Schlüssel in der Gaststätte Florian, Engelsgasse, erfragen.

Calw
Hermann-Hesse-Museum und Galerie der Stadt Calw
Marktplatz 30
Tel. 0 70 51/75 22 oder 16 72 60
Di–So 11–17 Uhr, Do bis 19 Uhr
Werke von Künstlern, die mit Calw verbunden sind. Lebens-, Werk- und Wirkungsgeschichte Hermann Hesses

Palais Vischer – Museum der Stadt Calw
Bischofstraße 48
Tel. 0 70 51/16 72 60
April bis Okt: So 14–17 Uhr
Volkskunst, Trachten, Wohnkultur, sakrale Kunst

Dilsberg
Burgruine frei zugänglich

Ettlingen
Schloss
Tel. 0 72 43/10 12 73
Di/Do–So 10–17 Uhr, Mi 13–20 Uhr
Besichtigung des *Asamsaal* (Konzertsaal) nur mit Führung Sa/So 14 Uhr und nach Vereinbarung.
Im Schlosskomplex sind folgende Museen untergebracht:
– *Albgaumuseum* (Heimat- und Stadtgeschichte)
– *Städtische Galerie* (Badische Kunst des 20. Jh.)
– *Ostasiatisches Museum*

Favorite, Schloss
Favoritestraße
Rastatt-Förch
Tel. 0 72 22/4 12 07
16. März bis 30. Sept.: Di–So 9–17 Uhr, 1. Okt. bis 15. Nov.: Di–So 9–16 Uhr; Besichtigung nur im Rahmen der stündl. Führungen

Frauenalb
Klosterruine frei zugänglich

Freudenstadt
Heimatmuseum im Stadthaus
Marktplatz
Tel. 0 74 41/86 47 18
Während der Öffnungszeiten der Bücherei und So 10–12 Uhr
Stadtgeschichte: Stadtgründung und Wiederaufbau

Evangelische Stadtkirche
Marktplatz
Tel. 0 74 41/8 41 69
Täglich 10–17 Uhr

Gutach
Schwarzwälder Freilichtmuseum Vogtsbauernhof
Tel. 0 78 31/9 35 60
Meist Ende März bis Anf. Nov.: tägl. 8.30–18 Uhr
Schwarzwälder Bauernhöfe des 16. bis 18. Jh.

Guttenberg, Burg
– *Burgmuseum*
Tel. 0 62 66/9 10 20
1. Apr. bis 31. Okt.: tägl. 10–18 Uhr
Burgenbau, Reformation, >Holzbibliothek< (naturkundl. Sammlung aus dem späten 18. Jh.)
– *Deutsche Greifenwarte Claus Fentzloff*
Tel. 0 62 66/3 88
1. Apr. bis 31. Okt.: tägl. 11 und 15 Uhr; Nov. bis März: 15 Uhr

Flugvorführungen freifliegender Adler und Geier

Hardheim
Erftal-Museum
in der Erftal-Halle
Tel. 0 62 83/5 80
1. März bis 31. Okt.:
tägl. 14.30–17 Uhr
Heimatmuseum; Walter Hohmann und die Raumfahrt

Heidelberg
Antikenmuseum und Abguss-Sammlung im Marstall
Neues Kollegiengebäude, Marstallhof 4
Tel. 0 62 21/54 25 12
Nur während der Vorlesungszeit: Mi 15–17 Uhr (Abguss-Sammlung) und 17–19 Uhr (Antikensammlung), So 11–13 Uhr (beide Sammlungen)

Schlossmuseum
Schloss/Friedrichsbau
Tel. 0 62 21/53 84 14 oder 5 38 4 0
tägl. 10–17 Uhr
Nach Bedarf Führungen durch die Innenräume des rekonstruierten Friedrichbaus; zu sehen sind die Originalskulpturen der Fassade und Mobiliar.

Apothekenmuseum
Schloss/Ottheinrichsbau
Tel. 0 62 21/2 58 80
tägl. 10–17.30 Uhr
Darstellung der Geschichte der deutschen Pharmazie, Apothekeneinrichtungen aus dem 18, und 19. Jh.

Carl-Bosch-Museum
Schloss-Wolfsbrunnenweg 46
Tel. 0 62 21/60 36 16
tägl. 10–17 Uhr
Dem Leben von Prof. Dr. Carl Bosch (1874–1940), Nobelpreisträger für Chemie, gewidmet

Kurpfälzisches Museum im Palais Morass
Hauptstraße 97
Tel. 0 62 21/58 34 02
Di–So 10–17 Uhr, Mi bis 21 Uhr
Gemälde, Kunsthandwerk und graphische Sammlung, Kurpfalz- und Stadtgeschichte, Archäologie

Deutsches Verpackungsmuseum
Hauptstraße 22 (Rückgebäude)
Tel. 0 62 21/2 13 61
Mo–Fr 13–18 Uhr,
Sa/So/Feiertage 11–18 Uhr

Kunstverein
Hauptstraße 97
Tel. 0 62 21/18 40 86
Di–So 11–17, Mi bis 20 Uhr

Museum für Geologie und Paläontologie der Universität Heidelberg
Im Neuenheimer Feld 234–235
Tel. 0 62 21/54 82 91
Mo–Fr 8.30-17 Uhr
Hier kann man u.a. den Unterkiefer des Homo heidelbergensis betrachten.

Museum für sakrale Kunst und Liturgie
Richard-Hauser-Platz/
Merianstraße
Eingang in der Jesuitenkirche
Tel. 0 62 21/9 00 80 oder 16 63 91
1. Juni bis 31. Okt.: Di–Sa 10–17 Uhr, So/Feiertage 13–17 Uhr; Nov. bis Mai: Sa 10–17, So 13–17 Uhr
Sakrale Kunst des 18. Jh.: Gold- und Silberarbeiten, Gewänder, Geschichte der Heidelberger Jesuitenbauten

Museum Haus Cajeth
Haspelgasse 12
(über Buchhandlung zugänglich)
Tel. 0 62 21/2 44 66
Mo-Sa 11-17 Uhr
Primitive Malerei des 20. Jh.: Bilder unbekannter Künstler

Prinzhorn-Sammlung
Voßstraße 4
Tel. 0 62 21/56 44 92
Der Kunsthistoriker und Arzt Hans Prinzhorn trug zwischen 1919 und 1921 rund 500 Werke von Psychiatrie-Patienten zusammen, die den Grundstock der Sammlung bilden. Diese wird voraussichtl. ab Herbst 2000 in eigenen Räumen im Altklinikum, Voßstraße, präsentiert.

Friedrich-Ebert-Gedenkstätte
Pfaffengasse 18
Tel. 0 62 21/9 10 70
Di–So 10–18 Uhr, Do bis 20 Uhr
Leben Friedrich Eberts, Geschichte der Arbeiterbewegung, Weimarer Republik

Studentenkarzer
Rückseite Alte Universität
Augustinergasse 2
Tel. 0 62 21/54 23 34
1. Apr. bis 31. Okt.: Di–Sa 10–12 und 14–17 Uhr, Nov. bis März: Di–Fr 10–12.30 und 14–17 Uhr, Sa 10–13 Uhr

Textilmuseum Max Berk
Brahmsstraße 8
Heidelberg-Ziegelhausen
Tel. 0 62 21/80 03 17
Mi/Sa/So 13–18 Uhr
Kostüme, Trachten, liturgische Gewänder von 1800 bis heute; antike Patchwork-Quilts

Universitätsbibliothek
Plöck 107–109
Tel. 0 62 21/54 26 12
Internet:
www.ub.uni-heidelberg.de
Mo–Sa 9–19 Uhr
Handschriften, Druckschriften, Grafiken, Codex Manesse

Universitätsmuseum
Alte Universität
Grabengasse 1
Tel. 0 62 21/54 21 63
Di–Fr 10–16 Uhr
Geschichte der Universität

Hirsau
Klosterruine frei zugänglich

St. Aurelius
Calwer Straße
Mo–So 10–17 Uhr

Klostermuseum
Calwer Straße 6
Tel. 0 70 51/5 90 15
1. Apr. bis 31. Okt.: Di–So 14–17 Uhr, 1. Nov. bis 31. März: Sa/So/Feiertage 14–17 Uhr
Führungen durch das Kloster nach Anmeldung: Tel. 0 70 51/96 88 10

Horb
Heimatmuseum »Hoher Giebel«
Neckarstraße 74
Tel. 0 74 51/90 10
So/Feiertage 13.30–16 Uhr
Stadtgeschichte, Horber Bildhauerschule (Meintel und Hausch), sakrale Kunst

Hornberg, Burg
Neckarzimmern
Tel. 0 62 61/50 01
Besichtigung der Anlage vom 1. März bis 31. Okt. durchgehend; Kiosk geöffnet von 10–17 Uhr
Museum (Waffen, Rüstzeug, Weinbau) tägl. 8–18 Uhr

Karlsruhe
Badisches Landesmuseum im Residenzschloss
Tel. 07 21/9 26 65 14 oder 9 26 65 20
Di–So 10–17 Uhr, Mi bis 20 Uhr
Antikensammlung, ›Türkenbeute‹, Landesgeschichte, Skulpturen, Münzkabinett sowie Bodenfunde der Ur- und Frühgeschichte

Badischer Kunstverein
Waldstraße 3
Tel. 07 21/2 82 26
Di–Fr 11–19 Uhr,
Sa/So/Feiertage 11–17 Uhr

Badische Landesbibliothek
Erbprinzenstraße 15
Tel. 07 21/1 75 22 01
Mo–Fr 8–18 Uhr, Do bis 20 Uhr, Sa 9.30–12.30 Uhr
Jährlich fünf bis sechs Ausstellungen mit meist literarischem Bezug

Großherzogliche Grabkapelle
Am Ende der Lärchenallee
Tel. 07 21/69 71 52
Mi 15–17 Uhr, So/Feiertage 10–12 Uhr

Majolika-Manufaktur
Ahaweg 6
Tel. 07 21/9 12 37 70
Führung nach tel. Absprache; Feinkeram. Erzeugnisse; Verkaufsausstellung

Museum in der Majolika
Ahaweg 6
Tel. 07 21/9 26 65 83
Di–So, Feiertage 10–13 und 14–17 Uhr
Geschichtsdokumentation der Manufaktur von 1901 bis heute

Museum beim Markt
Karl-Friedrich-Straße 6
Tel. 07 21/9 26 64 94
Di, Do–So 10–17 Uhr,
Mi 13.30–20 Uhr
Angewandte Kunst seit 1900

Museum für Literatur am Oberrhein im Prinz-Max-Palais
Karlstraße 10
Mo–Fr 9–12 und 14–17 Uhr
Bilder, Bücher und Handschriften aus einem Jahrtausend dichterischen Schaffens am Oberrhein

Rechtshistorisches Museum
Stephaniestraße 19
Tel. 07 21/2 93 53
Sa 12.30–17 Uhr
Von Babylon bis Karlsruhe: 4000 Jahre Rechtshistorie

Staatliche Kunsthalle und Orangerie
Hans-Thoma-Straße 2–6
Tel. 07 21/9 26 33 59
Di–Fr 10–17 Uhr, Sa/So/Feiertage 10–18 Uhr
Malerei von der Gotik bis heute, grafische Sammlung

Staatliches Museum für Naturkunde
Erbprinzenstraße 13/ Friedrichsplatz
Tel. 07 21/17 52 11
Di–Sa 10–16 Uhr, So/Feiertage 10–18 Uhr

Stadtmuseum im Prinz-Max-Palais
Karlstraße 10
Tel. 07 21/1 33 42 34
Di/Do–So 10–17 Uhr, Mi 11–20 Uhr
Stadt- und Theatergeschichte, Politik

Städtische Galerie im Hallenbau A
Lorenzstraße 27
Tel. 07 21/1 33 44 01
Mi 11–20 Uhr, Do–Sa 11–18 Uhr, So 10–18 Uhr
Badische Kunst seit 1850, deutsche Kunst nach 1945

Zentrum für Kunst und Medientechnologie (ZKM)
Lorenzstraße 19
– *Medienmuseum*
Lorenzstraße 19
Tel. 07 21/8 10 00
Mi–Sa 12–20 Uhr, So 10–18 Uhr
Erstes ausschließlich interaktives Museum der Welt
– *Museum für Neue Kunst*
Lorenzstraße 9
Tel. 07 21/81 00 13 30
Di–So 10–18 Uhr, Mi bis 20 Uhr
Medienkunstsammlung, Malerei, Skulptur und Fotografie

Karlsruhe-Durlach
Pfinzgaumuseum
Karlsburg, Pfinztalstraße 9
Tel. 07 21/1 33 42 31
Di 16–19 Uhr, Mi 10–12 Uhr, Sa 14–17 Uhr und So 10–17 Uhr
Stadtmuseum Durlachs und des Pfinzgaus

Keltern-Ellmendingen
Heimatmuseum
Winzerstraße
Tel. 0 72 36/81 18
1. Apr. bis 31. Okt.: 1. So im Monat 14–17 Uhr
Kelter aus dem 16 Jh.

Knittlingen (bei Bretten)
Faustmuseum
Kirchplatz 2
Im Alten Rathaus
Tel. 0 70 43/3 7370
Das Thema ›Faust‹ in seinen literarischen, künstlerischen und musikalischen Aspekten

Ladenburg
Lobdengaumuseum
Bischofshof
Tel. 0 62 03/92 26 03
Sa/So 11–17 Uhr
Archäologie (römische Funde), Stadtgeschichte, Volkskunde

Auto-Museum Dr. Carl Benz
Am Sägewerk 6–8
Tel. 0 62 03/1 35 07
Sa/So 14–18 Uhr
Historische Fahrzeuge vom Laufrad bis zum Rennwagen

Carl-Benz-Haus
Carl-Benz-Platz
So 14.30-17.30 Uhr
Ehem. Werkstätte

Mannheim
Kunstverein
Augustaanlage 58
Tel. 06 21/40 22 08
Di–Fr 12–18 Uhr, Sa/So 10–17 Uhr

Landesmuseum für Technik und Arbeit (LTA)
Museumsstraße 1
Tel. 06 21/4 29 89
Di–Fr 9–17 Uhr, Mi bis 20 Uhr, Sa/So 10–17 Uhr
Technik- und Sozialgeschichte; auf 7500 qm werden 250 Jahre Industriegeschichte des deutschen Südwestens gezeigt. Tägl. Vorführungen

Museumsschiff Mannheim
Am Museumsufer (Neckar)
Tel. 06 21/1 56 57 56
Di–So 10–16 Uhr
Sammlung zur Geschichte der Rheinschifffahrt

Reiss-Museum
Tel. 06 21/2 93 31 51
Di–So 10–17 Uhr, Do 12–17 Uhr

Skulptur-Meile

Überall in Mannheim trifft man auf Kunstwerke im Freien, angefangen bei »Die große Mannheimerin« von Franz Bernhard vor dem Planetarium über »Eisenspiel« von Robert Schad in der Augustaanlage bis zum »Friedensengel« von Gerhard Marcks im Quadrat E 6. Einen Plan erhält man bei der Tourist-Information

– *Quadrat C 5, Zeughaus*: Kunst-, Stadt- und Theatergeschichte, Porzellan, Fayencen, niederländische Malerei des 17. Jh., Möbel
– *Quadrat D 5, Neubau:* Archäologie, Völkerkunde und Naturkunde, Wechselausstellungen

Schloss Mannheim
Tel. 06 21/2 92 28 90
1. Apr. bis 31. Okt.: Di–So 10–13 und 14–17 Uhr,
1. Nov. bis 31. März: an Sa/So/Feiertagen zu den gleichen Zeiten
- *Schlossmuseum*: Geschichte von der Gründung des Schlosses bis ins 19. Jh.; Möbel, Porträts, Tapisserien, Bronzen und Porzellane
- *Bibliothekskabinett* der Kurfürstin Elisabeth Auguste im Rahmen von Sonderführungen

Städtische Kunsthalle
Moltkestraße 9
Tel. 06 21/2 93 64 13
Di–So 10–18 Uhr, Do bis 20 Uhr
Malerei des 19. und 20. Jh., umfangreiche Skulpturensammlung der Moderne

Planetarium
Wilhelm-Varnolt-Allee
Tel. 06 21/41 56 92
Vorstellung: Di 10 und 15 Uhr, Mi/Fr 15 und 20 Uhr, Do 15 Uhr, Sa/So/Feiertage 17 und 19 Uhr
Eigens produzierte Multivision-Sternenshows werden in Totalprojektion auf den gesamten 624 qm Innenfläche inszeniert.

Marxzell
Fahrzeugmuseum Reichert
Albtalstraße 2
Tel. 0 72 48/62 62
Tägl. 14-17 Uhr

Mosbach
Stadtmuseum
Hospitalgasse 6
Tel. 0 62 61/1 72 33 oder 8 22 35
1. Apr. bis 31. Okt.: Mi 15-18 Uhr, Fr 10-12 Uhr, jeden 2. und 4. So 15-18 Uhr
Sammlung Mosbacher Fayencen; Stadtgeschichte

Maulbronn
Klosteranlage
Tel. 0 70 43/92 66 10
1. Nov. bis 28. Febr.: Di–So 9.30–17 Uhr, 1. März bis 31. Okt.: tägl. 9–17.30 Uhr; Führungen 11.15 und 15 Uhr; Gruppen und Sonderführungen nach Anmeldung
– *Museum im Frühmessnerhaus:* Entwicklungsgeschichte des Klosters
– *Museum im Infozentrum:* Geschichte der nachklösterlichen Zeit

Neckarbischofsheim
Totenkirche
Tel. 0 72 63/68 15 oder 96 11 45
Besichtigung nach Vereinbarung

Neuenbürg
Nordschwarzwaldmuseum
Im Schloss
Tel. 0 70 82/7 91 00
Ab Sommer 2001; kulturelle, geschichtliche und geografische Aspekte des Nordschwarzwalds

Neuhausen
Sebastianskapelle
Tel. 0 72 34/42 59
Besichtigung nach Vereinbarung

Niefern-Öschelbronn
Evangelische Kirche
Tel. 0 72 33/43 56 oder 2 73
Besichtigung nach Vereinbarung

Otisheim-Schönenberg
Waldensermuseum
Henri-Arnaud-Straße 27
Tel. 0 70 41/74 36
Di/So 14–17 Uhr, Aug. und Mitte Dez. bis Mitte Jan. geschlossen

Osterburken
Römermuseum – Ausgrabungsstätte römisches Militärbad

Römerstraße 18
Tel. 0 62 91/40 10
Mitte März bis Mitte Nov.
Mi/Sa/So 14.30–16.30 Uhr
Exponate aus der Region des obergermanischen Limes und des Odenwald-Limes; Thermenanlage, Votivsteine

Pforzheim
Edelsteinausstellung Schütt
Goldschmiedeschulstraße 6
Tel. 0 72 31/2 20 01
Mo–Fr 9–12 und 13.30–17 Uhr, Sa 9–12 Uhr

Schlosskirche St. Michael
Tel. 0 72 31/10 24 84
1. März bis 31. Okt. Mi–Fr 15–17 Uhr, So 11–12 Uhr

Schmuckmuseum im Reuchlinhaus
Jahnstraße 42
Tel. 0 72 31/39 21 26
Di–So 10–17 Uhr
Schmuckstücke aus vier Jahrtausenden von der Antike bis zur Gegenwart

Stadtmuseum
Westl. Karl-Friedrich-Straße 243
Tel. 0 72 31/39 25 59
Di-Do 14-17 Uhr, So 10-17 Uhr

Technisches Museum der Schmuck- und Uhrenindustrie
Bleichstraße 81
Tel. 0 72 31/39 28 69
Mi 9–12 und 15–18 Uhr, 2./4. So im Monat 10–12 und 14–17 Uhr

Rastatt
Schloss
Herrenstraße
Tel. 0 72 22/97 83 85
1. Apr. bis 31. Okt.: Di–So 10–17 Uhr, 1. Nov. bis 31. März: Di–So 10–16 Uhr

Besichtigung der *Beletage* nur mit Führung (stündl.); letzte Führung jeweils 1 Stunde vor Schließung; Sonderführungen nach Vereinbarung

Die *Schlosskirche* ist ebenfalls nur im Rahmen von Führungen zu besichtigen. Sa 11 und 14 Uhr.

– *Wehrgeschichtliches Museum*
Tel. 0 72 22/3 42 44
Di–So 9.30–17.00 Uhr
Wehrgeschichte vom Mittelalter bis zur Neuzeit

– *Erinnerungsstätte für die Freiheitsbewegungen in der deutschen Geschichte*
Tel. 0 72 22/77 13 90
Di–So 9.30–17.00 Uhr
Dokumente und bildl. Darstellungen zu den Freiheitsbewegungen im 19. Jh.

Schloss Favorite: s. unter Favorite, Schloss

Stadtmuseum
Herrenstraße 11
Tel. 0 72 22/97 24 40
Voraussichtl. Wiedereröffnung Ende 2001

Städtische Galerie Fruchthalle
Kaiserstraße 48
Tel. 0 72 22/97 24 43
Di–So 10–17 Uhr
Kunst in Baden nach 1945 mit Werken u. a. von Otto Dix, Erich Heckel, HAP Grieshaber und Horst Antes

Historische Bibliothek
Ludwig-Wilhelm-Gymnasium
Lyzeumstraße 11
Tel. 0 72 22/97 24 47
Besichtigung nach Vereinbarung

Riedmuseum Ottersdorf
Am Kirchplatz 6-8
Tel. 0 72 22/2 55 92
Fr/Sa/ So 14–18 Uhr
Rheinkorrektion, historische Ölmühle. Das Museum ist Bestandteil des PAMINA-Projektes »Grenzüberschreitendender Regionalpark Rheinauen« (s. a. Fahrradfahren).

Renchen
Simplicissimus-Haus
Hauptstraße 59
Tel. 0 78 43/7 07 20
Do 17–20 Uhr, So 15–18 Uhr
Alles um den Roman von Johann Jakob Christoffel von Grimmelshausen

Schiltach
Museum am Markt
Marktplatz 13
Tel. 0 78 36/58 75
Stadtgeschichte
1. Apr. bis 31. Okt.: tägl. 11–16 Uhr; 4. Advent bis 6. Jan.: tägl. 14–16 Uhr

Schüttesägemuseum und Schüttesäge
Hauptstraße 1
Tel. 0 78 36/58 75
1. Apr. bis 31. Okt.: Di–So 11–17 Uhr
Nahe der Kinzig befindet

sich die Schüttesäge, die bis 1931 in Betrieb war. Themenschwerpunkt des Museums: Holz und die Flößerei

Apothekenmuseum
Marktplatz 5
Tel. 0 78 36/3 60
1. Apr. bis 31. Okt.: Di–Fr So 10.30–12 und 14.30–17 Uhr, Sa 14.30 -17 Uhr

Schwetzingen
Schlossmuseum
Schlossstraße
Tel. 0 62 02/8 14 82 (Schlossverwaltung) oder 8 14 81 (Schlosskasse)
Besichtigung nur mit Führung; 1. Apr. bis 31. Okt.: Di–So 10–16 Uhr; 1. Nov. bis 31. März: Fr 14 Uhr, Sa/So 11, 14 und 15 Uhr
Möblierung und Einrichtung des 18. und 19. Jh.
– *Schlossgarten*
1. Apr. bis 30. Sept.: 8–20 Uhr; 1. Nov. bis 28. Febr. 9–17 Uhr, Okt. bis März 9–18 Uhr
Gartenführungen für Gruppen nach tel. Vereinbarung; Bühnendemonstrationen des Rokokotheaters Juni bis Sept.: tägl. 11.30, 14, 15 und 15.30 Uhr

Sinsheim
Auto & Technik Museum
Obere Au 2
Tel. 0 72 61/9 29 90
Internet: www.cyberland.de/atm
tägl. 9–18 Uhr, Sa/So bis 19 Uhr
Fahrzeuge aller Art, insbesondere Flugzeuge, militärhistorische Sammlung, IMAX 3D-Filmtheater

Steinbach
Reblandmuseum im ehem. Amtshaus
Steinbacher Straße 62
Tel. 0 72 23/5 89 82
1. Apr. bis 30. Nov.: 1. und 3. So im Monat 15–17 Uhr

Tauberbischofsheim
Landschaftsmuseum im Kurmainzischen Schloss
Tel. 0 93 41/9 56 95
Ostern bis 31. Okt.: Di–Sa 14.30–16.30 Uhr, So/Feiertage 10–12 und 14.30–16.30 Uhr
Ausstellung sakraler Kunst, Einrichtungsgegenstände, Pfeifensammlung und eine Kopie des Grünewald-Retabels von 1524

Tiefenbronn
Kirche St. Maria Magdalena
Tel. 0 72 34/42 10
Ostern bis Allerheiligen.: tägl. 13.30–16.30 Uhr; Winter: Sa/So 14–15.30 Uhr

Walldürn-Gottersdorf
Odenwälder Freilandmuseum
Weiherstraße 12
Tel. 09 62 86/3 20
1. Apr. bis 30. Nov.: Di–So 10–17 Uhr, Mai bis Sept.: Di–So 10–18 Uhr
Ländliche Gebäude und Einrichtungsgegenstände aus dem Odenwald: vom Taglöhnerhäuschen bis zum Großbauernhof; Sozial- und Regionalgeschichte

Weinheim
Museum der Stadt Weinheim
Amtsgasse 2
Tel. 0 62 01/8 23 34
Di-Sa 14-17 Uhr, So 10-17 Uhr

Wildberg
Museum Wildberg
Im ehem. Fruchtkasten des Dominikanerinnenklosters Reuthin
Tel. 0 70 54/20 10
So/Feiertage 11–17 Uhr
Geschichte der Stadt und des Klosters Reuthin

Wittichen
Klostermuseum
Sa 10–12 Uhr
Sakrale Kunst

Wolfach
Dorotheenhütte (Glasbläserei)
Glashüttenweg 4
Tel. 0 78 34/8 39 80
Besichtigung der Produktionsstätte und Verkaufsausstellung

Flößer- und Heimatmuseum im Schloss
Hauptstraße 40
Tel. 0 78 34/42 84
1. Mai bis Okt.: Di/Do/Sa 14–17 Uhr, So 10–12 und 14–17 Uhr, 1. Nov. bis 30. Apr.: Do 10–12 Uhr, jeden 1. So im Monat 14–17 Uhr
Flößergeschichte des Kinzigtals

Zavelstein, Burgruine
Bad Teinach
Tel. 0 70 51/92 49 10
witterungsabhängig geöffnet

Informationen von A bis Z

Ausflugs- und Bergbahnen

Achern
Achertalbahn: von Achern nach Ottenhöfen im Schwarzwald; Schmalspurbahn, gebaut 1900. 1. Mai bis 31. Okt. immer sonntags; Tel. 0 78 41/2 92 99

Bad Wildbad
Sommerbergbahn: Standseilbahn, die vom Stadtzentrum auf den 750 m hohen Sommerberg mit einem Höhenunterschied von 294 m fährt; schöne Wanderwege, z. B. zum Wildsee-Moor oder zum Kaltenbronn; Sommer tägl. 6.30–22.30 Uhr, Winter tägl. 6.30–19.45 Uhr; Tel. 0 70 81/33 94

Baden-Baden
Merkurbahn: Standseilbahn, die vom Bahnhof Merkurwald auf den Gipfel des 668 m hohen Baden-Badener Hausberges führt; Aussichtsturm, Wanderwege, Café. Tägl. 10–18 Uhr (außer Jan./Feb.); Tel. 0 72 21/27 76 14 oder 27 73 52

Baiersbronn
Baiersbronner Sesselbahn: Talstation Stöckerkopf: 550 m, Bergstation: 760 m;
im Sommer *Sesselbahn:* Sa/So je nach Wetter;
im Winter *Schlepplift:* bei guten Schneeverhältnissen tägl. 9-22 Uhr;
Tel. 0 74 42/37 22 oder 84 14 14

Ettlingen
Albtalbahn: zwischen Ettlingen und Bad Herrenalb; Normalspur, bewirtschaftet. Jährl. Auftakt am 1. Mai, ansonsten von Mai bis Okt. jeweils am letzten So sowie Nikolausfahrten.
Ulmer Eisenbahnfreunde e. V., Tel. 0 72 47/2 12 30; Albtal-Verkehrs-Gesellschaft mbH, Tel. 0 72 43/ 1 81 67 91.

Fahrzeuge: Dampflokomotive 58311, Baujahr 1921, Dampflokomotive 502740, Baujahr 1942, Eilzugwagen, Baujahr 1936

Heidelberg
Molkenkurbahn: eine der ältesten Bergbahnen Deutschlands. Die *untere Bahn* fährt von Talstation Kornmarkt (Parkhaus P12) zum Schloss und zur Molkenkur. Die *obere Bahn* führt zum Königsstuhl auf 550 m, mit Märchenparadies (s. a. Gärten und Parks); Tel. 0 62 21/51 30, 5 13 20 20 oder 26 09

Karlsruhe-Durlach
Turmbergbahn: Deutschlands älteste in Betrieb befindliche Bergbahn (erbaut 1880) führt von Durlach auf den 278 m hohen Turmberg; oben angekommen schöner Rundblick über Stadt, Pfalz, Schwarzwald und die Vogesen; Abenteuerspielplatz, Grillstelle, Spazierwege; Mitte Mai bis Mitte Sept. tägl. 10–20 Uhr, Nov. bis Mitte März nur Sa/So/Feiertage 10–18 Uhr, übrige Zeit Mo–Fr 12–19 Uhr und Sa/So/Feiertage 10–19 Uhr; Tel. 07 21/5 99 59 11 oder 61 07 58 85

Ballonfahrten und Rundflüge

Baden-Baden
Mit dem Heißluftballon zwischen Schwarzwald und Vogesen; Info: Ballooning 2000, Tel. 0 72 23/6 00 02 oder 0 72 21/8 34 43

Karlsruhe
Stadtrundflüge über Karlsruhe; Start am Verkehrslandeplatz Forchheim; Info: Verkehrsverein Karlsruhe, Tel. 07 21/3 55 30 oder Flugbereitschaft, Tel. 07 21/95 16 40

Freudenstadt
Kontakt: G. Seeger, Tel. 0 74 41/8 85 70

Gaggenau-Bad Rotenfels
Mit dem Heißluftballon über Schwarzwald und Vogesen; Tourist-Info, Tel. 0 72 25/7 96 69

Besucherbergwerke

Dornstetten-Hallwangen
Historisches Erzbergwerk »*Himmlisch Heer*«: Die älteste Nachricht über den Bergbau stammt aus dem Jahre 1520. Endgültige Auflassung 1912. Geöffnet ab Mai 2000, Tel. 0 74 43/89 31

Freudenstadt
Silberbergwerk »*Friedrichs-Fundgrube*«: Führungen von Ostern bis 31. Okt. nach Anmeldung, Tel. 0 74 41/86 47 30

Neubulach
»*Hella-Glück-Stollen*«: mittelalterliches Silberbergwerk, betrieben von 1025 bis 1923 mit Unterbrechung. Heutige Nutzung als Asthma-Therapiestation. 400 m Gehstrecke unter sachkundiger Führung: 1. Apr. bis 1. Nov. Mo-Sa 11-16 Uhr, So/Feiertage 10-17 Uhr; Tel.: 0 70 53/96 95 10

Neuenbürg (Enzkreis)
Besucherbergwerk »*Frischglück*«: Die Grube ist eines der alten Eisenerzbergwerke des Neuenbürger Gangreviers. Schon Kelten und Römer haben hier nach Erz gegraben und Eisen geschmolzen. 1. Apr. bis 31. Okt.: Sa/So/Feiertage Führungen von 10-17 Uhr; Tel.: 0 70 82/ 7 91 00, 79 70 oder 5 04 44

Schriesheim
Besucherbergwerk »*Anna Elisabeth*«: Die historische Grube gibt Einblick in die über 500 Jahre alten Grubenbaue und in die Arbeitswelt der Bergleute. Führungen von Apr. bis Okt. jeweils am 1. So sowie am 1. Mai; Anmeldung: Tel. 0 62 03/6 81 67; Parkmöglichkeiten auf dem Festplatz

Fahrradfahren

Das ganze Land durchziehen sehr schöne Fahrradwege und auch gut ausgeschilderte Fernradwege. Die Fremdenverkehrsbüros halten zum Teil sehr ausführliches Kartenmaterial bereit, informieren über Strecken und organisierte Radtouren mit Gepäckservice.

Radroute der Burgenstraße: Radwanderführer beschreiben den Weg ausführlich mit Text und Karten. Zu beziehen über die Touristikgemeinschaft »Die Burgenstraße«,Heilbronn (s. Auskunft).

Kurpfalz-Route: Radwanderweg von Heidelberg nach Speyer (31 km). Start am Heidelberger Kornmarkt, dann über Eppelheim, Schwetzingen, Altlußheim zum Speyerer Kaiserdom. Teilweise folgt die Strecke der Kalmit-Achse, auf der das Schwetzinger Schloss angelegt ist. Die Route bietet eine schöne Verbindung von Kultur und Sport. Informationen hält der Heidelberger Verkehrsverein bereit (s. Auskunft).

Radwanderweg »Rheinauen«: Gemütliche Fahrstrecke, keine Steigung, abseits vom Verkehr; man kommt an Altrheinarmen und Baggerseen vorbei, in denen man sich erfrischen kann; Gesamtlänge ca. 56 km; nähere Einzelheiten über Stadtinformation Rastatt (s. Auskunft)

Radweg durch den PAMINA-Rheinpark: Zwischen Iffezheim und Lauterbourg entstand eine grenzüberschreitende Museumsstraße, die den Rhein als Schwerpunktthema hat. Ein umfangreiches Radwegenetz führt zu Naturschutzgebieten, zu Museen und sonstigen Sehenswürdigkeiten. Bei Au am Rhein bringt eine Fähre Radler und Wanderer auf die französische Seite. Information: Projektkoordination PAMINA-Rheinpark, Tel. 0 72 22/38 13 12

Enztalradweg: Er verläuft von Höfen an der Enz entweder flussabwärts oder flussaufwärts: flussabwärts führt der Weg (ca. 19 km) über Neuenbürg nach Pforzheim, flussaufwärts bis Enzklösterle. Der Radweg folgt dem Lauf der

Enz, daher kaum Steigungen. Weitere Informationen erhältlich über Touristik Nördlicher Schwarzwald (s. Auskunft)

Tour entlang der Alb: Start in Bad Herrenalb, auf dem »Graf-Rhena-Weg« zur Klosterruine Frauenalb und weiter nach Marxzell, dann über Ettlingen nach Karlsruhe (ca. 25 km). Der schöne Radweg verbindet viele kulturelle Sehenswürdigkeiten mit sportlicher Betätigung.

Radfernwege:
In Heidelberg beginnen der *Rheintal-Weg*, der über Karlsruhe nach Lörrach führt, der *Alb-Neckar-Weg*, der sich über Eberbach, Heilbronn bis Ulm zieht (ca. 300 km) sowie der *Heidelberg-Schwarzwald-Bodensee-Weg*, der nach den Stationen Pforzheim und Horb in Konstanz endet (ca. 330 km).

In Karlsruhe startet der *Schwarzwald-Weg*, auf dem man über Freudenstadt nach Lörrach radelt (ca. 220 km).

Kürzer sind der *Odenwald-Madonnen-Weg* (ca. 165 km), von Speyer über Heidelberg nach Tauberbischofsheim, der *Stromberg-Enztal-Weg* (ca. 96 km), von Karlsruhe nach Marbach am Neckar, und der *Kraichgau-Weg* (ca. 47 km), von Bad Schönborn nach Heilbronn.

Weitere Informationen und Kartenmaterial zu den nordbadischen Fernradwegen erhält man beim Landesfremdenverkehrsamt Baden-Württemberg e. V. (s. Auskunft)

Feste, Festspiele und sonstige Veranstaltungen

Eigentlich gibt es immer etwas zu feiern in Nordbaden: der Reisende stößt von Frühjahr bis Herbst oft zufällig auf Weinmärkte, Stadt- und Dorffeste. Viele Veranstaltungen haben bereits eine sehr lange Tradition.

Zusätzliche Informationen und genaue Termine über die folgenden Festivitäten und viele weitere geben die jeweiligen Fremdenverkehrsämter, bei denen man häufig auch Konzert- und Theaterkarten o. ä. vorbestellen kann.

Alpirsbach
Kreuzgangkonzerte: Im ehemaligen Kloster finden jeden Sommer Konzerte mit Orchestern aus ganz Europa statt.
Pfingstmontagsmarkt

Bad Wildbad
Musikalisches Sommerfestspiel »Rossini in Wildbad«: jeweils im Juli; im Mittelpunkt stehen die Opern Rossinis;
Tel. 07 00 81/1 02 80

Bad Wimpfen
Talmarkt: seit 965, also im Jahr 2000 der 1035: jeweils Ende Juni
Zunftmarkt im Burgviertel (erstmals 1391 erwähnt): am letzten Aug.-Wochenende

Baden-Baden
Galopprennen in Iffezheim (seit 1858): jeweils Ende Mai und Ende Aug./Anf. Sept.
Stadt- und Bäderfest: im Aug., an historischen Plätzen der Stadt
Internationale Festspiele bestehend aus: Herbert-von-Karajan-Pfingstfestspielen, Ballett-Festival, Opernfestspielen und Sommerfestspielen; Informationen: Tel. 0 72 21/27 52 00.
Brahmstage: finden alle zwei Jahre im Aug. statt (2001, 2003 ...)
Philharmonischer Sommer: Konzertreihe, die jährlich im Juni/Juli im Kurhaus und auf verschiedenen Freiplätzen zur Aufführung kommt.
Steinbacher mittelalterliche Winzertage (**Baden-Baden-Steinbach**): überregionales Weinfest am 1. Juni-Wochenende
Varnhalter Dorffest (**Baden-Baden-Varnhalt**): Weinfest am 1. Sept.-Wochenende

Baiersbronn
Internationale *Schwarzwald-Musiktage* im Sept.: klass. Konzerte; Tel. 0 74 42/84 14 14

Bretten
Peter und Paul-Fest: ältestes südwestdeutsches Volksfest mit Handwerkern, Spielleuten und Gauklern; vier Tage Ende Juni/Anf. Juli; Tel. 0 72 52/95 76 20

Bruchsal
Schlossfest: findet alle zwei Jahre (2001, 2003 ...) meist im Juli statt; Tel. 0 72 51/7 94 81
Bruchsaler *Barocktage*: alle zwei Jahre (2001, 2003 etc) im Sept./Okt.; Tel. 0 72 51/7 93 38
Bruchsaler *Schlosskonzerte*: von Sept. bis Juni; klass. Konzerte im Kammermusiksaal des Schlosses; Tel. 0 72 51/8 80 55
Burgfest **(Bruchsal-Obergrombach)**: findet alle zwei Jahre (2000, 2002 ...) meist im Juli statt

Bühl
Bühler *Zwetschgenfest*: Heimat- und Trachtenfest immer am 2. Sept.-Wochenende; Tel. 0 72 23/93 53 32

Calw
Klosterspiele Hirsau: Freilichtschauspiele im Kreuzgang der Klosterruine; jährlich im Juli/Aug.; Tel. 0 70 51/96 88 33

Dornstetten
Ostermontagsmarkt

Ettlingen
Schlossfestspiele: von Juni bis Aug. finden in Schloss und Schlosshof und weiteren Spielorten wie der nah gelegenen Klosterruine Frauenalb Aufführungen statt; Tel. 0 72 43/10 12 21 oder 10 13 80

Gernsbach
Altstadtfest im Sept.

Gutach
Schwarzwälder Freilichtmuseum Vogtsbauernhof:
-*Museumfest*, immer Ende Juni/Anf. Juli mit unterschiedl. Themenschwerpunkten
- *Trachten-Hochzeitszug*, Mitte Sept.
- *Handwerkertage*, jeden 2. Sa im Monat
- *Traditionelles Kochen und Backen*. jeden 1. Sa im Monat

Heidelberg
Heidelberger Frühling: im März klassische Konzerte in verschiedenen Räumlichkeiten
Stückemarkt: Theaterfestival, immer im Juni
Schlossbeleuchtungen: Juni, Juli, Sept. (meist am 1. Sa)
Schlossfestspiele: Theater und Musik im Schlosshof, im Juli/Aug.
Internationales *Filmfestival Mannheim/Heidelberg*: meist Ende Okt./Anf. Nov.
Tanz International: Festival des zeitgenössischen Tanzes, Mai/Juni
Heidelberger Herbst: Straßenfest und historischer Kurpfälzer Markt, immer am letzten Sept.-Wochenende

Karlsruhe
Europäische Kulturtage: alle zwei Jahre im Frühjahr (2002, 2004 ...) multikulturelles Festival, Themen: regionale oder historische Schwerpunkte europ. Kultur mit Musik, Theater, bild. Kunst etc.; Tel. 0721/1334030
Museumsfest Badisches Landesmuseum: jeweils im Mai
Alemannisch-Pfälzisches Trachtenfest: alle zwei Jahre (2001, 2003 ...) im Juni im Schlossgarten
Multimediale im ZKM: Medienkunstfestival, alle zwei Jahre im Mai (2001, 2003 ...)
Weihnachtsmesse der Kunsthandwerker, Museum am Markt, 1. Adventwoche
Händel-Festspiele: um den 23. Febr. herum (Händels Geburtstag) Aufführungen der Werke Georg Friedrich Händels und seiner Zeitgenossen sowie Vorträge und Symposien

Karlsruhe-Knielingen
Museumsfest markgräfl. Hofgut Maxau (Bundesstraße 10, Ausf. 11), direkt am Rhein,
Knielinger Museum,
Tel. 07 21/9 56 34 28,
1. Sept.-Wochenende

Ladenburg
Mercedes-Veteranentreffen an Pfingsten

Mannheim
Maimarkt (seit 1613): eine der größten Werbe- und

Verkaufsausstellungen, Anf. Mai
Internationales *Filmfestival Mannheim/Heidelberg*: meist Ende Okt./Anf. Nov.
Schillertage im Nationaltheater: alle vier Jahre (2001, 2005 ...)
Sommernachtsfest im Luisenpark: meist im Juli
Stadtfest: jährl. Ende Mai/ Anf. Juni, in der Innenstadt und rund um den Wasserturm
German-Open-Championships: einer der größten Tanzwettbewerbe Aug./ Sept. im Rosengarten

Maulbronn
Freilichttheater an den Sonntagen der Sommerferien, Konzerte und Theateraufführungen in der Kirche und im Klosterhof; Tel. 0 70 43/1 03 11

Neuenbürg
Flößer- oder Schlossbergfest: immer im Wechsel, jeweils am 1. Sept. Wochenende

Schiltach
Bauernmarkt: am 3. Sonntag im Okt.
Historischer Sylvesterzug: am 31. 12. um 20.30 Uhr ziehen die Schiltacher singend vom Marktplatz zum evangelischen Pfarrhaus und zurück

Schriesheim
Mathaisemarkt: Volks- und Weinfest auf dem Festplatz (sonst Parkplatz), Burgbeleuchtung; 1./2. Wochenende im März

Schwetzingen
Festspiele im Mai: Opern und Konzerte im Rokokotheater, im Schloss und in Kirchen; Tel. 0 62 02/49 33
Mozartfest: findet jeden Sept. statt; Tel. 0 62 02/8 71 34

Walldürn-Gottersdorf
Odenwälder Freilandmuseum: *Grünkernfest*, immer am 3. Juliwochenende; u. a. Vorführungen der Verarbeitung von Grünkern;
Tel. 09 62 86/3 20

Weinheim
Weinheimer *Kerwe und Altstadtfest*: Anf. Aug. im Gerberviertel, auf dem Marktplatz und im Schlosspark

Wiesloch
Kurpfälzisches Winzerfest: ab dem letzten Samstag im Aug. für eine Woche

Wildberg
Wildberger *Schäferlauf*: Es ist das älteste historische Heimatfest im nördlichen Schwarzwald und findet alle zwei Jahre im Juli statt; Info: Städtisches Verkehrsamt, Marktstraße 2, 72218 Wildberg, Tel. 0 70 54/2 01 22

Wolfach
Flößerfest mit Floßwettkämpfen auf der Kinzig: im Aug.

Zwingenberg
Schlossfestspiele Zwingenberg: Opernaufführungen im historischen Gemäuer im Aug.; Kurverwaltung Tel. 0 62 71/8 71 oder Geschäftsstelle Tel. 0 62 61/8 42 09

Gärten und Parks

Baden-Baden
Gönneranlage: großer, sehenswerter Rosengarten mit Jugendstilbrunnen
Lichtentaler Allee: Ein Spaziergang durch die 300 Jahre alte Anlage an der Oos entlang ist zu jeder Jahreszeit ein Vergnügen.

Bretten
Streichelzoo: einer der größten in Deutschland, Tel. 0 72 52/72 56

Buchen (Odenwald)
Hasenwald: Naherholungsgebiet mit Wildgehege, Waldspielplätzen und Gasthof; Tel. 0 62 81/27 80 oder 3 10

Bühl
Walderlebnispfad Burg Windeck: Länge ca. 3 km, teilweise für Rollstuhlfahrer geeignet; Staatl. Forstamt, Tel. 0 72 23/9 46 70

Dornstetten-Hallwangen
Barfuß-Park: Auf einer Strecke von 2,4 km kann man barfuß über unterschiedliche Materialien (Rasen, Sand, Moos) gehen

und gezielte Fußgymnastik betreiben. Information: Tel. 0 74 43/96 20 30 (Verkehrsamt)

Heidelberg
Zoologischer Garten: 1. Apr. bis 30. Sept.: 9–19 Uhr, 1. Okt. bis 31. März: 9–17 Uhr; Tel. 0 62 21/48 00 41
Geigersheide: Damwildgehege und Wanderwege; Tel. 0 62 20/10 21
Märchenparadies auf dem Königstuhl: 1. März bis 31. Okt.: 10–18 Uhr; Tel. 0 62 21/2 34 16

Karlsruhe
Stadtgarten mit Zoo: Rosengarten, Japangarten, Spielplätze, Minigolf etc; 1. Mai bis 30. Sept.: 8–18.30 Uhr, 1. Okt. bis 31. März: 9 Uhr bis Einbruch der Dunkelheit; Tel. 07 21/1 33 29 33
Schlossgarten mit Abenteuerspielplatz: 8 Uhr bis Einbruch der Dunkelheit
Botanischer Garten: Di–Fr 9–16 Uhr, Sa/So 9–12 und 13–16 Uhr

Mannheim
Luisenpark/Herzogenriedpark: große Parkanlage, Pflanzenschauhaus, Freigehege, Spielplätze, Fernmeldeturm, Restaurant u. v. m.; 1. Mai bis 31. Aug. 9–21 Uhr, 1. Sept. bis 30. Apr. 9 Uhr bis Dämmerung; Tel. 06 21/ 4 1 00 50 oder 41 56 92
Reiss-Insel: schöne Auenlandschaft am Rhein, Naturschutzgebiet

Pforzheim
Wildpark: am südlichen Stadtrand an der Tiefenbronner Straße; Tel. 0 72 31/3 99 00
Alpengarten: oberhalb des Stadtteils Würm; 1. Apr. bis 31. Okt.: 8–19 Uhr. Auf 2,5 ha Fläche gedeihen über 100 000 Alpenpflanzen aus allen Gebirgsgegenden der Welt in mehr als 500 Arten, des Weiteren Rhododendren und Azaleen
Tel. 0 72 31/7 05 90

Walldürn
Wildgehege: im Marsbachtal; Tel.: 0 62 82/6 71 07

Konzerte, Kleinkunst und Kino

Besonders in den Universitätsstädten Heidelberg, Karlsruhe und Mannheim ist immer etwas los. Jazz-, Blues- und Rockkonzerte, Kabarett- und Theateraufführungen regionaler Bands und Ensembles finden in großer Auswahl statt. Aktuelle Termine geben die Stadtmagazine (Rhein-Neckar-Region: Meier), Tageszeitungen sowie die Tourist-Informationen bekannt.

Eberbach
Pulverturm
Kurzentrum
Tel. 0 62 71/48 99

Heidelberg
Billy Blues im Ziegler
Bergheimer Straße 1
Tel. 0 62 21/2 53 33

Deutsch-Amerikanisches Institut
Sofienstraße 12
Tel. 0 62 21/6 07 30

Karlstorbahnhof
Am Karlstor 1
Tel. 0 62 21/97 89 11

Schwimmbad-Music-Club
Tiergartenstraße 13
Tel. 0 62 21/47 02 01

Hockenheim
Pumpwerk
Am Pumpwerk
Tel. 0 62 05/92 26 25

Karlsruhe
Substage
Ettlinger Tor
Tel. 07 21/37 72 74

Tollhaus
Schlachthausstraße 1
Tel. 07 21/96 40 50

Karlsruhe-Mühlburg
Kulturzentrum Tempel
Hardtstraße 37 a
Tel. 07 21/55 41 74

Mannheim
Alte Feuerwache
Brückenstraße 2-4
Tel. 06 21/2 93 92 81

Capitol
Waldhofstraße
Tel. 06 21/33 21 86

Lagerhaus
Industriestraße 53 a
Tel. 06 21/32 28 50

Programmkino

Neben der wachsenden Zahl an kommerziellen Großraumkinos behaupten sich in Nordbaden noch einige Programmkinos. Hier eine Auswahl:

Heidelberg
Gloria und Gloriette
Hauptstraße 146
Tel. 0 62 21/2 53 19
Harmonie/Lux
Hauptstraße 110
Tel. 0 62 21/2 03 40
Kamera
Brückenstraße 26
Tel. 0 62 21/40 98 02

Karlsruhe
Das Kino Prinz-Max-Palais
Karlstraße 10
Tel. 07 21/2 50 41

Mannheim
Atlantis
Quadrat K 2, 32
Tel. 06 21/21 20 00
Cinema Quadrat
Collini-Center
Tel. 06 21/2 12 42
Odeon
Quadrat G 7, 10
Tel. 06 21/1 56 55 09

Weinheim
Modernes Theater
Hauptstraße 61
Tel. 0 62 01/6 21 55

Schwetzingen
Luxor
Marstallstr. 23
Tel. 0 62 02/33 60

Klapsmühl' am Rathaus
Quadrat D 6, 3
Tel. 06 21/2 24 88

Pforzheim
Kulturhaus Osterfeld
Osterfeldstraße 12
Tel. 0 72 31/31 82 10

Rastatt
Garage-Music-Club
Wogseestraße
Tel. 0 72 22/8 18 18

Weinheim
La Cave
Marktplatz 1
Tel. 0 62 01/3 34 34

Lesetipps

Um sich auf die Reise durch Nordbaden einzustimmen, sei die folgende Lektüre empfohlen:

Fjodor M. Dostojewski (1821–1881): *Der Spieler.* Beschreibung der eigenen Erlebnisse in der Baden-Badener Spielbank.

Hans Jakob Christoffel v. Grimmelshausen (1622-1676): *Simplicissimus.* Am Mummelsee finden die Abenteuer mit den Wassergeistern statt.

Wilhelm Hauff (1802–1827): *Das kalte Herz.* Das Märchen spielt im Schwarzwald.

Hermann Hesse (1877–1962): *Unterm Rad.* Verarbeitung seiner Maulbronner Erlebnisse.

Oscar Heym (* 1967): *Kurkonzert.* Die Geschichte des ertaubenden Pianisten spielt in Baden-Baden; Köln 1998

Briefsammlung der *Liselotte von der Pfalz* (1652–1722)

Mark Twain (1835–1910): *Bummel durch Europa.*
Er hielt sich auch in Baden-Baden und im nördlichen Schwarzwald auf.

Schiffstouren

Neckar

Eberbacher Personen-Schifffahrt,
Tel. 0 62 71/37 68; verkehrt von Ostern bis Mitte Okt.

Anlegestellen: Eberbach, Zwingenberg, Neckargerach, Binau, Mosbach-Neckarelz, Bad Wimpfen, Hirschhorn, Neckarsteinach, Neckargemünd, Heidelberg

Rhein-Neckar-Fahrgast-schifffahrt,
Tel. 0 62 21/2 01 81; verkehrt von Ostern bis Ende Okt.

Anlegestellen: Heidelberg, Neckargemünd, Neckarsteinach, Hirschhorn, Eberbach, Ladenburg, Mannheim, Worms

Rhein

Fahrgastschiff »Karlsruhe«,
Tel. 07 21/5 99 74 24; fährt von Mitte März bis Anf. Dez. nach besonderem Fahrplan.

Anlegestellen: Mannheim, Speyer, Karlsruhe, Iffezheim, Straßburg, Worms

Skifahren

Langlauf: Entlang der Schwarzwaldhochstraße finden Langläufer ein ausgedehntes Skiwandernetz, u. a. kann man auf dem Skifernwanderweg Nordschwarzwald vom Einstieg Rote Lache in mehreren Etappen 57 km bis Freudenstadt zurücklegen.

Alpinski: Liftanlagen gibt es in Sand, Mehliskopf, Hundseck und Unterstmatt. Weitere Informationen über die Wintersport-Angebote im nördlichen Schwarzwald bietet ein Sonderprospekt, anzufordern unter Tel. 0 72 31/14 73 80.

Mehrere *Ansagedienste* informieren über die aktuellen Schneeverhältnisse:
Gebietsgemeinschaft Nördlicher Schwarzwald, Tel. 0 72 31/1 79 29;
für die Schwarzwald-Hochstraße: Tel. 0 72 26/ 6 44 66;
für Kaltenbronn: Tel. 0 72 24/29 21

Theater

Neben den hier aufgelisteten Theatern gibt es zahlreiche Kleinkunstbühnen sowie Gastspiele. Die Veranstaltungsprogramme der Tourist-Informationen und die regionalen Tageszeitungen informieren hierüber.

Baden-Baden
Für alle Veranstaltungen in Baden-Baden:
CTS-Vorverkaufsstelle in der Tourist-Information
Schwarzwaldstraße 52
Tel. 0 72 21/27 52 33
Fax 0 72 21/27 52 02

Festspielhaus
Beim Alten Bahnhof 2
Vorverkauf in Reisebüros, über die Ticket-Hotline:
Tel. 0 72 21/30 13-1 01
oder über das Internet:
www.festspielhaus.de

Theater am Goetheplatz
Tel. 0 72 21/93 27 51

Heidelberg
Kartenvorverkauf für Theateraufführungen, Konzertveranstaltungen etc.:
Tourist-Information
am Hauptbahnhof
Tel. 0 62 21/2 13 41
oder 2 77 35

Theater der Stadt Heidelberg
Theaterstraße 4
Tel. 0 62 21/58 35 23

Zimmertheater
Hauptstraße 118
Tel. 0 62 21/2 10 69

Karlsruhe
Badisches Staatstheater
Oper, Operette, Schauspiel und Ballett
Baumeisterstraße 11
Tel. 07 21/3 55 70

Kammertheater
Karl-Friedrich-Straße 24
Tel. 07 21/2 31 11

Theater »Die Insel«
Karlstraße 49 b
Tel. 07 21/37 32 57

Mannheim
Kartenvorverkauf für Theateraufführungen, Konzertveranstaltungen etc.:
Tourist-Information
am Hauptbahnhof
Tel. 06 21/10 10 11

Klapsmühl' am Rathaus
Quadrat D 6, 3
Tel. 06 21/2 24 88

Nationaltheater
(Opern- und Schauspielhaus, Werkbühne)
Goetheplatz
Tageskasse:
Tel. 06 21/1 68 01 50
Fax 06 21/1 68 02 58

Oststadt-Theater in der Kunsthalle
Moltkestraße 9
Tel. 06 21/1 60 60

Pforzheim
Stadttheater
Am Waisenhausplatz 5
Theaterkasse:
Tel. 0 72 31/39 24 40

Rastatt
SchlossTheater
Museumstraße 6
Tel. 0 72 22/3 75 85

Thermalbäder

Nordbaden, namentlich der nördliche Schwarzwald, ist bekannt für seine zahlreichen Bäder, unter denen Baden-Baden wohl das berühmteste und mondänste ist.

Bad Herrenalb
Die heißen Quellen wurden erst 1964 durch Bohrungen erschlossen. Mineral-Thermalbad, zwei Hallenbäder, ein Freibad; Tel. 0 70 83/ 50 05 55

Bad Liebenzell
Seit 1403 gibt es hier Badehäuser.
Paracelsus Bad,
Tel. 0 70 52/40 82 50

Bad Teinach-Zavelstein
Bereits 1345 als ›Wildbad Teinach‹ erstmals erwähnt. Im 17./18. Jh. entwickelte sich Bad Teinach zur Sommerresidenz der württembergischen Herzöge.
Kurverwaltung, Tel.
0 70 53/84 44 oder 84 47
Mineral-Therme, Tel.
0 70 53/9 26 70

Bad Schönborn
Im ländlichen Kraichgau mit mildem Klima gelegen, besitzt es die seltene Kombination von heilenden Thermal-Schwefel- und Thermal-Sole-Quellen.
Gemeindeverwaltung,
Tel. 0 72 53/8 70
Thermal-Sole-Bewegungsbäder, Tel. 0 72 53/40 46

Bad Wildbad
Seit über 650 Jahren ist Bad Wildbad für die Heilkraft seiner Quellen berühmt. Zu empfehlen ist der Badebesuch des »Palais Thermal« im 1847 entstandenen ehem. Graf-Eberhard-Bad. Hier ist schon allein die Architektur ein Genuss.
Bäder und Kurbetriebsgesellschaft, Tel. 0 70 81/ 30 30 oder 30 33 01
Thermalbad, Tel. 0 70 81/ 30 32 53

Bad Wimpfen
Die Stauferstadt bietet nicht nur ein idyllisches Stadtbild, sondern auch eine landschaftlich reizvolle Umgebung für ihre Sole-Bewegungsbecken.
Kur- und Bäderverwaltung, Tel. 0 70 63/5 20

Baden-Baden
Schon die Römer schätzten die heißen Quellen der Natriumchloridthermen und im 19. Jh. wurde Baden-Baden schließlich zum Modebad Europas.
Caracalla-Therme, Tel. 0 72 21/27 59 40
Friedrichsbad Thermalbad, Tel. 0 72 21/27 59 20

Gaggenau-Bad Rotenfels
Thermal-Mineral-Bad Rotherma:
Natrium-Chlorid-Thermen, Tel. 0 72 25/7 96 69

Wandern

Schwarzwald
Von Enzklösterle zum Hohloh: Nach Kaltenbronn auf dem ersten Parkplatz rechts nach dem Ort parken, hier beginnen mehrere Wanderwege. Ein ca. 3,5 km langer Rundweg führt zum Naturschutzgebiet Hohlohsee und zur höchsten Erhebung des Gebiets (Hohloh: 988 m) mit dem Kaiser-Wilhelm-Turm. Ein anderer Rundweg führt zum Naturschutzgebiet Wild- und Hornsee (ca. 6 km), wo im Hochmoor seltene Pflanzen gedeihen.

Von Unterstmatt (927 m) bei Baden-Baden kann man viele schöne Wanderungen, z. B. eine Besteigung der Hornisgrinde, des höchsten Gipfels des nördlichen Schwarzwaldes, unternehmen.

Das *Naturschutzgebiet Schliffkopf* (Schwarzwald-Hochstraße) bietet sich ebenfalls für Spaziergänge und Wanderungen an: der Schliffkopf-Rundweg ist 3,5 km, der Vogelskopf-Rundweg 5,5 km lang. Der erste beginnt an der Bushaltestelle Schliffkopf oder an den dortigen Parkplätzen (an der B 500), auf den zweiten gelangt man ebenfalls von der Schwarzwald-Hochstraße aus (zwischen Schweinkopf und Ruhestein mehrere Zugänge). Informationen erhält man im Naturschutzzentrum Ruhestein. Dort kann man sich zudem

Weinlehrpfade

Im **Kraichgau** sind entlang der »Weinstraße Kraichgau-Stromberg« mehrere Weinlehrpfade eingerichtet: z. B. in Kürnbach (Länge ca. 2,5 km; Informationen: Tel. 0 72 58/9 10 50) und in Östringen-Tiefenbach (Informationen: Tel. 0 72 53/20 70).

Zudem werden Weinbergführungen angeboten. Die hier angebauten Weine können bei den Winzer- und Weingärtnergenossenschaften sowie bei privaten Weingütern gekostet werden. Nähere Informationen: Touristikgemeinschaft Kraichgau-Stromberg, Melanchthonstraße 1, 75015 Bretten, Tel. 0 72 52/95 76 10

mit der Tier- und Pflanzenwelt vertraut machen oder an einer geführten Wanderung teilnehmen.

Wanderführer und -karten des Schwarzwaldes erhält man über den Schwarzwaldverein e. V., Schlossbergring 15, 79098 Freiburg i. B., Tel. 07 61/38 05 30 (Internet: www.schwarzwaldverein.de).

Odenwald
Heidelberg: von der Bergstation Molkenkur zu dem sehr schön gelegenen Bierhelderhof (im Sommer mit bewirtschaftetem Garten). Start am Blockhaus-Parkplatz, von hier ca. 6 km Rundweg.

Oder von der Molkenkur nach Neckargemünd. Zunächst zum »Felsenmeer« und zur Hütte »Hohler Kästenbaum«, dann auf dem Drachenhöhlenweg bergab zur Linsenteichhütte, Markierung »R gelb« folgend nach Neckargemünd hinunter. Zurück per Schiff oder Bus.

Vom Philosophenweg aus führt ein Weg über Ziegelhausen, Neckargemünd bis nach Neckarsteinach: Tageswanderung von gut 20 km.

Am Ortsende *Walldürn*, nach 2 km Richtung Amorbach, beschilderte Strecke zu einem Waldparkplatz fahren. Hier beginnt der Limes-Lehrpfad, der schnurgerade dem einstigen Limes folgt. Auf dem 6 km langen Weg (hin und zurück) findet man Rekonstruktionen der römischen Verteidigungsanlagen, viele Textschilder und Karten.

Weinwanderung in der Ortenau
Der Weg startet am Theater in Baden-Baden und führt durch Rebhänge nach Varnhalt. Von dort geht es über Neuweiher nach Bühlertal. Durch das Weingebiet von Sasbachwalden und Kappelrodeck verläuft der Wanderweg nach Oberkirch. Markiert ist die Strecke mit einer »roten Raute mit blauer und roter Traube auf weißem Grund«. Einen besonderen Reiz besitzt die Wanderung im Herbst, wenn die Reben gelb-rot gefärbt sind.

Wetterdienste

Bei folgenden privaten Informationsdiensten kann man die aktuelle Wetterlage abfragen:
für *Baden-Württemberg*:
Tel. 01 90/11 60 07
für den *Nordschwarzwald*:
Tel. 01 90/11 63 22
für den *Odenwald*:
Tel. 01 90/11 63 16

Literaturauswahl

Anstett, Peter R.: Kloster Maulbronn, München/Berlin 1989 (3. Aufl.)

Arens, Fritz, Bührlen, Reinhold: Wimpfen. Geschichte und Kunstdenkmäler, Bad Wimpfen 1980

Barock in Baden-Württemberg. Vom Ende des Dreißigjährigen Krieges bis zur Französischen Revolution: Badisches Landesmuseum Karlsruhe. Ausstellung des Landes Baden-Württemberg, Schloss Bruchsal 1981, 2 Bde.

Becksmann, Rüdiger: Die mittelalterlichen Glasmalereien in Baden und der Pfalz, 1979 (Corpus Vitrearum Medii Aevi, Deutschland 2.1)

Berckenhagen, Ekhart, Barock in Deutschland. Residenzen, Ausstellungskatalog Berlin 1966

Bischoff, Helmuth: Baden-Baden. Die romantische Bäderstadt im Tal der Oos, Köln 1996

Brunner, Herbert, Reitzenstein, Alexander von: Reclams Kunstführer, Deutschland II, Baden-Württemberg, Stuttgart 1979

Dehio, Georg: Handbuch der Deutschen Kunstdenkmäler, Baden-Württemberg I., bearb. von Zimdars, Dagmar u. a., München/Berlin 1993

Denkmalpflege in Baden-Württemberg: Nachrichtenblatt des Landesdenkmalamtes, Stuttgart 1990–99

Dettelbacher, Werner: Zwischen Neckar und Donau, Köln 1985

Der Kreis Calw: Hrsg. von Zerr, Herbert, Stuttgart 1986 (2. Aufl.)

Freeden, Max H. von: Balthasar Neumann: Leben und Werk, München 1981

Greiner, Karl: Hirsau. Seine Geschichte und seine Ruinen, Pforzheim 1990 (13. Aufl.)

Handbuch der historischen Stätten Deutschlands: Bd. VI: Baden-Württemberg, hrsg. von Miller, M., Taddey, G., Stuttgart 1980 (2. Aufl.)

Heinemann, Günter: Heidelberg, München 1983

Hirsau, St. Peter und Paul 1091–1991: Hrsg. v. Landesdenkmalamt Baden-Württemberg, Stuttgart 1991

Historischer Atlas von Baden-Württemberg, Stuttgart, 1972 ff.

Hubach, Hanns, Sellin, Volker: Heidelberg. Das Schloss, Heidelberg 1995

Hug, Wolfgang: Geschichte Badens, Stuttgart 1992

Klar und lichtvoll wie eine Regel: Planstädte der Neuzeit (Ausstellungskatalog Badisches Landesmuseum Karlsruhe), 1990

Kleine Kunstführer: Verlag Schnell und Steiner, Regensburg, diverse Titel zu zahlreichen Kirchen in Nordbaden

Köhler, Mathias: St. Maria Magdalena Tiefenbronn, Lindenberg 1998

Koepf, Hans: Baudenkmale in Baden-Württemberg, Stuttgart 1979

Lacroix, Emil, Niester, Heinrich: Kunstwanderungen in Baden, Stuttgart 1959

Lauts, Jan: Schwäbischer Meister 1489, Zwei Altarflügel aus Kloster Lichtenthal, Karlsruhe 1966

März, Stefan: Haupt- und Residenzstadt. Carl Theodor, sein Hof und Mannheim, 1998

Maulbronn. Zur 800-jährigen Geschichte des Zisterzienserklosters: Hrsg. vom Landesdenkmalamt Baden-Württemberg, Stuttgart 1997 (Forschungen und Berichte der Bau- und Kunstdenkmalpflege in Baden-Württemberg, Bd. 7)

Merten, Klaus, Schlösser in Baden-Württemberg. Residenzen und Landsitze in Schwaben, Franken und am Oberrhein, München 1987

Morsbach, Peter: Oberschwaben und Schwäbi-

sche Alb. Kunst, Kultur und Landschaft zwischen mittlerem Neckar und Iller, Köln 1999
Mueller, Carla Th.: Schloss Mannheim, Schwetzingen 1997 (Hrsg. Oberfinanzdirektion Karlsruhe)
Knoll, Gabriele M.: Heidelberg, Darmstadt und die Bergstraße, Köln 1994
Press, Volker, Reinhard, Eugen, Schwarzmaier, Hansmartin (Hrsg.): Barock am Oberrhein, Sigmaringen 1985
Schaab, Meinrad: Geschichte der Kurpfalz, Bd. 2, Stuttgart 1992
Scheliga, Thomas, Sowada, Wolfgang: Schlösser und Schloßgärten in Deutschland, Luzern o. J.
Schwarzmaier, Hansmartin, u. a.: Geschichte Badens in Bildern: 1100–1918, Stuttgart 1993
Wischermann, H.: Romanik in Baden-Württemberg, Stuttgart 2871987

Abbildungsnachweis

Abbildungs- und Zitatenachweis

Abbildungen

Hedda Eid, München Umschlagrückseite (2 x), beide Umschlaginnenklappen, S. 1, 9, 10, 12, 20, 40, 45, 46, 49, 50, 51, 53, 55, 56, 60, 61, 62, 64, 68, 69, 73 (2 x), 75, 76, 80, 83, 84, 85, 86, 90, 94, 95, 101, 102, 105, 108, 109, 111, 113, 114, 117, 120, 128, 129, 131, 135, 136, 141, 144, 153, 155, 157, 160, 162, 163, 166 (2 x), 172, 174 (2 x), 176, 177, 178, 181, 184, 189, 190, 191, 194, 195, 196 (2 x), 198, 200, 202, 205, 207, 209, 210/211, 212, 215, 216, 219, 220, 226, 229, 232, 233, 235, 236, 239, 240, 248, 249, 251 (2 x)

Archiv für Kunst und Geschichte, Berlin S. 19, 29, 32, 34, 35, 70, 81, 125, 138

Josef Bieker, Dortmund Titelbild, S. 242, 252

Ralf Freyer / PANDia, Freiburg S. 183

Kurt Gramer, Bietigheim-Bissingen S. 223, 225

Franz Karl-Maria Freiherr von Linden, Waldsee/Pfalz S. 16, 132

Museum für Neue Kunst MNK/ZKM, Karlsruhe © / Foto: Volker Naumann, Stuttgart S. 150

Wilkin Spitta, Loham S. 245

Staatliche Kunsthalle Karlsruhe S. 143

Grundrisse

S. 47, 59, 96, 100, 115 oben, 118, 119, 140, 199, 231, 238 © DuMont Buchverlag, Köln, nach Vorlage: Georg Dehio, Handbuch der Deutschen Kunstdenkmäler, Baden-Württemberg I, Deutscher Kunstverlag, München/Berlin 1993

S. 91 und 115 unten aus: Lacroix, Emil, Niester, Heinrich, Kunstwanderungen in Baden, Stuttgart 1959

S. 148 aus: Brunner, Reitzstein, Reclams Kunstreiseführer Deutschland II, Baden-Württemberg, © Philipp Reclam jun., Stuttgart 1979

S. 165 aus: Köhler, Mathias, St. Maria Magdalena Tiefenbronn, Lindenberg 1998

S. 170 aus: Köhler, Müller, Kunstreiseführer Nr. 705, 1991, nach Kottmann, Albrecht

S. 204 © Erzbischöfliches Bauamt Heidelberg, Außenstelle Karlsruhe

S. 206 © Landesdenkmalamt Baden-Württemberg, Außenstelle Karlsruhe

S. 222 aus: Huber, Pfarr- u. Wallfahrtskirche Lautenbach/Renchtal, Kunstreiseführer Nr. 646, 1998

S. 248 unten aus: Wischermann, Romanik in Baden-Württemberg; Zeichnung: Rolf Salzmann, © Konrad Theiss Verlag GmbH, Stuttgart 1987

Kartografie

Elsner & Schichor, Karlsruhe, © DuMont Buchverlag, Köln

Alle übrigen Abbildungen stammen aus dem Archiv der Autorin und des Verlags

Zitate

S. 70: Johann Wolfgang von Goethe, Gedenkausgabe der Werke, Briefe und Gespräche, Zürich 1949

S. 94 nach: Ahrens, F., Bührlen, R., S. 88

S. 126: Statuten der UNESCO, Maulbronn

S. 133: Hermann Hesse, Unterm Rad, 1903

S. 175: Hermann Hesse, nach: Der Kreis Calw, S. 176

S. 228: Mark Twain, Bummel durch Europa, 1878

S. 250: Wilhelm Hauff, Das kalte Herz, 1827

Wir danken den Verlagen für die Abdruckgenehmigung. Sollten wir trotz unserer Bemühungen Urheberrechte verletzt haben, bitten wir die Rechteinhaber, sich zu melden.

Danksagung

Die *Autorin Sibylle Lauth* möchte sich herzlich bei all denjenigen bedanken, die schnell, zuverlässig und unbürokratisch zum Gelingen dieses Buches beigetragen haben. Zu nennen sind die Landratsämter, Fremdenverkehrsbüros, Gemeinde- und Kurverwaltungen sowie die Verantwortlichen in den Museen, die Bild- und Kartenmaterial, Prospekte und Bücher zur Verfügung stellten.
Die *Fotografin Hedda Eid* dankt allen Personen und Institutionen ganz herzlich, die durch ihre Hilfsbereitschaft und zeitlichen Einsatz zum Gelingen der Fotos beigetragen haben. Ein ganz besonderer Dank gilt dem Tourismus-Verband Baden-Württemberg, der bei der Organisation behilflich war.

Register

Personen

Achtsynit, Martin 164
Adalbert II. von Calw, Graf 170, 175
Adalbert von Zollern 238
Adelsheim, Christoph von 111
Adelsheim, Martin d. J. von 111
Adelsheim, Martin von 111
Albiker, Karl 77
Albrecht V. von Bayern, Herzog 202
Albrecht, Bischof 224
Alker, Hermann 149
Alwig von Sulz 238
Amalie von Baden, Markgräfin 119, 141
Amersbach, Heinrich 143
Andlau, Lucia von 135
Anna von Ungarn, Tochter König Albrechts 241
Anshelm, Thomas 162
Antes, Horst 193
Antonia von Württemberg, Prinzessin 177
Arnim, Achim von 66, 77, 79
Arnold, Klaus 149
Artario, Giovanni Battista 188, 192
Asam, Cosmas Damian 44, 45, 46, 158
Aurelius, hl. 170

Backoffen, Hans 82, 104
Baden-Durlach, Friedrich Magnus von 156
Balzac, Honoré de 199
Bargör, Johann 158
Barth, Gottlob Georg 178
Baselitz, Georg 25, 140, 151, 193, 213
Batzendorf, Friedrich von 140
Bätzner, Helmut 150
Baumgarten, Paul 142
Bayer, Johann 237
Beer, Franz 182
Beer, Georg 175
Beiler, Maler 78
Bélier, Charles 73
Belzer, Bernhard 214
Bénazet, Edouard 209
Benz, Carl **36f.**, 41, 57
Berckmüller, Joseph 146
Bergzabern, Hans Hertwig 223
Berlichingen, Götz von 92
Bernhard I., Markgraf 13
Berthold I., Herzog von Kärnten 13
Berthold III. von Eberstein, Graf 182
Berthold V., Markgraf 13
Berthold von Henneberg, Erzbischof 107
Berthold von Hohenberg-Lindenfels, Graf 154
Berwart, Blasius 178
Betting, Johann 58
Bibiena, Alessandro Galli da 44, 47, 48, 49
Billing, Hermann 24, 51, 125, 139, 148, 150, 213
Binz, Hermann 148, 149
Bitterich, Michael 49
Bligger II. von Steinach 88
Bockmeyer, Andreas 104
Bockmeyer, Joseph 104
Bockstorffer, Oswald 103
Bonifatius, hl. 109
Boucher, François 142
Brahms, Johannes 199
Brancusi, Constantin 52
Branden, Johann Michael van den 44, 50
Branden, Peter van den 50, 70
Brant, Sebastian 192
Brentano, Clemens von 66, 77, 79, 199
Breunig, Johann Adam 58, 74, 76, 78
Brinckmann, Philipp Hieronymus 44, 47
Bunsen, Robert 78, 79
Burkhard, Abt 216
Byland, Arnold Chr. von 96

Caccioli, Giuseppe Antonio 190, 191
Calw, Graf von 175
Calw-Vaihingen, Grafen von 183
Candidus, Erzbischof 176
Caracalla, röm. Kaiser 197, 206
Carl III. Philipp, Kurfürst 21, 41, 44, 58, 66
Carl Theodor, Kurfürst 22, 27, 32f., 42, 44, 50, 58, 59, 61, 63, 77, 87, 106
Caus, Salomon de 69
Charrasky, Heinrich 72
Christoph I., Markgraf 13, 198, 201
Christoph, Herzog 127
Colomba, Lucca Antonio 156, 157
Conrad von Sinsheim (Syfer) 130
Cornelius, Peter von 82
Courbet, Gustave 199
Coyzevox, Antoine 206
Cranach, Lucas 142
Creuzer, Georg Friedrich 77, 78

Curjel, Robert 139, 148, 149, 150

Dahlberg, Philipp von 219
Dalberg, Familie 52
Dangell, Demetrius 154
Dannecker, Johann Heinrich 181
Deidesheim, Richard von 94
Delacroix, Eugène 199
Dell, Peter d. Ä. 111
Dérchy, Charles 210
Dernfeld, Carl 207, 221
Devrient, Eduard 139
Dientzenhofer, Johann Leonhard 107
Diez, Ferdinand 124
Dix, Otto 193
Dostojewski, Fjodor 199
Düchert, Johan Michael 57, 96
Durand, Lodovic Eugène 210
Dürer, Albrecht 142, 192
Durm, Josef 24, 77, 139, 143, 148 149, 150
Dyckerhoff, Friedrich Christoph 87

Eberhard III. von Eberstein 182
Eberhard III. von Württemberg, Herzog 176
Eberhard Ludwig von Württemberg, Herzog 177
Eberstein, Grafen von 134, 201
Ebert, Friedrich 74, 79
Effner, Joseph 193
Egell, Paul **32,** 45, 46, 47, 49, 61, 74, 79
Ehrenberg, Gerhard von, Bischof 123
Eichendorff, Joseph von 66, 77, 80
Eiermann, Egon 163
Eigler d. Ä., Martin 159, 193, 218
Eisenlohr, Friedrich 213
Elisabeth Auguste, Kurfürstin **33,** 42, 44
Elisabeth Charlotte von der Pfalz 20, **31**, 65, 80
Elisabeth Stuart 20, 69
Elisabeth von Hohenzollern, Gemahlin des Kurfürsten Ruprecht III. 72
Entenfuß, Johann, Abt 126
Erhart, Alfred 148
Erhart, Michel 104, 236
Ernst Friedrich von Baden-Durlach, Markgraf 154, 182
Ernst, Markgraf 162
Eseler, Hans 111

Faust, Johann Georg 126
Fehl, Heinrich, Propst 224
Feichtmayr, Johann Michael 121, 124
Feuerbach, Anselm 142
Fischer, Friedrich Theodor 148, 149, 202
Fischer, Johann Georg 221
Flehingen, Herren von
Floßmann, Josef 214
Fohr, Carl Philipp 66, 78
Forster, Conrad 135
Fosse, Louis Remy de la 44, 70
Franz I., österr. Kaiser 121
Frey, Theophil 51
Friedrich I. Barbarossa, dt. Kaiser 98, 127
Friedrich I. von Württemberg, Herzog 19, 230
Friedrich I., Großherzog 24, 139, 141, 207
Friedrich II., dt. Kaiser 98
Friedrich II., Großherzog 25, 67
Friedrich IV. von der Pfalz, Kurfürst 41, 68
Friedrich IV. von Österreich, Herzog 237
Friedrich V., Kurfürst, König von Böhmen 20, **30f.,** 65, 69
Friedrich VII., Markgraf 154
Fries, Ernst 66, 78
Froimont, Jean Clement 44
Frommerl, Karl Ludwig 142
Furtwängler, Wilhelm 70

Gaab, Ludwig Friedrich von 251
Garben, Margarete von 111
Gaßner, Lorenz 107
Geiges, Fritz 96
Gemmingen, Familie von 92, 93
Georg Friedrich von Baden, Markgraf 97
Gerhaert, Nikolaus von Leyden 27, **29**, 130, 203, 204, 223
Gernsbach, Bernhard von, Abt 174
Gerthner, Madern 67
Geyer von Geyersberg, Karoline 22
Geyer, Wilhelm 241
Gieselmann, Reinhard 114
Goertz, Jürgen 150, 233
Goethe, Johann Wolfgang von 70, 71, 92, 138, 220
Goetz, Sebastian 68
Gogh, Vincent van 52
Gogol, Nikolaj 199
Göler von Ravensburg 134
Gönner, Albert 214
Görres, Ludwig 77
Gottfried von Calw, Pfalzgraf 228
Götzenberger, Jakob 209
Graimberg, Charles Graf de 27, 67, 78

Gregor VII., Papst 13, 171
Gregor XV., Papst 72
Grien, Hans Baldung 142, 143
Grieshaber, HAP 25, 37
Groh, August 125
Gropius, Walter 151
Gruber, Carl 76
Grünewald (Mathis Neithart) 109, 142
Grupello, Gabriel de 45, 48, 61
Guêpière, Philippe de La 140
Gültlingen, Freiherren von 180
Günther, Johann Joachim 124
Günther, Tobias 124
Gunther von Henneberg, Bischof 126

Haesler, Otto 151
Hajek, Otto Herbert 53, 171, 241
Hall, Burkhard von 94
Halmhuber, Gustav 51
Handschuhsheim, Heinrich von 82
Hardheim, Wolf von 108
Harth, Philipp 52
Hauberat, Guilleaume d' 60
Hausch, Peter Pius 237
Hauser, Kaspar 27
Hebel, Johann Peter **33,** 138
Heberer, Johann Michael 125
Hecker, Friedrich 24, **36**
Hecker, Hans DIeter 208
Heinrich III, dt. Kaiser 116
Heinrich IV. dt. Kaiser 13, 154
Heinrich V., dt. Kaiser 17
Heinrich VII., dt. König 98
Helmstadt, Graf Raban von 82
Hennicke, Georg F. 107
Hermann I., Markgraf 13, **28**
Hermann II. von Zähringen, Markgraf von Baden 13, 28, 197
Hermann V., Markgraf 215
Hertz, Heinrich 149
Herwegh, Georg **36,** 127
Hesse, Hermann **37,** 127, 175
Hiebel, Johann 192
Hildegard von Bingen 77
Hinterlangen, Carl von 93
Hoffart, Johannes 48, 51
Holbein d. J., Hans 142
Hölderlin, Friedrich 79, 81, 127
Holstein-Gottorf, Augusta Maria von, Gemahlin des Friedrich Magnus von Baden-Durlach 156
Huber, Candin 93
Hübsch, Heinrich 82, 139, 140, 142, 143, 144, 149, 152, 209, 250
Hutten, Franz Christoph von, Kardinal 118, 119
Hutten, Ulrich von, Bischof 181

Irmengard von Baden 214

Jacob I., Markgraf 204
Janson, Bartel 41
Johann Friedrich, Herzog 176
Johann II., Abt 174
Johann Wilhelm von der Pfalz, Kurfürst 21, 48, 58
Johanna, Pfalzgräfin 106
Judd, Donald 151
Juncker d. Ä., Zacharias 108, 110

Kämpfer, Herbert 250
Kantzler, Kilian 110
Karl Friedrich von Baden-Durlach, Markgraf, Großherzog und Kurfürst 22, **33,** 34, 77, 124, 137, 138, 139, 140, 141, 145, 146, 161, 192
Karl I. Ludwig, Kurfürst 20, 31, 41, 65, 69, 74, 79
Karl II., Markgraf 154, 161, 164
Karl III. Wilhelm 22
Karl IV., dt.Kaiser 18
Karl V., dt Kaiser 125
Karl Wilhelm von Baden-Durlch, Markgraf 126, 137, 155
Karl, Großherzog 22, 43
Karoline Luise von Hessen-Darmstadt, Gemahlin des Markgrafen Karl Friedrich 33, 138, 141,161
Kaspar Hauser 22
Kast, Johann Jakob 250
Keller, Franz 92
Kepler, Johannes 30, 127
Kern, Hans 166, 208, 215
Kern, Peter 111
Keßlau, Friedrich von 138, 140, 142
Kettler, Hedwig Johanna 37
Kiefer, Anselm 193
Kirchhoff, Gustav Robert 78
Kleist, Heinrich von 43
Klenze, Leo von 210
Klopstock 138
Koberger, Hans 101
Koblenz, Peter von 175
Koch, Konrad (Wimpina) 107
Kohler, Karl 152
Konrad von Hohenstaufen, Pfalzgraf 26, 65
Konrad, Abt 216
Kopf, Joseph von 209
Kotzebue, August von **33f.,** 41

Krahe, Lambert 44
Krohmer, Franz Ignaz 153, 159, 185, 251
Kunigunde von Eberstein, Gemahlin Rudolfs I. von Baden 159

Laeuger, Max 144, 152, 208, 214
Langner, Joachim 52
Lefèbvre, Thomas 155
Legers, Johann Christoph David von 181
Lehmbruck, Manfred 162
Lengelacher, Ignaz Friedrich 140
Leo IX., Papst 13, 170
Leopold, Großherzog 24
Lessing, Gotthold Ephraim 43
Lessing, Karl Friedrich 139
LeWitt, Sol 151
Lichtenstein, Roy 151
Linck, Konrad 61, 63, 73
Linde, Horst 145
Lindner, Albert Otto 162
Lioba, hl. 110
Liselotte, Tochter Karls I. Ludwig s. Elisabeth Charlotte von der Pfalz
Lommersheim, Walther von 126
Lorenz, Meister 124
Lotsch, Christian 209
Ludwig der Kehlheimer, Pfalzgraf 26, 65
Ludwig Georg, Markgraf 188
Ludwig I., Pfalzgraf 18, 22
Ludwig II., Pfalzgraf 18
Ludwig V. 67
Ludwig von Württemberg, Herzog 133, 175
Ludwig Wilhelm von Baden-Baden, Markgraf (Türkenlouis) 21, 27, **31,** 141, 142, 152, 156, 185, 186, 198
Ludwig XIV., franz. König 20, 66, 175, 186
Luise Karoline von Hochberg, Reichsgräfin, zweite Gemahlin Karl Friedrichs 146
Luitgard, sl. 241
Lüpertz, Markus 25, 140, 151, 193
Lutz, Helmut 224

Mac Lean, Harry 208
Mackensen, Fritz 77
Magistri, Johannes 224
Maier, Mathias 73
Manni, Paolo 188, 189
Manz, Philipp Jacob 151
Marchini, Giovanni Francesco 107
Marcks, Gerhard 48, 52
Margarethe von Handschuhsheim 82
Maria Franziska, Markgräfin 207
Maria Theresia, österr. Kaiserin 121
Max, Prinz von Baden 148
Maximilian von Bayern, Kurfürst 20, 72
Mayer, Christian 47
Mayr, Johannes 224
Mazza, Giovanni 155
Meckel, Max 149
Meistermann, Georg 145
Meistermann, Wilhelm Jeremias 145
Mélac, General 175
Melanchthon, Philipp 18, **29f.,** 125, 130
Melling, Joseph 193
Mohrs, Anton 159
Morinck, Hans 148
Moser, Karl 139,148, 149, 150
Moser, Lucas 27, 166, 167
Mozart, Wolfgang Amadeus 43, 58, 60
Müller, Jakob 113
Müller, Wilhelm Jeremias 138, 145, 149
Müller, Wilhelm M.A. 158, 166, 218
Multscher, Hans 165
Münster, Sebastian 71
Mutschler, Carlfried 25, 48, 52, 53

Napoleon I. 22
Navarra, Heinrich von 220
Neithart, Mathis s. Grünewald
Neumann, Balthasar 59, 115, 119, 120, 124, 140, 156

Onghers, Johann 192
Ostendorf, Friedrich 152
Ottheinrich, Kurfürst 16, **30,** 66, 67, 68, 73, 85
Otto I. von Mosbach, Pfalzgraf 92, 105, 106
Otto II. von Eberstein, Pfalzgraf 18, 105, 106, 201
Otto von Kärnten, Herzog 114
Overbeck, Friedrich 82

Paracelsus, Arzt 198
Paschalis II., Papst 238
Pedetti, Maurizio 140
Pellegrini, Antonio 44, 46
Petri, Johann Ludwig 61
Pfeiffer, Hans 233
Pfleger, Franz 192, 194
Philibert, Markgraf 157
Philipp I., Markgraf 198
Philipp II. von Eberstein, Markgraf 134, 202, 208
Philipp von Orléans, Herzog 20, 31, 65
Pigage, Nicolas de 44, 59, 61, 63
Pirmin, hl. 216
Polke, Sigmar 213
Potemkin, Wladimir 214

Rabaliatti, Franz Wilhelm 58, 59, 60, 74
Rabinowitch, David 213
Ratgeb, Jörg 19
Raufer, Alois 145, 149
Rauschenberg, Robert 151
Reich, Franz Xaver 209
Retti, Domenico Riccardo 156, 157
Retti, Leopold 140
Reuchlin, Johannes 18, **29,** 161, 162, 163
Richter, Gerhard 213
Riemenschneider, Tilman 78, 225
Riphan, Wilhelm 151
Rischer, Johann Jakob 72
Ritter zu Gruenstein, Franz Anselm Freiherr von 119
Roentgen, David 46
Rohart von Neuenstein, Familie 223
Rohrer, Johann Georg 218
Rohrer, Johann Michael Ludwig 32, 115, 119, 122, 153, 154, 156, 158, 185, 191f., 193, 194, 196, 204, 213
Rohrer, Johann Peter, Ernst 192, 193
Roli, Giuseppe 188, 190
Rossi, Domenico Egidio 152, 155, 185, 190
Rottmann, Carl 66, 78
Rudolf I. von Baden, Markgraf 159, 215
Rudolf I. von Tübingen, Pfalzgraf 248
Rudolf VII. von Baden, Markgraf 249
Rumpf, Gernot 73
Ruotmann von Hausen 238
Ruprecht I., Pfalzgraf 18
Ruprecht III., Kurfürst (Ruprecht I., dt. König) 27, **28,** 65, 67 , 72, 105, 178

Saler, Joseph Ignaz 47
Salviati, Antonio 214
Sauer, Wilhelm 149
Sauerbronn, Karl Friedrich Freiherr Drais von **35**, 41
Schadow, Gottfried 82
Schauenburg, Melchior von 224
Scherer, Hans Ulrich 18, 203, 205
Schickhardt, Heinrich 176, 183, 231, 243
Schiller, Friedrich von 41, 43, 47, 52
Schirmer, Johann Wilhelm 139
Schlosser, ›Fritz‹ 82
Schmidt, Gerhard 232
Schmitz, Bruno 51
Schoch, Johannes 68, 154, 250
Schöltraub, Blasius, Abt 174
Schönborn, Damian Hugo von, Fürstbischof 115, 116, 124
Schönborn, Lothar Franz von, Kurfürst 107
Schönleber, Gustav
Schrade, Christian 51
Schroth, Johannes 24, 135, 252
Schubart, Christian Friedrich Daniel 63
Schüchlin, Hans 165, 168
Schütz, Johann 188
Schwanthaler, Ludwig 140
Schwarz, Jeremias 135
Schwarz, Johann Heinrich 140
Schwarzmann, Joseph Anton 214
Schweickart, Lothar Ignaz 124
Schwind, Moritz von 143
Sckell, Friedrich Ludwig von 61
Séchan, Charles 208
Seedorf, kurf. Beichtvater 58
Seitz, Johann 124
Serra, Richard 151, 213
Shaw, Jeffrey 151
Sibylla Augusta von Sachsen-Lauenburg, Markgräfin, Gemahlin Ludwig Wilhelms 21, 32, 115, 153, 156, 185, 192, 194, 213
Sicking, Franz von 70
Sickingen, Hans von 135
Sickingen, Konrad von 135
Silbermann, Johann Andreas 152
Spies, Hans 57
Sporer, Bernhard 100, 103
Spryß von Zaberfeld, Hans 174, 175
Stahl, Leonhard 124
Steinbach, Erwin von 94, 220
Steinbach, Sabina von 144
Steinhäuser, Carl Johann 142
Stephanie de Beauharnais-Napoleon, Gemahlin Karls 22, 35, 43, 59, 146, 162
Stourdza, Michael 211
Strom, Iwan 214
Struve, Gustav 24
Sutor, Emil 148

Thoma, Hans 77, 139, 143
Thorvaldsen, Bertel 181
Thouret, Nikolaus Friedrich von 178, 181
Thüller 58
Thumb, Peter 182, 215, 216, 217
Tilly, Feldherr 20, 41, 97
Trajan, röm. Kaiser 54
Trübner, Heinrich Wilhelm 139

Tulla, Gottfried Johann **34,** 139, 196
Twain, Mark 199

Uhland, Ludwig 175, 199
Ulrich von Württemberg, Herzog 183
Urach, Christoph von 162, 206
Urach, Martin von 174, 175, 177
Urach-Fürstenberg, Graf von 234
Uta von Schauenburg, Herzogin 26, 221

Venningen, Herren von 115
Verschaffelt, Peter Anton von 44, 45, 47, 48, 49, 61
Violanta von Thurn und Taxis 45
Virosteck, Johann Adam 124
Vischer, Johann Martin 176
Vittali, Wilhelm 213
Vogel, Heinrich Otto 162
Vogtherr d. Ä., Heinrich 103
Voltaire 43, 58, 63
Volz, Hermann 142

Wachter, Emil 25, 107, 111, 148, 158, 166, 197, 215, 218
Wagenbrenner, J. 193
Walderdorf, Wilderich von, Fürstbischof 119
Walser, Peter 107
Warhol, Andy 151
Weber, Carl Maria von 91
Weber, Gerhard 47
Weckmann,, Nikolaus 240
Weinbrenner, Friedrich 24, **34,** 78, 126, 138, 139, 141, 145, 146, 200, 203, 208, 211, 250, 251
Weinland, David Friedrich 127
Welf VI. 228
Welsch, Maximilian von 118
Wertheim, Hans (Stainmüller) von 91
Weydt, Johann 107
Wilhelm I., dt. König 177
Wilhelm, Abt 13, 168, 173
Wilhelm, Markgraf 203
Wölfelin von Rufach 215
Wortelkamp, Erwin 52
Wotruba, Fritz 123

Zaberfeld, Hans Spryß von 162
Zähringer, Familie 12
Zick, Johannes 120, 121
Zimmermann, Jürgen 213
Zisterzienser 12, 17, 82, 113, 126, 127, 128, 129, 130, 131, 132, 134, 254
Zwingmann, Friedrich 197

Orte

Achern 221
Adelsheim 18, 111
Alexanderschanze 229
Allerheiligen, Klosterruine, 12, 26, **227ff.**
Alpirsbach, ehem. Benediktinerkloster 12, 13, **238ff.**
Altburg 176
Alteberstein s. Baden-Baden
Altensteigdorf 180
Altensteig 18, 180
– Burg (Heimatmuseum) 180
Altwindeck, Burg 221
Bad Herrenalb 12, 18, 182
– Klosterruine 182
Bad Liebenzell 168
Bad Rappenau 93
Bad Schönborn 115
– Schloss Kislau 115
Bad Teinach 176
– Pfarrkirche 176f.
Bad Wildbad 180f.
– Graf-Eberhard-Bad 181
– König-Karl-Bad (Haus des Gastes) 181
Bad Wimpfen 11, 17, **93ff.**
– Altes Spital 104
– Ev. Stadtpfarrkirche 100ff.
– Kaiserpfalz 98ff.
– Kath. Pfarrkirche (ehem. Dominikanerkirche) 104
– Kreuzigungsgruppe 103
– Marktplatz 100
– Rathaus 100
– Riesenhaus 104
– Stiftskirche St. Peter 11, 17, 93ff.
– Wormser Hof 100
Baden-Baden 13, 17, 20, 21, 24, 25, 27, 28, **197ff.**
– Alteberstein, Burgruine 201
– Alter Stadtbahnhof 212
– Altes Dampfbad 207
– Altes Schloss (Schloss Hohenbaden) 13, 17, 199ff.
– Augustaplatz 213f.
– Badischer Hof 211
– Brahmshaus 214
– Caracalla-Therme 208
– Ev. Stadtkirche 213
– Festspielhaus 211
– Frauenkloster vom Heiligen Grab 207f.
– Friedrichsbad 207
– Gönneranlage 214
– Kath. Pfarrkirche St. Bernhardus 212f.
– Kurhaus 208f.

– Marktplatz 203
– Neue Trinkhalle 209f.
– Neues Schloss 201ff.
– Palais Gagarin 214
– Paradies 208
– Rathaus 203
– Römische Kaiserbäder 206
– Römische Soldatengräber 207
– Russisch-orthodoxe Kirche 214
– Schloss Fremersberg 213
– Spitalkirche 208
– Staatliche Kunsthalle 213
– Stadtmuseum im Baldreit 203
– Stiftskirche 17, **203ff.**
– Stourdza-Kapelle 210f.
– Theater 210
– Zisterzienserinnenkloster Lichtenthal 17, **214f.**
Badische Spargelstraße 8
Badische Weinstraße 8, **218ff.**
Baiersbronn 247
Bauschlott, Schloss 126
Bergstraße 83ff.
Berneck 20, 21, **179f.**
– Oberes Schloss 179f.
– Unteres Schloss 180
– Kirche 180
Bickesheim 159
– Wallfahrtskirche Unserer Lieben Frau 159
Billigheim 111
Bischweier 251
Bretten 125f.
– Amtshaus 125
– Ev. Stadtkirche 125
– Gerberhaus 125
– Hebererhaus 125
– Lutherische Kreuzkirche 125
– Marktplatz 125
– Melanchthonhaus 125
Bruchsal 25, **116ff.**
– Belvedere 123
– Bergfried 123
– Hofkirche 122
– Kath. Pfarrkirche St. Peter 123f.
– Kath. Stadtpfarrkirche Unserer Lieben Frau 124
– Marktplatz 124
– Michaelskapelle 124
– Schloss 117ff.
– Schloss Stutensee 124
– Schlossgarten 123
Buchen 107
Bühlerhöhe 227
Bühl 221
Bulach 152
Burgenstraße 8, **87ff.**
Büttensteiner Wasserfälle 229

Calw 20, **175f.**
– Ev. Stadtkirche 175f.
– Nikolauskapelle 175
– Rathaus 175
– Ev. Stadtkirche 175f.
– Vischersche Haus (Heimatmuseum) 176
Cîteaux 17
Cluny 13, 28, 129, 171, 173

Daxlanden 153f.
Dilsberg, Burgruine 87
Dornstetten 234
– Ev. Stadtkirche St. Martin 234
– Rathaus 234
Durlach 20, 21, **154ff.**

Eberbach 89f.
– Alter Markt
– Altes Rathaus (Heimatmuseum) 90
Eberstein, Schloss 250
Effringen 178
Ehrenberg, Burg 93
Eisental 221
Enzklösterle 180
Ettlingen 20, 22, 25, **156ff.**
– Albgaumuseum 158
– Kath. Pfarrkirche St. Martin 158
– Marktplatz 159
– Rathaus 159
– Schloss 156ff.
– Schlosskapelle 158

Favorite, Schloss 21, **194ff.**
Flehingen 135
Forbach 249
Frauenalb, ehem. Benediktinerinnenkloster 182f.
Freudenstadt 17, 25, 27, **229ff.**
– Bärenschlössle 233
– Christophstal 233
– Ev. Stadtkirche 17, 231
– Marktplatz 231
– Parkwald 233
– Schickhardtbau 233

Gaggenau-Rotenfels 251
Gernsbach 249f.
– Ev. Kirche St. JakobKath. Liebfrauenkirche 250
– Kath. Liebfrauenkirche 250
– Marktplatz 250
– Stadtpalast 250
Gochsheim 134
Gottesaue, Schloss 12, **154**
Grötzingen 155
Grünwettersbach 152
Gutach 18, **244f.**
– Freilichtmuseum Vogtsbauernhof 18, **244**
Guttenberg, Burg 92

Handschuhsheim 17f., **82**
– Tiefburg 82
– Pfarrkirche St. Vitus 82
Hardheim 108
Heidelberg 17, 18, 21, 23, 24, 26, 27, **65ff.**

– Alte Brücke 73
– Alte Universität 76
– Bergfriedhof 79
– Brückenaffe 73
– Friedrich-Ebert-Gedenkstätte 74
– Friedrichsbau 78
– Haus zum Riesen 78
– Haus zum Ritter 72f.
– Heiligenberg 11, 81
– Heiliggeistkirche 21, 72
– Hortus Palatinus 69f.
– Jesuitenkirche 74
– Karlsplatz 70
– Karlstor 87
– Kornmarkt 70
– Kunstverein 78
– Kurpfälzisches Museum s. Palais Morass
– Mariensäule 70
– Marktplatz 72
– Marstall 78
– Neue Universität 76
– Neues Kollegiengebäude 78
– Palais Boisserée 70
– Palais Morass (Kurpfälzisches Museum) 78
– Peterskirche 77
– Philosophenweg 79ff.
– Providenzkirche 78
– Rathaus 72
– Schloss 67ff.
– Seminarium Carolinum 74
– Stadthalle 79
– Studentenkarzer 74f.
– Universitätsbibliothek 77
– Universitätsplatz 76
– Zehntscheuer 78
– Zeughaus 78
– Heselbach 249
Hirsau, Klosterruine 11, 12, 13, 18, 20,26, **168ff.**
Hirschberg 84
Hirschhorn 88f.
– Burg Hirschhorn 88
– Ersheimer Kapelle 88f.
Hohennagold, Burgruine 179
Horb am Neckar 234ff.
– Dominikanerinnenkloster 237
– Hoher Giebel (Heimatmuseum) 234f.
– Ihlinger Tor 234
– Junghannssches Haus 237
– Kath. Liebfrauenkirche 237
– Kath. Pfarrkirche (ehem. Stiftskirche) 236f.
– Marktplatz 236
– Rathaus 236
– Schurkenturm 236
– Stadtmauer 234
– Steinhaus 237
– Stubensches Schloss 234
– Wehrtor 237
Hornberg, Burg 92
Horneck, Schloss 92
Hornigsrinde 227

Ilvesheim 53

Karlsruhe 22, 23f., 24, 27 **137ff.**
– Akademie der bildenden Künste 149
– Badische Landesbibliothek 146
– Badischer Kunstverein 144
– Badisches Landesmuseum 140
– Badisches Staatstheater 150
– Baischstraße 148
– Christuskirche 148
– Dammerstocksiedlung
– Erbgroßherzogliches Palais 148
– Ev. Kleine Kirche 145
– Ev. Lutherkirche 149
– Ev. Stadtkirche 145
– Fridericiana, Technische Hochschule 149
– Kath. Bernharduskirche 149
– Kath. Stadtkirche St. Stephan 146
– Konzerthaus 150
– Majolika-Manufaktur 144
– Markgräfliches Palais 146
– Markt 145
– Münze 148
– Orangerie 144
– Prinz-Max-Palais 148
– Pyramide 145
– Rathaus 145
– Rondellplatz 146
– Schloss 140
– Schlossgarten 141
– Schlossplatz 140
– Schwarzwaldhalle 150
– Staatliche Kunsthalle 142
– Staatliches Museum für Naturkunde 146
– Stadthalle 150
– Stephansplatz 148
– Vierordtbad 150
– Zentrum für Kunst- und Medientechnologie 150
Kinzigtal 243
Kirrlach 116
Klosterreichenbach 12, 13, **247f.**
Knielingen 154
Knittlingen 126
Kuppenheim 252
Kürnbach 134

Ladenburg 12, 13, 26, **54ff.**
– Altes Rathaus 55
– Bettendorfer Hof 5
– Carl-Benz-Haus 57
– Ehem. Wormser Bischofshof (Lobdengaumuseum) 56f.
– Handschuhsheimer Hof 55

– Hexenturm 55
– Marktplatz 55
– Martinstor 55
– Neues Rathaus 57
– Neunhellerhaus 55
– Pfarrkirche St. Gallus 11, 57
– St. Sebastian 57
Lautenbach, Wallfahrtskirche 222ff.
Lienzingen 134
Lobenfeld, Kloster 12, 17, **113**
Loffenau 251
Loßburg 238

Mannheim 21, 22, 23, 24, 25,27, **41ff.**
– Ev. Christuskirche 51
– Friedrichsplatz 50
– Herzogenriedpark 53
– Jesuitenkirche 46
– Konkordienkirche 50
– Kunsthalle 51
– Landesmuseum für Technik und Arbeit 52
– Luisenpark 53
– Marktplatz 48
– Paradeplatz 48
– Planetarium 52
– Planken 50
– Reiss-Museum 52
– Rosengarten 51
– Schloss 43ff.
– Schlosskirche 46
– Sternwarte 47
– Sultan Selim-Moschee 50
– Synagoge 50
– Untere Pfarrkirche 49f.
– Zeughaus 47
Mannheim-Pfingstberg 53
Marxzell 183
Maulbronn, Kloster 12, 17, 27, 88, **126ff.**
– Klausur 132f.
– Klosterkirche 128ff.
– Klostermuseum 128
Minneburg 91
Monakam 168
Moosbronn 159
Mosbach 11, **105f.**
– Gutleutanlage 106
– Palmsche Haus 106
– Rathaus 106
– Salzhaus 106
– Spital (Heimatmuseum) 106
– Stadtkirche St. Juliana 106
Mummelsee 227
Murgtal 247

Nagold 12, **179**
– Pfarrkirche 179
– Ev. Pfarrkirche St. Remigius 12, 179
Nagold-Stausee 180
Neckarbischofsheim 18, **113f.**
Neckarelz 91f.
Neckargemünd 87
Neckargerach 91
Neckarhausen 57
Neckarsteinach 87f.
– Burganlage Schadeck 87f.
Neidenstein, Burg 113
Neubulach 178
Neuburg, Stift s. Ziegelhausen
Neuenbürg 183
Neuhausen 168
Neuweier 219
Neuweier, Schloss 219
Niefern-Öschelbronn 164

Oberderdingen 134
Oberkirch 221
Obertal 248
Osterburken 25, **110f.**
– Kath. Pfarrkirche St. Kilian 25, 110f.
– Röm. Militärbad 106
Ottersdorf 196
Ottersweier 221
Pforzheim 20, 24, 25, **161ff.**
– Barfüßerkirche 162
– Ev. Matthäuskirche 163
– Ev. Pfarrkirche St. Martin 162
– Ev. Stadtkirche 162
– Herz-Jesu-Kirche 162
– Reuchlinhaus 162
– Schloss- und Stiftskirche 162
– Stadtmuseum 163

Rastatt 21, 22, 25, 27, **185ff.**
Fruchthalle (Städt. Galerie) 193
– Jagdzeughaus 193
– Kapelle Maria Einsiedeln193f.
– Kath. Pfarrkirche St. Alexander 193
– Kath. Pfarrkirche St. Bernhardus 193
– Lustschloss Favorite s. Favorite, Schloss
– Marktplatz 193
– Pagodenburg 193
– Piaristenkloster (Hist. Bibliothek) 192
– Rathaus 193
– Schloss 187ff.
– Schlosskirche 191
– Terrassengarten 192
Reichenbach 13
Rohrdorf 179
Rotenfels, Schloss 251
Rüppurr 152

Sasbach 221
Sasbachwalden 221
Schadeck, Burganlage s. Neckarsteinach
Schapbach 246
Schenkenburg, Ruine 243
Schenkenzell 241
Schiltach 18, **243f.**
– Heimat- und Apotheken-

museum 243
– Rathaus 243
– Schüttesäge (Museum) 244
Schliffkopf 229
Schönau, Kloster 18, **83**
Schriesheim 83f.
– Ruine Strahlenburg 83f.
Schwarzach, Benediktinerkloster 11, 17, **216ff.**
Schwarzenbachtalsperre 249
Schwarzwald-Bäderstraße 9, **161ff.**
Schwarzwald-Hochstraße 9, **227ff.**
Schwarzwald-Tälerstraße 9, **238ff.,**
Schwetzingen 20, 30, **58ff.**
– Lustschloss 58ff.
– Rokokotheater 60
– Schlossgarten 60ff.
Sennfeld 111
Sinsheim 114f.
St. Blasien 13
St. Christophorus, Autobahnkirche 195
Steinbach 219, 220
Steinsberg, Burgruine 17, 115
Stolzeneck, Burgruine 90
Strahlenburg, Ruine s. Schriesheim
Stutensee, Schloss s. Bruchsal
Sulzfeld 134

Tannenfels, Burg 248
Tauberbischofsheim 11, 18, **108ff.**
– Barockpalais Bögner 110
– Kath. Pfarrkirche St. Martin 109f.
– Liobakirche 110
– Peterskapelle 110
– Schloss 109
Tiefenbronn 18, 27, **164ff.**
– Kath. Pfarrkirche St. Maria Magdalena 18, 164ff.

Umweg 219

Varnhalt 219

Waghäusel 24, 115
– Schloss Eremitage 115
– Wallfahrtskirche 116
Waldeck, Burgruine 176
Walldürn 107f.
– Ehem. Schloss 108
– Limes-Lehrpfad 108
– Odenwälder Freilandmuseum 108
– Rathaus 108
– Wallfahrtsbasilika ›Zum Heiligen Blut‹ 107f.
Weiler 115
– Burgruine Steinsberg 115
Weinheim 18, **84f.**
– Altes Rathaus 85
– Büdinger Hof 84
– Burgruine Windeck 84
– Ehem. Schloss 85
– Löwenapotheke (ehem.) 85
– Marktplatz 85
– Pfarrkirche St. Laurentius 85
– Schlosspark 85
– Ulnernsche Kapelle 85
Wildberg 178
Wittichen, ehem. Klarissenkloster 241, 243
– Kirche 243
– Klostermuseum 243
Wolfach 244
– Dorotheenhütte 244
– Kath. Pfarrkirche St. Laurentius 244
– Rathaus 244
– Schloss (Flößer-und Heimatmuseum) 244
Wolfsschlucht 91
Wolftal 246

Yburg, Ruine 219

Zavelstein 176
– Burgruine Zavelstein
Ziegelhausen 12, 82
– Benediktinerkloster Stift Neuburg 82
Zwingenberg 90f.
– Burg Zwingenberg

Bitte schreiben Sie uns, wenn sich etwas geändert hat!
Alle in diesem Buch enthaltenen Angaben wurden von der Autorin nach bestem Wissen erstellt und von ihr und dem Verlag mit größtmöglicher Sorgfalt überprüft. Gleichwohl sind – wie wir im Sinne des Produkthaftungsrechts betonen müssen – inhaltliche Fehler nicht vollständig auszuschließen. Daher erfolgen die Angaben ohne jegliche Verpflichtung oder Garantie des Verlages oder der Autorin. Beide übernehmen keinerlei Verantwortung und Haftung für etwaige inhaltliche Unstimmigkeiten. Wir bitten dafür um Verständnis und werden Korrekturhinweise gerne aufgreifen:

DumMont Buchverlag, Postfach 10 10 45, 50450 Köln
E-Mail: reise@dumontverlag.de

DUMONT EXTRA

DM 12.90

Die neuen Reiseführer mit dem gewissen Extra

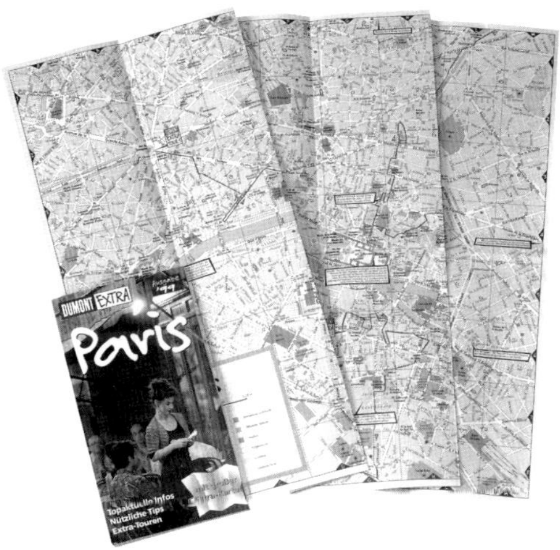

»Große Klasse zum kleinen Preis: schnelle Infos, tolle Fotos, fünf Touren, moderne Grafik und Extrakarte. Ein kompletter Reiseführer für junge Leute und Junggebliebene. Mit Insidertips, die jede Reise zu einem wahren Vergnügen machen.«

buch aktuell

»Es handelt sich hier um kompakte Reiseführer mit verläßlichen, topaktuellen Tips und wirklich lohnenden, originellen Routenbeschreibungen. Außerordentlich ist die jährliche Neuauflage! Insgesamt bietet ›DUMONT Extra‹ Tips, Tips und nochmals Tips; und diese dann auch garantiert Jahr für Jahr neu .«

Nordbayerischer Kurier

Jetzt zu 60 Reisezielen in aller Welt!

Weitere Informationen über die Titel der Reihe DUMONT EXTRA erhalten Sie bei Ihrem Buchhändler oder beim DUMONT Buchverlag • Postfach 10 10 45 • 50450 Köln • www.dumontverlag.de

Umschlagvorderseite: Schloss Bruchsal
Umschlagklappe vorn: Kloster Maulbronn, Brunnenhaus
Umschlagklappe hinten: Blick auf Altensteig
Umschlagrückseite: Mannheim, Friedrichsplatz (oben), Klosterreichenbach, Rekonstruktion (Mitte), Baden-Baden, Fresko in der Trinkhalle (unten)
Abb. S. 1: Mosbach, Palmsches Haus, Detail

Sibylle Lauth, geboren 1966, studierte Kunstgeschichte, Geschichte und Sprachwissenschaft in Heidelberg und Bologna. Seit ihrer Promotion lebt und arbeitet sie als Publizistin in Mannheim.

Die Deutsche Bibliothek – CIP-Einheitsaufnahme

Lauth, Sibylle:
Nordbaden: Entdeckungsfahrten zwischen Odenwald und Schwarzwald; Mannheim, Heidelberg, Karlsruhe, Maulbronn, Baden-Baden/ Sibylle Lauth. - Köln: DuMont, 2000
(DuMont Kunst-Reiseführer)
ISBN 3-7701-4556-9

Satz und Druck: Rasch, Bramsche
Buchbinderische Verarbeitung: Bramscher Buchbinder Betriebe
Grafisches Konzept: Groschwitz, Hamburg

Printed in Germany ISBN 3-7701-4556-9